·高等院校精品课程教材·

消费者行为学

理论与实务

Consumer Behavior

沈　蕾　编著

中国人民大学出版社
·北　京·

前　言

多年来，我一直使用翻译的引进教材，后来也使用过外文原版教材，未敢自己动笔编写教材。其主要原因是，市面上此类教材很多，但原创的成分相对较少，如果积累不够则价值不大。这次下决心编写本书缘于原创的教学软件已成型，我自己在教学过程中已经使用了3年，每年都在改进，尽管今后还会不断改进，但觉得可以展现在大家面前了。另外一个重要原因是，有关消费者行为学的翻译教材大多数很厚，大学一般很难安排足够的学时以完成如此多内容的学习。通过多年的积累，我根据自己的理解梳理了该课程的知识要点，汇集成书，也算是对20年来从事该课程教学和研究的一个系统的回顾和总结。

多年的教学经验表明，“消费者行为学”这一课程的理论性较强，学生如果没有心理学的功底，一般较难将课堂上学到的知识有效地运用到实践中。为此，本书提供了案例或者消费行为分析系统的模块，便于学生理解老师课堂上讲授的知识，学以致用，达到真正掌握的目的。我曾参与美国西敏大学的一个MBA合作项目，非常赞同他们的教学口号：“Learn—Do—Master”。我期望通过身体力行，也能做到这一点！

本书的编写具有以下特点：以现实生活中的消费问题引出所要介绍的主要内容，并进一步提出具体的学习目标；在阐述主要内容之后，都附有相应的营销启示，以及有助于实际应用的案例或者消费行为分析系统模块，便于学生理解并举一反三；章末提供了与该章知识点相关的思考题。本书有理论，也有操作；有思想，也有方法；有经典原理，也有现代信息技术；有他山之石，也有本土原创。

消费者行为学专注于对市场中消费者的研究，其理论结果及实用意义对市场营销人员而言具有非常大的参考价值。而消费者作为个体，其消费行为首先受到个人心理因素的影响，作为社会大环境中的一员，其消费行为还受到环境因素的影响和制约。因此，本书首先介绍消费者行为学的主要相关内容，然后深入浅出地将心理学的理论成果引入市场营销实践，探讨个人心理因素对消费者行为的影响，最后从环境的影响角度，探寻消费者行为中有迹可循的共同规律，以期为相关的学习者和营销人员提供理论参考，有助于企业制定更加有效的营销策略。本书不仅可以作为高等院校的学生用书，也可以作为企业营销人员的培训教材，还可以是所有对消费行为及其背后的心理机理感兴趣的读者的有益读物。

对本书的编写、编辑做出贡献的人员有张亚萍、陆平、许桂苹、郑智颖、邹悦、刘智杨，在此对她们深表谢意；也非常感谢程序编写人员谭富强、左广轩对开发实验软件尽心尽力，使此书得以顺利完成。

期待读者的反馈，以让我们做得更好，走得更远！

沈 蕾

目录
CONTENTS

第 1 章 导 论

学习目标

- 掌握消费者、消费者行为的定义。
- 了解消费者行为学的研究对象和特点。
- 了解消费者行为研究的理论来源。
- 掌握消费者行为研究的基本方法。
- 了解研究消费者行为学的意义。

消费者行为学旨在研究个体、群体和组织为满足其需要而如何选择、获取、使用、处置产品、服务、体验和想法，以及由此对消费者和社会产生的影响。市场营销与消费者行为之间关系密切，对消费者行为规律、特征、发展趋势进行全面、深入、系统的研究，有助于营销人员掌握消费者行为分析的科学方法，并借助有关消费者的信息和理论，作出最优的营销决策。

本章的主要内容是分析消费者行为、消费者行为学以及消费者行为与市场营销之间内在的必然联系，以帮助相关人员对消费者行为学形成基本认识。

第 1 节 基本概念

一、消 费

人类的消费行为是伴随着人类的生存和发展而产生的。作为一种古老的社会活动，它促进了社会和经济不断发展，成为现代社会走向文明和进步的推动力量。根据经济学的观点，可以把人类的消费行为划分为生产消费和个人消费两大范畴。

广义的消费包括生产消费和个人消费。生产消费是生产过程中的消费，是指生产过程中对劳动力及其他要素的使用、消耗及磨损。它包含在生产之中，是维持生产过程连续进行的基本条件。狭义的消费主要指个人消费。个人消费是指人们在满足个人需要的过程中，对于物质生活资料、服务、各种有形或无形精神产品的消耗。它是人类社会最普遍的经济现象。

二、消费者

消费者与消费在概念上既有紧密的联系，也有明显的区别。消费是人们在对物质产品和精神产品的消耗中所产生的行为活动。消费者是从事消费活动的主体，对消费者的界定也有广义和狭义之分。

狭义的消费者是指购买、使用各种消费用品或服务的个人与住户（household），即通常所说的个体消费者（personal consumers）。个体消费者购买产品或服务是为了自己或住户（包括家庭）其他成员使用，或者是为了将其作为礼物赠送给亲朋好友。在这种情况下，购买商品是为了个人的最终消费，因此，这类消费者也常被称为“最终用户”或“终极消费者”。广义的消费者是指购买、使用各种产品与服务的个人与组织，也就是说，不仅仅指个体消费者，范围还扩大到组织消费者（organizational consumers），即那些为了维持自身运行而购买和使用产品或服务的企业、政府部门和公共机构等。为了维持自身运行，企业需要购买原材料、零部件、水电、办公用品等来生产和销售自己的产品或服务；政府部门需要购买办公用品或软件系统来履行其公共管理职能；学校、医院等公共机构则必须从外部购买供应品来为所服务的公众提供公共产品。比如，大公司、学校是办公用品最大的用户群，消耗大量纸张、耗材和书本等。

虽然个体消费者和组织消费者都可能是企业的现实或潜在顾客，但本书主要聚焦于狭义的消费者即个体消费者。个体消费者是最广泛存在的一类消费者，涉及每一个人，不论其年龄和背景如何，也不论其社会地位、生活方式、财富及在具体的消费过程中所扮演的角色如何。另外，尽管本书不专门讨论组织消费者，但研究个体消费者的原则、方法及其在营销决策中的应用，有些也适用于组织消费者。例如，不论面对的是个体消费者还是组织消费者，营销者都需要创造和让渡价值来提高其满意度和忠诚度，进而发展为真诚、亲密和稳定的顾客关系。只有了解并真正理解消费者的需求和偏好，将相关的知识整合到产品、服务以及公司的其他营销行为中，营销的战略目标才可能最终实现。又如，任何组织购买决策过程的参与者都与其他消费者无二，都有感情、喜好和认知，在购买过程中同样会产生情感、认知和行为上的反应，只不过他们在评价、选择供应商和产品的标准，以及影响其购买选择、感知产品和服务质量的因素等方面会存在一定差别。

人从出生之日起（或者说从母亲孕育时起），就开始消费各种各样的社会商品。如今，为了更好地孕育、哺育、教育下一代，父母在孩子的成长过程中倾注了大量心血，给予孩子从精神到物质、从生理到心理的无微不至的关怀，书籍、营养品、益智食品、智力玩具伴随着他们成长。在人们消费的商品中，有些是基于人的生理需求，以维持自身的“简单再生产”；有些是基于人们较高层次的需要，例如，不断地学习、更新知识。这两种消费基于人类需要的不同层次，既有区别又有联系。前者是人的一种本能性消费，是人类所有消费的基础；后者是一种社会性消费，源于又高于本能消费。随着社会经济、科学技术的发展，无论是本能性消费是社会性消费，其消费对象越来越丰富多彩，使消费者在消费过程中得以更充分地展现自己的个性。例如，同样是买汽车，有人购买的是纯粹的交通工具，有人则附加了地位、声望等车外之物；同样是买服装，中年人更注重舒适性，年轻人则可能将款式是否流行作为要的考虑因素。

在现实生活中，有可能是由同一人扮演对于某一消费品或服务的购买决策者、购买行为者、购后使用者，但也可能并不由同一人扮演消费行为的全部角色。比如，成年人对于自己使用的物品通常拥有购买决策权，但是孩子对于自己使用的物品的购买决策权则往往由父母掌控。有时，即使是成年人，他们的购买行为也可能由他人代为执行。在消费过程中，将购买决策、实际购买执行和购后使用视为一个统一的过程，处于这一过程中任一阶段的个体，都可称为消费者。本书中，我们将研究消费者行为过程中扮演各种购买行为角色的消费者，但重点关注实际购买的个体，因为实际购买者即使是经授权购买某一产品，也有权决定在何时、何地购买，并就包装、大小、款式及颜色等作出最终决定。因此，识别或区分购买决策过程中的不同参与者对于产品最终赢得消费者的认同、接受，促使消费者重复购买，以及为企业带来持续竞争优势具有重要意义。

三、消费者行为

（一）消费者行为的定义

1. 美国市场营销学会对消费者行为的定义

美国市场营销学会将消费者行为定义为："感知、认知、行为以及环境因素的动态互动过程，是人类履行生活中交易职能的行为基础。"在这一定义中，至少包括三层重要的含义：（1）消费者行为是动态的；（2）它涉及感知、认知、行为以及环境因素的互动作用；（3）它涉及交易。

首先，这个定义强调消费者行为是动态的。这意味着作为个体的消费者和作为群体的消费者（如老年人、儿童等）以及整个社会都随着时间的推移在不断地发展和变化。例如，在中国，人们对于广告最初的认识是很模糊的，甚至是偏激的、逆反的。而现在，更多的人已能从不同的角度去认识广告、接受广告。同样，对消费者行为的研究也是对特定历史时期、特定历史环境下的消费者行为的分析。如今，无论是国外还是国内，对"新新人类"的消费心理、消费文化、消费行为的研究都不能离开他们的生长环境、文化背景等。

从企业制定营销战略的角度来看，消费者行为的动态属性表明，企业不能期望同一个营销战略在所有的时期对全部的产品、市场和产业都适用，企业必须根据自身的经营战略、资源状况、市场环境、消费者的需求及反应变化来制定目标市场营销战略。在这方面，许多企业取得了卓有成效的营销业绩。以当前流行的淘宝商家为例，许多店主采用在线沟通、线下发货和实体商店交易并存的模式来销售产品。

消费者行为涉及感知、认知、行为以及环境因素的互动作用。也就是说，企业要想理解消费者并制定恰当的营销战略，就必须了解消费者在想什么（认知），有何种感觉（感知），消费者要做什么（行为），以及影响他们的想法、感觉和行为的相关因素及环境（环境心理因素）。

消费者行为包含交易行为，因而使消费者行为与市场营销在定义上保持了一致性。事实上，在市场营销的定义中也特别强调交易。市场营销的作用就是通过系统地制定和实施营销战略，引导并最终达成与消费者的交易。

2. 国内专家学者对消费者行为的定义

在国内许多关于消费者行为的专著中，有这样的定义：消费者行为是对涉及商品、服务、经验或创意的获得、消费及处置的购买单位和交换过程的研究。在这个简单的定义中，包含了几个重要的概念。它首先涉及“交换”一词。消费者不可避免地处于交换的一端，在这一过程中，资源在双方之间转移。例如，学生向新东方支付费用来接受英语培训，病人向医生支付费用以获得医疗服务，客户向律师支付费用来得到法律帮助。同理，其他资源（如感觉、信息和地位）也可以在两者间交换。交换是全方位的行为，它可以在消费者和商家间进行。通常意义上的消费行为都属于此类。厂家和商家必然存在交换行为。此外，消费者之间也有交换，如房产置换、二手货物直接交易等。在上述关于消费者行为的定义中涉及“购买单位”一词，而没有使用“消费者”这一概念。这是因为个人和团体都可以采取购买行为。消费者研究的一个重要领域就是组织购买行为，特别是在企业对企业的营销活动中，购买决定通常是由采购中心的一群人而不是某一个人作出的。

企业研究消费者行为的重要目的是与消费者建立和发展长期的交换关系，于是首先要对消费者行为过程有全面深入的了解：在购买行为发生前的信息获取阶段，消费者通过何种途径获取商品信息，进而基于何种信息作出购买决策；在购买行为发生后的消费品使用阶段，消费者使用商品的习惯和方式是怎样的，如何处理使用过的产品。这些都是企业需要了解和研究的。消费行为往往不是一次性的，在消费过程中，消费者上一次购买所形成的购买决策习惯、购后体验和经验都是影响下一次购买的重要因素。目前，企业及学者对消费者在销售阶段和处置阶段的关注比对获取阶段的关注要少。而消费者获取商品和服务的途径及其在使用中获得的体验，对消费阶段的研究而言是非常关键的，特别是对服务行业更具典型意义。例如，对旅游者而言，一次愉快的旅途生活会让他们流连忘返；反之，一次糟糕的旅游经历也会令人刻骨铭心。也就是说，如果消费者所期望的没有兑现，就会表现出失望、沮丧、不满，甚至在矛盾不可调和时诉诸法律，这在中国的涉外旅游中屡见不鲜。因此，随着人们对消费者行为研究的深入，人们越来越深刻地认识到，消费者行为是一个过程，获取或者购买只是该过程中的一个阶段。所以，研究消费者行为，既应了解消费者在获取产品、服务之前的评价与选择活动，也应重视他们在获取产品后对产品的使用和处置等活动。只有这样，对消费者行为的理解才会趋于完整。

因此，具体而言，消费者行为是指消费者为获取、使用、处置消费物品或服务所采取的各种行动，包括决定这些行动的决策过程。可见，消费者行为是与产品或服务的交换密切联系在一起的。

（二）消费者行为的特点

消费者行为首先具有多样性的特点。不同消费者在需求、偏好以及选择产品的方式等各方面各有侧重，互不相同，同一消费者在不同的时期、不同的情境下选择不同产品时，其行为也呈现出很大的差异性。例如，同一位消费者，在购买手机时其认识、认知程度是在不断提升的。最初可能仅仅考虑它作为通信工具的功能，之后可能会追求手机的存储功能、上网功能、摄像功能，甚至 GPS 全球定位功能。手机的“单功能——多功能——全功能”的发展让他的消费决策变得更加复杂，于是导致消费者行为具有另一个特点：复杂性。

消费者行为的复杂性，一方面通过它的多样性、多变性表现出来；另一方面也体现在它受很多内外部因素的影响，而且其中很多因素既难识别，又难把握。有关消费者行为的研究结果已经证明，人们的消费行为均由动机所驱动，但每一个行为背后的动机往往很隐蔽、很复杂。以一位购买宝马多功能越野车（SUV）的消费者为例，他的显性购买动机是：购买该车型更舒适；宝马是有上佳表现的高品质的汽车；我的好几位朋友都开宝马。他的隐性动机则是：购买宝马，能显示我的成功；它是强有力、彰显男性气质的汽车。由此可见，同一动机可能产生多种行为，而同一行为的驱动因素也可能是多种动机。另外，消费者行为受到多种社会环境因素和个人因素的影响，这种影响可能是直接的，也可能是间接的，可以是独立的，也可以是相互作用的，由此也决定了消费者行为的多样性和复杂性。

但是消费者行为并不是不可捉摸的，它是可诱导的。在很多情况下，消费者并不能明确地意识到自己的需要，企业可以通过有效的方式去刺激消费者的需要，如采用广告、促销等手段使消费者产生购买欲望，甚至可以通过研发新产品、新技术来促使消费者更新消费观念，从而创造出新的消费需求，引导他们的消费习惯。如今网络时代的年轻人的生活方式发生的巨大变化就是最好的例证：网购、网游、网友、微博……适当地引导就可以激发他们的潜在需求。各种各样的新鲜事物正逐渐改变着人们的生活，颠覆着以往的生活方式。

四、消费者行为学的发展趋势

消费者行为学的研究在 20 世纪 70 年代以后进入全面发展和成熟的阶段。随着大量研究成果的系统化、综合化，消费者行为学正形成一门独立且日渐完善的学科，一大批研究机构聚焦于消费心理和行为的研究，相关的学术刊物和研究成果不断增多，随着这一知识体系的传播和实践，企业和学术界越来越重视。近年来，消费者心理与行为的研究呈现出以下发展趋势。

1. 越来越多元化的研究角度

仅仅关注生产者或经营者，从而帮助其满足消费者需要以获取更大市场份额的单一研究局面已被打破，消费心理行为的研究更多地与消费者利益、健康的生活方式、自然环境保护、宏观经济调控等诸多社会问题联系在一起。

比如，既研究宏观经济调控措施对消费者心理效应的影响，也研究消费者心理效应对于政府制定宏观经济规划的影响。又如，许多学者以保护消费者权益为研究出发点，从而帮助消费者提高消费能力，为企业持续发展提供可靠保证。这些新颖的研究角度为消费者行为学的发展开拓了更广阔的前景。

2. 越来越多样化的研究参数

消费心理及行为的研究不再仅仅局限于社会学、经济学的相关概念，或者年龄、性别等消费者个人的特征，研究者将更多的个人和社会的心理因素（如动机、个性、态度、价值观、人际关系等），以及社会环境因素（如文化、历史、地域、民族、信息化等）纳入研究范围，以便更好地对消费行为的复杂性作出解释。比如，同样是发达国家，日本的民众习惯储蓄节俭，美国的民众却热衷超前消费。多样化的研究参数使得消费者行为学呈现出越来越强的学科综合性和完备性。

3. 强调定量的研究方法

由于定性的研究方法不能完全满足研究要求，越来越多的研究者采用定量的分析方法（如统计分析技术、信息处理技术等现代科学方法和技术手段），以更准确地揭示各变量之间的内在关系。定量的研究方法使得消费者行为模式被更准确地定义、衡量和预测，定量的消费行为模型的建立使对消费行为的剖析更深入，从而提高消费者行为学的研究水平。

4. 跨越国界的大整合

在不同的社会文化背景下，消费者行为呈现出较大的差异。跨国公司的不断扩张、全球化的经济发展趋势使得消费者行为学的研究越来越迫切地期望突破国界。传统上，美国是消费者心理和行为的研究中心，但以美国消费群体为模版的研究在全球不具普适性。20 世纪 80 年代以来，各种跨文化的消费行为比较研究不断增加。在全球化市场中，人们对于东亚、东南亚、南美的经济高速增长的发展中国家和地区表现出越来越浓厚的兴趣，以发展中国家消费群体为研究对象的消费行为研究也越来越丰富。应该说，国际化趋势是消费者行为学在新经济时代最鲜明的特点。

虽然不少学者希望将消费者行为领域已有的研究成果整合为一个系统完备的理论体系，但迄今为止这方面的努力和尝试还没有实质性的进展。更确切地说，到目前，在消费者行为领域尚未形成一种普遍接受或大多数人公认的系统理论。这一方面说明，消费者行为学远非一门成熟的学科，还有待进一步发展、完善；另一方面也预示着它还有广阔的发展空间与前景。

第 2 节　消费者行为学的核心内容

虽然消费者行为的多变性和复杂性决定了消费行为因人、条件及所处的环境不同而存在巨大的差异，但在消费者决策的过程中，所有消费者行为的核心都涉及 6W1H，即 why（为什么），what（买什么），which（买哪个），where（何地），

when（何时），who（谁）和 how（买多少）。6W1H 直接反映出消费者的购买行为，通过 6W1H 分析可以了解消费者购买行为的规律性及变化趋势，以便制定和实施相应的市场营销策略。

一、why

why 是指确定消费者购买的动机和原因，消费者为什么要购买，出于什么目的而购买。比如，是为了个人消费、家庭使用还是馈赠亲朋好友？如果是为了馈赠亲朋好友，则又是基于什么原因而赠送礼品，是恭贺新婚还是祝贺生日？亲朋好友与自己的亲密程度如何？这些都是涉及“为什么”的问题。个人的消费和家庭的消费更侧重于功能的实用性，馈赠礼品则需要恰当选择并搭配亮丽的包装。比如：祝贺生日的礼品可以是表达心意和关怀的日用消费品，也可以是精巧别致的小物件；恭贺新婚的礼品则应喜庆，能为新婚夫妇的生活锦上添花。根据赠送的对象不同，消费者又会基于文化习俗和个人偏好等，结合实际情况区别对待。这些都是研究消费者购买行为的基本原因所要考虑的因素。

二、what

what 是指消费者购买的目标和对象，这是消费者行为最核心的问题。消费者确定购买的目标和对象不能只关注类别，还要关注具体的购买内容，包括商品的品牌、性能、质量、款式、规格、颜色、价格和品牌等。消费者确定的购买对象和目标应能最大限度地满足其某一方面的需要。

决定买什么是消费者最基本的任务之一，主要包括以下内容：购买什么产品或服务？顾客需要什么？顾客的需求和欲望是什么？对顾客最有价值的产品是什么？满足顾客购买愿望的效用是什么？顾客追求的核心利益是什么？

“买什么”是决策的核心和首要问题，也决定了企业营销策略的走向。如果不确定要买什么，自然就不会产生任何购买活动。即使确定了购买目标，也需要明确具体的对象。比如，在夏季，就买空调还是买电扇作出抉择后，如果决定买空调，还必须确定是买分体式空调还是买立式空调，买什么品牌，选什么颜色，等等。

三、which

which 是指消费者一般根据自己的实际需要、支付能力和市场供应情况作出购买决策，在众多的商品中选择自己需要的某一个或数个产品。因此，which 与企业的品牌策略密切相关。

在采取购买行为时，消费者需要从许多品牌中选择适合自己的那一个。换言之，任何产品都不是目标消费者的唯一选择。消费者有可能从某一品牌转向其他品牌。消费者行为就是一个选择和决策的过程。

既然任何产品都可能被替代，那么提高消费者的品牌忠诚度就显得十分重要。品牌忠诚度是指消费者购买特定品牌产品的一致性。一致性越高，消费者的品牌忠诚度就越高。影响品牌忠诚度的因素十分复杂，比如：消费者的个人因素，包括年龄、性格、心理等；购买行为的特性，包括购买量、购买路途、购买时机等；市场结构的特性，包括竞争情况、销售渠道等。

对品牌忠诚度的了解有助于企业针对消费者制定营销策略：一方面增加忠诚于自己品牌的消费者，并吸纳新的忠诚者；另一方面努力改变其他品牌的忠诚消费者的购买行为。在决定“买哪个”时，将“竞争者导向”的营销概念重新融入“消费者导向”，以避免发生知己而不知彼的情况。

四、where

where 是指何地购买。消费者的购物地点是由多种因素决定的，既包括主观因素，如消费者的习惯心理、惠顾心理等；又包括客观因素，如商家的信誉、购物场所的环境、售货方式、可挑选的商品品种、价格水平、服务质量、交通的便利程度等。消费者通常把以上因素综合起来加以考虑，然后货比三家，作出购买决策。因此，where 与企业的渠道策略息息相关。

五、when

when 是指何时购买。时间决策既与消费者需求、动机的迫切性有关，也与市场的供应情况、营业时间、交通情况及消费者自己的空闲时间等其他因素有关。此外，商品本身的季节性、时令性也会影响购买时间。在多种购买动机中，往往由需求强度最高的、主导性的动机来决定购物时间。同时，消费者的购物时间还要受个人的经济条件、个性特点，以及商品的时令性、季节性、价格等因素的影响。例如，经济条件好、讲时尚、追时髦、有个性的消费者，往往是新产品的“最先试用者”，是新产品消费的带头人，可能最先购买某一商品；那些经济条件不太好或理智型的消费者往往购买季节差价商品。因此，when 可以帮助企业营销人员精准把握有效促销的时机。

在消费者的脑海里，往往会给某些产品附上“时间”的标签，认定一种产品“只适宜”或“最适宜”某时段内享用（比如：可乐是夏季饮料，露露是冬季饮料；鲜奶是早晨饮料，汽水是下午饮料，红酒是正餐饮料），这将直接影响产品的时间性销量分配。若能掌握消费者对产品的时间概念，再加以引导，必将有助于拓展市场。

事实上，有关“何时”购买的问题除了探究购买动机外，更要了解购买频率（多久买一次）和购买数量（一次买多少），以了解消费者使用产品的速度，并根据消费者的产品使用量，细分出重量级使用者（heavy user）、中量级使用者（medium user）以及轻量级使用者（lighter user）。可见，这需要探究消费者对产品的

“时间”概念。

六、who

who是指由谁购买。在消费者购买决策中，需要区别谁是主要消费者以及谁参与了购买决策。因为在消费者行为中，购买者和最终的使用者往往并不吻合，尽管他们都属于消费者的范畴，但真正的购买者在决策过程中占据更大的主动权。

1. 谁是主要消费者

了解谁是主要消费者，需要首先知道消费者有什么特征。可运用人口、心理、地理以及行为等变量，描绘出主要消费者的特征，然后针对有这些特征的人群设计相应的产品特征和诉求重点。

2. 谁参与了购买决策

消费者实际上是一个十分复杂的群体，在一般的购买决策中，至少包括五种不同的角色。这五种角色是：(1) 购买的发起者：需要或提议购买商品的人。(2) 购买的影响者：对购买决策产生影响的人。(3) 购买决策者：决定购买行为的人。(4) 实际购买者：购买行为的执行者。(5) 购后的使用者：购买行为发生后，实际使用该产品的人。营销人员必须对参与购买决策的各个成员的角色与影响力有清楚的认识，以便针对特定的角色，设计出打动人心的产品特征与诉求重点。

购买活动是一种复杂的行为，金额越大，复杂程度就越高；参与决策的人越多，决策的实施时间也会越长。消费者以个人为单位购买商品时，五种角色可能由一人扮演；以家庭为购买单位时，五种角色往往由家庭不同成员分别扮演。以一个家庭为例，对于简单、例行的购买行为（如买肥皂、牙膏等），可能由家庭主妇决定并购买，不会涉及他人；但对于金额大、涉及众人的购买决策（如买汽车、音响），家里的每一分子都可能扮演某种角色。在上述五种角色中，营销人员最关心的是决策者是谁。对于一些产品，很容易识别购买决策者，如女性一般是化妆品的购买决策者，男性一般是烟酒的购买决策者，高档耐用品的购买决策往往由多人协商作出。对于另一些产品，不易找出谁是购买决策者，此时就要分析家庭成员的影响力。识别谁是商品的实际购买者也很重要，因为他们往往有一定权力更改购买决策，如买多少，何时、何地购买等，企业应据此开展商品陈列和广告宣传活动。

七、how

how是指买多少，直接涉及消费者的支出方式及其消费结构。它在消费者行为中对营销价格策略起到主要作用，是消费经济学中的重点研究内容。

我们将上述6W1H对应于营销市场的4P理论，进行简单归类可以发现：why，what和which对应product；where对应place；when和who对应promotion；how则对应price。所以说，消费者行为的核心内容与市场研究的内容完全吻合，深入研究消费者行为对于拓展产品市场非常有价值。我们可以将模型简化如图1—1

所示：

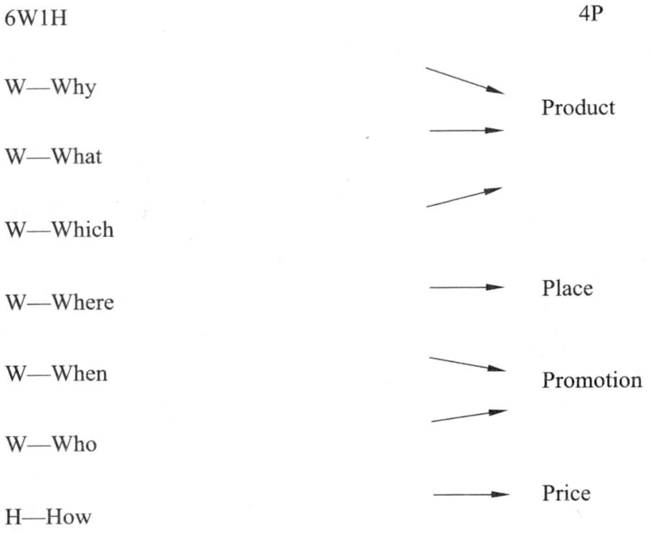

图 1—1　6W1H 与 4P 模型

第 3 节　消费者行为研究的理论来源与方法

一、理论来源

消费者行为是一个复杂的过程。对它的研究涉及多门学科，如心理学、社会心理学、社会学、人类学和经济学。这些学科是消费者行为研究的主要理论来源。

（一）心理学

“心理学”（psychology）一词由希腊文“psyche”与“logos”演变而来。前者意指灵魂，后者意指讲述，合起来意指研究心灵的学问。19 世纪末，心理学被界定为研究心理活动的科学。20 世纪 20—60 年代，心理学被界定为研究行为的科学。到 70 年代，心理学被认为是研究个体行为与心理过程的科学。

心理学作为一门独立的学科，经过 100 多年的发展形成了很多分支。各心理学分支均能为理解消费者行为提供某些帮助。比如，生理心理学用个体的生理过程来解释个体行为的产生；一些研究者通过测量消费者的脑电波来研究广告对消费行为的影响；还有一些心理学家通过研究记忆机制来了解消费者是如何对信息予以加工和处理的。通过心理学的研究和探索可以更好地解释消费者行为的产生：广告如何才能获得消费者的注意；广告主如何发现便于记忆的广告创意；哪些因素促使消费者购买某些产品和寻求某类体验活动；哪些因素导致不同消费者在购买决策上存在差异；等等。总之，心理学是一个涉及面非常广泛的学科，对理解个体消费者行为起着十分重要的作用。

（二）社会心理学

社会心理学（social psychology）是将社会学与心理学相结合的一门科学。社会心理学主要研究处于社会环境中的个体在与社会环境的相互作用中所产生的社会心理及社会行为。尽管是心理学的一个分支，但它不等同于心理学。因为普通心理学主要研究个体的心理活动，侧重个体心理与生理机能之间的联系，社会心理学则将个体的心理活动更多地视为个体与群体及社会互动的过程，同时更加注重群体心理的产生及其对个体的特殊影响。

社会心理学家关注的是影响个体相互作用的那些因素。例如，他们会对消费者形成某种态度的过程及其影响因素进行考察。此外，他们还对环境的不同层面（如媒体传播对消费者的影响方式、群体成员之间的互动方式）表现出浓厚的兴趣。社会心理学家对以下消费者行为研究领域给予了特别的关注：某一个体是如何影响另一个体的购买行动的；信息是如何在群体内和群体间传播的；哪些因素影响消费者对产品和公司的认知；家庭是怎样影响消费者行为的；相关群体是怎样影响消费者行为的，等等。

（三）社会学

社会学（sociology）是研究社会结构及其内在关系与社会发展规律的学科。它侧重于对社会组织、社会结构、社会功能、社会变迁、社会群体等的研究。如果说普通心理学重在对个体的研究，社会心理学重在对人与人之间相互作用的研究，那么，社会学则重在对宏观社会及大群体活动趋势的剖析和探究。

社会学在研究社会结构、社会发展过程时，必然涉及人类与社会的需要、社会心态、社会意向等现象，上述社会现象又反过来影响参与其中的个体或人的行为。所以，社会学的一些理论和原理对于考察、分析消费者行为是极有价值的。对消费者行为分析极有意义的社会学研究领域很多，例如：文化和亚文化是如何影响消费的；不同的社会阶层及其消费差异是如何影响消费者的购买偏好的；群体规范是怎样形成的，它通过什么机制影响消费者。另外，社会学家经常对人们在社会中扮演的不同角色展开调查。这类研究对于分析角色对消费者行为的影响是很有价值的。

（四）人类学

人类学（anthropology）是用历史的眼光研究人类及其文化的科学。它包含对人类的起源、种族的区分，以及物质生活、社会构造、心灵反应等的原始状况的研究。更具体地说，它研究现代人在体质和文化上如何相异和相似，以及他们的体质和文化是如何进化的。换言之，人类学的主旨是研究横跨整个地球和贯穿整个历史的所有人类，研究他们的身体和文化的各个方面——从他们的牙齿如何形成到他们如何获取食物、建造房屋和抚养孩子。

人类学对消费者行为的研究具有独特价值。这主要体现在两个方面：一是它的研究方法可资借鉴；二是它对神话、宗教、民间传说、民俗等方面进行了研究。人类学家广泛采用的研究方法是进行跨文化比较。这种研究方法对于考察不同国家的消费者行为无疑是十分有意义的。在过去的10多年里，消费者行为研究者一直在探索是哪些因素影响消费者追求娱乐性体验（如到游乐场玩耍）和审美体验（如参观博物馆）。为此，很多研究人员采用了人类学家经常采用的一些调查方法，如自然探询法和痕迹判断法等。自然探询法是指在日常生活、工作和娱乐环境下，研究人员通过观察、记录等方式，甚至通过自身的直接参与，了解感兴趣的事件与活动。通过这种方法了解到的情况比较自然、真实，因而对分析消费者行为具有更大的帮助。痕迹判断法则是通过观察消费者的某些外显行为来掌握事实，然后根据行为或事件之间的相互联系以及所观察到的外显行为来推断其内隐行为。比如，通过观察消费者丢弃的饮料罐，可了解他所消费的饮料类型、品牌等。

人类学关于民俗、宗教等方面的研究，对分析消费者行为具有直接的应用价值。例如，马达加斯加岛居民不敢吃箭猪，担心吃箭猪会传染上胆小的毛病；他们也不敢吃牛的膝，担心吃了牛膝会像牛一样不会走路。诸如此类的风俗与禁忌，对消费者选择商品的影响是深远而直接的。

（五）经济学

经济学（economics）是一门研究稀缺资源的配置和利用的社会科学。最初从事消费者行为研究的学者，大都是接受过经济学知识培训的。不少学者利用经济学原理来探讨消费心理和消费行为，哈佛大学经济学教授哈维·莱宾斯坦利用经济效用理论，将消费者需求分为功能性和非功能性两种类型，研究消费外部效用对消费者个体行为的影响，取得了丰硕的研究成果。另外，经济学原理对于预测和影响消费者行为具有很大的实际意义，比如为企业制定产品价格提供依据，用于分析影响市场需求的可能因素，从而帮助企业制定生产和营销策略。比如一些商家推出限量版商品，就是利用了经济学中的稀缺性原理，通过提高消费者对商品的评定价值，刺激消费者购买。

二、研究方法

由于消费者行为本身是较复杂的现象，因此该领域的研究也需要多种学科的融会贯通。在目前已出版的大多数市场营销方面的著作以及消费者心理学和消费者行为学方面的著作中，提及的消费者行为的研究方法很多，如实验法、观察法、问卷调查法、个案研究法、跨文化研究法，等等，这些方法大多数在社会科学（尤其是行为科学）研究中得到普遍应用。这些方法适用于对具体的消费者行为或消费者行为的某些方面的探究，对丰富和发展有关消费者行为的知识都有各自的作用。

进行全面的消费者行为研究，需要运用更加全面和专业的方法，如解释说明方法、传统科学方法和营销科学方法。下面逐一详细介绍。

（一）解释说明方法

相对于消费者行为的研究领域而言，解释说明方法属于一种较新的研究方法，但是它的影响力不容小觑。它根植于文化人类学的基础理论和基本方法，试图探寻人类消费行为的深层含义和意义。该方法采用访问调查法和小组座谈法来了解产品和服务对于消费者的意义，以及消费者购买和使用过程中的个人体验。一些研究甚至涉及广告中如何描述女性，艺术作品和影片如何反映消费行为的意义，或者财产的拥有量如何影响个人的自我定位。这些研究并没有直接帮助市场营销人员部署成功的市场战略，但从中可以得到一些关于市场策略的启示。

1. 访问调查法

消费者分析师通过开展访问调查来收集消费者信息。访问调查法通过对大量的消费者样本进行提问并记录其回答来收集信息。访问调查法主要有邮寄访问、电话访问、互联网访问和拦截访问等形式，各有优缺点。大多数拦截访问都是在大型购物中心进行的，其优点是可以询问消费者一些细节，展示产品样品或者不同的广告，也可以了解消费者的个人观点。但这种方法的成本较高，且消费者有可能受到访问员的影响而造成调查结果有偏差。通过电话访问也可以从消费者那里获得大量信息，但所提出的问题的主题应相对简单，此外，如果消费者不愿告知电话号码，就无法联系到消费者。邮寄访问可以不受访问员的影响而获得大量的信息，但在调查人员和消费者之间邮寄信函使得完成调查的时间较长。如今，互联网访问迅速得到发展，其优势在于速度快、数据输入简单，使设计复杂的问卷成为可能，能够与消费者进行良好的互动。许多研究人员坚信互联网访问的优势将促使其最终取代大多数电话访问。其不足主要在于接受互联网访问的人能否代表那些未作出回答或者无法上网的人群。

2. 小组座谈法

小组座谈法是应用最普遍的一种探究消费者和消费者行为差异的方法。通常由一名经验丰富、有技巧的主持人召集 8～12 名人员，引导他们就研究者关注的问题进行全面集中的讨论。与调查法相比，小组座谈法能够收集到消费者如何准备购买、决定购买以及使用产品等方面的非常有针对性的观点。

（二）传统科学方法

传统科学方法建立在社会学的理论和方法基础之上，同时来源于认知心理学、社会心理学和行为心理学。它重在探究解释消费者作出决策和采取行为的理论与方法。研究者运用观察法和实验法，通过消费者信息收集过程、决策过程以及消费者行为受到的社会影响等来测试和发展原有的理论。这种方法对于营销思想的发展产生了深刻的影响，一些学者专注于理论的测试研究，另一些则集中研究市场营销策略对消费者产生的影响。

1. 观察法

观察法涉及在不同情境下对消费者行为的观察。研究人员可以监测消费者在自然状态下的行为，如观察消费者使用产品以及在家里的饮食，也可以在实验条件下进行监测。利用监测仪器，监测人员观察消费者对不同广告作品、包装和色彩的反应。正像优秀的侦探一样，优秀的消费者分析师可以通过观察消费者的眼神、声音、触摸、品尝和嗅觉感知来获得消费者对产品的信任度和品牌忠诚度。例如，为了解如何进入前景广阔的儿童市场，市场营销人员探访学校操场或体育场馆的学生以观察他们对于产品下意识的反应。

2. 实验法

实验法作为一种研究方法，试图通过仔细控制各种自变量（如广告数量、包装设计、沟通方式）来了解因果关系，以判断自变量的变化如何影响因变量（如购买意图或行为）。实验室实验在物理环境下借助商业或学术设备，进行变量控制最大化的研究。田野实验就是布置成居家或商店自然情景下进行的实验。

（三）营销科学方法

营销科学方法来源于经济学和统计学的理论与方法。它通常运用发展和验证数学模型来预测市场营销策略对消费者选择和行为的影响。这种方法已经成为快速消费品行业基于商品包装来吸引顾客，进而研究顾客偏好的一种主要方法，因为它可以通过高效处理大量的扫描数据来协助解决市场营销问题，比如，通过购物积分卡记录顾客在超市中所购商品的数量和品类，进而对这些数据进行分析，可以挖掘顾客的消费偏好和习惯，以提出相应的产品采购策略的优化建议。

经济学和统计学中的理论和方法在这些学科中都有专门的详尽的介绍，在此不再赘述。

以上三种方法从不同的分析层面、用不同的手段来洞察消费者行为和市场营销策略，各有其价值。本书基于传统科学方法，将三种方法有机结合。

三、消费者行为研究的基本框架

在研究消费者行为的基本框架中，强调了消费者决策过程中各种因素相互影响的重要性。在消费者决策过程中感知和评价有关品牌的信息，考虑品牌如何满足消费者的需要，以及最终选定一个品牌，是这一基本框架的核心。

影响消费者选择的主要因素来自两个方面。一是消费者本人。他们的需要、对品牌特征的感知以及对其他备选品牌的态度会影响对品牌的选择，此外，其生活方式以及个性方面的特点也会对品牌的选择产生影响。

二是环境。文化和亚文化以及相关群体等构成消费者的购买环境，提供商品的企业等营销组织也是这个环境中的一部分。在整个购买过程中，消费者作出决策，并提出个体评价即购后反馈，从中获取购买经验，并形成或改变信息获取途径、选择倾向等消费习惯，由此决定下一次的购买行为。

在这个过程中，消费者往往会给家人或朋友提供相关购买经历、经验和建议，企业可以通过对消费者反应的跟踪调查来获取这些信息，当然，这些信息不会向企业直接揭示消费者的购买原因或者商品本身的竞争优势，所以，企业需要通过进一步的营销调查来分析和确定消费者对商品或品牌的反应，以及将来的购买意向。这些信息有助于管理层重新设计营销策略以更好地满足消费者的需要。

如图 1—2 所示，我们需要对消费者决策进行分析。为了制定实用的策略，必须理解消费者作出购买决策的过程。消费者每次作出决策并不是完全相同的过程。它随购买活动对于消费者的重要性、消费者对购买活动的满意程度以及消费者搜寻信息和备选品牌的意愿等诸多因素的变化而变化。

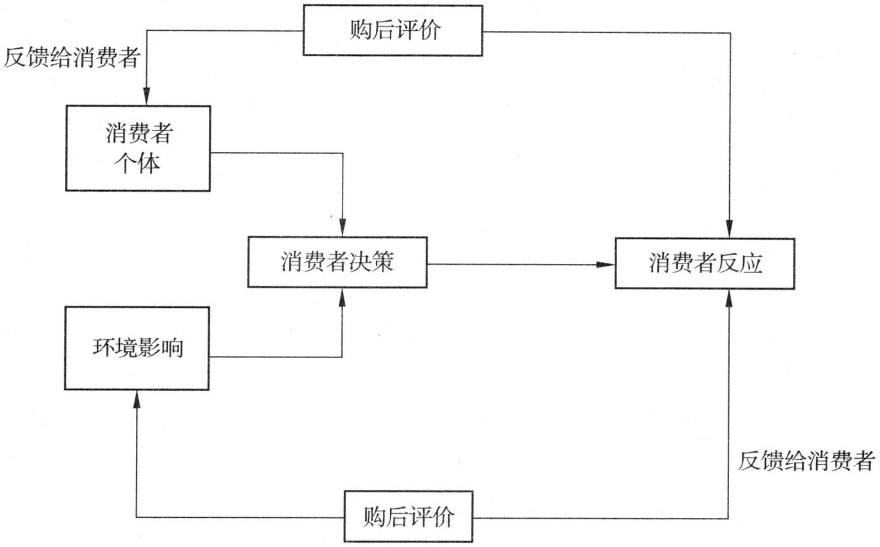

图 1—2 消费者行为模型

了解消费者个体影响决策过程的方式是理解消费者行为的核心。我们需要研究消费者的思维过程，即影响决策制定的认知因素，同时需要研究消费者的经验过程，即消费者在购买产品时更多地受功能性要素驱动还是受功能之外的心理满足要素驱动。消费者的特征（如人口特征、生活方式和个性特征等）也是影响消费者决策的因素。

消费者所处的环境也是研究的对象。我们首先从涉及范围最广的环境影响——文化入手，这里的文化是指消费者所生活的社会中共同遵守的行为准则和行为模式。我们还对亚文化（即拥有不同于整体文化的行为准则和价值观的群体）及跨文化影响（即确定国家间文化价值观上的差异）进行研究。消费者直接接触的群体以及这些群体如何对消费者行为产生影响，也是研究内容的一部分。

四、消费者行为学在中国的发展和应用

消费者行为学是 20 世纪 80 年代中期从西方引入我国的。在此之前，我国在该领域的研究基本处于空白状态。极少人从心理角度研究消费和消费者，诸如消费心理、消费行为等词鲜为人知。这种情况的形成有其深刻的历史原因。改革开放以

来，社会主义市场经济体制确立并不断完善，我国的消费品市场得以迅速发展，买方市场格局形成，企业面临越来越激烈的竞争。随着生活水平的提高，消费者的购买力、消费价值观念、消费习惯与方式发生了较大的改变，消费者在购买过程中越来越强调自我感知并追求个性，以越来越成熟的方式作出购买选择、采取购买行为。于是，消费心理和行为学的研究得到越来越多企业和学者的关注。

80年代中期，我国一些学者开始从国外引入有关消费者心理与行为的研究成果。随着研究工作的深入，这一新兴研究领域在我国已由介绍、传播进入普及、应用和发展阶段。各种调研机构纷纷开展消费者态度、居民家计、消费趋势预测等调查研究，及时跟踪分析我国消费者心理和行为的动态变化。政府有关部门亦将消费者的态度、预期、行为趋向等作为制定宏观经济决策的重要依据。工商企业则将消费者心理与行为研究的有关原理直接应用到市场营销活动中，用以指导和改进产品设计、广告宣传和销售服务等。学术界也将此问题的理论探讨列为重点课题，并且培养了一批有影响力的本土学者。

实践证明，在我国发展社会主义市场经济的进程中，深入开展消费者心理与行为的研究具有极其重要的现实意义。可以概括为以下四点：

1. 有助于消费者科学地进行个人消费决策，实现理性消费

从基本形式来看，消费是以消费者个人为主体进行的经济活动。消费活动的效果如何，不仅仅受社会经济发展水平、市场供求状况及企业营销活动的影响，更多地取决于消费者个人的决策水平和行为方式。而消费者决策水平及行为方式又与消费者自身的心理素质有着直接的内在联系。研究消费者行为，了解消费者心理和行为规律，有利于消费者作出明智的购买决策，提高消费水平和自我保护能力。

首先，面对丰富多彩的商品世界、变化迅速的流行时尚以及外来生活方式的冲击，掌握产品知识和消费方式等信息，有助于消费者对产品或服务有正确的消费和处置，提高消费水平和消费能力。例如，新产品层出不穷，产品结构日益复杂，性能趋于多样，消费者凭借自己以往的知识和经验，不仅难以作出合理的购买选择，而且无法正确使用或处置产品。其次，理解消费者购买决策过程和购买行为模式，有利于消费者科学地采取购买行为。比如，对冲动购物方式的了解，可促使消费者加强对购物活动的计划安排和合理支出，减少盲目冲动和过量购买行为。再次，了解影响消费者购买行为的社会因素和心理机制，有利于消费者理智地作出购买决策。例如，通过对文化价值观和参照群体的影响的认识，消费者可以学会如何正确对待群体压力，减少盲目跟随的从众行为。此外，利用示范效应、从众效应、群体动力效应等社会心理机制影响各个消费群体，可引导社会消费向文明适度的理性方向发展。最后，了解消费者权利和权益保护，有利于消费者提高权益保护意识，增强自我保护能力。比如，随着对消费者基本权利和消费权益保护运动的了解，消费者逐渐提高自己的消费者权益保护意识，学会运用法律武器和借助社会监督力量切实维护自己的利益。

为此，从消费者角度而言，加强对消费者心理与行为的研究是十分必要的。通过传播和普及有关消费者心理与行为的理论知识，可以帮助消费者正确认识自身的

心理特点和行为规律，全面了解现代消费者应具备的知识、能力等素质，掌握科学地作出消费决策的程序和方法，学会从庞杂的信息中筛选有用成分的基本技能，懂得如何以较少的支出获取更多的收益，从而改善生活并提高生活质量。这将增强广大消费者的心理素质，提高他们的消费决策水平，使消费行为更加合理。

2. 有助于企业根据消费者需求的变化开展市场营销活动，提高市场竞争力

随着经济的发展和人民收入水平的提高，一方面，我国广大消费者的消费需求日趋复杂多样，不仅要求提供多种数量充足、质量优良的商品，而且要求享受周到完善的服务；不仅要求满足生理的、物质生活的需要，而且希望得到心理及精神文化生活等多方面的满足。另一方面，市场经济的迅速发展使企业竞争日益激烈。而市场供求状况的改善和多数商品买方市场的形成，使企业间竞争的焦点集中于争夺消费者。谁的商品和服务能够赢得更多的消费者，谁就在竞争中处于优势地位，就能获得较大的市场份额；反之，失去消费者，则会丧失竞争力，甚至危及企业的生存。因此，企业为了在激烈的竞争中求得生存和发展，必须千方百计开拓市场，借助各种营销手段争夺消费者，满足其多样化的消费需要，不断巩固和提高市场占有率。

市场营销是企业通过市场媒介向消费者提供商品和服务，在满足消费者需要的基础上获取最大经济效益的经济活动。其实质是将各种营销手段或诱因作用于消费者，以引起其心理反应，激发购买欲望，促进购买行为的实现。企业要使营销活动取得良好效果，必须加强消费者心理研究，了解和掌握消费者心理与行为活动的特点及规律，以便为制定营销战略和策略组合提供依据。例如，在开发新产品时，可以根据目标消费群的心理欲望和消费偏好设计产品的功能、款式、使用方式和期限等，根据消费者对产品需求的心理周期及时改进或淘汰旧产品，推出新产品；在广告宣传方面，可以根据消费者在知觉、注意、记忆、学习等方面的心理活动规律，选择适宜的广告媒体和传播方式，提高商品信息的传递与接受效果。

实践证明，只有加强对消费者心理与行为的研究，根据消费者心理活动的特点与规律制定和调整营销策略，企业才能不断满足消费者的消费需要，在瞬息万变的市场环境中应对自如，具有较强的应变能力和竞争能力。

3. 有助于公共政策制定部门提高宏观经济决策水平，促进国民经济协调发展

从我国经济多年来的发展特点来看，经济发展的原动力正在发生变化。在第一个阶段，经济发展的推动者主要是政府，在计划经济条件下，政府是经济的发动机。在第二个阶段，改革开放以后，企业逐步成为经济发展的发动机。企业的行为直接左右了经济的发展。如今，我国经济发展已步入第三阶段，消费者正成为经济发展的发动机。在买方市场占主导的今天，消费者的心理活动和行为模式的变化会直接导致市场供求状况发生改变，进而对国民经济产生连锁影响。谁拥有了消费者，谁能够左右消费者，谁就会获得经济效益，拥有市场的成长空间。

市场作为经济运行的中枢系统，是国民经济发展状况的晴雨表。处于买方地位的消费者，对市场的稳定运行乃至国民经济的协调发展具有举足轻重的作用。消费者心理与行为的变化会产生一系列影响。例如，如果消费者对物价下跌的心理预期

过高，则会出现持币观望的现象，其结果是消费不足，市场疲软，生产过剩，国民经济增长速度减缓，经济出现下滑。为保证国民经济的稳定协调发展，国家在进行宏观调控时必须高度重视对消费者心理与行为的研究。尤其是与消费者利益密切相关的物价、税收、工资、利率等方面的改革与调整，应预先对消费者的心理承受能力、心理预期倾向以及行为反应的方式、强度和持续时间等进行系统的调查和准确的分析预测。根据预测结果制定和调整决策方案，选择实施措施和时机，有利于提高宏观决策的正确性，增强宏观调控措施的灵敏度和有效性。

只有了解消费者心理与行为规律，掌握消费需求的变动与发展趋向，才有可能制定正确的宏观经济政策，促进市场供给和消费需求的动态平衡，保证国民经济的健康、协调和快速增长。正由于此，研究消费者心理和行为对国内消费市场的宏观调节和国民经济的稳定运行具有更加重要的意义。这一重要性已为市场经济成熟国家的经验所证明。

4. 有助于推动我国尽快融入国际经济体系，增强企业不断开拓国际市场的能力

随着我国市场经济的发展和世界经济全球化趋势的加强，开放、合作已成为社会发展的主旋律。我国加入世界贸易组织后，越来越多的企业直接进入国际市场，加入国际竞争的行列。为使我国产品顺利进入和占领国际市场，企业必须研究其他国家、地区、民族的消费者在消费需求、习惯、偏好、禁忌以及道德观念、文化传统、风俗民情等方面的特点和差异，对世界消费潮流的动向及变化趋势进行分析预测，在此基础上确定国际市场营销策略，使产品在质量、性能、款式、包装、价格、广告宣传等方面更符合销往国特定消费者的心理特点。唯有如此，我们的企业和产品才能在激烈的国际竞争中立于不败之地。反之，忽略不同社会文化背景下的心理差异，往往会遇到某些意想不到的销售障碍，甚至引起消费者的反感和抵制。因此，加强消费者心理与行为研究，对我国进一步开拓国际市场、增强企业及产品的国际竞争力具有十分重要的现实意义。

思考题

1. 名词解释：

消费者　消费者行为　影响者　决策者　购买者　使用者　解释说明方法　传统科学方法　营销科学方法

2. 试述研究消费者行为的意义。

3. 如何理解广义的消费者和狭义的消费者？

4. 消费者行为的特点主要有哪些？请举例说明。

5. 如何理解消费者行为学的学科性质？

6. 消费者行为的核心内容包括哪几个方面？如何与营销策略组合对应？

7. 识别购买下列商品的消费者（包括多种角色）：（1）电脑；（2）轿车；（3）纸巾；（4）家具；（5）旅游套餐；（6）婚宴。这些角色会随着哪些内外部因素的变化而变化？

第 2 章 消费者决策的类型

学习目标

- 掌握消费者决策的几种类型。
- 掌握复杂决策产生的条件和过程。
- 掌握由习惯性消费到品牌忠诚的引导。
- 了解低度涉入决策的重要性。
- 了解低度涉入决策的三种理论。
- 掌握低度涉入决策理论在营销策略中的应用。

每个人都会作出很多消费决策，每天中午去食堂吃饭是消费决策，晚上邀多年未见的好友聚会是消费决策，每月购买牙膏牙刷是消费决策，每季购买新衣服是消费决策，每两年换个手机是消费决策，几年后换一辆新车是消费决策，等等。这些消费决策的过程及其影响因素是否相同呢？消费者的决策过程实际上就是解决问题的过程。这一过程有时很复杂，要持续很长的时间；有时则十分简单，在很短的时间内就可以完成。根据消费者在购买决策过程中涉入程度以及信息搜寻程度的不同，消费者决策可分为四种类型。

在本章，我们将对四种类型的消费者决策进行详细探讨，分析每一种消费者决策类型下消费者购买行为的特点，从而了解在营销过程中如何影响消费者的决策过程及其购买行为。

第 1 节　消费者决策类型的划分

要制定营销策略，就必须了解消费者制定购买决策的过程。消费者的决策过程并不是单一的、相同的，一辆汽车和一支牙刷的购买决策过程显然不一样。

一、消费者决策的分类

根据信息搜寻程度和购买活动的涉入程度，可以将消费者决策分为四类（如图

2—1 所示）。图 2—1 从以下两个维度反映了消费者购买决策类型的差异：（1）信息搜寻程度；（2）涉入程度（即个人认知该产品与其内在需要、兴趣和价值观的攸关程度）。基于信息搜寻程度和涉入程度这两个维度的差异产生了四种类型的购买决策过程。

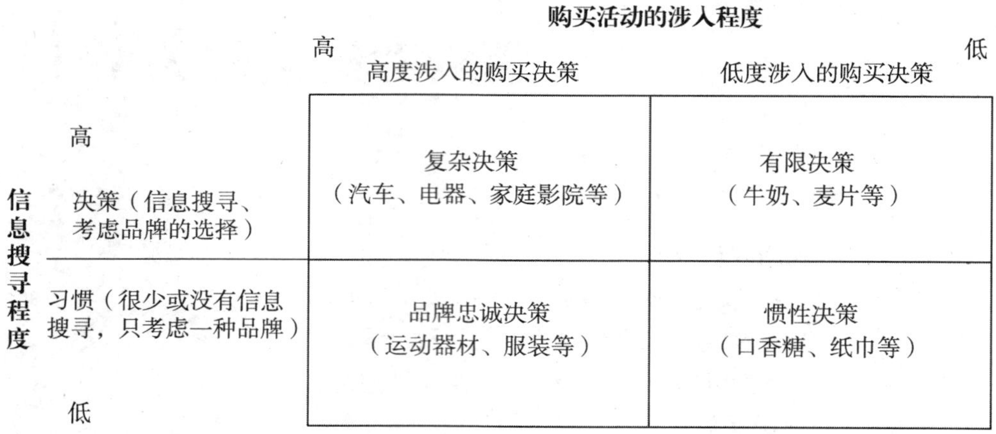

图 2—1　消费者决策

第一种类型为复杂决策（complex decision making）（图 2—1 中左上部），出现在需要高度涉入购买活动和搜寻较多信息时。这种购买活动对于消费者来说比较重要，比如购买大件家用电器、房产等。由于这种决策对消费者个人具有较大的影响，消费者会花费较多的时间和精力搜集相关信息，作出评估和选择。

第二种类型为有限决策（limited decision making）（图 2—1 中右上部）。即使未高度涉入购买活动，消费者有时也需要经历一个决策过程，因为消费者对购买该类产品几乎没有经验，不拥有关于该产品的任何信息。例如，市场上推出了一种新的微波烧烤小吃，在没有注意到或没有接触过这类产品的情况下，消费者可能会检查该食品的包装，并且抱着与过去常吃的食品做比较、尝试新口味的心理购买这种产品。在这种情况下，消费者搜寻的信息是有限的，也不会认真评估其他品牌。当消费者寻求多样性时，有限决策也很可能发生。当购买涉入程度较低时，消费者很可能弃用已经厌倦的品牌，寻求消费的多样性。由于这样的品牌决策并不重要，不必事先计划，因此这一决策的制定很可能直接在商场中作出。例如，消费者为了多样性消费，可能会决定尝试一种新品牌的面包或牙膏，因为这种尝试不会带来什么损失。

第三种类型为品牌忠诚决策（brand loyalty decision making）（图 2—1 中左下部）。高度涉入并不总是导致复杂决策。有些情况下，消费者在购买某一产品时仅考虑一个品牌。当然这种满意度是在反复选择这一品牌的基础上形成的，这些消费者认为没有必要了解其他品牌。比如受消费者信赖的宝马或苹果等品牌产品的拥有者，即使不广泛收集信息，在下一次购买时也不会考虑其他替代品牌。对这些消费者来讲，需要选择的仅仅是产品款式和型号。

在现实中，购买面包或者牙膏这类产品既可以是品牌忠诚度决策也可以是有限决策。这表明图 2—1 所示的决策过程是以消费者而不是产品为基准点的。也就是说，涉入购买的程度更多地取决于消费者对产品的态度，而不是产品本身的特性。因此，有的消费者重视食物的营养价值，会仔细地挑选面包；有的消费者则认为不同品牌的面包没有大的差别，为了寻求多样性会经常更换品牌。

第四种类型为惯性决策（inertia decision making）（图 2—1 中右下部）。表面上看，惯性决策与品牌忠诚决策很相似，即消费者始终购买同一品牌的商品，但是其本质却完全不同。消费者始终购买同一品牌的商品不是因为消费者对这一品牌忠诚，而是因为消费者认为不值得花时间和精力去寻找另一替代品牌。在低度涉入条件下，品牌忠诚决策仅仅体现重复购买行为本身固有的便利性，而不是对这一品牌的信赖。纸巾的购买就是这样的例子。

二、购买活动的涉入程度

（一）影响涉入程度的因素

消费者涉入的水平是一个从高到低的连续体，消费者在这一连续体中的位置取决于多种因素。一般来讲，消费者在下列五个条件下很可能会更深地涉入购买过程。

（1）消费者认为该商品对自己非常重要。该商品应该满足以下一个或几个条件：

- 该商品很大程度上展示了消费者的自我形象或气质。
- 该商品很大程度上体现了消费者的价值观，比如苹果电脑代表了年轻人对时尚和生活品质的追求。
- 该商品具有较大的经济价值。
- 该商品对于消费者来说有较重要的功能或实用价值。

（2）该商品对于消费者有某种情感上的号召力，即能够带来某种心理上的满足感。比如，购买奢侈品的消费者并非为了获得商品的实际功能，而是看重奢侈品所体现的社会地位或引来他人的羡慕。

（3）该商品符合消费者自身的兴趣爱好。如摄影爱好者购买专业摄影器材。

（4）购买该商品意味着较大的风险。比如购买二手汽车所带来的人身安全的风险。

（5）该商品具有价值符号的作用。比如拥有 LV 的手提包表明一个人物质的富有或较尊贵的社会地位。

由于生活中大部分商品不具备以上情感、兴趣、价值符号等价值，因此我们所经历的惯性决策比复杂决策要多得多。

（二）涉入类型

行为研究人员已经区分出两种类型的产品购买涉入：情境性涉入和持久性涉

入。情境性涉入（situational involvement）仅在特殊情况下发生，且这种涉入是暂时的。持久性涉入（enduring involvement）是持续且更长久的。通常来讲，需要作出购买决策时，情境性涉入就会产生。例如，一位MBA毕业生可能并不特别讲究穿着，但她必须为了求职面试购买一套服装。该毕业生只在上述特殊的面试情境下才高度涉入服装的购买，面试过后高度涉入也就消失了。另一位MBA毕业生可能非常追求时尚，她也为求职面试寻购服装，但她对服装的兴趣是持久的，而不是情境性的、暂时的。这样的持久性涉入要求消费者无论是否需要购买都对该类产品有持续的兴趣。持久性涉入强调的是产品本身，以及使用该产品所获得的满足感，而不是为了其他一些（情境性）目的。

情境性涉入和持久性涉入都可能导致复杂决策。无论该毕业生对服装感兴趣是因为求职面试还是因为有持久的爱好，她在作出决策前都会留意服装信息，考察可供选择的服装品牌，并且仔细地评估。

营销人员在以持久性涉入和情境性涉入的消费者为目标时，所采取的措施有非常大的差别。持久性涉入的深层特性意味着联系消费者与产品的是产品的象征和形象。而在以情境性涉入的消费者为目标的情况下，就需要营销人员增强特定商品的吸引力。

第2节　复杂决策

在复杂决策中，消费者对不同品牌进行详细和全面的评估。与其他类型的决策相比，这种决策需要搜寻更多的信息，评估更多的品牌。

一、复杂决策的条件

如图2—1所示，复杂决策在消费者高度涉入购买产品时最有可能发生。因此，复杂决策在购买下列产品时更可能发生：

- 高价位产品。
- 与操作风险相关的产品（如医药产品、汽车）。
- 复杂产品（如家庭影院、个人电脑）。
- 与自尊、形象密切相关的产品（如服装、化妆品）。

产品的特性并不是复杂决策的唯一条件，一定的便利性也是十分必要的条件。最重要的是消费者要有广泛搜寻和处理信息的充足时间。如果消费者必须快速作出决策，复杂决策就不会被采用。比如在一个有4个孩子的家庭，如果洗衣机坏了，孩子的父母不可能花几个星期时间去确定购买标准并对可供选择的品牌进行评估。消费者也可能因为更重要的工作或社会责任而没有时间处理大量信息。比如，一个刚刚从设计专业毕业、每天工作14小时的设计师，不可能花很多时间去更新坏了的立体声音响。

复杂决策的另一个条件是，消费者能够获得用以评估可选品牌的足够多的信息。艾瑞克·格林里夫和唐纳德·莱曼（Eric A. Greenleaf and Donald R. Lehmann，1995）的一项研究发现，消费者的决策有时会因为信息不充分或不准确而被延误。同样，当产品品质和特色太多以至于无法考察时，决策也会被延误。这表明，复杂决策也需要消费者具备一定的信息处理能力。

二、复杂决策模型

复杂决策通常有五个阶段（如图 2—2 所示）：（1）需求产生；（2）信息处理；（3）品牌评估；（4）购买；（5）购后评价。

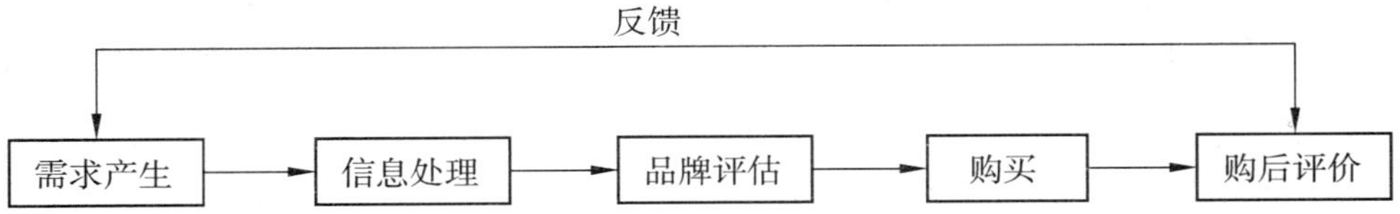

图 2—2　复杂决策模型

（一）需求产生

图 2—3 显示了需求产生的过程。消费者需求认知是以下各种输入变量的函数：（1）消费者的经验；（2）消费者的特征；（3）消费者的动机；（4）环境影响，比如文化、亚文化、社会阶层、相关群体等；（5）过去的营销刺激，比如电视广告、店铺装潢等。

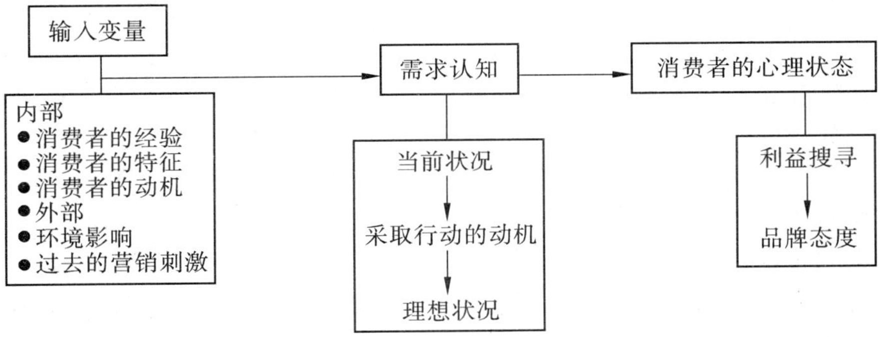

图 2—3　需求产生

消费者所处的当前状况和理想状况的差异通过需求认知表现出来。需求匮乏的状态导致了行动的动机。消费者通过需求认知决定自己要从商品中获取的利益和自己的心理状态（psychological set），即搜集商品信息之前对各种品牌有所了解。

1. 输入变量

（1）消费者的经验。产品是可触知的实体，由制造商生产，消费者购买后消费；服务是不可触知的抽象商品，因此消费经验包含与服务提供者之间的相互作用与影响；对服务的消费经验比对产品的消费经验更易变化。

消费经验分为功利性消费（使用产品是为了某些功能性目的）和享乐性消费（使用产品是为了实现幻想和满足情感上的需要），无论是哪一种消费经验，都会直接影响消费者对产品的需求。

（2）消费者的特征。消费者所寻求的利益和他们对品牌的态度，一定程度上受限于他们的特性，如年龄、性别、身高、生活方式以及个性等。收入可能影响所购汽车的车型——轻型、标准型或豪华型。年龄、婚姻状况和子女数量都会影响所购汽车的种类——跑车、轿车或敞篷货车。生活方式也会影响购买决策。一对频繁参加社交活动的夫妇或许想要一辆能给别人留下深刻印象的轿车，因此更看重所购轿车的款式和品牌。一个经常旅行的家庭则可能降低对款式的要求，更看重乘坐的舒适性。个性对购买决策也有影响。充满活力、争强好胜的消费者可能更青睐马力强劲的汽车，理智稳重的消费者则看重规范的服务和更可靠的担保。

（3）消费者的动机。动机是引发某种行为并将该行为导向目标的心理特征。消费者所处的当前状况与理想状况之间的偏差越大，满足消费者需求的积极行动的内驱力就越大。这种积极的内驱力直接影响到消费者用以评估品牌的特定利益标准。如果准备购车的夫妇受到内驱力的激励来满足彰显地位的需求，那么轿车的款式和规格将成为两个重要的利益标准。如果经济性需求驱动消费者采取行动，那么每百公里耗油量、维修成本及价格或许就成为利益标准。

（4）环境影响。消费者是在社会性的环境中购买和使用产品的。汽车的购买通常由整个家庭作出决策，家庭中的每一个成员都会影响这一决策。邻居和同事也是重要的信息来源，会对消费者的决策产生重要影响。汽车是一种交通工具，同时也是一种身份的象征。因此，社会规范和文化可以影响汽车的购买及使用方式。青少年更可能把汽车当作一种社会媒介使用，成年人则把汽车当作社会经济地位的象征。

唐纳德·威森、杰罗姆·斯科特和劳伦斯·拉蒙特（Donald E. Vinson，Jerome E. Scott and Lawrence M. Lamont，1977）的一项研究发现，来自思想自由的大学的学生与来自相对保守的大学的学生，对汽车的理解和感悟有明显的差异。前者强调汽车的性能和设计，后者则看重汽车的牌誉和奢华。很明显，这两所大学的文化准则影响到学生对汽车的理解。

（5）过去的营销刺激。过去的关于品牌特征和价格的信息也会影响消费者的需求。消费者是通过广告、商场内部刺激及销售代理人来获得这些信息的。

2. 需求认知

图 2—3 中不同的输入变量决定了消费者的当前状况，当前状况和理想状况之间存在偏差时，消费者就认识到了这一需求。这一偏差造成了紧张状态，产生了采取行动的动机。

需求可以分为功利性需求和享乐性需求，这是因为消费者制定决策是以自己固有的理想和幻想等情感性因素为基础的。

功利性需求是以满足实际利益为目的的需求，比如购买矿泉水解渴，购买手机方便联系等，消费者在购买这些产品时从实际的功能导向（如实用性、经济性）出发。享乐性需求是以获取心理上的愉悦为目的的需求。享乐性需求可以是对于某种兴趣爱好的追求，也可以是对于自然风光的观赏。总之，人们对于享乐性需求的消费往往是与自身的情感紧密联系的。

消费者在以满足享乐性需求为目的进行消费时，其品牌评估的标准通常是情感性的而不是功利性的。这里之所以使用“情感性”一词而不是“非理性”，使用“功利性”一词而不是“理性”，是因为诸如“坐车后的感受”等情感性标准也可能与“服务成本”等功利性标准一样是理性的。买一条 Gucci 领带的钱可以购买两条其他品牌的领带，但有人并不这样做，从功利性利益角度难以解释这一现象。驱动顾客购买 Gucci 牌领带的不是领带的基本功能，而是功能之外的心理因素（如彰显个性），这就是典型的基于个人情感偏好的享乐性需求。

用来刺激功利性需求和享乐性需求的营销策略是截然不同的。激发功利性需求的广告一般信息更丰富、更理智。例如，普通自行车的广告可能宣传产品的经久耐用、骑乘舒适和折叠方便等特征。刺激享乐性需求的广告内容则倾向于富含象征性和情感性。

3. 消费者的心理状态

消费者的心理状态是指当需求被认知进而产生动机时，消费者的思想状况。在消费者决策过程中，消费者的心理状态主要与对品牌、产品或商场的评估密切相关。这种心理状态由两部分组成：利益搜寻和品牌态度。

（1）利益搜寻。利益标准是消费者进行品牌决策时考虑的重要因素。如前文提到的意欲购车的夫妇，从利益标准的角度出发，最重要的标准是经济性和服务的可靠性；同时，诸如驾驶性能、舒适性、款式以及安全性等其他标准也很重要。营销人员以强调同类利益标准的消费者为依据，可进行利益市场细分。在强调诸如经济性、驾驶性能以及款式的细分市场中，营销人员可以努力开发满足这些利益的产品特征。

享乐性需求和功利性需求之间的差别，同样也反映在利益标准和评价目标上。享乐性需求会产生享乐导向的利益标准和评价目标来满足这些需求。享乐性需求与功利性需求在要求、动机、利益搜寻以及评价目标方面的比较如表 2—1 所示。

表 2—1　　功利性需求和享乐性需求的比较

	要求	动机	利益搜寻	评价指标
功利性需求	足够的运输能力	驾驶以便满足需求	经济性	每百公里耗油量
				维护保养成本
				价格
享乐性需求	驾驶愉悦感	驾驶以便满足需求	感觉良好	发动机噪声
				密封性
				驾驶平稳性

（2）品牌态度。品牌态度是指消费者评价某一品牌时感到满意或不满意的倾

向。品牌态度可以用三个要素来表述：对品牌的信念、对品牌的评价及行为倾向。

也就是说，如果对品牌的信念导致了积极的态度，那么消费者选择该品牌的可能性就比较大。而这一假设顺序恰好与消费者决策的生效层次（hierarchy of effects）模型相一致。该模型指明了消费者在购买活动中所经历的阶段顺序，这一顺序包括思想（信念）、感觉（评估）以及行动（选择该品牌的意向）。

利益和态度之间存在重要联系。当有关某一品牌的信念与消费者渴望得到的利益相一致时，消费者对该品牌的评价就比较满意。满意的品牌评价更可能促使消费者产生选择该品牌的意向。

（二）信息处理

消费者信息处理（consumer information processing）包括展示信息、感知信息和在记忆中保留信息。图 2—4 显示了这一过程：

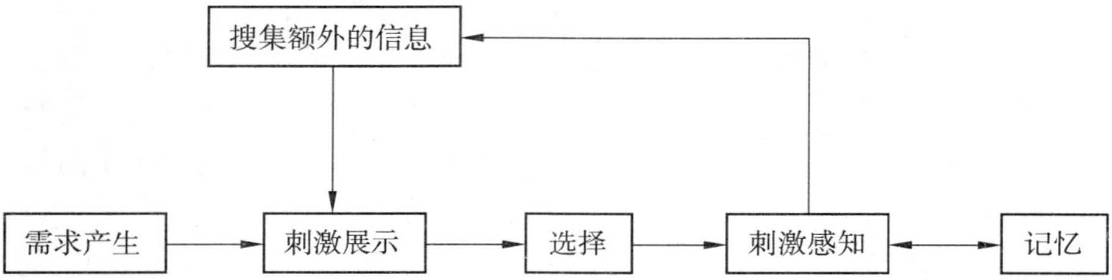

图 2—4　信息处理

1. 刺激展示

一旦某种需求得到认知，消费者就会开始搜寻和处理与这一需求相关的信息。意欲购车的夫妇很可能会注意与汽车相关的各种刺激，诸如广告、朋友们对自己汽车的评论以及展厅里和大街上的汽车。消费者对刺激物的展示通常是有选择性的。人们总是倾向于选择那些支持自己的观点以及与自己的生活方式相同的人做朋友。他们经常会搜寻那些证明自己的购买行为正确的商业广告，也会不时地把那些与自己的需求或利益不一致的信息排除在外。

因此，刺激展示是一个选择性的过程，由需求所引导，以强化对现有品牌的态度和感知，也可用来搜寻其他额外的信息。

2. 刺激感知

感知是指消费者用来对刺激物进行选择、组织及解释以弄清楚刺激含义的过程。符合以下条件的刺激更容易被感知：

- 与消费者的经验相一致。
- 与消费者拥有的关于某一品牌的当前信息相一致。
- 不太复杂。
- 可信。
- 与当前需求相关。
- 不产生过分的恐惧和焦虑情绪。

很明显，消费者对刺激的感知与对刺激的展示一样，是有选择性的。强化消费者信念和经验的广告更可能被注意和记忆。同样，与消费者关于某一品牌的经验和信念相抵触的广告更可能被忽视。通过有选择的感知刺激，消费者试图达到一种心理平衡的状态，换言之就是达到一种没有冲突和避开矛盾信息的状态。

3. 记忆

保留的信息都存储在消费者的记忆中，而这种记忆是由过去的信息和经验组成的。信息一旦被存储在记忆中，在将来使用时就可以被回忆起来，如图 2—4 中记忆和刺激感知之间的双向箭头所示。

4. 搜集额外的信息

消费者可能没有足够的信息用以作出恰当的决策。在这种情况下，消费者会搜寻额外的信息。在下列情况下，信息搜寻最可能发生：

- 认为可供选择的品牌不够多。
- 有关正在考察的品牌的信息不充分。
- 从朋友或其他媒介处获得的信息与过去的经验和当前的信息相矛盾。
- 倾向于某一特定品牌，试图验证这一品牌的性能与预期是否一致。

研究表明，消费者不会致力于广泛地搜寻信息，除非他们认为额外搜集的信息的价值与获取这一信息的成本相当。一项研究发现，当消费者面对 16 种可供选择的品牌的信息时，仅用其中 2%的品牌的信息制定决策。另一项研究发现，大约 50%的消费者在购买汽车和大宗电器时只探访一家商场。

图 2—4 表明，搜寻的额外信息要反馈给刺激展示，因为额外信息可能会进一步刺激信息搜寻。这一过程说明了消费者决策过程的动态特性。信息处理的各个组成部分与品牌评估之间并不是互相分离的，各部分始终不间断地相互作用，直到消费者作出最终决策。

（三）品牌评估

品牌评估的过程如图 2—5 所示。作为信息处理的结果，消费者利用过去和当前的信息将所涉及的品牌与渴望获得的利益结合在一起。消费者基于所寻求的利益，更偏好那些能给他们带来最大满足的品牌。

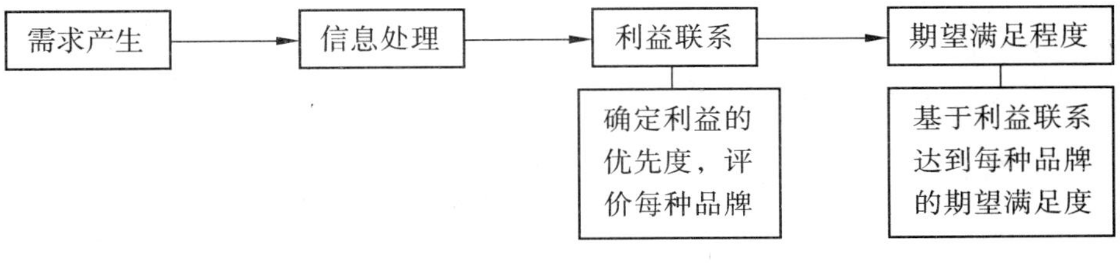

图 2—5　品牌评估

1. 利益联系

利益联系是指消费者必须区分渴望获得的利益的优先次序，并且把品牌特性与这些利益联系起来。消费者常用的评估品牌选择的方法是补偿法（compensatory method)，也就是一个标准上的消极评价可以用另一个标准上的积极评价来弥补。例如意欲购车的夫妇，对于汽车的有限利益重要性的排序为：经济实惠、服务可靠、运行良好、乘坐舒适、驾驶安全以及款式新潮。经济性、可靠性、舒适性良好的汽车即使款式不够新潮，也很有可能被选中。这里运用的便是补偿法。消费者运用补偿法进行评估时，对每一品牌的所有利益标准都要进行考察。与补偿法相对应的另一种评估方法是非补偿法（non-compensatory method)，也就是消费者同时对有限品牌的个别标准进行评估。

决定使用何种评估方法的因素有两个：消费者需求性质和涉入购买程度。当消费者为功能性需求所驱动时，他们更可能使用补偿法。在评估汽车的经济性、可靠性或舒适性时，消费者可能会使用多重标准。在评估经济性时，合理的服务成本和较低的每公里油耗可能会抵消较高的品牌价格。而当消费者为享乐性需求所驱动时，他们会更倾向于“但被打动，别无所求”的决策准则。如果某一品牌汽车不能给消费者带来舒服愉悦的驾驶享受，消费者就不会再考虑这一品牌。消费者也很可能使用非补偿法，至少在诸如清洁剂和牙膏的购买决策中就是如此。在这种情况下，消费者不值得花时间和精力用补偿法来选择品牌。

2. 期望满足程度

补偿和非补偿模型都认为，消费者可以在某一品牌或产品满足消费者渴望获得的利益的基础上形成一系列期望。对最重要的利益满足程度最高的品牌，被期望带来最大的满足。对于意欲购车的夫妇，购买最经济实惠的汽车这一期望的满足程度最高，因为满足了消费者最重要的利益标准——经济性要求。

（四）购买和购后评价

品牌评估的结果是形成购买（或不购买）的意向。复杂决策的最终结果包括购买想要的品牌、评估该品牌以及存储这一信息以备用（也就是反馈）。这些步骤如图 2—6 所示。

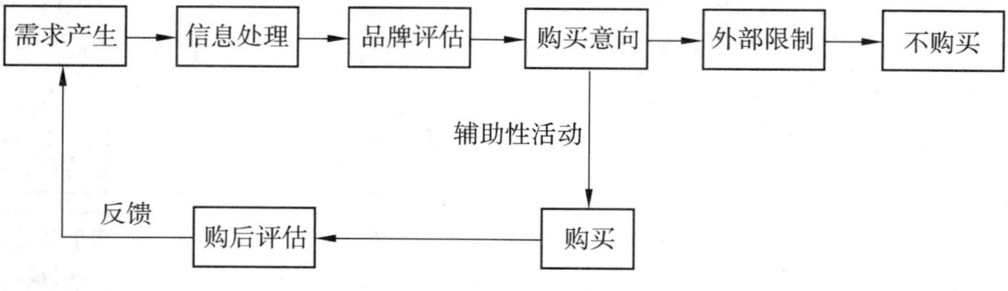

图 2—6 购买和购后评价

1. 购买意向

消费者一旦对品牌进行了评估，就会选择购买期望的满足程度最高的品牌。在复杂决策中，购买决策是不可能迅速作出的。意欲购车的夫妇可能会继续考察一些市场，进行一些辅助性活动（instrumental actions)：选择经销商，确定购买时间，前往购买地点，选择汽车内饰等。

2. 不购买

消费者决策模型表明，消费者也可能作出推迟购买或不购买的决策。格林利夫和莱曼（Greenleaf and Lehmann）的研究指出可能导致消费者推迟决策的原因：

- 太忙以至于没有时间决策。
- 不愿意为购买该商品而逛商场。
- 担心购买该商品会恶化其他人对自己的评价（社会风险）。
- 担心他们作出了错误的决策或该商品不能正常使用（自尊和性能风险）。
- 需要有关该商品的更多信息。
- 认为该产品的价格可能会马上下降或者更好的品牌可能会马上出现。

图 2—6 表明，由于这样的外部限制，决策过程在任何阶段都可能中止或推迟。例如，消费者看好的车型在当地的 4S 店无现车可提货，或者购置税可能下调，这些都会导致延迟或终止购买决策过程。

3. 购买

如图 2—6 所示，在购买意向和实际购买之间需要进行辅助性活动。在复杂决策中，购买意向和购买之间的时滞会更大，因为此时促成购买决策需要更多的活动。

在购买所需的辅助性活动中，选择商场是其中最重要的一项活动。实际上，选择商场本身可能就是一个决策过程。决定到哪里购买服装比决定购买什么品牌更重要。意欲购车的夫妇需要与经销商谈判，从中选择在价格、服务和贷款方面提供最优惠条件的经销商。

4. 购后评价

产品一旦被购买，消费者将在消费过程中对其性能进行评价。

（1）购买与消费。购买与消费是两个不同的概念：从主体来看，商品的购买和消费未必由同一人执行，而只有消费者才会产生对商品的满意度的感知；消费者通过对各种品牌满足其需求的预知来作出购买决策，这些预知的准确性通过消费来评判；重复购买行为取决于消费者的购后评价和体验，品牌忠诚度源于消费而非购买，一个品牌要可持续发展，必须建立起消费者的信任。一旦出现不满意的购后评价，消费者不仅会弱化自身的购买行为，而且往往会将对于该品牌的消极印象传递给他人，最终使该品牌失去更多的市场份额。

（2）满意与不满意。满意来自消费者对于消费效果的评判，当某种商品能够满足消费者的消费需求甚至超过其预期时，即产生满意的心理状态，而这种心理状态反过来会进一步强化消费者的购买决策。如图 2—6 所示，购后评价会对消费需求产生反馈作用。满意会强化消费者对于品牌的积极态度并促使其重复购买，相反，当商品不能满足消费者的消费预期时，就产生了不满意的心理状态，由此产生对于品牌的消极态度，削弱消费者的再次购买行为。

（3）购后失衡。任何关于所选产品的被动信息都可能引起购后失衡（post-purchase dissonance），这源于两种相对立的信念的冲突。购后失衡导致两种效应。

一种是同化效应（assimilation effect），即忽视产品瑕疵，保持对产品的积极评价。比如：忽视失衡信息，有选择地解释这些信息，降低期望水平，有意搜寻所购品牌的积极信息，使其他人相信所作选择是正确的。消费者在这样做的同时也就说服了自己。例如，购车的夫妇购买了某一品牌的汽车，使用一段时间之后，发现该车型每百公里耗油量要比经销商和广告声称的高，但在诸如款式和舒适性能等方面达到了预期水平，那么他们会将注意力集中在良好的性能上，努力消除或合理解释汽车的不良表现。这时同化效应的作用使得他们先前预期的产品性能和实际的产品性能的差异并不大。

另一种是对比效应（contrast effect），承认且夸大不良性能，导致下次购买时不考虑此品牌。如果先前的预期与实际性能的差异很大，这时对比效应的作用使得消费者承认且夸大不良性能，消费者可能会非常不满意，进而对所选的品牌产生消极态度，下次购买时也就不可能再考虑这一品牌。

第 3 节　品牌忠诚

一、习　惯

习惯（habit）可以被定义为：反复性行为引起消费者有限制地进行或根本不进行信息搜寻和可选品牌评估。如果消费者长期对某一品牌感到满意，就可能导致习惯性购买行为。反复购买后，消费者几乎不进行信息搜寻和品牌评估就可以再次选择该品牌。这种没有认知行为的购买也可以称为常规化决策（routinized decision making），以便与需要广泛的信息处理的复杂决策区别开来。常规化决策又根据涉入度的高低分为品牌忠诚决策和惯性决策。

在这一节，我们首先考察常规化决策的特性，之后再分析习惯性购买行为引发的品牌忠诚决策。

（一）习惯性购买行为模型

图 2—7 所示的模型说明了习惯性购买行为的过程。消费者基于过去的经验建立起对某个品牌的忠诚度，从而习惯于选择该品牌。

例如，某消费者是可口可乐的忠实消费者，发生购买行为可能仅仅是因为他发现冰箱里没有可口可乐了。在这种情况下，消费者的购买决策过程中可能根本不涉及信息处理，因为需求认知直接导致消费者采取特定购买行为。消费者发现没有可口可乐了，于是产生了购买意向进而采取购买行为。这一品牌的忠实消费者也可能在商场货架上看到可口可乐后决定购买。购买后，消费者会对该品牌进行评估，希望能从该品牌的消费中得到与过去同样的满足。一般来说，这种期望不会落空，因为产品在生产和包装中都要经过严格的质检以确保标准化。持续的满意反过来又增大了消费者再次选择这一品牌的可能性。

但是，该品牌产品不能满足消费者期望的可能性仍然存在，一旦出现这种情

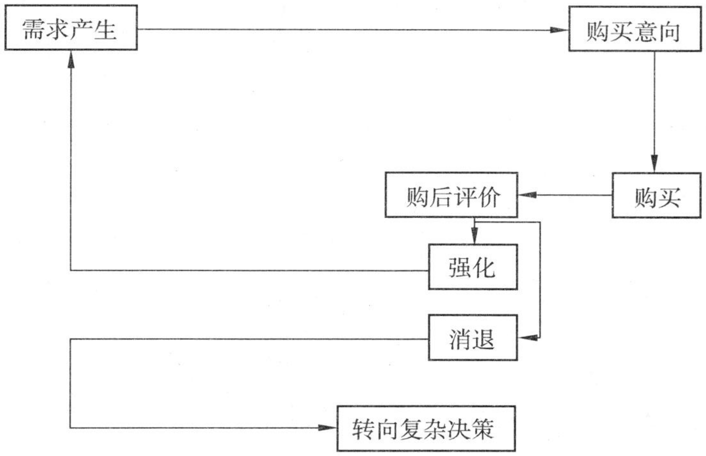

图 2—7　习惯性购买行为模型

况，品牌选择与积极回报之间的联系就会消退。例如，消费者买回麦片后发现居然只有半盒，或者买回牙膏后发现不喜欢改进后的口味。这就导致消费者开始考虑其他可选品牌，重新启动决策过程。

除不满意外，其他因素也可能引起这种联系的消退，从而使消费者改变原先的习惯，重新开始决策。例如，一种新产品进入市场，消费者已对此有所关注并且考虑购买，信息搜寻和品牌评估就会产生。在另一种情况下，额外信息可能会引起需求改变，导致重新决策。例如，了解到有关吸烟的危害的信息，某位烟民开始对钟爱的香烟品牌进行再评估。

同样，对某一品牌的厌倦也可能使消费者加速寻找其他新品牌。约翰·霍华德（John A. Howard，1969）指出："消费者经常会厌倦习惯性购买，购买者在决策过程变成常规化（习惯）以后，可能会发现自己所处的情境过于简单。他很可能对这种反复性决策感到乏味或厌倦……他感到有必要介入新的品牌，以便丰富购买情境。"消费者会摒弃习惯，转向更加复杂的决策。

在选择相同品牌的行为受限时，也可能产生这种联系的消退。例如，如果消费者钟爱的品牌产品已售罄，他就不得不考虑其他品牌。价格变化也有可能导致这种联系的消退。如果最钟爱品牌产品的价格提高或喜欢程度次之的品牌产品的价格下降，都可能使消费者考虑其他可选品牌。

（二）习惯的功能

习惯性购买给消费者带来两大好处。第一，降低了风险；第二，方便了决策。当消费者高度涉入某一产品时，习惯性购买是降低购买风险的手段。就重要的购买活动而言，多次选择同一品牌可以减小购买产品失败和造成经济损失的风险。当信息有限时，消费者通常把最流行的品牌作为最安全的选择。泰德·罗塞鲁斯（Ted Roselius，1971）向消费者咨询降低购买风险的方式，发现品牌忠诚和购买知名品牌是提到的频率最高的回答。

习惯使信息搜寻的需要最小化，从而简化了决策，导致进行常规化的决策。当某一产品对消费者而言不是高度涉入时，他们总是力图使信息搜寻最小化，因为这一产品不值得投入时间和精力。一张典型的购物清单可能包括20种或更多的商品，其中大多数是相对不重要的。如果每一种商品都需要评估可选品牌，消费者在购买前或在商场中会花大量时间来斟酌。

克劳斯·彼得·卡斯（Klaus Peter Kass，1982）的一项研究分析了习惯在刚做母亲的妇女购买婴儿产品的行为中的作用。由于母亲们的经验和常识逐渐增加，在评估可选的婴儿产品时，她们使用的信息来源数目和搜寻的信息量都大幅减少。很明显，习惯正在形成。这一发现也表明，由于购买常规化，不仅使信息减少，而且使信息的类型发生了改变。例如，习惯性购买导致：

（1）搜寻信息的类型由普通产品信息转向特定品牌信息。

（2）更依赖有关价格或可获得性的信息，对诸如新鲜程度和维生素含量这样的特定产品信息不再那么留意。

消费者通过选择一个钟爱的品牌，学会了更有效率地购买。但是，他们仍然关注竞争性品牌的价格变化，期待新品牌的出现。

二、品牌忠诚决策

学习、习惯和品牌忠诚之间存在紧密联系。品牌忠诚是指消费者对某一品牌的满意态度，会导致对该品牌长期一贯的选择。它是消费者学习的结果，消费者知道该品牌产品可以满足自己的需求。

对品牌忠诚的研究中，占统治地位的理论主要有两种。第一种是工具性条件反射理论，认为对一个品牌长期一贯的坚持是品牌忠诚的一种迹象。该理论假定消费者的反复购买行为反映出强化或很强的刺激—反射联系。持这种观点的研究者用消费者学习概率模型，在给定过去对某一品牌选择次数的条件下，估计消费者再次选择相同品牌的概率。由于预测的结果总是以概率的形式出现，因此该模型又称为消费者行为随机模型（stochastic model），更多地用于描述行为上的忠诚表现。

第二种理论建立在认知理论的基础上。支持该理论的学者认为，行为本身是不能反映品牌忠诚的，因为忠诚是对某一品牌的信赖，仅仅靠测度连续性行为难以反映。例如，某家庭对某一特定品牌的选择可能是由于该品牌在市场上价格最低，价格略微上升就可能使之转向另一个品牌。在这种情况下，连续性购买不能反映强化或忠诚，因为刺激（产品）与回报的联系并不紧密。要想区分出真正的忠诚，需要把行为性测度与态度性测度结合起来。

行为性理论和认知性理论在定义品牌忠诚决策和惯性（常规）决策上的差别，可以通过两位学者的论述加以说明。塔克（W. T. Tucker，1964）持鲜明的行为性立场："根本用不着考虑他想些什么或他的中枢神经系统怎么工作，他的行为就足以说明什么是品牌忠诚。"雅各比（Jacoby，1971）则坚持认知性立场："建立在认知、情感、评估和态度的主要组成成分基础上的反复购买行为反映了品牌忠诚，而且品牌忠诚是心理性（决策、评估）过程的一个函数。”这一论述强调，对品牌忠诚的理解既要考虑行为性（工具性条件反射）理论，又要考虑态度性（认知）理论。简而言之，品牌忠诚决策更多地涉入产品情景，不仅表现为行为忠诚，更进一步表现为情感认知的忠诚；而惯性决策不涉入产品情景，仅表现为行为忠诚。品牌忠诚决策是惯性决策带入的产品情景的延伸和拓展。

品牌忠诚是针对特定产品而言的，消费者可能忠诚于某一产品品类的品牌，但对其他品类的品牌不太忠诚。尽管品牌忠诚具有产品特定的性质，但仍可以总结出品牌忠诚消费者的一些特征：

- 对自己的选择更自信；
- 更可能察觉到购买中较高的风险；
- 更可能是商场的忠实顾客；
- 少数群体消费者有更强的品牌忠诚倾向。

第 4 节　低度涉入决策

低度涉入购买是指消费者认为所要购买的产品不重要，进而对这一购买行为不太关心的一种购买决策。

一、低度涉入观点的重要性

人们 80%的购买行为属于低度涉入的购买决策类型，比如大量的日用品、食品等的购买决策。只有不到 20%的购买行为属于高度涉入的购买决策类型，比如买房买车，次数非常有限。可见，关于低度涉入的研究也是相当重要的。

（一）涉入和生效层次

既然低度涉入在购买中如此之多，为什么营销人员还要强调高度涉入决策（即复杂决策和品牌忠诚决策）？原因有二：一是由于营销人员对自己产品的涉入程度很高，因此他们很容易认为消费者也会高度涉入；二是如果他们假定消费者评估品牌是一个认知过程，理解和影响消费者对他们来讲就更容易一些。复杂决策给出了消费者选择过程的一个顺序（称为生效层次），这一层次指明了消费者行动前的考虑过程，即首先形成品牌信念（态度的认知部分），接下来评估品牌（情感部分），最后作出购买决策（行为性或认知性部分）。信念/评估/行为层次的假设是消费者高度涉入购买，因为消费者的行为成为一个完整的研究领域，高度涉入的生效层次描述了消费选择这一假说，该假说已经主导了营销思想。

（二）低度涉入生效层次

研究消费者行为的学者把更多的注意力投向了低度涉入的生效层次。这一层次指出，消费者可能在无意识的状态下采取行动。例如，买盐时，消费者几乎不可能启动一个信息搜寻过程以决定品牌特性，也不可能为了选出最偏爱的品牌而对可选品牌进行评估。

消费者大多数情况下是被动地接收信息，而不是主动地搜寻信息。消费者坐在电视机前，看到广告中火锅店聚餐的场景，人人举着一瓶“王老吉”饮料。此时消费者没有对该广告进行真正的评估，而是在没有任何积极的认知处理的情况下，将看到的广告信息零散地存储在记忆中。然而长期下去，消费者就会建立起王老吉饮料与吃火锅之间的联想。我们将这样的过程称为信息捕捉而不是信息处理。

当消费者与朋友在火锅店聚餐时，就会对饮料产生需求，并由于反复观看电视广告对王老吉十分熟悉而选择王老吉。在这种情况下，消费者不会对该品牌形成态度，也没有偏爱或不偏爱的反应。消费者会把这一品牌看作中性产品，因为这种产品并没有与消费者个体或群体的重要利益联系在一起。

如表 2—2 所示，低度涉入产品的生效层次与高度涉入产品的生效层次有很大的不同。在低度涉入层次中，消费者觉察到该产品并且被动地形成信念。他们几乎在没有品牌信息的情况下作出购买决策，随后进行购后评价以决定满意水平，可能会对这一品牌形成微弱的倾向。但消费者的态度一旦形成，就会持续一段时间，并且对消费者产生影响。

表 2—2　　低度涉入层次和高度涉入层次的比较

低度涉入层次	高度涉入层次
通过被动学习形成品牌信念	通过主动学习形成品牌信念
制定购买决策	评估品牌
购后不一定评估该品牌	制定购买决策

有不少研究支持对高度涉入层次和低度涉入层次进行区分。约瑟夫·西格兰姆（Joseph E. Seagram，1982）联合其他人对消费者选择酒类品牌的行为进行了研究，发现反复在广告中出现的品牌的知名度会提高，因此带来的品牌意识会对品牌产品的购买产生影响，但是进一步分析发现，评估品牌并不会引起对该品牌态度的改变。这一研究得到的结论与大家长期接受的观点——首先改变人们的态度，然后改变人们的购买习惯——正好相反。这一结论支持信念/行为/态度这一层次。

在之后的一项研究中，莎伦·博蒂和林恩·卡尔（Sharon E. Beauty and Lynn R. Kahle，1988）在对涉入和没有涉入软饮料的消费者进行对比分析时发现，涉入程度越高的消费者，越倾向基于所偏爱的品牌作出选择；态度在低度涉入的消费者决策过程中起不到重要作用。

（三）低度涉入和评估品牌

就前文提到的吃火锅喝饮料的例子来看，在低度涉入决策中，消费者几乎不进行品牌评估和信息处理。这是因为在低度涉入条件下，消费者没有积极评估品牌的动力。被评估的产品不会带来大的风险，既不太昂贵，对于消费者个人也不太重要。造成动力缺乏的原因是，品牌信念是以被动的方式形成的。

许多研究发现，在低度涉入情况下，评估品牌和处理信息的水平都相对更低。莎伦·博蒂和林恩·卡尔在对评估品牌的范围进行考察后发现，涉入程度越高的消费者，进行品牌评估的范围越广（也就是说，对更多品牌的更多属性进行评估）。类似地，迈克尔·马尔维（Michael S. Mulvey，1994）考察了消费者对网球拍的评估过程，发现消费者使用更复杂的方式进行评估。例如，涉入程度较低的消费者对网球拍质量的理解是抽象的、笼统的，涉入程度较高的消费者则可以把网球拍的高质量具体分解为若干标准，如球拍头部的尺寸、手柄以及所用材料等。帕克和哈斯塔克（Jong-Won Park and Manoj Hastak，1995）对品牌评估的另一个层面——反应时间进行了调查，发现涉入的消费者比不涉入的消费者在评估品牌上所用的时间更多。

（四）低度涉入决策标准

如果在低度涉入条件下评估的品牌应尽可能少，那么消费者应该如何作出决策？他们一般会遵循相对简单的决策规则（即认知经济性原则）来使购物和决策所花的时间和精力最少。在前文有关吃火锅选饮料的例子中提到的一个原则是，挑选最熟悉的品牌。知道某一品牌的消费者会反复选择该品牌，即使它的质量并不一定优于其他品牌。

另一个简单的决策规则是，如果上一次选择的品牌还比较令人满意，这一次就选择这一品牌。低度涉入的消费者的决策是基于以前形成的品牌评估的记忆。如果低度涉入的消费者几乎没有任何与品牌相关的联想，那么最简单的办法就是选择价格最低的品牌。

上述每一种情况下，消费者都可以在根本或几乎没有评估品牌的条件下，迅速作出决策，通常这种决策都在商场中作出。

二、低度涉入消费决策的三种理论

营销理论中关于低度涉入消费决策主要有三种理论：赫伯特·克鲁格曼（Herbert E. Krugman，1965）的被动学习理论，谢里夫（M. Sherif，1965）的社会评判理论，以及理查德·佩蒂和约翰·卡乔波（Richard E. Petty and John T. Cacioppo，1981）的详尽处理可能性模型。

（一）克鲁格曼的被动学习理论

由克鲁格曼开创的被动学习理论（passive learning theory）是最早探讨低度涉入消费者行为的理论之一。在 20 世纪 60 年代对电视作为一种媒介所产生效果的研究中，克鲁格曼试图解释为什么电视广告产生了如此高的品牌回忆水平，而消费者的品牌态度却几乎没有发生改变。他假定电视是一种低度涉入的媒介，导致被动学习（passive learning）；观众处于一种放松的状态，并不关心电视传递的信息。在这种低度涉入的情况下，观众不会把信息与自己的需求、品牌信念及经验（与高度涉入情况下的假定一样）联系在一起。观众把反复接触到的信息随意地加以记忆，对特定的电视广告都会表现出高水平的记忆，但这种广告对品牌态度几乎没有产生影响。

为什么电视是低度涉入的媒介呢？首先，电视广告是活跃的，而观众是不活跃（被动）的；其次，观看的节奏不能由观众来控制，观众几乎没有反思或进行联系的机会。相反，印刷品媒介（杂志和报纸）是高度涉入的，因为其广告是不活跃的，而读者是活跃的、主动的；阅读的节奏可以完全由读者来控制，这样读者就有更多的机会对广告进行反思。

克鲁格曼预言，电视对于低度涉入产品更有效，而印刷品广告对于高度涉入产品更适合。格拉斯和华莱士（Grass and Wallace）在研究中进一步证明了这一观点。他们发现，对于缺乏主动性的消费者，电视广告可以比印刷品广告更有效地传递信息；而对于有购买动力的消费者，印刷品广告更有效。其他的研究也发现，对高度涉入的消费者来说，文字信息（如印刷品广告）最佳；对低度涉入的消费者来说，视觉信息（如电视广告）最佳。

克鲁格曼的被动学习理论在广告特性方面有所应用。如果消费者是被动的、不感兴趣的，评估品牌就不可能发生，因此，通过信息性载体来传递产品利益是不可能生效的。广告必须使用非信息性方式（如象征和形象）来传递信息。

克鲁格曼关于被动消费者的观点与营销理论中关于复杂消费决策的成熟概念大相径庭，却很好地解释了以前不被关注的低度涉入决策流程及其影响因素。表 2—3 说明了这一点，也是对他的被动学习理论的经典概括。

表 2—3　　低度涉入的被动消费者和高度涉入的主动消费者

低度涉入消费者的最新观点	高度涉入消费者的传统观点
消费者随机了解信息	消费者是信息处理者
消费者是信息收集者（gathering）	消费者是信息搜寻者（seeking）
消费者是广告的被动接受者，因此广告对消费者的影响是巨大的	消费者是广告的主动接受者，因此广告对消费者的影响很弱
消费者在购买后评估品牌	消费者在购买之前评估品牌
消费者寻求可接受的而不是最佳的满意水平，因此，消费者购买最不可能造成麻烦的产品，关键在于熟悉产品	消费者寻求最大的预期满意水平，因此，消费者对品牌进行比较，寻求最能满足需求的一种品牌，在对品牌多重属性进行比较的基础上作出选择
个性和生活方式特征与消费者行为无关，因为该产品与消费者的形象及信念体系没有紧密的联系	个性和生活方式特征与消费者行为有关，因为购买产品后与消费者形象及信念体系密切相关
相关群体对消费者几乎没有影响，因为产品与群体规范及价值无关	相关群体影响消费者行为，因为产品与群体规范及价值有重要关系

克鲁格曼的低度涉入观点认为：

（1）消费者随机了解信息。克鲁格曼认为那些从反复播出的广告中学习的不涉入消费者，就像儿童学习无意义的音节一样，通过随机无意识的方式记忆信息，没有刻意主动去学习和记忆。而传统观念认为，以认知方式积极处理信息的涉入消费者，要经过觉察意识阶段、理解阶段和记忆阶段。霍兰德和雅各比（Stephen

W. Hollander and Jacob Jacoby，1973）的研究支持无意义学习的低度涉入观点。他们把一则商业广告的听觉部分覆盖于另一则广告的视觉部分之上，产生一则无意义的商业电视广告。他们发现，对这则无意义商业广告的回忆水平要比对正常商业广告的更高一些。

（2）消费者是信息收集者。在低度涉入的情况下，消费者是被动的信息接收者。高度涉入的消费者则被认为是信息搜寻者，积极地从各种可利用的资源中搜寻信息，致力于购买行为。塞尔西和奥尔森（R. L. Celsi and J. G. Olson）的研究证实了低度涉入的消费者搜寻更少的信息，在品牌评估中考虑更少的可选品牌。这些研究发现，对于大多数消费品，信息搜寻的数量是有限的，许多消费者只选择一家商场，只考虑一个品牌。

（3）消费者是广告的被动接受者。低度涉入观点认为，广告对于不重要的产品而言是最有效的手段。在这一前提下，广告对于诱导低度涉入的购买行为是很有效的。按照克鲁格曼的观点，即使仅仅展示商业广告也是有说服力的，可能使消费者最终不假思索地购买。而传统观点的前提是假设消费者是持有强烈品牌态度的高度涉入的信息搜寻者。在这种条件下，消费者很可能会抵制广告，因为广告所传递的信息与他的信念（有选择性的感知）不一致。从这一观点出发可以合乎逻辑地得出一个结论：广告对于改变人们的思想是一种很弱的工具，它更适合于强化已经强烈持有的信念。低度涉入观点认为，当消费者处于被动状态并且所传递的信息相对不重要时，广告是更有效的手段。

（4）消费者在购买后评估品牌。克鲁格曼指出，不涉入消费者可能会仅仅由于被提醒而影响其购买行为，因为这样的购买是非计划性的。因此，消费者通常在商场建立需求与品牌之间的联系，购买之后会评估品牌。例如，消费者在商场选择了一种低价品牌的纸巾，在使用后会对这一品牌进行评估。而传统观点认为，消费者在购买之前会进行可选品牌评估。

（5）消费者寻求可接受的而不是最佳的满意水平。在低度涉入的情况下，消费者并不寻求满意的最大化，最佳产品的价值补偿不了寻求过程中的精力耗费，某种较低的满意水平也是可以接受的。积极的消费者则会通过广泛地评估品牌来实现满意的最大化——通过比较品牌特性，消费者选择能最好地满足他们需求的产品。

（6）个性和生活方式特征与消费者行为无关。没有理由假定，诸如兴趣等个性变量和社交能力等生活方式变量与低度涉入消费者行为有关系。消费者购买的大多数产品与他们的信念或自我形象没有太大的联系。正如哈罗德·卡萨吉安（Harold H. Kassarjian）所言，“个性特征或许与种族偏见、自杀、暴力、犯罪或选择配偶有关。但对不重要的、不涉入的、低度信赖委托的消费产品如啤酒、口香糖、T 恤衫及杂志而言，与个性特征的联系却极低。”相反，传统观点却假定消费者的个性和生活方式与购买决策密切相关。之所以假定存在这样的关系，是因为高度涉入购买的产品与消费者信念体系及自我形象有重要联系。而自我形象又是消费者个性和生活方式的反映，这样就把个性和生活方式特征与高度涉入购买联系在一起了。

（7）相关群体对消费者几乎没有影响。低度涉入观点认为，相关群体对消费者的产品选择没有什么影响。诸如食盐、牙膏、纸巾及塑料包等产品都是私人用品，外人根本不了解，与群体规范无关。由于相关群体对于低度涉入产品不是特别重要，这类产品的社会赞许性广告注定会失败，例如对于诸如地板蜡或房间除臭剂，更好的办法是直接宣传其功能优点。高度涉入消费者则很可能受到相关群体的影响，因为高度涉入产品反映了群体的规范和价值，如汽车、房子等是身份和地位的象征。

（二）谢里夫的社会评判理论

对不涉入消费者进行研究的第二个理论是谢里夫的社会评判理论（social judgment theory）。谢里夫根据个体对某一问题的涉入程度来描述个体对这一问题的态度和观点。他区分了接纳范围（个体接纳的情境）、摒弃范围（个体摒弃的情境）以及不确定范围（个体持中立态度的情境）。对某问题有明确意见的高度涉入个体对其他情境是不太可能接纳的，所以为数众多的情境都会遭到摒弃（属于典型的窄范围接纳和宽范围摒弃）。低度涉入个体则会发现更多可接纳的情境（宽范围接纳）或对这一问题没有明确的主张（宽范围的不确定）。

赞成某一信息（在可接纳的范围内）的高度涉入个体将会言过其实地理解和诠释这一信息。这种反应称为同化效应。同样，这一个体对于不赞成的信息（在摒弃的范围内）的批评也会言过其实。这种反应称为对比效应。例如，一位汽车爱好者刚买了一辆帕萨特并且对它非常满意，有时会想起某位朋友对这款汽车的言过其实的称赞（同化）。反之，如果这位车主对这辆车非常不满意，也可能会想起某位朋友对该车的夸张批评（差别）。因此，高度涉入个体更可能在先入为主和存有偏见的情况下有选择地感知信息，低度涉入个体则不太可能有选择地感知信息，因而同化效应或对比效应也就不可能发生。

谢里夫的理论在消费者行为学中的应用如图 2—8 所示 。积极的高度涉入的消费者会发现可接受的品牌凤毛麟角，他们会积极地处理信息。低度涉入的消费者则会找到许多可接纳的品牌，并且不会做太多的信息处理和评估。

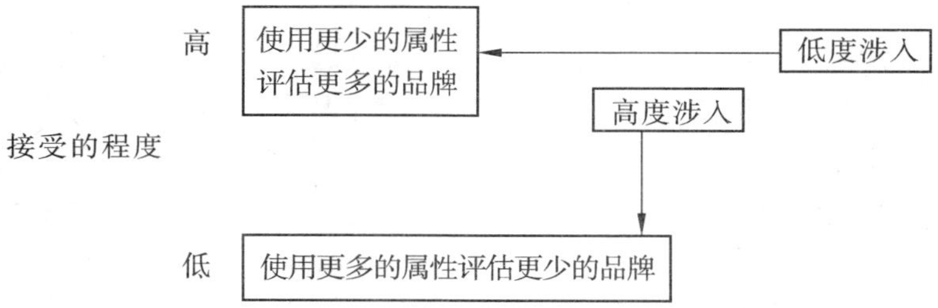

图 2—8 社会评判理论在消费者行为学中的应用

谢里夫的理论很好地契合了克鲁格曼的被动学习概念，进一步洞察分析了被动消费者。低度涉入的消费者愿意考虑更多的品牌，因为他们对某个或某几个品牌缺乏信任，但他们并不对可选品牌进行搜寻。由于缺乏信任，他们不太愿意花时间来理解广告信息和评估品牌。结果，他们在感知广告的过程中没有任何认知活动，而是以尽可能容易的方式选择品牌：他们选择最熟悉的品牌而且反复选择同一品牌。在这一基础上，社会评判理论和被动学习理论都认为，低度涉入的消费者为解决问题寻求满意的解决方法，高度涉入的消费者则寻求最佳的解决方法。

迈克尔·罗特席尔德和迈克尔·豪斯顿（Michael L. Rothschild and Michael J. Houston，1977）进一步拓展了谢里夫的理论，他们预言，高度涉入的消费者将使用更多的属性评估更少的品牌（见图2—8中的水平条），低度涉入的消费者则使用更少的属性评估更多的品牌（见图2—8中的方框条）。这一假设是有意义的，因为涉入程度越高的消费者可接纳的范围越窄（考虑更少的品牌），信息处理水平越高（评估中使用更多的属性），反之亦然。

我们生活中的经验也证明了这一观点的准确性。比如，购买汽车这类产品时，一旦确定预算，可接受的品牌非常有限，并且在购买之前通常会对有限备选品牌的所有属性进行评估；而购买日用品（如浴巾、牙刷等）时，可接受的品牌会较多，而且一般从超市提供的品牌中选择，即使没有熟悉的品牌，消费者通常也不会放弃购买，而是选择新的品牌。

（三）佩蒂和卡乔波的详尽处理可能性模型

佩蒂和卡乔波的详尽处理可能性模型（elaboration likelihood model，ELM）是第三种分析低度涉入消费决策的理论。通过说明消费者在高度和低度涉入条件下如何处理信息，该模型展示了从详尽（核心）处理到非详尽（外围）处理的一个连续体。详尽处理的程度取决于消费者处理信息的动力。消费者涉入程度越高，就越有动力处理信息，最终导致更详尽（核心）的处理。反之，涉入程度越低，越没有动力处理信息，导致非详尽（外围）的处理。

处理信息的动力与满足消费者需求密切相关。信息越相关，消费者越可能形成对信息的内容表示赞同或反对的观念（即消费者更可能详尽地处理这一信息）。因此，当关节炎患者看到某种止痛药广告宣传该药有止关节痛的作用时，他们很可能加入自己的想法（如“这种产品可能对我有帮助”或“这种产品可能会伤胃”）来详尽地处理这一信息。没有关节炎的消费者不可能形成这样的想法。由于低度涉入的消费者没有动力处理这一信息，因此详尽处理不可能发生，他们是信息的被动接收者。

很多研究支持详尽处理可能性模型。理查德·佩蒂、约翰·卡乔波和雷切尔·戈德曼（Richard E. Petty，John T. Cacioppo and Rachel Goldman，1981）发现，高度涉入的消费者更可能受到信息的特性和力度的影响（核心暗示）。相反，低度涉入的消费者更可能受到信息外围的刺激的影响（外围暗示），例如，广告中使用的颜色、背景或专家代言人等。理查德·佩蒂、大卫·舒曼和斯科特·塞尔蒙斯（Richard E. Petty，David W. Schumann and D. Scott Clemeons，1990）发现，低度涉入的消费者很可能受到广告的外在形式（如印刷字体、布局设计、代言人照片）的影响，高度涉入消费者则很可能受到实质性的内容（如有关产品属性和利益的信息的改变）的影响。这再次说明，低度涉入的消费者致力于外围处理，高度涉入的消费者则致力于核心处理。

另一项研究也指出，应该对高度涉入的消费者使用信息暗示，对低涉入的消费者使用非信息暗示。梅里尔·加德纳、安德鲁·米希尔和爱德华·拉索（Meryl Gardner，Andrew Mithell and J. Edward Russo，1982）发现，高度涉入的消费者更可能记忆和组织有助于他们选择品牌的广告信息；低度涉入的消费者则更注重广告的形式而不是内容，他们可能关注广告的要素（如音乐、特性以及背景），却从不把这些要素与品牌联系在一起。

以上研究表明，针对高度涉入消费者的广告应该强调与运作性能有关的核心信息，针对低度涉入消费者的广告则应该运用外围暗示来为促进信息的被动吸收创造一个有利的环境。

三、四种类型消费决策的比较

前文基于购买活动涉入程度和信息搜寻程度描述了四种类型的消费决策：复杂决策、品牌忠诚决策、有限决策和惯性决策。图 2—9 表明，每一种类型都可以用不同的生效层次来描述。

	高度涉入	低度涉入
决策	**决策过程** 复杂决策 **生效层次** 信念 评估 行为 理论 认知学习	**决策过程** 有限决策 **生效层次** 信念 行为 评估 理论 被动学习
习惯	**决策过程** 品牌忠诚决策 **生效层次** （信念） （评估） 行为 理论 工具性条件和 认知学习理论	**决策过程** 惯性决策 **生效层次** 信念 行为 （评估） 理论 经典条件

图 2—9　四种类型的消费者行为

四种类型的消费决策是可以相互转化的，而复杂决策和惯性决策位于连续统一体的两端。表 2—4 是对复杂决策和惯性决策的比较。

表 2—4　　复杂决策和惯性决策的比较

惯性（常规）决策	复杂决策
很少或没有信息处理	广泛的信息处理
经常购买的产品	不经常购买的产品
低价位产品	高价位产品
消费者低度涉入的产品	消费者高度涉入的产品
非补偿性决策准则	补偿性决策准则
广泛的分销	有选择的分销
几乎不需要服务	经常需要服务
人员推销重要	人员推销不重要
促销重要	促销不重要
使用广告是为了提醒	使用广告是为了提供信息
较强的价格敏感性	较弱的价格敏感性

四、低度涉入决策在营销策略中的应用

克鲁格曼、谢里夫及佩蒂和卡乔波的低度涉入观点和理论已经应用于营销策略的各个方面。下面讨论根据这一观点得到的营销启示。

（一）营销策略

低度涉入观点主要应用在广告策略方面，在营销策略的其他方面也有重要的应用。

1. 广告

如前文所述，针对低度涉入产品的广告与针对高度涉入产品的广告有很大的差别。因此，建议对低度涉入产品采取以下广告策略。

（1）广告费用应该尽可能花在重复播放上，单条广告的持续时间应该较短。正如克鲁格曼指出的，反复是获得展示的必要条件，即使处理的信息可能非常少；用高强度反复和简短信息来激发被动学习，确保品牌熟悉度。这些原则运用了经典条件反射理论的概念。反复的作用在于让消费者熟悉广告的主题或象征。在高度涉入的情况下，广告的作用不应只限于吸引消费者，还应该通过传递有说服力的信息来影响消费者。反复不是问题的关键，信息的内容才是最重要的。信息很可能更复杂多变，而且更直接地展现产品利益。这样的广告可以利用情感性或信息性手段吸引消费者。

（2）广告应该强调少数关键点而不是更多的信息。这是因为：一方面，对广告感兴趣、给予关注的消费者很少；另一方面，消费者的信息处理和同化能力很有限。所以在低度涉入的情况下，合适的广告应该利用只强调少数几个关键点的简短信息。

（3）应该重视视觉和非信息成分。由于不涉入的消费者被动地学习和迅速地遗忘，因此在他们面前保持产品的视觉接受性显得尤为重要。商场内部陈列和包装是重要的沟通工具。由于电视商业广告有积极的视觉成分，因此它很可能比印刷品广告更有效。在印刷品广告中，产品应该放在最显著的位置，并且背景中要有外围暗示。

（4）广告应该是把自身产品与竞争产品区分开来的主要手段。因为许多低度涉入产品没有实质性的品牌差异，所以广告变成了一种竞争手段。广告用象征性的竞争替代实际产品差异的竞争，从而维持消费者对某类品牌的兴趣。在这方面，象征是识别品牌的有效手段，低度涉入广告促销策略的作用在于强调信息差异而不是产品差异。

（5）就电视媒介与印刷品媒介而言，如果只需要很少的产品信息，选择低度涉入媒介（如电视）更合适，这是因为电视不要求消费者像对待印刷品广告那样严格地评估信息内容；印刷品广告适合于消费者积极搜寻和评估信息的情形。

2. 产品定位

低度涉入产品以问题最小化来定位，高度涉入产品则以利益最大化来定位。这一点是毋庸置疑的，因为低度涉入消费者寻求的是可接受的而不是最优的产品。

按照高度涉入观点，对于像保鲜袋这样的产品应该强调结实耐用和保护食品等好处；低度涉入定位却强调问题最小化，如不易撕裂等。现实中，保鲜袋的广告表明问题最小化在低度涉入产品中得到体现。

3. 价格

购买低度涉入产品的消费者很可能更具价格敏感性。他们经常仅根据价格作出购买决策，由于品牌之间差别很小，品牌对比不重要，竞争产品只要略微降价，就可以使消费者放弃当前品牌转向降价品牌。因此，降价或赠送优惠券可能足以影响消费者购买行为。

有研究指出，在那些认为购买不重要的消费者中，有52%的人认为价格是决定性因素；而在那些认为购买很重要的消费者中，只有22%的人认为价格是决定性因素。

4. 商场内部刺激

由于大多数低度涉入购买是非计划性的，因此当消费者不涉入时，诸如优惠券、商品陈列或降价等商场内部刺激就显得更重要。消费者可能根据外观选择购买某一品牌，或者仅仅由于提醒效应而购买货架上陈列最多的品牌商品。包装对于低度涉入产品可能更重要，因为在商场中消费者首先看到的就是产品的外包装。

5. 分销

广泛分销对于低度涉入产品尤为重要，因为消费者自己没有足够的动力去搜寻某一品牌。如果在商场中没有自己所喜爱的品牌，消费者很可能会作出其他选择。营销策略必须确保商场中产品的可获得性，以防止品牌转移。

6. 产品试用

就低度涉入产品来看，努力诱导消费者试用非常重要，因为消费者很可能在试用后喜欢上该品牌。例如，消费者免费试用了一种牙膏，喜欢它的口味，因而经常购买这种牙膏。由于消费者并不追求满意最大化，因此试用可能会促使其持续购买这种令人满意的牙膏。此外，由于消费者不再进行信息搜索和进一步的品牌评估，出于惯性，试用可能足以诱导消费者连续选择这一品牌。

在低度涉入的情况下，营销人员应该采取什么策略来鼓励试用呢？提供免费样品、降价、发放优惠券、与其他产品联合促销、商场内部陈列以及密集分销等策略都是有效的。在高度涉入的情况下，消费者不可能由于降价或优惠券刺激而转移品牌，因此这些策略不可能引致试用。只有通过证明这一品牌可以满足消费者渴求的产品利益，才能鼓励试用。

（二）营销策略导向

1. 将消费者从低度涉入引向高度涉入

对营销人员来说，提高消费者对某一产品的涉入程度是十分有意义的，因为高度涉入意味着信赖，消费者在面对竞争性品牌时更可能保持对该品牌的忠诚。营销人员可以使用什么策略来提高消费者的涉入程度呢？

（1）把该产品与高度涉入性问题联系在一起。通过广告或其他宣传做到这一点。比如，摩托罗拉向在偏远地区挽救濒临灭绝物种的世界野生动物基金团队捐赠可移动通信设备。

（2）构建一个问题，然后解决它。通过说服消费者相信他们处于从未觉察到的问题的困扰中，来提高消费者对低度涉入产品的涉入程度。比如，食品安全问题正困扰着我国的普通老百姓，所以为普通的馒头建立安全卫生的品牌形象可以大大提高其销量。

（3）把该产品与某一高度涉入的个人情境相联系。即把原本低度涉入的产品与某一高度涉入的情境相联系。为此，应该把产品与消费者正在从事的活动联系起来。例如，在清晨播放咖啡广告，交通高峰时段在广播电台做汽车广告，以及午夜在电视上做安眠药广告，等等，会使产品的涉入程度有所提高，因为消费者所处的情境与产品密切相关。

（4）把该产品与高度涉入的广告相联系。即通过创造高度涉入的广告，使消费者与该产品建立联系。因为某些产品本身是低度涉入产品，所以需要通过广告扭转这种局面。有两种可能创造涉入的广告：一种是自我维护广告，有助于消费者维护自我形象，免受诋毁；另一种是价值展现广告，反映消费者的价值和信念。此外，还可以通过广告赋予低度涉入产品形象价值。

（5）调整产品利益的重要性。难度较大的策略是努力调整消费者所倚重的产品利益的重要性。例如，七喜开始对其主要品牌进行不含咖啡因的广告宣传，但这种特性实际上并不是该产品的新属性。随着美国消费者健康意识的不断增强，七喜认为这类广告能够增加消费者对软饮料中咖啡因含量的关注，从而提高消费者对其产品的涉入程度。

（6）导入一种重要的产品特性。把一种新属性加入到产品宣传中，产品的该特性以前并未受到重视或者根本不具备。比如在牙膏中加入亮白属性，这在多年前可能不为人关注，如今则可以吸引很多人。

以上策略可以帮助营销人员提高产品涉入程度，但这种涉入是相对的。提高了对牙膏和冰淇淋的涉入程度，并不意味着消费者在评估品牌时会进行复杂决策，也就是说，通过广告和产品政策可能只激发规模适度的认知活动。

2. 将消费者从惯性转向多样性寻求

在低度涉入情境中，还需要考虑另一个问题：是让消费者保持消费惯性还是引导消费者寻求多样性？

对于在市场中占有绝对优势的品牌，最佳的选择是鼓励消费者的惯性消费行为。但是其他不具优势的品牌，或者刚进入市场的知名度较低的品牌，就要更多地刺激消费者进行多种尝试。通常在低度涉入情境中，占有绝对优势的品牌很容易凭借其知名度使消费者不断采取重复的购买行为，对于这种情况，提醒性广告往往能带来较好的营销效果。另外，商场货物的陈列也会影响消费者的购买行为，因此市场上的领先品牌往往陈列在货架上最显眼的位置，这实际上是一种最有效的提醒方式。知名度较低的品牌则应更多地通过人员推销、打折促销等方式来激发消费者的猎奇心理，诱导消费者转换品牌，进行新的尝试。谢里夫的理论支持这一观点：在低度涉入条件下，消费者的可接纳范围较宽广，这表明他们更愿意尝试不同的品牌。

3. 由消费者涉入程度决定细分市场

涉入程度的概念是与消费者导向相关联的。这一概念是基于消费者对产品重要性和产品形象的评估来定义的。比如，就牙膏而言，大多数消费者几乎不涉入，但有些消费者可能高度涉入。由于涉入程度能够在个体水平上加以衡量，因此可以通过消费者涉入程度进行市场细分。牙膏的购买者可以被分为高度涉入消费者、中度涉入消费者和低度涉入消费者。那么，某一特定产品的营销策略是否应该依据消费者涉入程度的不同而有所差别呢？针对同一产品的高度与低度涉入细分市场，采取不同的广告策略是否可行呢？这种方法可能成本很高而且容易使消费者混淆。更现实的方法是对产品策略进行区分。

谷类食品是一个很好的例子。通常来讲，谷类食品被看作一种低度涉入的产品，但是，就消费者关心的营养成分和健康利益而言，它又是高度涉入的产品。如果某公司想要为涉入程度更高的消费者推荐一种新的谷类食品品牌，最好宣传这一品牌产品的营养价值，可以选择电视和印刷品媒介；这一品牌产品的营养信息应在广告和外包装上醒目的位置列出。反之，如果某一品牌瞄准的是低度涉入市场，营销人员应该使用降价和优惠券等方式来诱导消费者试用，无须特别强调营养价值。此外，营销人员应该为该品牌寻求更好的商场内部陈列和可见性更佳的货架空间，以鼓励冲动性购买。

总之，虽然区分高度涉入细分市场和低度涉入细分市场是有可能的，但营销人员应该通过提供不同品牌来考虑区分策略。

思考题

1. 试分析雀巢咖啡的营销策略是怎样刺激功利性需求和情感性需求的。

2. 用本章介绍的复杂决策模型描述下列情况的决策过程：

某位家长为面临升学的孩子选择高级中学；某位大学生考虑购买一台笔记本电脑；某位老人考虑电视广告中宣传的健康按摩椅。

3. 针对第 2 题的第一种决策问题，在下列情况下决策过程有何差别？

该家庭有年龄更大的孩子，家长已有过一次择校经历；家长是外来务工人员，孩子属于借读性质；该家庭经济状况良好，希望孩子有机会接受西方式教育。

4. 功利性需求与享乐性需求有何不同？以满足享乐性需求和功利性需求的消费者为目标市场的营销策略有何不同？对功利性产品和享乐性产品的评估中，消费者分别考察产品的哪些特征？

5. 习惯在高度涉入和低度涉入中起到的作用是否相同？如果不同，有何差异？分别举例说明习惯在两种涉入状态下的作用。

6. 某商场经常采取降价和发放优惠券的促销方式。该商场的经理认为，反复光临本商场进行消费的消费者就是忠诚顾客。试分析这一观点的危险性。这一观点可能导致什么样的营销误区，是选择广告策略、定价策略还是商场内部促销策略？

7. 某种新品牌的纸巾需要重新设计营销策略。该品牌以往强调经济性定位，在同样的质量和价格下，提供数量更多的纸巾（假定在大多数情况下，消费者把纸巾当作一种低度涉入产品）。现在假定该制造商决定区分出一个涉入程度更高的纸巾细分市场，这一细分市场的消费者在更多的场合使用高质量的纸巾，而公司决定开发一种更厚、质量更好的纸巾来满足这一市场。试分析新的营销策略与原有的营销策略应有何差别。

8. 寻求多样性的行为属于高度涉入消费者行为还是低度涉入消费者行为？为什么？在什么条件下，营销人员应该鼓励消费者寻求多样性，在什么情况下又应该鼓励消费者惯性消费？

9. 选取一种低度涉入的产品种类，假定现计划为该产品导入新品牌，用本章介绍的将消费者从低度涉入转向高度涉入的策略，为该产品制定提高涉入程度的策略。

第3章 需要与动机

学习目标

- 明确需要和动机的内涵。
- 明确需要和动机如何引发消费行为。
- 掌握需要与动机的主要理论以及这些理论在营销过程中的应用。
- 能够利用需要和动机的概念和理论解决营销过程中的具体问题。

当尼古拉斯·哈耶克（Nicolas Hayek）将SMH（以生产斯沃琪手表而闻名）从一家净资产11亿美元、年亏损1.24亿美元的公司变成净资产21亿美元、年创利2.86亿美元的公司时，许多人认为他创造了一个商业奇迹。他的成功确实令人吃惊，因为他似乎背离了常规——迫于全球价格竞争的压力，跨国公司通常寻找劳动力成本最低的国家进行产品生产，而SMH公司的总部位于瑞士，大部分技术、人员和产品都集中在那里。

当被问及如何实现差异化时，哈耶克说："我意识到我们销售的不是一种消费品，抑或名牌产品，而是一种情感化的产品。很多人每天有12～24小时戴着手表，它可以成为个人形象的重要组成部分。它不应该只是一种商品。如果我们能在这种产品上附加某种真实的情感，赋予低端产品某种强烈的新内涵，我们就能成功。"那么如何将手表"情感化"？这意味着将其"时尚化"吗？哈耶克这样回答："这种说法不太准确。时尚的确重要……但是，如果你到香港，看看那里手表的设计风格、式样和颜色，你会发现，那里也有非常漂亮、时尚的手表。我们向人们提供的并不只是一种款式，而是一种信息，这才是关键所在。时尚与形象有关，而情感化的产品诉说的是信息，一种强烈的、激动人心的、不同凡响的、真实的信息，它能告诉别人你是谁，你的行为风格是什么样的。斯沃琪手表传递的信息包括高质量、低价格、兴奋、刺激、情趣，而最重要的一条是独一无二。总的说来，我们不仅在出售手表，而且在提供个性文化。"

资料来源：Hawkins D. L.，Rest R. J. And Coney K. A.，Consumer Behavior，Boston：Richard Irwin，Inc.，1992，219.

分析以上案例我们会发现，很多消费者购买斯沃琪手表不是因为他们想得到一个时间提示工具，也不是因为手表漂亮时尚，事实上，市场上有很多比斯沃琪更好看的手表，那么他们为什么需要斯沃琪呢？斯沃琪满足了他们什么样的需要？他们出于什么样的动机购买斯沃琪？

在本章中，我们将讨论两个紧密联系的概念：消费者的需要和动机。消费者为什么购买某种产品？为什么对企业的营销刺激有某种特定的反应？关于需要和购买动机的研究旨在探究消费者购买行为的原因，了解了消费者的需要和动机的产生过程，使企业营销策划者更好地刺激消费者的需要，引导消费者的动机乃至行为。

本章将详细介绍需要和动机的内涵、它们与消费行为的关系以及主要理论，在此基础上，进一步探讨需要和动机在营销过程中的启示和应用。

第 1 节 需 要

消费者的需要是现代市场营销的基础。在高度竞争的市场环境中，比对手更早、更好地识别并满足消费者的需要，是企业得以生存、获得利润、得到发展的关键。

一、需要的定义

消费者的需要主要是指消费者生理和心理上的匮乏状态，即感到缺少些什么，从而想获得它们的状态。

人们在日常生活中会有各种各样的需要，如衣食住行等生理的需要，友情、爱情等社交情感的需要。人们基于一定的需要购买产品和服务，一般来说，当一种需要得到满足后，更高层次的需要就会产生，因此，人的需要绝不会有得到完全满足的时候。

有时个体并不会意识到自己的某种需要。在一定条件下，只有当消费者的匮乏感达到了某种迫切程度，需要才会被激发，并导致个体的行为。比如，在现金紧张的情况下，消费者不会想去购买奢侈品；但当现金宽裕时，消费者所处的社会环境发生了变化，激发了其购买名牌奢侈品的需要，此时购买欲望被唤醒。由于客观条件的制约，潜在需要对消费者行为的影响往往较小。

一旦需要被激发，消费者可能为了缓解其匮乏感而采取一系列行动。但在这个过程中，需要并不直接导致行为的产生。从消费者的心理过程来看，需要和行为之间还存在动机、驱动力、诱因等中间变量。人们有了购买名牌的需要，但是选择哪个品牌、何种款式，会受到多方面的影响，因此，要让消费者作出某种特定的购买行为，营销策划者需要更深入地分析消费者心理。

（一）需要的产生

个人需要的产生是指一个人从无意识的状态发展到有意识的反映，并体验到需要的存在。它取决于个体当时的生理状态、认知水平和社会情境等因素。

1. 需要产生的生理状态

饥饿需要的产生，依赖于味觉、胃收缩、血液含糖量、荷尔蒙（激素）状态以及神经活动等。因此，脑和神经系统的活动与需要的产生有关，与某些欲望的产生关系更密切。均衡说认为，有机体生理状态的均衡是维持个体生存的必要条件，机体内某种物质的缺乏会破坏均衡，从而使人产生饥饿感、紧张感，于是出现对生理及安全的需要。然而，这种学说可以解释某些低级需要的产生，却无法解释高级的自我实现需要的产生。

2. 需要产生的自然情境和社会因素

自然情境和社会因素容易诱发需要的产生或增加已经产生的需要的强度。在自然和社会环境中，推动需要产生的最强有力的因素是目标对象。例如，看见食物或嗅到香味最容易使人产生饥饿感，从而引起对食物的需要；英雄、模范的形象可以激起人产生崇高理想与追求；等等。

3. 个人认知因素的影响

个人关于自身和周围环境的认知会显著地影响其需要。人们往往会选择符合个人认知的产品和服务，比如，选择健康食品而不是垃圾食品，选择休闲装而不是职业装，这些都是基于消费者对于个体利益和环境适应性的认知。

4. 成长性需要发生的理论

在满足生存的需要后，随着物质生活水平的提高，人们开始注重生活质量和个人进步。成长性需要是个体在基本需求得到满足之后对个人价值的追求。成长理论把个人的需要看成是一种积极主动、不断发展和升华的过程。了解这个过程，对于激发消费者的潜在需要具有重要意义。

（二）需要的特征

人的需要有以下特征：

1. 需要内容与对象的复杂性

人的需要是多种多样的。人们需要的对象可以是物质的，也可以是精神的；需要可以是获取，也可以是给予；可以是对过程的体验，也可以是对绝对结果的追求；可以是接受，也可以是拒绝。人的思想的复杂性决定了需要的复杂性，很多时候，需要的复杂性使消费者自己也无法完全了解自己的需要。

2. 需要与个体生存发展的相关性

需要是个体生存发展的必要条件。个体在生存发展的不同阶段，其需要有不同的迫切程度和特点。儿童以游戏活动为主，青少年以学习为主，成人以劳动工作为主；婴幼儿以生理需要为主，儿童以安全需要为主，并随着他的成长逐渐发展到以社交、尊敬、自我实现需要为主。从人的心理发展动力来看，心理内部矛盾是新需要与原有需要的矛盾。因此，需要是人生存发展的重要原因。

3. 人类需要的共同性与个别差异性

最基本的生理需要、精神需要和社会活动需要是人类不可或缺的，是共性的需要。另外，每个人由于内部生理、心理状态以及外部环境不同，其需要也有明显的个体差异。

4. 人类需要的社会历史制约性

人类的需要不仅随着历史的发展而发展，也随着社会生产力的发展、满足某种需要的对象范围和满足方式的改变而发展。早期社会，人类的需要较简单，主要追求生理和安全的需要。后来随着社会发展，人类才产生文化与精神的需要。人类的需要逐渐复杂化、多样化。

二、需要的分类

作为个体的消费者，其需要丰富多彩。这些需要可以从多个角度进行分类。

（一）根据需要的起源分类

1. 生理性需要

生理性需要是指个体为维持生命和延续后代而产生的需要，如饮食、睡眠、运动、排泄、性生活，等等。人的生理需要不同于动物，有着明显的思想性和主观创造性，并受到客观环境的制约。人们往往通过理性的思考来控制和选择自身的需求，也会发明工具、创造条件、发展生产来满足需要。

2. 社会性需要

人们在社会生活中会产生诸如友谊、荣誉、社交等需要。社会性需要是人类特有的，它与个人所处的时代、文化、社会角色息息相关。社会性需要并不影响个人的健康，却是一个人获得幸福感的主要来源。即使是物质极其富有的人，如果得不到他人的关爱，无法获得良好的人际关系，其生活也会缺乏乐趣。因此，社会性需要对于个人的身心健康有很大的影响。

（二）根据需要的对象分类

1. 物质需要

在社会经济比较落后的时期，物质需要主要是人们对与衣、食、住、行有关的物品的需要。如今，物质需要的内涵不断扩大，并且往往与精神需要相互渗透，比如高档住房、高级料理和豪华轿车成为人们彰显个人财富和成就的物质标签。因此，研究消费者的物质需要应更多地与消费者的精神需要联系起来。

2. 精神需要

精神需要被认为是比物质需要更高层次的需要，比如人们对于亲情、友谊、爱情、成就感和娱乐休闲的需要。这类需要虽然不像物质需要那样有明显的标的物，但是往往会对消费者的行为产生更大的影响。

三、需要对购买行为的影响

人们的行为活动往往是由不同的需要引起的。消费需要对消费者购买行为的影响主要表现在以下三个方面：

1. 消费需要决定购买行为

购买行为的产生和实现是建立在需求的基础上的，即，消费需求→购买动机→购买行为→需求满足→新的需求。由于受到内在或外在因素的影响，消费者在产生某种需求时会形成一种紧张状态并成为其内在的驱动力，这就是购买动机。它促成人们的购买行为。当购买行为完成、需求得到满足时，动机自然消失。但新的需求又会随之产生，形成新的购买动机，导致新的购买行为。由此可见，消费者的购买行为是在其需求的驱动下实现的。从这个意义上说，消费需要决定购买行为。

2. 消费需要的强度决定购买行为实现的程度

一般情况下，需求越迫切、越强烈，购买行为实现的可能性就越大。反之，消费者的购买行为就可能推迟，甚至不发生。例如，对一个没有鞋穿的人来说，第一双鞋对于他的使用价值最大，也就是说，他对第一双鞋的需求最强。走进一家商店时，他可能看到能穿的鞋就买下来，对鞋的式样、颜色、价格、质量等要求并不高。但当他买了鞋后，他对鞋的需求就不那么迫切了，鞋的使用价值对他来说就不那么重要了。也许他还会产生买鞋的需求，但此时会考虑价格、质量、式样等各方面的因素，因而购买行为的阻力增大，购买行为就不容易实现。

3. 消费水平影响消费者的购买行为

在经济发达国家，消费水平相对较高，家庭食品消费在消费总额中所占的比重较小；经济发展水平低的国家的情况则正好相反。这就是著名的恩格尔定律。其内容是：随着家庭收入的增加，人们在食品方面的支出在总收入中所占的比例减小，用于文化、娱乐、卫生、劳务等方面的费用支出所占的比例增大。

另外需要指出的是，处于不同消费水平的消费者，在购买同类商品时会出现较大的差异。例如，同样是购买衬衣，消费水平较高的人可能会花较多的钱购买一件高档衬衣，消费水平较低的人则可能会花同样的钱买两件或三件低档衬衣。一些商品在消费水平较高的家庭中属于普通消费品，经常被购买；在消费水平较低的家庭中则可能是奢侈消费品，很少被购买。所以说，消费水平的差别会影响消费者的需要，从而影响他们的购买行为。

四、影响需要的因素

消费者的需要受到许多因素的影响，除了消费者自身的因素之外，还有许多客观因素，这些主客观因素综合地影响消费者在购买活动中的需要。

（一）消费者个体因素

1. 年龄因素

年龄因素对消费需要的影响很大，婴幼儿、青少年、中年人和老年人对消费品均有不同的需要。

2. 性别因素

消费者的性别差异也会带来不同的需要。男性、女性消费者对某些商品的需要是有区别的，由于女性的特殊需要，很多地方设立了妇女用品专卖商店或柜台；男性消费者对某些商品有需要，女性却没有。

3. 文化和职业因素

不同文化水平的消费者在购买中表现出不同的情趣和审美倾向；不同职业的消费者由于受教育程度、生活与工作条件不同，对商品的款式、设计、包装、质量、数量等的要求也不尽相同。

4. 个人经济因素

个人收入也是影响消费者需要的重要因素。在商品经济条件下，实现消费需要是以购买能力为基础的，一个低收入的消费者对于价格高昂的消费品不敢问津。在我国，一部分先富起来的消费者对摩托车、小汽车、高级住宅产生了消费需要。令人惊讶的是，一些农民买了钢琴，以提高自身音乐素养。只有当农民的经济收入和文化水平提高以后，消费钢琴的需要才可能实现。

5. 个性心理因素

消费者的气质、性格和能力等个性心理特征是消费者需要存在差异的主要心理因素。

（二）客观外界因素

1. 社会因素

消费者需要的内容和满足需要的方式，都受到当时的社会生产力水平和生活条件的制约。这种制约表现在：其一，只有生产出某种产品，消费者的消费需要才能逐步产生；没有某种消费品，就没有相应的消费需求。即生产决定消费。其二，不同的生产力水平形成不同的产品门类、品种、数量和质量，人们的消费需要也因此不断变化。以我国消费者的服装消费为例，从20世纪60年代的清一色到现在的五颜六色，说明人类的需要是历史的产物。

2. 地区因素

我国人多地广，各个地区基于特定的自然条件、生产力水平、历史文化传统等因素形成了不同的消费习惯，产生了不同的消费需求。比如，广州人讲究饮食，致使广东的名菜、美食都集中在广州。各酒家的烹调工艺精细，选用的食材考究，便有了“吃在广州”的美名。又如，大多数上海人比较注重穿着，宁愿在吃的、用的方面节俭一些，也不肯在穿着上马虎。因此，上海成为我国的时尚都会，服装品牌云集、款式繁多、做工精细，也就有了“穿在上海”的说法。

3. 人际因素

任何消费者都不可能孤立地存在，会与他人发生联系，产生交流，互相影响，表现在消费需要上也是如此。当一个人觉得别人的消费习惯比自己更好时，就可能吸收和采纳，逐步改变自己的消费需要。比如，若某人的同事和邻居家里都装上了空调，就会刺激他对空调的需要。这种影响可以发生在个人、家庭、民族甚至国家之间。比如，在我国少数民族与汉族杂居地区，一些少数民族长期以来受汉族的影响，消费习惯、消费方式逐步汉化。

4. 宗教因素

由于宗教信仰和所属民族不同，消费者在婚丧、服饰、饮食、居住、节日、礼仪等物质和文化生活上各有特点，这些都影响着其消费需求的形成。据统计，目前世界上有60%的人信仰宗教，我国信仰宗教的人数在总人口中占比不高，但绝对数比较大。有关宗教的教义、节日的各种规定制约了教徒的消费心理和习惯。有些无宗教信仰的人，长期生活在教徒周围，也会受到一些感染。据说中国的豆制品、面筋制品及素食烹调技术的发展与佛教徒吃素的饮食习惯有关。

5. 家庭因素

家庭是一个消费单位。在我国的家庭里，家庭成员之间尊老爱幼、团结和睦，在关系平等的基础上养育子女和侍奉双亲。通常由家庭主妇购买消费品、考虑全家成员的需要，家庭各成员之间在生活消费上相互依存的关系比较明显。由于这些原因，家庭的经济状况及家庭人口的多少都直接制约着消费者的需要的水平和结构。刚刚结婚的两口之家和正在抚育婴儿的家庭，对商品的需要会有所不同，前者可能在文化娱乐、家用电器等方面消费多一些，后者则对婴儿食品、婴儿服装等商品的需要更大。

第2节 动 机

由于很容易免费获取音乐，很多人认为用户不可能为音乐付费。可是乐迷们却愿意花高价去购买周杰伦的演唱会门票、The Beatles 纪念品、黑胶唱片等音乐相关产品。仅仅是因为这些音乐产品不容易获得才使用户产生购买动机吗？Magnatune. com 这一在线音乐交易平台却让我们看到了另一些现象。音乐人可以通过这个平台直接将他们的音乐出售给听众，就像一家基于互联网的新型唱片公司。其创始人认为，乐迷不愿意花钱买正版音乐，是因为乐迷认为他们付出的钱大部分落入了唱片公司的腰包，并没有达到支持他们喜爱的乐队的目的，而 Magnatune. com 的模式正是让乐迷们清楚地知道他们购买音乐支付的钱绝大部分能让他们所支持的歌手获得。基于这种销售模式，Magnatune. com 还添加了用户议价的功能。用户可以为他们购买的音乐产品（包括数字音乐产品和 CD）自行确定价格，可在5～18美元中选择，默认售价是8美元。从该网站的销售情况可以发现一个有趣的现象，大多数用户最后并没有选择最低价5美元，所支付的费用通常超过默认售价。这说明用户有为了支持音乐人而付费的动机。Magnatune. com 销售的 CD 音乐专辑要比数字音乐专辑的销售单价高出2美元。虽然同样是议价，可用户更愿意为物理介质的音乐支付更高价格。这说明，用户可能为了更快捷方便地获得音乐、支持他们喜爱的音乐人、获得更高的音乐品质、获得更具收藏价值的介质等产生付费动机。

资料来源：汤永钢，艾瑞商学院专栏，http：//column. iresearch. Cn/u/tangyonggang/1171. shtml。

可见，对于消费者来说，任何动机都有可能被激发。即使是原本免费的产品，一旦具有符合人们需要的附加价值，人们就可能愿意掏更多的钱去购买，这种附加价值可以是更好的品质、情感或兴趣、名誉和地位等。如何挖掘消费者潜在的购买动机，是需要每个市场营销策划者不断思索的问题。

一、动机的定义

动机（motivation）这一概念是由伍德沃斯（R. Woodworth）于 1918 年率先引入心理学的。他把动机视为决定行为的内在动力。一般认为，动机是“引起个体活动，维持已引起的活动，并促使活动朝某一目标推进的内在作用”。动机是刺激和促发行为反应并为这种反应指明具体方向的内在力量。

（一）需要、动机与行为之间的关系

人们从事任何活动都是由一定的动机引起的。内因和外因的共同作用导致动机的产生：内因即人的内在需要，外因即外部的诱导或有利环境。需要被激发后，个体获得内在的驱动力，从而促使个体采取满足需要的行为。需要可以直接导致动机，从而引发行为，比如人们在饥饿时会有进食的需要，这种匮乏状态促使个体产生进食行为。

但是需要并不能全面解释人们从事某种行为背后的动因，于是“动机”作为消费者需要与行为之间的中间变量，对消费者行为的产生过程给予了更好的解释。为此，必须明确以下几点。

第一，需要并不一定导致行为。需要只有被激发才会驱使个体采取行动。第二，需要只为行为指明方向，而不规定具体行动路线。一种需要的满足往往有多种途径和方式，对于消费者为何选择某种具体方式，需要并不能提供充分的解释。而动机可以从能量与具体方向两个方面对消费者的行为提供更充分的解释。第三，需要有时可以通过人体的自动调节机制得到满足，而不一定促使人们采取某种行为。比如，在高温条件下，人们会通过毛孔扩张、分泌汗液来降低体温。当然，这种调节机制的作用是有限的，一旦超过一定界限，具有指向性的动机就会产生。第四，在缺乏动机时，也可能激发动机并产生行为，在这里主要强调外部环境对于动机的诱导作用。比如，消费者可能没有更换手机的需求，但是当看到朋友们都拿着最新款的手机时，也可能会产生购买动机。

需要与动机的关系如图 3—1 所示。

需要产生动机，动机产生行为，整个过程受到行为主体的人格因素和外界环境因素的影响。需要、动机与行为的关系如图 3—2 所示。

需要是人的积极性的基础和根源，动机是推动人们活动的直接原因。人的需要只有在具有某种特定的目标时，才会转化为动机。从这个意义上说，动机是在需要的基础上产生的。无论是物质的需要还是精神的需要，只要它以意向、愿望或理想的方式指向一定的对象，并激起人的行为，就可构成行为的动机，所以动机是行为的出发点。

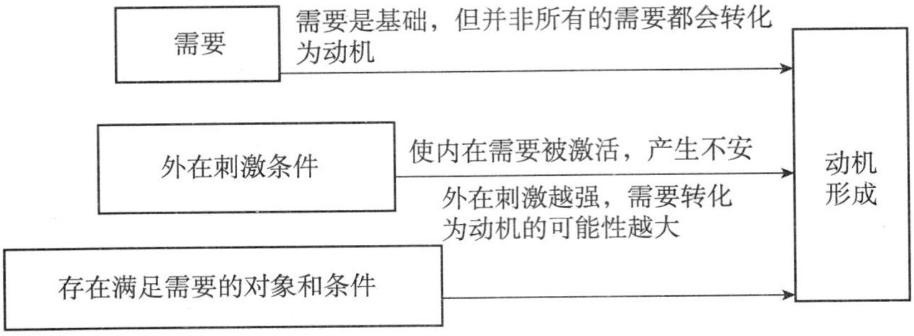

图 3—1　需要与动机的关系图

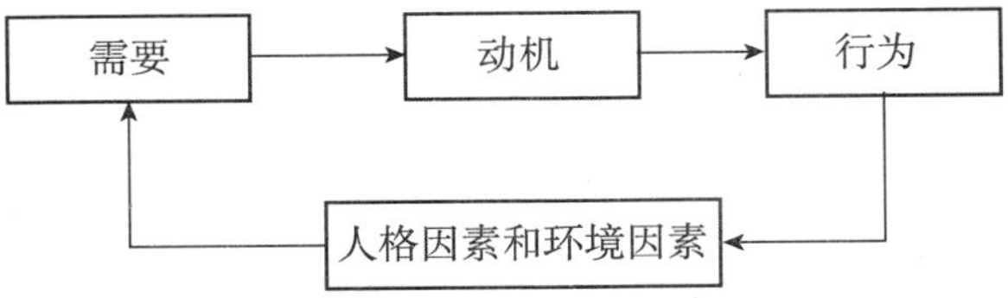

图 3—2　需要、动机与行为的关系图

资料来源：李付庆．消费者行为学．北京：清华大学出版社，2011.

（二）购买动机的作用

购买动机是消费者需要与购买行为的中间环节，具有承前启后的作用。概言之，购买动机对购买行为有以下三种功能：

（1）始发功能。购买动机能够促使消费者产生行动。

（2）导向功能。购买动机对购买行为具有导向性，购买行为的方向和目的由购买动机决定。

（3）强化功能。动机引发行为，行为的积极结果会反向强化动机，致使行为重复出现，即正强化；而行为的消极后果也会反向削弱动机，减少和避免此行为，即负强化。正强化能够促使和加强行为，负强化则可以削弱和否定行为。

二、动机的分类

人的行为动机多种多样，按其属性可分为物质动机和精神动机；按其作用强度可分为主要动机和次要动机；按其作用时间可分为持久动机和短暂动机；按其作用结果可分为积极动机和消极动机，等等。

（一）消费行为的动机分类

从消费行为角度可将动机分为生理性购买动机和心理性购买动机两大类。

1. 生理性购买动机

这一类动机是指消费者为保持和延续生命有机体而形成的各种需要所产生的购

买动机，可细分为以下三类：

（1）生存性购买动机，指为了满足生存需要而产生的动机。如为了满足衣、食、住、行等需要而产生的购买动机都是生存性购买动机。

（2）享受性购买动机，指在满足了生存需要之外而产生的以娱乐、休闲等为目的的购买动机。

（3）发展性购买动机，指为了满足个人知识、职业、技能等发展需要而产生的购买动机，如出国深造、职业技能培训等。

2. 心理性购买动机

这是指由消费者心理活动而引起的购买动机。按照心理活动的理性和非理性，可将心理性购买动机分为三类：

（1）理智性购买动机，是建立在人们对商品的客观认识之上，经过比较分析而产生的动机。这类动机对欲购商品有计划，经过深思熟虑，购前做过一些调查研究。例如，经过对质量、价格、保修期的比较分析，有的消费者在众多品牌的洗衣机中选择了海尔洗衣机。这类动机推动下的购买行为具有客观性、计划性和控制性等特点。

（2）感情性购买动机，是道德感、群体感、美感等人类高级情感引起的动机。例如，因爱美而购买化妆品，为交际而购买礼品，等等。这类动机推动下的购买行为一般具有稳定性和深刻性等特点。

（3）惠顾性购买动机，是指基于情感与理智的经验，对特定的商店、品牌或商品产生特殊的信任和偏好，使消费者重复地、习惯性地购买的动机。比如，有的消费者多年使用某品牌的牙膏；有的消费者总是到某几家商店去购物，等等。这类动机推动下的购买行为具有经验性和重复性等特点。

（二）消费者的购买动机分类

1. 求实动机

求实动机是指消费者在购买商品或服务时主要关注其实际作用和价值。与外观、品牌和时尚潮流等因素相比，这类消费者更关注商品的质量和功能。对于日常生活中经常使用的商品，消费者的求实动机会比较明显，但是对于价格昂贵的奢侈品，消费者几乎不存在求实动机。求实动机与消费者个人的经济状况及价值观念有很大的关系。

2. 求廉动机

这是一种价格导向的购买动机。在持这种购买动机的消费群体看来，商品的价格优势就是绝对优势，这类消费者对于降价、打折等促销活动特别敏感。

3. 求便动机

求便动机是指消费者在商品购买和使用过程中以快捷、便利为主要的价值取向。在这种动机支配下，时间和效率是消费者在选择和购买商品时最关注的因素。这类动机在事务繁忙、追求个人成就的绩效主义者中特别明显。

4. 求新动机

求新动机是指消费者在选择商品时主要关注时尚、新颖、特色等特征。这种动机往往与求实动机相反，功能、价格不再是主要的考虑因素，款式、设计、品牌和新颖成为主要的选择依据。这类动机在青少年群体和高收入人群中比较普遍。

5. 求名动机

在求名动机的支配下，消费者尤其关注产品或服务的品牌、知名度，并将其视为个人身份地位的衡量标尺。当前，这类动机在高收入人群、知名人士、部分青少年群体中比较明显。

6. 求美动机

求美动机是指消费者以追求商品的外在美或所带来的美化效果为主要倾向的购买动机。商品的设计、外观和艺术性是消费者决定购买的主要因素。这类动机在具有较高文化素养者、艺术工作者和年轻女性等群体中较常见。

7. 模仿或从众动机

在模仿或从众动机的支配下，消费者在购买商品时会不自觉地模仿他人的购买行为。人们可能出于羡慕崇拜、追逐潮流、惧怕风险或缺乏主见等原因采取模仿性的购买行为。不少品牌推出形象代言人，就是利用了目标消费群的模仿动机。

8. 兴趣动机

兴趣动机是指消费者以满足个人兴趣、爱好为主导倾向的购买动机。比如，登山、潜水爱好者购买专业设备，音乐、戏剧爱好者购买演出门票。

以上我们对消费者在购买过程中呈现的一些主要购买动机作了分析。消费者的购买动机多种多样，并且相互作用、相互促进或制约。因此在分析消费者动机时，要全面了解消费者的心态，分析几种购买动机的共同作用，从而抓住消费者的主要购买动机。

三、动机的影响因素

影响消费者购买行为的主要因素有消费者自身因素、社会因素、企业和产品因素等。分析影响消费者购买行为的因素，对于企业正确把握消费者行为、有针对性地开展市场营销活动具有极其重要的意义。下面着重讨论消费者自身因素和社会因素。

（一）消费者自身因素

消费者的购买动机首先受其自身因素的影响，这些因素主要包括：

1. 年龄与性别

随着年龄增长，一个人的消费需求会发生显著改变，比如一个人青少年时期可能比较注重商品的时尚感，步入中年后则更关注商品的实用性和品质。不同性别的消费者的购买行为往往有很大差异。比如，名车的主要购买者是男性，而名牌香水的主要购买者是女性。

2. 性格与自我观念

性格对于消费动机的影响是非常明显的。比如在挑选服装时，外向的消费者可能偏好鲜艳的颜色，内向的消费者则更喜欢浅色系。针对不同性格的消费者，企业的营销策略应有所不同。

3. 经济状况

经济状况主要指消费者收入、财产等。消费者的购买力和需求很大程度上受到消费者的经济状况的影响。高收入人群购买力强，需求层次更高，需求内容也更丰富。低收入人群购买力有限，他们的购买动机主要是基于满足基本生活的物质需求。

4. 职业和社会地位

职业对一个人的生活方式有显著的影响，特定职业的人可能因其特定的工作环境、所接触的人群而改变消费观念和消费需求。比如，文艺工作者较注重个人外表，求美、求新的购买动机比较明显。消费者的社会地位也会显著影响其购买动机和行为。知名人士、企业领导者往往会比较注重商品的品质，是高质高价商品的主要购买者。

（二）社会因素

在人与人紧密联系的社会环境中，没有人可以脱离社会生活，因而消费者的购买行为将受到诸多社会因素的影响。

1. 社会文化

文化是指人类在长期社会生活实践中建立起来的价值观念、道德准则和生活习俗。文化对于个体需要和动机的影响是最深远的。

一个民族或地区的主流文化同时包含多个亚文化群。文化通过特殊的认同感将处于该文化环境中的个体联系起来，于是此文化环境中的社会成员往往秉持相似的价值观念、行为和生活方式。亚文化群主要有三种：一是由于民族而形成的亚文化群，例如少数民族在饮食、衣着、节日风俗方面有自己的特色和传统，同一个民族往往形成相似的消费习惯；二是由于宗教而形成的亚文化群，宗教信仰对于人们思维方式的影响尤其明显，比如伊斯兰教信徒不吃猪肉，印度教将牛视为神灵圣物；三是由于地理环境而形成的亚文化群，沿海和内陆的饮食习惯、娱乐方式存在较大的差异，消费动机和方式也有很大不同。

2. 社会相关群体

相关群体是指对消费者的态度和购买行为具有直接或间接影响的组织、团体和人群等。不管是家庭生活、学校生活还是日常工作，每个人都会与各种人群、组织和机构建立联系。

（1）直接相关群体。直接相关群体包括两个部分：家庭成员和其他相关群体（家庭成员之外频繁接触的群体）。

家庭成员是消费者最基本的相关群体。家庭成员的一言一行都可能对消费者的购买行为产生影响，许多企业也越来越关注家庭成员在消费者购买行为中的作用。比如，玩具制造商在设计玩具时会考虑成年人的审美倾向和认同感，因为是否购买的最终决定权在家长手中。对于常用的平价商品，一个家庭的女主人往往有更多的决策权，不过随着男性更多地参与家务劳动，他们也成为快速消费品的重要的购买决策者。而对于价格昂贵、使用期限较长的商品，往往是由所有家庭成员共同商量决定。

其他相关群体是指消费者在家庭成员之外频繁接触的群体，比如亲戚、朋友、同事和邻居等。这些人群往往是消费者获取商品信息的重要来源，或者寻求购买意见的重要商讨对象，他们的购买经验及评价对消费者行为也会有很大的影响。

（2）间接相关群体。间接相关群体指与消费者接触不太密切或根本无接触，但对消费者行为有一定影响的个人或组织，如明星、专家等社会舆论的领导者。

比较典型的例子就是公众人物对于社会特定群体的消费行为产生影响。比如，青少年会购买自己喜爱的明星代言的产品，甚至追随他们的着装风格，模仿他们的言行举止。

此外，社会的政法环境、经济形势也会对消费者的购买动机和行为产生较大的影响；企业本身的产品策略和营销策略也是影响消费者购买动机的重要因素。

第 3 节　需要与动机理论

这部分简要介绍四种具有代表性的需要与动机理论：（1）马斯洛的需要层次理论；（2）ERG 理论；（3）期望理论；（4）双因素理论；（5）显示性需要理论。

一、马斯洛的需要层次理论

马斯洛将人的需要分为五种基本类型，并由低级到高级按金字塔形逐级排列，分别为：生理需要、安全需要、社交需要、尊重需要和自我实现的需要（见图 3—3）。

马斯洛认为需要各层次间的相互关系表现为：

（1）这五种需要像阶梯一样从低到高，但这种次序不是完全固定的，可以变化，也有各种例外情况。

（2）一个层次的需要相对地满足了，就会向高一层次发展。这五种需要不可能完全满足，越到上层，满足的比例越少。

（3）同一时期内，可能同时存在几种需要，因为人的行为是受多种需要支配的。但是，每一时期内总有一种需要是占支配地位的。

（4）需要得到满足了就不再是一股激励力量。

自我实现的需要基于其他四个层次需要之上，是最高层次的需要。个体所感受的匮乏感导致了生理需要、安全需要、尊重需要的产生，它们被称为基本（匮乏）需要；而自我实现的需要被称为存在（衍生）需要，是个体对于发挥个人潜能和创造力的追求。

从消费者行为分析角度看，这一理论对理解消费者行为动机从而制定针对消费

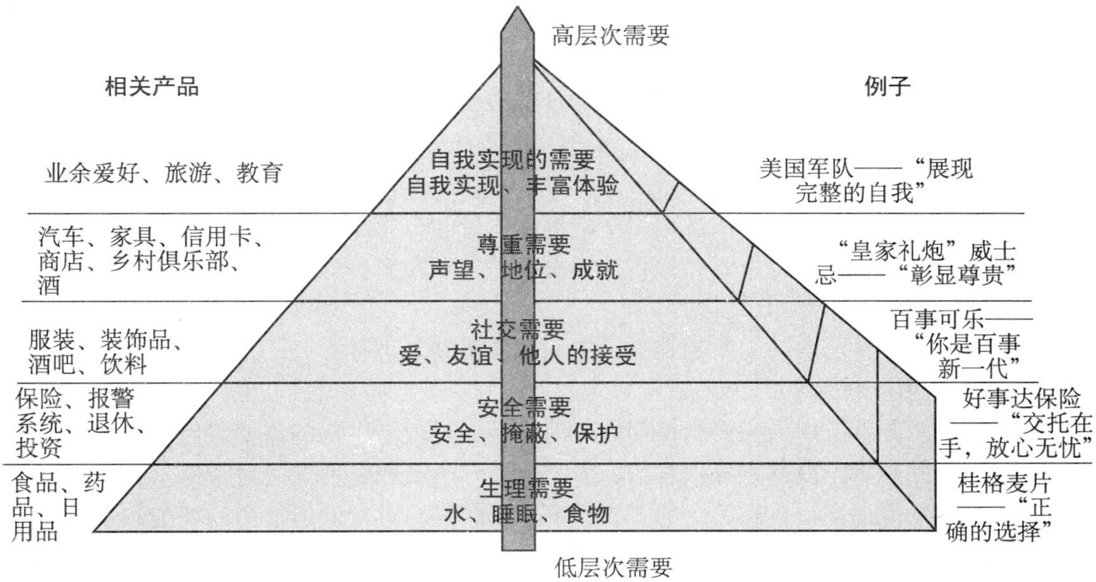

图3—3　马斯洛的需要层次图

资料来源：迈克尔·R. 所罗门．消费者行为学．5版．北京：经济科学出版社，2003.

者需要的营销策略具有重要价值。

第一，该理论指出消费者购买某种商品可能是出于多种需要与动机，商品与消费需要并无准确的一一对应关系。在物质极其丰裕的今天，消费者购买手表不仅仅是为了知晓时间，更可能是为了彰显个人身份和地位。

第二，较低层次的需要得到满足后，高层次的需要才会产生。这是企业营销者需要把握的契机，仅仅满足基本需要是不够的，给予消费者附加价值才能够赢得更多的好感，同时，产品的核心价值必须保质保量，因为产品的附加价值不可能取代核心价值。

第三，较低层次的需要是确定的且较容易满足，较高层次的需要则充满不确定性且较难满足。对于衣食住行这类基本需要，消费者行为的目的性十分明确，企业可以有针对性地提供产品和服务。但对于较高层次的需要，如社交需要、尊重需要和自我实现的需要，消费者在达成目标和实现方法上难以形成清晰的思路，企业要满足消费者的这类需要，就要更准确地分析消费者心理，通过市场细分、产品定位去满足差异化的需求，这一过程比较复杂。

二、ERG理论

奥德弗（C. P. Aldeffer）的ERG理论是在进行大量试验研究的基础上形成的。他将马斯洛的五种需要压缩为三种需要，认为人只有生存的需要（existence）、相互关系的需要（relatedness）和成长发展的需要（growth）。

1. 生存的需要

类似于马斯洛需要层次理论中的生理需要和安全需要，指衣食住行等保证生理需求和生命安全的需要。

2. 相互关系的需要

类似于马斯洛需要层次理论中的社交需要和尊重需要，指人们在与人交往中通过友情、爱情等情感体验获取归属感，塑造个人的自尊和自信。

3. 成长发展的需要

类似于马斯洛需要层次理论中的尊重需要和自我实现的需要，指个人在学习或工作中付诸努力获取成就，赢得他人尊重并实现自我价值。

4. ERG 理论的主要观点

（1）某种层次的需要越匮乏，人们越希望满足某种需要。比如，越缺乏友情的人越渴望交到朋友。

（2）较低层次的需要越得到较好的满足，对较高层次的需要就越迫切。人们的经济条件越好，就越有寻求友谊、成就等人际关系和成长发展的需要。

（3）反过来，较高层次的需要越得不到满足，对较低层次的需要就越迫切。一个人在事业上得不到成就感，往往会寻求社交关系的满足感。

5. ERG 理论与需要层次理论的区别

首先，马斯洛的需要层次理论认为人的需要是阶梯状向上延伸的，较低层次的需要得到满足后，较高层次的需要才会产生；而 ERG 理论不仅强调需要的阶梯性，而且认为需要存在倒退现象，个人遭受的挫折很可能导致需要层次的回落。比较典型的例子是当个人在自我价值的实现上遭受挫折时，对于人际关系的需要和渴求会变得更加迫切。

其次，马斯洛的需求层次理论认为，需要是人们与生俱来的，具有纯粹的内生性；ERG 理论则认为，人的需要可以是内生的，也可以在后天的外部环境中形成，个体通过社会群体及环境的影响很可能产生新的需要。后者的观点更具合理性。

三、期望理论

期望理论（expectancy theory），又称“效价—手段—期望理论”，是北美著名心理学家和行为科学家维克托·弗鲁姆（Victor H. Vroom）于 1964 年在《工作与激励》中提出的激励理论。

弗鲁姆认为，人总是渴求满足一定的需要并设法达到一定的目标。这个目标在尚未实现时表现为一种期望，这时目标又反过来对个人的动机产生一种激发的力量，这个激发力量的大小取决于目标价值（效价）和期望概率（期望值）的乘积。激励（motivation）取决于行动结果的效价（valence）及其对应的期望值（expectancy）的乘积。用公式表示为：

$$M = \sum V \times E$$

式中，M 表示激发力量，是指调动一个人的积极性、激发人内部潜力的强度，即人们有多大的动机采取某种行为。V 表示效价，这是一个心理学概念，指达到目标对于满足他个人需要的价值。同一目标，由于每个人所处的环境不同，需求不同，其需要的目标价值也就不同。同一目标对每个人可能有三种效价：正、零、负。效价越高，激励力量就越大。人们认可的某种对象的效价并不由其社会或经济价值决定，而是由个体态度倾向的评价决定。个体不喜欢、不感兴趣的对象，其效价就低；个体喜欢、感兴趣的对象，其效价就高。因此，儿童认为美食比金钱有更高的效价，成年人则可能认为金钱有更高的效价。E 表示期望值，是指人们根据过去的经验判断自己达到某种目标的可能性是大还是小，即能够达到目标的概率。目标价值的大小直接反映人的需要动机的强弱，期望概率反映人实现需要和动机的信心的强弱。如果个体相信通过努力一定会取得优异成绩，期望值就高。

上述公式说明：假如一个人把某种目标的价值看得很大，估计能实现的概率也很高，那么这个目标激发动机的力量越强大。

经发展，期望公式表示为：动机＝效价×期望值×工具性。其中，工具性是指能帮助个人实现目标的非个人因素，如环境、快捷方式、任务、工具等。例如，战争环境下，效价和期望值即使很高，也无法正常增强人的动机。又如，外资企业良好的办公环境、设施、文化制度都是吸引人才的重要因素。

目前期望理论更多地应用于企业人力资源管理以激励员工，但是期望理论对于激发消费者的购买动机同样具有借鉴意义。

在消费者购买行为中，M 表示购买动机；V 表示商品给消费者带来的价值，即商品给消费者带来的满足程度；E 表示消费者的购买能力，即消费者能否承受获取该商品所付出的代价。

因此，企业要激发消费者的购买欲望，就应该做到：首先，让消费者认识到产品的价值，并利用恰当的手段提高产品在消费者心目中的价值，提高效价；其次，确定恰当的产品价格定位，根据目标受众的经济能力制定合理的价格，让价格落入目标消费者可以承受的价格区间，使消费者的购买行为的实现成为可能，提高期望值；最后，为消费者的购买提供便利性，即为消费者的购买行为提供工具支持，比如环境的舒适性、交通的便利性、购买的快捷性，等等。

四、双因素理论

双因素理论是由美国心理学家弗雷德里克·赫茨伯格（Frederick Herzberg）于 1959 年提出的。20 世纪 50 年代末期，赫茨伯格和他的同事对匹兹堡附近一些工商业机构的约 200 位专业人士做了一次调查。调查的主要目的是了解影响人们对工作满意和不满意的因素。结果发现，导致对工作满意的因素主要有五个，即成就、认可、工作本身的吸引力、责任和发展；导致对工作不满的主要因素有企业政策与行政管理、监督、工资、人际关系及工作条件等。

赫茨伯格将导致对工作不满的因素称为保健因素，将引起工作满意感的一类因素称为激励因素。保健因素（如工资福利、工作条件、劳动强度、企业规章等）如果得不到满足，人们就会产生不满和懈怠，对工作效率产生消极影响，但是这些因素即使得到满足，也不会激励人们去努力工作。激励因素（如职权的扩大、企业高层的认可、荣誉等）则能有效地激发人们的工作积极性。要使人的工作效率提得到高，仅仅提供保健因素是不够的，还需要提供激励因素。企业为员工提供平均水平的薪酬，保证其劳动安全就是一种保健措施，但这并不能激发其工作积极性，只能让员工减少不满，激发员工的工作积极性需要企业提供有竞争力的工资制度、可观的奖金、可实现的提拔等有效的激励因素。

将赫茨伯格双因素理论运用于消费者动机分析，亦具有多重价值与意义。商品的基本功能是为消费者提供基本利益与价值，实际上可视为保健因素。如果不能确保这类基本利益和价值，就会使消费者感到不满。比如超市食品过了保质期，新买的衣服严重褪色，都会使消费者产生强烈的不满情绪。然而，商品即使具备了某些基本利益和价值，也不一定能保证消费者对其产生满意感。要使消费者对企业产品和服务产生忠诚感，除基本利益或基本价值外，还需要提供附加价值，比如使产品或商标具有独特的形象，产品的外观、包装具有与众不同的特点，等等。因为后一类因素属于激励因素，对满足消费者社会层次的需要具有直接作用。

对某种商品而言，哪些特征和利益具有保健因素的成分，哪些特征和利益具有激励因素的成分，往往并不是固定的，而是随着社会环境和消费者的价值观的改变而改变。比如，手机刚上市时，外形笨拙，只能满足基本的通话需求，但在市场上仍然奇货可居；随着经济和社会的发展，技术不断进步，手机市场竞争激烈，消费者早已不满足于基本通话功能，外形、设计和各种附加功能成为消费者作出购买决策的依据。基本通话功能属于保健因素，而设计、品牌更多地体现消费者较高层次的需要，激发消费者的购买行为。另外，品牌所具有的保健因素与激励因素还会因目标市场、目标消费者生活方式和价值取向的不同而存在差异。

五、显示性需要理论

美国学者麦克利兰（McClelland）提出的显示性需要理论侧重分析环境或社会学习对需要的影响，因此，该理论又称为习得性需要理论。马斯洛认为，尽管社会因素对个体如何满足其需要有重要作用，但就其本质而言，这些需要是人生来就有的。与此不同，麦克利兰特别强调需要从文化中习得，所以，他的理论与学习、人格概念有着紧密联系。

麦克利兰特别关注以下三项需要：

（1）成就需要。是指人们愿意承担责任，解决某个问题或完成某项任务的需要。具有高成就动机的人一般设置中等程度的目标，并具有冒险精神，而且更希望有行为绩效的反馈。例如，具有高成就动机的购买代理商可能会花相当多的时间和精力设法降低采购物品的价格，而成就动机较低的代理商通常只是被动接受物品出售方的标准报价。

（2）亲和需要。是指个体在社会情境中，要求与其他人交往和亲近的需要。获得别人的关心，获得友谊、爱情，获得别人的支持、认可与合作，均可视为亲和需要。亲和需要很大程度上是经由学习形成的：个人目标的实现遇到困难时，学到求人帮助；遇到危险情境时，学到求人保护；对事物不了解时，学到求人指导。具有高亲和动机的人，特别关心人际关系的质量，看重友谊和人际关系，甚于完成某项任务或取得某项成就。高亲和动机的消费者，比较注重同事、朋友对自己购买行为的评价，因此在购买决策过程中更容易受他人的影响。

（3）权力需要。是指个体希望获得权力、权威，试图强烈地影响别人或支配别人的倾向。麦克利兰发现，凡是工作上成就动机高的人均无领袖欲。换言之，成就需要和权力需要是不同的两种需要。研究发现，凡是对社会事务有浓厚兴趣的人，其行为背后均存在强烈的权力动机。权力动机有两种类型：个人化权力动机与社会化权力动机。前者出于为己之目的，后者出于为人或为公之目的。麦克利兰认为，权力可以朝着两个方向发展：一是负面方向，强调支配和服从；二是正面方向，强调劝说和激励。

有研究表明：相对于低成就动机者，高成就动机的男性对于游艇、滑雪工具等高级室外运动用品有更高的购买频率，而高成就动机的女性对于口腔清洁剂、镇痛片等药物和保健品有更高的购买频率。另外，高成就动机者注重服饰的品牌而不是流行的款式。

第4节　需要、动机与营销启示

一、需要与满足需要

消费者购买商品是为了使需要得到满足或使问题得到解决，因此，当消费者购买香水这种有芳香气味的化学品时，她是在购买“氛围、希望和使自己特别的感觉”。满足消费者的需要是每个营销者必须解决的问题，为此，营销者应该认识到：

（1）人们的需要是相互联系的。

（2）每个人的需要是不同的。

（3）在大多数情况下，人总是由最低层次的未满足的需要所驱动。这一原理在销售活动中具有重要的指导意义。销售人员一方面必须了解产品本身的功能，另一方面必须知晓消费者最低层次的未满足的需要，并将产品功能与之相联系，一旦这种联系成功，销售也就成功了。

（4）已经得到满足的需要不会再次成为人们购买的动机。

（5）在一些特殊的情况下，人们并非由最低层次的未满足的需要所驱动。

（6）需要可以通过多种方式得到满足。这一原理对了解消费行为有重要的意义，即必须宣传你的产品为什么是满足顾客需要的最好方法，也就是说，必须向顾客说明你的产品能够提供怎样的独特之处以满足顾客。如果能够将这种满足方式和效果直接展现给顾客，那么对其消费行为将会产生重大影响。

（7）一些以为已得到满足的需要，可能会突然发现还未得到满足。

（8）销售人员满足顾客的需要主要借助呈现产品的方式和产品本身。

二、动机与营销策略

（一）发现动机

营销管理者必须发现某产品和品牌所能满足的动机和需求，并围绕这些动机去制定营销组合。

想象一个市场调查人员询问你为什么购买某款手机，你通常会回答："它很流行""我身边的人都用它""用起来很方便"。然而，也许还有其他你不愿承认或没有意识到的原因："它能显示我有钱""它使我显得时尚""它使我显得年轻"。上述所有或部分原因会影响对于一部手机的购买。

上面提到的消费者意识到并承认的动机称为显性动机。与一个社会占统治地位的价值观相一致的动机比与其相冲突的动机更易为人们所意识到和承认。消费者未意识到或者不愿承认的动机称为隐性动机。图 3—4 说明了这两类动机是怎样影响购买行为的。

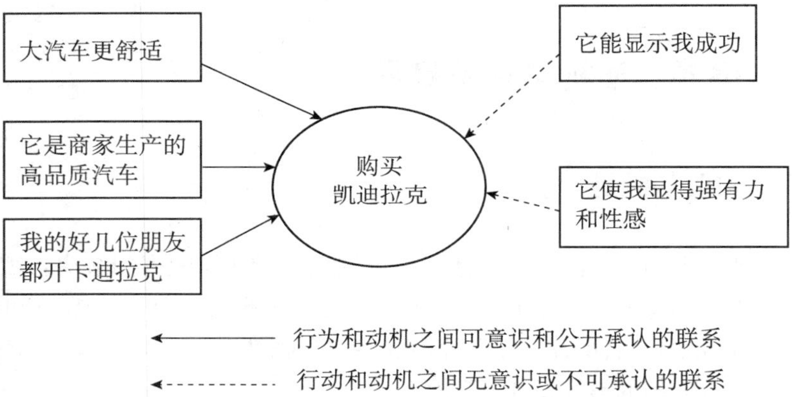

图 3—4 购买行为中的显性动机与隐性动机

资料来源：Hawkins D. L.，Rest R. J. and Coney K. A. Consumer Behavior，The Mcgraw-Hill Company，1998.

由于各种各样的显性动机和隐性动机都可能像图 3—4 显示的那样影响特定的购买行为，因此营销经理的首要任务就是确定影响目标市场的动机组合。采用直接询问方式通常会获得关于消费者的显性动机的合理评价。

确定隐性动机则复杂和微妙得多，下面简要介绍一些研究隐性动机的方法。

动机研究是目前应用较多的获得消费者隐性动机的方法。表 3—1 列出了几种主要的动机研究技术。

表 3—1　　动机研究技术

Ⅰ. 联想技术	
词语联想	给消费者看一张文字表，然后要求他把反应过程中最初涌现在头脑中的那个词记录下来。
连续词语联想	提供一张文字表，每念出表上的一个词，要求消费者将所联想到的词语记录下来，直到表上的所有词念完。

分析和运用	消费者作出的反应被用来分析，看是否存在负面联想。对反应的延迟时间进行测量，以估计某个词的情感性。这些技巧能挖掘出丰富的语义学含义，并运用于品牌命名和广告文案测试中。
Ⅱ. 完形填空	
语句完成	让消费者完成诸如“买凯迪拉克的人……”等不完整的语句。
故事完成	让消费者完成一个未叙述完的故事。
分析和运用	分析回答的内容以确定所表达的主题。另外，可分析对不同主题和关键概念的反应。
Ⅲ. 投射技术	
卡通技巧	让消费者看一幅卡通画，然后要求填上人物对白或描绘某一卡通人物的想法。
第三人称技术	让消费者说出为什么“一个正常的女人”、“大多数医生”或“大多数人”购买或使用某种产品。购物单方法（描述一个会购买这些东西的人具有哪些特点）、“丢失的钱包”方法（描述丢失这个钱包的人可能会具有什么特点）都属于第三人称技术。
看图说话	给消费者一张画着购买或使用某种产品的人物的图片，让他据此编一个故事。
分析和运用	与完形填空方式相同。

目前比较新的方法是“手段—目标链”，也称利益链方法。让一个消费者列举某种产品或品牌所能提供的利益，再列出这些利益所能带来的好处，继续下去，直到消费者列不出好处为止。例如，消费者可能会列出“减少感冒”作为每天服用维生素的好处之一，当问到“减少感冒”的好处时，有人会列出“工作更高效”和“精力更好”，还有人会列出“气色更好”。他们都使用维生素以减少感冒，但最终目的并不相同。对于以上述两类消费者为诉求对象的维生素广告，应该有所不同。这一方法将在第 4 章详细介绍。

另一种类似的方法是词语联想法，前一轮联想出来的词引出新一轮联想。例如，“玫瑰”使人联想到一些词，其中可能有“清香”“美丽”，而“清香”和“美丽”又使人联想到“自然”“纯朴”“愉悦”等。这类信息对于广告设计和产品定位很有价值。

（二）基于多重动机的营销策略

一旦管理者找出了影响目标市场的动机组合，下一步就是围绕相应的动机制定营销策略。首先，由于存在多种动机，产品必须提供多种利益，广告也必须传递这些利益。显性利益较易传达。

例如，有一则关于凯迪拉克的广告声称：“从三重抛光的表面涂层（一重用水、两重用油）到极精致的凯迪拉克座椅，高品质在凯迪拉克汽车上得到体现。”这一广告直接迎合了消费者追求产品质量的显性动机。

但是，由于隐性动机不被社会公开承认，因而需要采用间接的沟通方式。尽管凯迪拉克的大部分广告语聚焦于产品质量，但广告插图（约占广告版面的 60%）却展示了一位看上去很富有的人在一家豪华俱乐部门前驾驶凯迪拉克。这里实际上采用了一种双重诉求方式。广告文案中的直接诉求侧重于产品品质，间接诉求则侧重于人们追求的地位。

大多数时候，一则产品广告可能着眼于一个或少数几个购买动机。事实上，一般只能着眼于少数购买动机，因为过多的需要诉求会冲淡产品的定位，所以就整个传播活动而言，需要优先考虑到目标顾客所有重要的购买动机。同时在整个传播活动中，要注意将消费者的显性购买动机与隐性购买动机相结合，只有这样才能有效地打动消费者。

（三）基于动机冲突的营销策略

由于存在多种动机，而这些动机在很多情况下可能被激发，因此它们之间的冲突难以避免。动机冲突的解决会影响消费方式。许多情况下，营销者会对可能相冲突的动机进行分析，提供缓解的方法，以吸引消费者惠顾。有三种较重要的动机冲突类型：

1. 双趋型动机冲突

一个必须在两个吸引人的事物中作出选择的消费者会产生双趋冲突，而且这两个事物越是同样吸引人，这种冲突就越大。例如，一个刚得到一大笔奖金的人会为选择到海南岛度假（求新动机）还是买一辆山地车（自我表现动机）而苦恼。这时，一则激励他采取某一行动的广告可能有助于解决这一冲突。

2. 趋避型动机冲突

当消费者的某种购买行为会同时导致一正一反两种结果时，他就面临这种动机冲突。一个消费者既想享用快餐（趋近）却不想增加体重（回避），如果新推出的低热量快餐能使希望控制体重者放心享用美味的快餐，就可缓解这一冲突。

3. 双避型动机冲突

若选择所产生的各种结果都是消费者所不希望发生的，这种冲突就会出现。一个人的旧汽车坏了，他既不愿花钱买新的，也不愿修理坏的，然而又不能没有汽车。此时，银行提供信贷是缓解这种冲突的方法之一。强调汽车的日常维护保养重要性（如更换滤油器）的广告就是利用了这种冲突：“要么现在花钱，要么以后花更多钱。”

三、需要、动机和行为策略

根据消费者需要和动机的不同，我们把消费者分为 Q1，Q2，Q3，Q4 四种类型。针对不同类型的消费者，在销售过程中应当采取不同的行为策略。

1. Q1 型消费者的需要、动机和行为表现

Q1 型消费者主要是指那些自尊和独立需要层次上的顾客。由于有自尊需要和独立需要，这类消费者在其消费行为过程中往往会表现得过于自信，不相信任何销售人员的劝说。具体表现在以下方面：

（1）表达自尊需要的行为表现有：要求销售人员尊敬他，处处表明他是一个有权力、智慧、有竞争力的人，而且特别害怕丢面子，在与他的交谈中往往以他为中心，特别擅长将话题围绕他而展开，表现出自高自大。

（2）表达独立需要的行为表现有：总是试图控制谈话中心，不需要推销人员的任何建议，处处表现出他想做什么就做什么；即使接受了销售人员的意见，也表现出这个主意本来就是他自己的。

2. Q2 型消费者的需要、动机和行为表现

此类消费者主要处于生理和安全需要的层次，尤其有强烈的安全需要。此类消费者通常以下述行为方式来表达其强烈的安全需要：处事总是小心谨慎，对任何建议他们作出改变的提议总是表现冷漠，做决定时总是优柔寡断，既不愿分享或提供信息，也不愿提出自己的想法。他所有的行为都表明了这样一个态度："为什么不让我自己待着呢?"

3. Q3 型消费者的需要、动机和行为表现

此类消费者的购买行为是以满足其社交需要为原动力的，同时，安全需要和自尊需要所起的作用虽然不大，但也十分重要。此类消费者为满足其需要通常有如下一些典型的行为表现：往往非常顺从，不提出不同意见，即使对于自己不赞同的观点和看法也总是表示赞同；总想让他人认为自己是一个"绝好的人"，因而总是表现得友好、合作、理解、富于同情心，并且对强有力的、自信的人总是很尊敬。

4. Q4 型消费者的需要、动机和行为表现

此类消费者首先是以自我实现的需要为推动力，其次是以自尊的需要为推动力。此类消费者行为的共同特点包括：

（1）愿意冒险，因此往往是新产品的最早试用者。

（2）能清醒地认识到自身的优点和缺点，对事物有比较客观的态度，因此不论销售人员如何介绍产品，他们总有自己的观点，并平等地与其交谈。

（3）总能明确地意识到自己的需要，并客观地分析产品的特征能否满足自己的需要，因此总是主动参与整个销售过程。

思考题

1. 需要和动机有何区别和联系?
2. 马斯洛的需要层次理论对企业制定营销战略有何启示?
3. 期望理论对企业制定营销战略有何启示?
4. 怎样测量隐性动机和显性动机?
5. "动机冲突"对你有何启示?
6. 营销者能创造和改变消费者的需要吗? 说明理由。

第4章 知觉和学习

学习目标

- 了解知觉的含义与各个阶段的特点。
- 了解知觉的过程及影响知觉的因素。
- 了解学习的含义与特点。
- 了解学习相关理论。
- 掌握手段—目标链理论的相关知识与运用。
- 掌握品牌定位仿真模拟软件的运用。

营销人员经常用漂亮模特吸引人们关注广告。当目标受众是男性时，这一手段运用得尤为普遍。那么，这种手段是否真的有效呢？

我们可以使用眼动仪来检测消费者对广告的注意程度。眼动仪是计算机与摄像技术的结合，它可以记录当刺激物（如商品包装或广告）映入眼睛时，眼睛的移动路径。被测者坐在桌前看杂志、电视广告、印刷品中的插页广告、货架、商品展示等，并自己控制观看每一个情景的具体时间。眼动仪发出一种人无法觉察的过滤光线，射入被测者的眼睛后反射回来，反射回来的光线即代表被测者目光的焦点，可以检测出任何被注视的物体。通过这种方法，研究人员可以了解被测者观看刺激物的时间、先后顺序以及在各组成部分所花的时间。

RCA公司在为其“Colortrack”牌电视机做的电视广告中使用了一位漂亮模特，该模特衣着保守。眼动仪显示观众注视这则广告的时间相当长。72小时后，仍有36%的观众记住这一品牌。与此对照的是一则相似产品的广告，该广告中使用了一位衣着暴露的性感女郎担任模特。眼动仪显示此广告也相当引人注意，但观众只顾看那位性感模特，72小时后的品牌记忆率只有9%。

资料来源：Moore，“The Case Against Subliminal Manipulation,” Psychology and Marketing，4 Summer 1987，pp. 107-120.

本章着重介绍消费行为学的两个重要主题：知觉与学习。其中，知觉部分包括知觉的定义及影响因素；学习部分包括学习的定义，以及几种学习理论和消费者学习的方法。此外，涉及的另一个重要内容是手段—目标链，在此基础上进一步讨论相关的营销启示，并进行品牌定位的仿真模拟。

第 1 节　知　觉

市场营销人员并不希望其目标受众仅仅关注广告中的模特，而是希望与观众交流有关商品本身的一些信息。然而，由于广告充斥各种媒体，而且并非所有的消费者都乐意看广告，因此营销人员便经常使用漂亮模特、幽默的语言或其他因素激发目标市场的兴趣。章首的例子说明，如果刺激因素使用不当，只会引起受众对刺激物本身的兴趣，反而容易忽视广告所要传递的信息。

为避免与不同的目标受众沟通时发生这样或那样的问题，了解有关知觉的知识就显得尤其重要。知觉是将单个消费者与消费群体、环境及商家的影响联结起来的重要活动。

一、知觉的概念

知觉是对事物各种属性的各个部分及其相互关系的综合反映。这种反映不是消极的、被动的，而是一种积极的、能动的认识过程。

信息处理是刺激物被感知、转化成信息并被存贮的一系列活动。图 4—1 显示了一个由四个阶段构成的常见的信息处理模型。这四个阶段分别为：展露、注意、理解和记忆，前三个阶段构成了知觉过程。

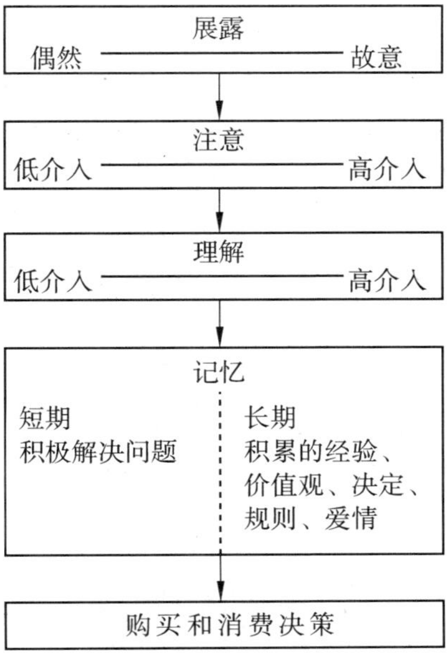

图 4—1　消费者决策过程中的信息处理

展露（exposure）发生在刺激物（如广告牌）出现在人的感官接收神经（如视觉神经）范围内时。注意（attention）是指接收神经将感觉信息传递到大脑中进行处理的过程。理解（interpretation）是指对接收到的感觉赋予意思或意义。记忆（memory）是指对刺激物的意思在短期内予以运用（如立即作出决定）或将其长期保留。图4—1及上述讨论展示了从展露到记忆的线性流程。然而，这些步骤实际上是同时进行的，并相互作用。也就是说，我们的记忆会作用于展现在我们面前的信息，也会对我们的注意力以及我们如何解释这些信息产生影响。同时，在接收信息的过程中，记忆也会逐步形成。

知觉及记忆都带有选择性。在众多存在的信息中，展现给个体的只是很少一部分，而展现给个体的信息中又只有极小一部分得到关注并被传递到大脑中进行处理。刺激物被赋予的意思不仅由刺激物本身决定，而且因个体不同而异。当个体需要作出购买决策时，这些已经被大脑处理和解释过的信息绝大部分并不处于激活状态。

知觉的选择性，或称知觉防御（perceptual defences），指的是个体并非感官信息的被动接受者，相反，消费者自行决定大多数他们将注意到的信息及这些信息的意思。显然，营销经理如何成功地与消费者交流是一项具有挑战性的工作。

（一）展露

当刺激物出现在我们的感觉接收神经范围内时，我们称之为展露。要使刺激物在个人面前展现，仅需将刺激物置于个人所处的环境中。展露的发生并不一定要求个体接收到刺激物信息。比如，电视上正播放广告，你可能与朋友谈话而没有注意到，但广告展露在你面前是事实。

通常个体面对的仅仅是被展露的刺激物中的很少一部分。如今，电视、广播和网络等媒介众多且发展迅速，然而，人们在一段时间内通常只观看某一家电视台的节目，只阅读某一种杂志、某一份报纸或某一本书。那么，展示于个人面前的某个特定的刺激物是由什么决定的？这是纯粹偶然的还是有意识的过程呢？

你为什么看某篇文章？显然你有自己的原因。展现在个人面前的刺激物大多数是个体自主选择的结果，人们会自主选择观看某些刺激物而回避其他刺激物。

通常，我们寻找自己认为有助于实现某种目标的信息，这种目标既可以是短期的，也可以是长期的。前者如看电视以娱乐放松，看广告以帮助作出某项购买决定，倾听别人的恭维以增强自信。长期目标可能是学习某课程以通过考试、获得学位，或者成为一名更出色的营销经理，也可能以上三个目标同时兼有。个体的目标及为达到目标所需要的信息是由个体现在的和向往的生活方式以及诸如好奇之类的短期动机共同决定的。

在日常生活中，我们或多或少会偶然地或随机地面对大量的刺激信息。比如，开车时，我们会听收音机里播放的广告，会看到路边的各种广告牌等，这些广告不是我们刻意寻找的。展露的主动性和自我选择性所产生的影响可以在广告播放时通过人们快速跳过广告节目、转换频道或调节音量等行为体现出来。比如，使用电视遥控器快速跳过某档节目、转换频道或调低音量轻而易举。大多数商业广告在消费者还没有收看之前就被有意避开了。许多消费者习惯于跳过所有的电视广告，但也有 40%的消费者在出现广告时不换台。但是，应该注意到换台或调低音量的观众仍看着电视屏幕以确定何时继续观看他想看的节目。有意避开广告者并不仅限于电视观众，驾车者也换台回避大约半数的广播广告。现在的读者只阅读报纸约 1/2 的内容，而 10 年前读者通常阅读 2/3 的内容。

当然，消费者不是一味避开广告，有时也会主动寻找某些广告。比如，许多观众期待观看有关美国“超级碗”的广告。更引人注意的是对“信息性广告”（infomercials）的正面反应。这类广告的长度约 30 分钟，通常提供免费 800 电话以方便消费者订购产品或获取更多的信息。如表 4—1 所示，信息性广告是许多消费者必看的节目，具有一定的影响力。另一项研究发现，早期采用者、舆论领袖以及积极购物者较多地观看信息性广告。这表明，这类广告节目可以通过他们以一传十、十传百的交流方式获得显著的间接效果。

表 4—1　信息性广告研究表　（%）

	去年曾看过	曾经拨打 800 电话购买产品	因收看信息性广告而进店购买
性别			
男	57	8	20
女	54	9	19
年龄			
18～24 岁	70	4	19
25～34 岁	63	9	19
35～49 岁	58	12	20
50～61 岁	55	10	26
65 岁及以上	33	3	13
收入			
15 000 美元以下	53	5	23
15 000～20 000 美元	52	11	24
20 000～30 000 美元	62	8	21
30 000～40 000 美元	63	9	25
40 000 美元以上	60	11	16
地区			
东北部	56	7	24
中北部	52	9	14
南部	57	8	21
西部	55	10	17
总计	55	8	19

资料来源：K. Haley，“The Infomercial Begins a New Era，” Advertising Age，January 25，1993，p. M-3.

（二）注意

注意是指消费者的认知能力短暂地集中于一个具体的刺激。当消费者仔细观察一则电视广告、货架上的一种新产品或展厅中的一辆汽车时，注意就发生了。

注意的特点有两个：一是指向性，二是集中性。指向性表明人的活动有选择性；集中性表明人们把心理活动专注于某一特定事物，对外部干扰进行抑制。这样人们才能集中精力对对象形成鲜明、清晰的知觉反映。人只要处于清醒状态，就会产生注意的心理活动。

1. 注意的功能

注意的基本特性决定了其主要功能，这些功能表现在以下三个方面。

（1）选择功能。注意使得人们在某一时刻选择有意义的、满足当前活动需要和符合任务要求的刺激信息，同时避开或抑制无关刺激的作用。这是注意的首要功能，它确定了心理活动的方向，保证人们的生活和学习能够有条不紊地进行。

（2）保持功能。注意可以将选取的刺激信息在意识中加以保持，以便心理活动对其进行加工，完成相应的任务。如果选择的注意对象转瞬即逝，心理活动无法展开，也就无法进行正常的学习和工作。

（3）调节监督功能。注意可以提高活动的效率，这体现出它的调节和监督功能。在注意力集中的情况下，错误减少，准确性和速度提高。另外，注意的分配和转移可以保证活动顺利进行，并适应不断变化的环境。《荀子·大略篇》中提到："君子壹教，弟子壹学，亟成。"这里的"壹"是指专一，该句意为只要教师一心一意地教，学生一心一意地学，就能保证学生最终学业有成。

2. 注意的分类

根据注意过程中有无预定目的和是否需要意志努力，可以把注意分为无意注意、有意注意和有意后注意。

（1）无意注意。无意注意是指没有预定目的且不需要意志努力的注意。无意注意一般是在外部刺激物的直接刺激作用下，个体不由自主地给予关注。例如，正在上课的时候，有人推门而入，大家会不自觉地把目光转向门口；大街上传来警笛声时，行人会不由自主地观望。

另外，无意注意的产生也与主体状态有关。一个人在街头散步时，可能无意间注意到许多事物。无意注意更多地被认为是由外部刺激物引起的一种消极被动的注意，是注意的初级形式。人和动物都存在无意注意。虽然无意注意缺乏目的性，但因为不需要意志努力，所以个体在注意过程中不容易感到疲倦。

（2）有意注意。有意注意是指有预定目的且需要意志努力的注意。我们工作和学习中的大多数心理活动都需要有意注意。工人上班，学生上课，交警指挥交通，都是有意注意在发挥作用。有意注意是一种积极主动、服从于当前活动需要的注意，属于注意的高级形式。它受人的意识的调节和控制，是人类所特有的一种注意。有意注意虽然目的性明确，但在实现过程中需要持久的意志努力，这容易使个体感到疲倦。

（3）有意后注意。有意后注意是指有预定目的但不需要意志努力的注意。它是在有意注意的基础上，经过学习、训练或培养个人对事物的直接兴趣达到的。在有意注意阶段，主体从事一项活动需要意志努力，但随着活动的深入，个体由于兴趣的提高或操作的熟练，不用意志努力就能够在这项活动上保持注意。例如，一个学习外语的人在初学阶段阅读外文报纸是有意注意，很容易感到疲倦；随着学习的深入，外语水平不断提高，当他消除了许多单词和语法障碍，能够毫不费力地阅读外文报刊时，可以说达到了有意后注意的状态。

有意后注意是一种更高级的注意。它既有一定的目的性，又因为不需要意志努力，在活动过程中不容易感到疲倦，这对完成长期性和连续性的工作有重要意义。但有意后注意的形成需要付出一定的时间和精力。

有关注意的一条重要规律是：消费者的适应水平越高，注意发生的可能性越小。许多消费者已适应了不断重复的电视商业广告，对之熟视无睹，即使他们被商业广告包围也不会注意。

适应的对立面是反差，这是消费者已习惯的稳定环境所发生的一种变化。广告人员试图改变广告活动、使用能引起注意的刺激以及推出新的刺激来达到形成反差的目的，这就缩短了广告的寿命（使用周期）。品牌定位是通过推出新刺激来实现从适应到反差的转变的一个例子。

广告人员能事先运用许多结构因素来吸引消费者的注意。例如，通过扩大广告图来运用尺寸因素，通过将广告置于版面的上半部分来运用位置因素，通过使用引人注目的照片或画面来运用新奇因素。这些因素也可用于店内刺激消费者。例如，一项研究发现，放在货架上半部分的商品比放在下半部分的商品多受到 35%的注意，同时将货架上特定品牌的商品从 2 个增加到 4 个，可使之多受到 34%的注意。感官因素也可以增加消费者的注意。例如，在商业广告中使用押韵的或名人的画外音，或在香水的印刷广告上使用摩擦产生气味的技术。

（三）理解

理解是指对感知的解释进程，消费者理解或者解释与其自身行为相关的环境等方面的信息。解释是指对个体感受赋予某种意思。解释是由刺激物、个体和环境特点共同决定的。整个广告信息（包括广告出现的具体背景）会影响我们对其内容的解释。就像对具体的词和符号的解释一样，我们会对广告语和感知的信息赋予含义。例如，在一则电视广告中，一位广告演员对另一位演员说："非常感谢!"这是表达谢意吗？恐怕应视情况而定，有时是，有时它的意思可能正好相反。同一文化或亚文化背景的人能够根据语气和背景容易而准确地解释其正确含义。认知解释是将刺激物置于既有的意思范围内来解释的过程，它也是刺激物与消费者现有知识经验相互作用的过程。新信息的加入会改变事物的归类以及不同类别之间的关系。CD 机刚问世时，人们大都把它归入录音机这一产品类别。随着人们对 CD 机的了解不断深入，消费者获得了更多关于该产品的知识，由此引发对不同类型、不同品牌 CD 机的进一步分类。

有两个基本原则有助于消费者解释营销信息：

第一个原则是对信息进行逻辑分类（删除的趋向）。分类有助于消费者快速、高效地处理已知信息，有助于消费者将新信息归类。

第二个原则是推断两类信息之间的关联。例如，消费者可以将商品的高价格与高品质相联系，或将清洁剂中的蓝色泡沫与清洁能力相联系。

为了实施有效的促销策略，为了设计能被目标消费者恰当解释的市场信息，销售商需要了解消费者对感知的信息的理解过程。这需要了解目标消费者的特征和收入等信息。营销人员要帮助消费者正确地理解和划分对他们有效的市场信息。

营销经理和公关人员都希望消费者能正确理解广告信息，即按照他人或专家所认为的信息的含义来理解信息。有人可能会产生这样的疑惑：公众很难对大众传播信息产生一致认识或正确理解。多项研究表明，这一担心是有道理的。一项针对商业性和非商业性电视传播的研究得出以下结论：

- 有相当比例的受众不能正确理解电视广告。
- 任何传播——无论是播送电视节目还是播放广告——均无法避免误解。
- 总体信息平均有30%的部分被误解。
- 非广告节目被误解的程度比广告节目高。
- 某些人口统计变量与误解有一定的关系。

另一项研究重点放在杂志评论和广告内容的误解上，该研究也得出了大体相同的结论。研究还表明，包装信息也难免被误解。很显然，无论是消费者还是营销人员，都不会从误解中受益。

如何减少误解是一个十分复杂的问题，关于这方面的研究才刚刚起步。例如，内容的反复呈现并不一定能减少误解。虽然简单的电视信息相对较少被误解，但对于印刷品信息，这一结论并不成立。遗憾的是，至今我们仍然没有一套行之有效的方法来消除信息传播中的误解。因此，营销人员、公关人员及其他希望与大众交流的人都应该预先测试所要传递的信息，以确保不被误解。

二、影响知觉的因素

当刺激物激活我们的感觉神经，由此引发的感受被传送到大脑进行处理时，注意就产生了。我们时刻面对数千倍于自身处理能力的外界刺激物。中等规模的超级市场有30 000种商品，如果注意到每件商品，将花很长时间。一个电视频道每周播放6 000多次广告，广播电台播放得更多。所以，我们不得不有选择地关注广告及其他信息。

这种选择性对营销经理以及其他希望与消费者沟通的人具有重要意义。比如，美国联邦贸易委员会（FTC）的一项报告表明，香烟广告的受众注意到广告中健康警示的人数不到3%。邮寄广告送达后被翻阅的不到一半。在电视遥控器广泛使用以前进行的一项研究表明，有62%的观众观看黄金时段播放的广告，但只有22%自始至终看完广告。

是什么决定或影响人们的注意力呢？假设你此刻正读到这句话，如果你把注意力转移到自己的脚上，可能发现鞋子有点挤脚；如果再将注意力转移到声音上，可能意识到周围有大量的杂音。你的周围一直存在各种刺激物，但你一般不予理会，除非需要刻意去注意。然而，不管你如何凝神阅读此处内容，一声突然的尖叫或一只手突然搭在你的肩膀上，都会使你不由自主地转移注意力。当然，知觉经常与具体环境相联系。在不同环境下，同一个体对同一刺激会给予不同程度的知觉。总之，知觉由三个因素——刺激、个体及环境决定。

（一）刺激因素

刺激因素是指刺激物本身的物质特征。刺激物的一些特征会不依赖于个体的特征独立地吸引我们的注意力。

1. 大小和强度

刺激的大小影响人们关注此物的概率。大的刺激物相对于小的刺激物更容易被注意。所以，整版广告相对于半版广告更容易吸引人注意。

2. 插播频率

同一广告在同期杂志中出现的次数与广告版面的大小一样会影响广告的效果。一项研究表明，同一广告播放多次可以使记住率提高 20 个百分点，另一项研究得到的结论是记住率提高了 200％。刺激强度（如音量大小、色彩明亮程度）也会产生同样的效果。

3. 色彩和运动

色彩和运动可用来吸引注意力，因为鲜艳的色彩和移动的物体更引人注目。鲜艳的包装比色彩暗淡的包装更容易吸引人的视线。一项关于报纸广告中色彩效果的研究认为："减价商品新增销售量的 41％可能是由于零售商在报纸的黑白广告中增加了一种颜色所致。"

4. 位置

位置指的是物体在个体视线所及范围内的位置。处于视野正中的物体比处于边缘的物体更容易被人注意。这就是消费品生产商为取得货架上与视线相平行的货位而激烈竞争的主要原因。同理，印在纸张右边的广告比左边的更引人注意；电视广告在电视剧之间的播出顺序由前至后，收视率会有所不同。

5. 隔离

隔离指的是将一个刺激物与其他物体隔开。"空白"（如将一则很短的信息放在一个无其他内容的广告牌正中）的运用、广播广告之前的片刻静音均是基于此原理。

6. 格式

格式指的是信息展示的方式。通常，简单、直接的播放方式比复杂的方式受到更多的注意。如果信息中加入令人费解的因素，会降低其受关注的程度。那些缺乏明晰的视点或者节奏不当（如太快、太慢或太跳跃）的广告会增加人们理解的难度，难以吸引大多数人的注意。同样，带有难以听懂的口音、音量不当、背景声音过大等也会分散人们的注意力。然而，不同的个体特征会与信息发送格式相互作用。有些格式对于某些人来说太复杂，在另外一些人看来则很有趣。与其他刺激因素一样，信息格式的设计必须充分考虑目标消费者的特征。

7. 对比

对比指的是相对于那些与周围背景融合在一起的刺激物，人们更倾向于关注那些与背景反差很大的刺激物。鲜明的对比度是那些获奖广告脱颖而出的原因之一。令消费者出乎预料的广告会比普通的广告更吸引消费者。

人们会逐渐习惯某种类型和水平的刺激物，于是曾经很抢眼的广告会黯然失色。1965 年，18%的电视观众能准确回忆出刚刚播放的广告中宣传的品牌，到 20 世纪 80 年代，这一数字降到 7%。如今，观众已习惯了电视广告的存在，在做其他事情时把它作为背景。

8. 信息量

最后一个刺激因素是信息量。信息量更多地涉及刺激物的整体而不是其中某一个特定方面。消费者之间在信息处理方面会存在差异，而且他们处理信息的能力都是有限的。当消费者面对太多信息而不能无一遗漏地关注所有信息时，就会出现信息过载。出现信息过载时，他们会神情沮丧，要么推托，要么放弃决定，要么随意作出决定或在决策时只利用一些次优的信息。

国外的一项研究发现，随着所收到的商品目录数量的增加，消费者购买的商品也在增加，然而，达到一定数量后，目录数的进一步增加反而会使消费者购买的商品数量减少。对这种现象的解释是此时发生了信息过载现象，消费者因此停止阅读任何商品目录。

消费者能够利用多少信息并无一定的规律。营销人员、政府相关部门以及消费者组织都希望商品标签、包装和广告提供充分的信息以供消费者决策之用。营销人员必须确定其目标市场需要的信息并据此提供这类信息，通常需要提供重要的信息，并着重强调或从背景中突出这些信息。详细的及次要的数据可以用表格、影像和信息性广告的形式提供，以供那些感兴趣的消费者查找。

心理学研究表明，知觉对象的组合服从以下原则：

（1）邻近性原则：时间和空间上相接近的部分有同时被感知的倾向，不类似或距离远的部分就没有这种倾向。

（2）相似性原则：相似的各个部分有被看成一个整体的倾向。

（3）封闭性原则：几个对象共同包围一个空间，容易被感知为一个整体。

（4）连续性原则：几个对象在空间和时间上有连续性，容易被感知为一个整体。

（二）个体因素

个体因素是指个体的各种特征。兴趣或需要是影响关注程度的主要个体因素。兴趣是个体生活方式的体现，同时也是实现个体长期目标和计划以及满足暂时需要的结果。短期目标和计划当然也受情境的影响。除此之外，不同的个体对信息的关注能力也大相径庭。外出度假的消费者可能更注意与度假有关的广告。阅读诸如《时尚》或《商业周刊》等杂志的消费者对相关商品广告会给予更多的关注。未成年儿童的父母更多地关注或阅读广告上的警告标签（如食物成分）等，无年幼子女的消费者则可能忽视这方面的内容。

(三) 情境因素

情境因素是指环境中除主体刺激物（如广告或包装）以外的刺激以及因环境导致的暂时出现的个人特征，如赶时间或置身于一家拥挤的商店内，等等。

显然，忙碌的人比有空余时间的人更少关注刺激物（如果你乘坐某一长途航班，手头没有任何闲书可打发时间，你可能会看航班上的广告杂志并记住广告）。消费者若处于不愉快的环境中，如置身于拥挤、嘈杂、过热或过冷的商店中，不会注意到许多展露在他们面前的刺激物，因为他们想尽快摆脱当前的环境。

通常，受众接触媒体的目的在于了解电视节目或文章的内容而非广告。实际上，许多消费者通过换频道或将目光移到其他感兴趣的内容上而主动避开广告。节目的性质或文章的内容会影响广告受关注的程度吗？很明显，答案是肯定的。

如图 4—2 显示，介入程度对吸引广告受众的注意力具有正面影响。我们可以看出，较高的电视节目介入程度会有助于增加记住广告的人数比例、广告的可信度及购买意愿。

	对节目的介入程度（%）		
	低	中	高
完全记住率	18	21	22
提醒后记住率	34	48	54
广告内容可信度	24	37	41
购买兴趣	13	16	18

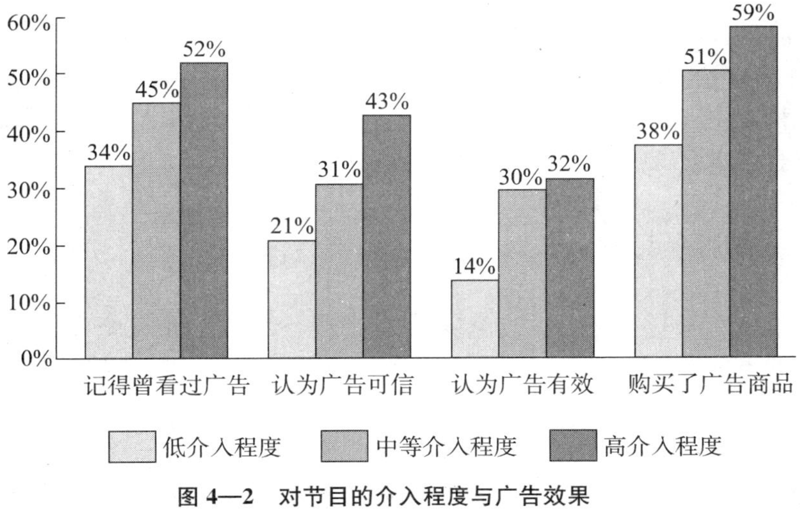

图 4—2 对节目的介入程度与广告效果

资料来源：Cahners Advertising Research Report 120. 1 and 120. 12，Boston：Cahners Publishing Co.

应当指出，当对节目的介入程度由低升至中等水平时，注意力会大大提高。有证据表明，对于某些类型的广告来说，特别高的节目介入程度反而有可能降低对广告内容的注意。此外，节目介入程度不仅可能增加对广告的注意，而且可能影响受众对广告以及广告所宣传的产品的态度。

第2节 知觉和营销启示

信息被营销人员用来影响消费者，因此，了解信息是如何被感知的对于制定营销策略至关重要。下面简要介绍知觉起很大作用的一些领域。

一、零售策略

大多数零售店传播着大量的各种信息。既然消费者不可能处理所有信息，那么零售商就需要关注信息过载现象。也就是说，要尽力避免消费者因面对太多信息而感到沮丧或者因此而减少对店内信息的处理。

零售商通常能有效地展露其信息。商场内部会摆放一些日常所需的东西（如罐装食物、新鲜水果、蔬菜、肉类），增加整体展露程度。高毛利商品通常摆放在人流量大的地方。

货架的位置和货架空间影响到哪一种商品或品牌能得到消费者的更多注意。购物点展示可以吸引消费者对高毛利商品和打折商品的注意。在商场中设计得非常醒目的货架和标识便于更快地找到商品，同时，提供商品的参考价格有助于提高消费者正确理解价格信息的能力。按由低到高或由高到低的顺序列出不同品牌的单价有助于消费者做价格比较。以类似的方式提供关于营养程度的信息可以提高消费者选择营养品牌的能力。

室内各种信息线索（品牌、布置、商品提示等）会与外部建筑风格以及广告一起构成商店的形象。为了满足消费者需要，适应商品进货和制定营销策略的要求，符号学知识已广泛应用于超级市场的设计。

二、品牌名与标识发展

虽然莎士比亚说过“玫瑰换个名字花香依旧”，但营销人员并不这么认为。对消费者来说，同样的食物换一个品牌或名称，口味可能并不一样。

品牌名对消费产品和工业产品同样重要。一种叫做“RC601”的粘胶多年来一直以设备设计师作为推销对象。经过市场调研之后，企业将目标市场定位于设备保养人员，对产品重新配方以便使用起来更方便，同时，将毫无生气的“RC601”更名为含义丰富的“速成金属”。这种商品在原有的营销方法下预计销售额仅为32万美元，最新的结果却是220万美元。

美国专业命名机构——“命名实验室”（NameLab）聘请语言学家或运用计算机为产品创造富有合适含义的名称。例如，命名实验室将一种原名为“盖特威”（Gateway）的便携式电脑改名为“康柏”（Compaq）。命名实验室为公司或产品命名时重点关注构成名字的各部分相互作用所产生的整体含义。例如Compaq（康柏），com 代表电脑（computer）、交流（communications），paq 则是小巧的意思。这一别出心裁的名字立即吸引了人们的注意并给人以“有科技含量”的印象。通常，具有相关性、明确形象的具体词汇（如 Mustang、Apple 或者 Cup-a-Soap）相对于抽象的词容易被识别和记忆。由字母与数字组合构成的品牌名对于技术和化工类产品则是非常有效的。

显然，商品的品牌名会影响消费者对商品特征的理解。

三、媒体策略

展露是选择性的而非随意的，这是制定有效的媒体策略的基础。既然展露并非随机的，那么合适的办法是确定目标市场中的消费者最频繁接触的媒体，然后在这些媒体上刊登广告。福特汽车公司的多纳德·彼得森清楚地阐述了这一观点：我们应该致力于寻找合适的媒体，从而更便捷地到达事先精心瞄准的新兴市场。我们应使用来福枪而不是老式猎枪。

对于某些商品和市场，消费者对商品类别本身介入程度很高，这会使他们在获得与商品本身相关的信息时遇到困难。这类情形在个人嗜好品（如滑雪、登山用品和时尚商品）上出现得较多。

对于另一些商品和市场，消费者不太注意商品类别。比较典型的是食盐和清洁剂。此时，营销人员必须找到目标市场感兴趣的媒体并刊播广告。前文已介绍，根据年龄、民族、社会阶层、家庭生命周期所处阶段界定的目标市场具有不同的媒体偏好。

四、广告和包装

广告和包装必须完成两项关键性任务——吸引注意和传递信息。遗憾的是，有助于完成其中一项任务的技术对完成另一项任务通常起反作用。营销经理怎样才能引起消费者对广告和包装的注意？与市场营销的其他环节一样，这要依据不同的目标市场、商品以及情境而定。如果目标市场对产品种类或公司和商品品牌感兴趣，吸引注意力就相对容易。在这种情况下，一旦消费者面对这类信息，他们很可能会注意到。遗憾的是，大多数情况下消费者并不对某种商品特别感兴趣。消费者对某种商品的兴趣无疑在他需要该商品时会增加，但确定这一时间点对企业来说是十分困难的。总体而言，企业是在消费者对其产品兴趣不大的情况下进行沟通的，因此沟通难度相当大。

假设你负责制定一个计划以增加公司生产的清洁剂的销量。通过市场调研，你发现目标消费者对此产品并无多大兴趣。那么，你应怎么办？有两条策略似乎有效。第一条是运用刺激物特征（如整版广告、亮丽的色彩、动画等）以吸引人们对广告的注意。第二条策略是将广告信息与目标市场感兴趣的话题设法联系在一起。基于这个原因，名人和幽默的语言经常出现在广告中，有魅力的模特也经常出现在广告中。例如，我国浙江省诸多西服品牌请各类大牌明星做形象代言人，极大提升了浙系男装的形象，增加了在全国的销量。

增加广告的吸引力也可以着眼于广告的某些特定部分。公司广告（即针对公司而非公司产品的广告）更容易抓住观众的注意力。然而，一项关于 2 000 多则公司广告的研究发现，大约半数观众并未注意到公司广告中最重要的信息——公司名称。该研究还发现，避免这个问题的最简单的办法是将公司名称放在广告中最显眼的位置，即标题中。

运用与商品无关的消费者感兴趣的内容同样可以使广告获得成功。然而，运用刺激物特征或与商品种类无关的消费者兴趣来传递信息会带来两个风险。第一个风险是运用刺激物吸引观众注意力的策略如此成功，以至于可能降低消费者对销售信息的注意力。观众会盯着广告中的迷人异性而未注意到销售信息或宣传文案。本章章首的 Colortrack 牌电视机的例子就说明了这种情况。第二个风险是对广告信息的理解可能会受到影响。例如，一则啤酒广告运用幽默的语言来吸引注意力，可能会使消费者认为此啤酒只适合轻松、随意的场合。因此，运用此方法吸引观众注意力时必须确保不对主要信息的理解产生负面影响。

第3节 学 习

消费者的需要和行为绝大部分是后天习得的。通过学习，消费者获得了丰富的知识和经验，提高了适应环境的能力。同时，在学习过程中，其行为也在不断地调整和改变。

一、学习的定义与分类

学习是指人们在生活中因经验而产生的行为或行为潜能的比较持久的变化。消费者可以从经验中学习，但这种学习可能会制约他们将来的行为。由于消费者从产品的购买和消费中获得了经验，他们不仅获悉了自己喜欢的和不喜欢的品牌，而且掌握了他们最喜欢的品牌的产品特性。比如，穿上锐步跑鞋后，消费者或许会认定该品牌穿着最舒适，且便于跑步。对该品牌持续的满意使得消费者每次需要新的运动鞋时都选择锐步品牌。因此，持续满意强化了过去的经验，提高了消费者下次仍然选择这一品牌的可能性。

学习是消费过程中不可缺少的一个环节。事实上，消费者的行为很大程度上是后天习得的。图 4—3 显示，人们通过学习获得绝大部分的态度、价值观、品味、行为偏好、象征意义和感受力。诸如学校、宗教组织、家庭等社会组织以及文化与社会阶层为我们提供了各种学习体验，这些体验极大地影响着我们追求的生活方式和消费的产品。

许多社会组织试图帮助消费者学习对待诸如种族歧视、环境保护之类问题的

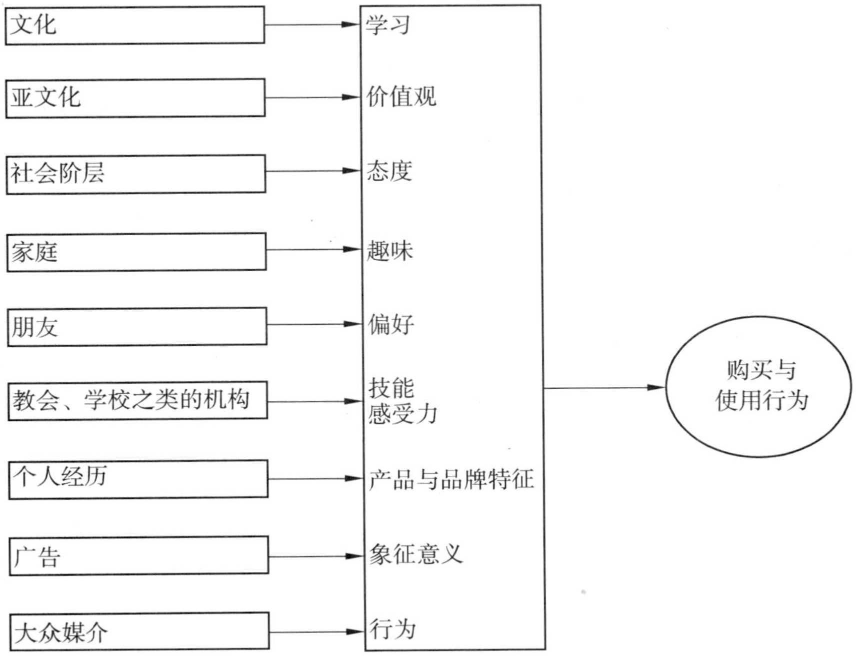

图 4—3　学习是消费者行为的关键

"正确"态度和做法。营销人员花费相当大的力气确保消费者知晓其产品的存在及性质。事实证明，用有效的方式帮助消费者认识其产品的企业能够获得长期竞争优势。

学习是指长期记忆和行为在内容或结构上的变化，是信息处理的结果。信息处理可能是在高度涉入状态下的有意识有目的的活动，也可能是在低度涉入状态下的不集中甚至无意识的活动。

对于学习如何分类，学术界迄今尚未达成共识。传统上，学习被划分为记忆学习、思维学习、技能学习和态度学习。从消费者行为分析的角度来看，有两种分类方法是很有意义的：一是根据学习材料与学习者原有知识结构对学习进行分类，二是根据学习效果分类。

根据学习材料与学习者原有知识结构的关系，可将学习分为机械学习与意义学习。机械学习是指将符号所代表的新知识与消费者认知结构中已有的知识建立人为的联系。学习者并未理解符号所代表的知识，仅依据字面上的联系记住某些符号，这是一种囫囵吞枣式的学习。消费者对一些无意义的外国品牌的学习，多属于这种类型。意义学习是将符号所代表的知识与消费者认知结构中已存在的某些观念建立自然的、合乎逻辑的联系。比如，用"健力宝"作软饮料商标，消费者自然会产生强身健体之类的联想；用"飞鸽"作自行车商标，则会使消费者将自行车与"轻盈"、"飘逸"等美好的遐想相联系。消费者对这一类内容的学习，无须借助外在的和人为的力量，属于意义学习的范畴。

根据学习的效果，可将学习分为加强型学习、削弱型学习和重复型学习。消费者在使用某种商品时如果觉得满意，可能会对有关该商品的知识和信息表现出更加浓厚的兴趣，他对该商品的好感和印象会因此得到强化，所以，这一类型的学习又称为加强型学习。削弱型学习则是指通过新的观察和体验，使原有的某些知识和体验在强度上减弱直至被遗忘。消费者使用某种商品后如果不满意，或者通过观察发现别人使用该商品有不好的效果，他对该商品的购买兴趣就会减弱。就学习效果而言，这种类型的学习不是对已有行为的正面强化，而是负面强化。重复型学习则是指通过学习，学习效果既没有加强，也没有减弱，只是在原有水平上重复而已。

二、学习理论

在消费者学习过程的理解上分为两个学派：行为学派和认知学派。行为学派研究的是观察消费者由于接触到刺激而发生的变化，开创了两种学习理论，即经典条件反射理论和工具性条件反射理论。下面介绍这几种主流学习理论。

（一）经典条件反射理论

经典条件反射理论也称联想学习理论，是指在刺激和刺激之间或在刺激和反应之间建立起一定的联系而形成的学习。联想学习是以俄国著名生理学家巴甫洛夫的实验研究为基础提出的。巴甫洛夫以狗作为实验对象，在给狗喂食时，他按铃后立即把食团放入狗的嘴里，结果引起狗分泌唾液。在多次重复先响铃声再给食团后，单独的铃声刺激也能引起狗分泌唾液。这种通过铃声和实物多次成对出现，在铃声刺激和分泌唾液之间建立起一种新的联系，就是经典条件反射的形成过程，也是联想学习的形成过程。这一理论揭示了刺激和反应之间的关系，表明借助刺激与反应之间的已有关系，经过练习能使另一种刺激与同样的反应之间建立起联系，从而达到学习的目的。具体地说，在消费活动中，消费者看到或听说某种商品后，把这种商品与原来使用过的比较满意的商品或者不满意的商品联系在一起，从而认识这一商品的性质，决定是否购买，就属于联想消费学习。

联想学习是一种最基本的学习形式，也是心理学家研究得较早的一种学习现象。研究者发现联想学习有以下几种形式。

1. 关联性联想学习

两种事物在空间位置上或时间距离上比较接近，消费者容易把这两种事物关联在一起，由一种事物联想到另一种事物。比如到了上海，人们会不由自主地想到外滩；到了傍晚时分，人们就会想到吃晚饭等，这些就是关联性联想学习。有一则广告中指出，某商店在长柏胡同，一般人怎么会知道长柏胡同呢？于是这则广告改为：某商店在长柏胡同，王府井大街向东 100 米即到。人们都知道王府井大街，把该商店与王府井大街联系在一起，人们会很容易记住该商店的位置。

2. 类似性联想学习

两种事物在形状、大小、功能和地理位置等方面有相似之处，消费者在看到一种事物时，就会联想到另一种事物。比如，某厂家生产的一种品牌的产品在市场上享有盛名之后，它生产的另一种产品也容易被消费者认为是可靠的产品；一种文化衫上印着“摸到棒槌山，能活一百三”，人们看到这样的广告语肯定会联想到棒槌山风景秀丽、气候宜人，是旅游的好去处。

3. 对比性联想学习

两种事物在性质、大小和外观等方面存在相反的特点，消费者会从反面想到另一种事物。比如，消费者看到商店出售的超大屏液晶超薄彩电，想到自己家里是一台普通彩电，觉得普通彩电远远不如这种彩电看起来清晰；看到电视广告中女模特使用某种化妆品打扮得非常漂亮，于是想购买该化妆品，把自己也装扮得那么漂亮。

4. 因果性联想学习

两种事物本质上存在一定因果关系，由某一事物的原因容易联想到另一事物的结果，或者由某一事物的结果容易联想到另一事物的原因。广告中常常运用这一原理，引发消费者的联想，如广告语“为什么维维豆奶一冲就开?”让消费者不由得联想其中的原因，认为维维豆奶可能比其他的豆奶质量好。

5. 特殊性联想学习

两种事物之间的联想关系是由消费者所经历的特殊事件造成的。这种联想学习不是按照联想规律进行的，事物之间也不存在必然的联系，而是消费者经历了某种特殊事件，从而在见到某一事物时联想到另一种事物。比如，一位消费者购买了一台热能减肥机以减轻体重，没想到在使用时把自己的皮肤给烧坏了，以后一见到减肥机的广告，她就会联想起那次痛苦的经历。

（二）工具性条件反射理论

工具性条件反射又称强化学习，是由美国著名心理学家斯金纳提出的。这一学习理论认为，学习的发生是尝试错误的过程，习惯的形成是对某特定反应或行为进行奖赏的结果。人们之所以能学会某种特定的行为，是因为在该行为之后有某种令人愉快的事情或满足需要的事情发生；人们之所以能学会避免某种特定的行为，是因为在该行为之后有某种令人不愉快的事情出现。这种学习模型可以应用到消费者学习选择产品、服务或零售店等情形中。例如消费者在不同的商店购物时，他们学习选择那些在自己所能接受的价格范围内出售所喜欢的服装的商店，一旦发现某家商店出售的服装能满足自己的需要，他们很可能会多次光顾这家商店。

斯金纳通过实验证明了这一理论。斯金纳把一直处于饥饿状态的小白鼠放进一个箱子，箱子里有一个杠杆，杠杆连接着一个装置，只要小白鼠踏到杠杆上，就有一粒食物滚进箱子里。小白鼠在箱子里起初是乱跳乱窜，偶尔踏到杠杆上，接着令其愉快的事情发生了，有一粒食物滚了进来，有了几次这种经历后，小白鼠很快就学会了踏杠杆的行为，即从无意识地踏杠杆转变为有意识地踏杠杆。小白鼠之所以能够学会踏杠杆，是因为满足需要的食物强化了小白鼠的行为。

斯金纳的工具性条件反射与巴甫洛夫的经典性条件反射虽然基本观点一致，即学习是建立在条件反射基础上的，但二者仍有一定区别。巴甫洛夫的联想学习是先有刺激后有反应，或者说，行为反应是由刺激引发的，是一种对刺激的应答活动。而斯金纳的强化学习是先有行为后有刺激，行为反应是自发出现的，而后才被刺激得到增强。在消费活动中，强化学习对消费者某种消费活动的形成起着关键性作用。任何能够提高消费者某种特定消费反应出现概率的刺激都可以被看成是强化。强化学习理论认为，只有通过强化才能最终形成学习，而且强化程度越高，消费者出现相应行为反应的频率越高，强化对学习的目的性、速度以及效果都有直接的影响。目前市场上流行的“买一赠一”“有奖销售”等活动，就是利用强化学习理论，促使消费者作出购买决定，提高购买该商品的频率。

斯金纳区分了两种类型的强化：正强化和负强化。正强化是一种积极刺激，它能引起消费者满意的体验。比如使用一种洗发水使你的头发清爽、柔顺、有光泽，你就有可能多次购买这种洗发水。负强化是一种消极刺激，那些引起消费者不愉快反应的刺激都可以看成是负强化。许多人寿保险就是依靠负强化来刺激客户购买保险的：在广告中向妻子或孩子宣传，如果家里的顶梁柱意外死亡，可能会引发哪些可怕的后果。

在强化学习中还有一种现象，叫做自然消退。它是指某种条件反射形成后，不再受到强化，那么这种反射就会逐渐减少，甚至消失。自然消失现象在消费活动中也经常见到。消费者在有奖销售的影响下购买了某种商品，当他以后再次购买此类商品时，如果没有得到奖励，就可能不再购买该商品。

（三）认知学习理论

认知心理学认为，学习是一个解决问题的过程，而不是在刺激和反射之间建立联系的过程。对消费者来说，认知学习是一个感知刺激、把刺激与需求相连、评估可选品牌以及评价产品是否满足预期的过程。由于强调对问题的解决，因此该学习过程与复杂决策过程基本相同。

认知学习包括人们为解决问题或适应环境所进行的一切脑力活动。它涉及诸如观念、概念、态度和事实等方面的学习，这类学习有助于我们在没有直接经历和强化的条件下形成推理、解决问题和理解事物之间的各种关系。认知学习的范围包括从很简单的信息获取到复杂的创造性地解决问题。有三种认知学习形态对于营销者很重要。

1. 映象式机械学习

这是指在没有条件作用的情况下，学习在两个或多个概念之间建立联想。例如，一个人看到一则广告写着“克咳是治咳嗽的药”，就会把“克咳”这个新概念与已有的“咳嗽药”联系起来。在这一过程中，既没有无条件刺激，也没有直接的强化作为回报。

许多低度涉入主体的学习是映象式机械学习。一个简单信息的无数次重复可能导致消费者一看见某种环境就联想到该信息。通过映象式机械学习，消费者可以形成关于产品特征和属性的信念，一旦有了需要，消费者便会基于这些信念购买产品。

2. 替代式学习与模仿

消费者并不一定通过体验直接奖赏或惩罚来学习，而可以通过观察他人的行为和后果来调整自己的行为。另外还可以运用想象来预期行为的不同后果。这种类型的学习称为替代式学习或模仿。

替代式学习或模仿在低度涉入和高度涉入状态下都经常发生。比如，消费者获得工作机会后要购买新服装，在这类高度介入状态下，他可能特意观察其他员工上班时的穿着，或观察其他环境下包括广告中的“榜样角色”的穿着。又如，在生活中，我们会观察别人如何使用产品、在各种具体情境下有何种行为。多数情况下，我们对这些行为不太在意。然而，随着时间的推移，我们会了解在特定情境下哪些行为和产品是合适的，哪些是不合适的。

3. 推理

认知学习最复杂的形式是推理。在推理中，个体对已有的信息和新信息进行重新构造和组合以进行创造性思考。

图 4—4 是对以上三种学习理论的总结。

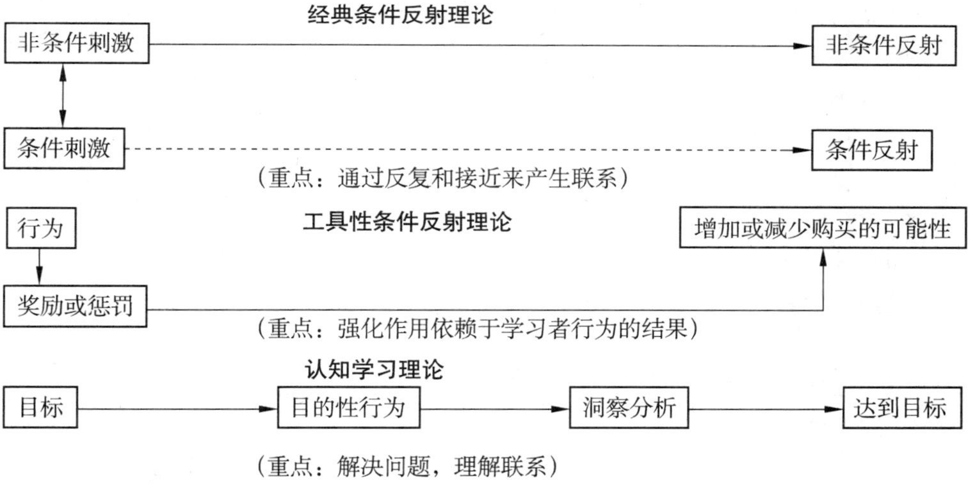

图 4—4 三种学习理论的总结

三、消费者学习的方法

消费者学习的方法主要有模仿法、试误法和观察学习法。模仿法是指消费者仿效和重复别人行为的趋向。其结果是消费者摒弃旧的消费方式，适应新的需求水平。试误法是指消费者经历一些错误的尝试，从而在一定的情境和一定的反应之间建立起联结。由于感观和体验为消费者所接受和学习，因此促使其采取购买行为。观察学习法是指消费者通过观察他人的行为，获得示范行为的象征性表象，并采取或避免采取与之相似的行为的过程。即通过对前人经验的总结与学习，辅之以在复杂的思维过程中学到的分析与解决问题的能力，用自己的学识和辨别能力，应对不断面临的购买决策问题。

第 4 节 学习和营销启示

一、经典条件反射理论的营销启示

不管哪一种学习方法更适用于某一种情境，学习的几个一般特点与营销管理者有关，其中最重要的是学习强度、消退（或遗忘）、刺激泛化、刺激辨别和反应环境。

（一）学习强度

怎样才能形成一种强烈和持久的习得性反应？政府如何才能够让市民掌握垃圾分类的知识并刻骨铭心？欧莱雅怎样才能使你了解它的抗皱新产品及其与其他抗皱产品的区别？学习强度受四个因素的影响：重要性、强化、重复和意象。一般来讲，所学材料越重要，过程中接受的强化（或惩罚）越多，刺激重复（或练习）的次数越多，材料中包含的意象成分越多，学习就越快，而且记忆越持久。

1. 重要性

重要性指所学信息对于消费者的价值。学习某种行为或信息对你越重要，你的学习过程越有效果和效率。重要性也是区分高度涉入学习状态与低度涉入学习状态的一种尺度。前者比后者更具主动性，而且较少需要强化、重复和意象。遗憾的是，营销者面对的往往是处于低度涉入学习状态的消费者。

2. 强化

强化是指能增加特定反应在未来发生的可能性的任何事物或活动。虽然学习经常缺少强化（或惩罚），但强化能极大地影响学习的速度和效果。

正强化是一种愉快的或期待的结果。一个爱吃糖的人购买了一块徐福记牛轧糖，觉得不错，那么他下一次买牛轧糖时就很可能还选徐福记这一品牌。负强化则涉及对不愉快结果的排斥和避免。

强化的反面就是惩罚。惩罚是能减少特定反应在未来发生的可能性的任何事物。一个消费者购买爆米花后发现味道不好，就不会再去购买。

从上面的讨论可以看出，营销者之所以要准确地确定“什么才能强化消费者的具体购买行为”，有两个重要原因：一是要让消费者重复购买，产品必须满足消费者所追求的目标；二是要诱导消费者进行第一次购买，促销信息必须保证给予恰当的强化，也就是保证产品会满足消费者的目标。

3. 重复

重复（或练习）能增加学习的强度。简言之，我们接触某种信息的次数越多，掌握它的可能性就越大。重复的效果也直接与信息的重要性及所给予的强化有关。

换句话说，如果所学的内容很重要或者有大量强化相伴随，重复就可以少些。由于许多广告内容在当前对于消费者并不很重要，也不能提供直接的激励与强化，重复就成为促销过程中的关键因素。

营销者应该注意重复的度，在重复与避免使消费者产生负面情绪之间保持恰当的平衡。过多的重复会导致人们拒绝接受信息，对其作出负面评价或熟视无睹。

4. 意象

无论是品牌名称还是公司口号，均能产生一定的意象。例如，“骆驼”“野马”这样的品牌名称能激起感觉上的意象或大脑中清晰的图像，这有助于消费者学习，因为形象化的语言更容易学习和记忆。意象效果背后的理论是，形象化语言有双重编码，它能同时以语言和形象两种方式存储于人的记忆中。由于意象能极大地提高学习的速度和质量，品牌名称的意象就成为市场营销决策的一个关键方面。

图像是形象化的，因此是一种特别有效的学习工具。它能增加消费者的视觉意象，并有助于消费者对信息进行编码，使之形成相关的、有意义的信息块。所以，一则广告的关键沟通点应该是在它的图形部分所激发的意象中，因为消费者对这种意象记得更快更牢。

有证据表明，声音记忆（包含语言的记忆）具有与视觉记忆不同的特点。据说与语言的信息意义相一致的背景音乐能增进学习效果。

（二）消退

尽管人们并不喜欢在观看电视时看到广告，但是如果某一品牌的产品长时间不做广告，其销量就可能明显下降。营销者希望消费者了解并记住产品的优点，保持对产品的良好感受和态度。但是，一旦对于习得的反应所给予的强化减弱、习得的反应不再被运用或消费者不再被提醒而作出反应，消退或遗忘便会发生。

图 4—5 显示了一条常见的遗忘曲线。该研究从《美国机械师》（*American Machinist*）杂志中选取了 4 则广告，测量消费者在有辅助和无辅助情况下对这些广告的回忆情况。可以看出，回忆率在 5 天之内迅速下降，在 5 天之后大致维持稳定状态。

遗忘发生的速度与最初的学习强度呈负相关关系。也就是说，学习的内容越重要、强化越多、重复越多、意象越强，学习对遗忘的抵制就越强。

有时，营销者和政府监管机构希望加速遗忘的进程。例如，美国癌症协会(American Cancer Society)和其他组织设计了许多帮助人们“忘记”吸烟的活动。制造商希望消费者忘记不好的公众形象或过时的产品形象。

（三）刺激泛化

刺激泛化是指由某种刺激引起的反应可由另一种不同但类似的刺激引起。例如，一个消费者知道纳贝斯克公司的奥利奥夹心饼干很好吃，便认为它的新产品奥利奥巧克力也很好吃，这种情况就是刺激泛化。营销者经常运用这一原理来进行品牌延伸。

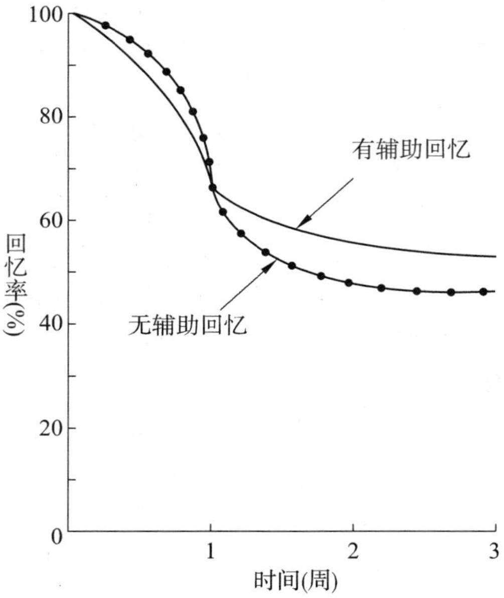

图 4—5　随时间发生的遗忘：杂志广告

资料来源：LAP Report ＃5260. 1. New York：WeeksMcGraw-Hill，undated.

（四）刺激辨别

刺激辨别指对于相近但不同的刺激学会作出不同反应的过程。在某一点上，刺激泛化机能开始失灵，因为相似性越来越小的刺激都被同样对待，这时必须对刺激加以区分，以使消费者对它们作出不同的反应。

例如，拜耳（Bayer）阿斯匹林与其他品牌的阿斯匹林不同，为了发展品牌忠诚型消费者，必须教会消费者区分拜耳阿斯匹林与其他品牌的阿斯匹林。

要做到这一点，营销者可以采用多种方法，其中最显而易见的一种就是在广告中具体指出各种品牌的差别。这种差别可以是现实存在的，也可以是象征意义上的。产品本身也应在造型或设计上经常作出改变以增大产品差异。

例如，“三精”口服液广告声称，天天一瓶三精，有效帮助孩子补锌，解决胃口不好的问题，但这一广告并没有为它赢得明显的市场份额。后来，“三精”广告强调该口服液的颜色（蓝蓝的、不一样的、更好的），使之迅速成为市场上增长最快的品牌。这是由于蓝色药品使它的优越性外在化，使人们注意到它的不同。

（五）反应环境

消费者往往能掌握比他们所要提取的信息更多的信息。也就是说，人们常常在需要的时候找不到存储在记忆中的相关信息。影响信息提取能力的第一个因素是最初的学习强度。最初学习的强度越大，在需要的时候提取相关信息的可能性就越大。

第二个影响因素是回忆时所处的环境是否与最初的学习环境具有相似性。因此，在回忆时提供的与当初了解该信息时相似的环境线索越多，回忆就越有效。比如，如果平时是在安静的环境中在桌前学习，而不是在播放音乐的环境中在沙发上学习，考试成绩会好一些，因为考试是在安静的环境中在桌前进行的。根据实际情况，营销者可以作出两种选择：使学习环境接近回忆环境，或者使回忆环境接近学习环境。

使回忆环境和学习环境相似，需要了解消费者是在何时何地作出购买决定的。如果购买决定是在家中作出的，零售店或购物街的环境线索就不能给消费者提供有关产品回忆的帮助。

假设某企业在其口香糖电视广告中将一幅有趣的画面与该口香糖品牌的发音配对出现，以使消费者对于该品牌产生正面情感（经典性条件反射），但是广告中没有清楚地显示该口香糖的包装和品牌。在实际的购买环境中，消费者面对的是满货架的各种口香糖包装盒，却听不到品牌名称的声音，回忆很难激起消费者对产品的正面情感。因此，广告应是显示产品的包装画面，因为这恰好是消费者在作出购买决定时会看到的东西。

二、工具性条件反射理论的营销启示

工具性条件反射理论在营销中相当重要。当消费者感得满意时，就会再次购买。因此，所有营销策略的目标都应该是通过产品满意程度强化消费者的购买行为。这一观点符合营销的基本原则：制定传递已知的消费者利益的营销策略。

工具性条件反射理论能够用于广告和促销策略。广告的作用在于提高消费者的强化预期。促销的作用在于，通过提供免费试用品、优惠券或价格折扣创造一种初始的动机，诱导消费者使用产品，如果产品令人满意，即使取消了这些刺激，许多消费者也会继续购买。

三、认知学习理论的营销启示

认知学习理论与理解消费者的决策过程有关。认知学习理论更适用于重要的、高度涉入的产品。在高度涉入的情况下，消费者通过信息搜寻和品牌评估过程解决问题。有目的的购买行为往往针对的是汽车、服装或家具，而不是牙膏、纸巾或洗衣粉。

第 5 节　手段—目标链

手段—目标链理论（means-end chain theory）源于心理学家托夫曼（E. C. Tolman，1932）的主张，由杨格和菲金（S. Young and B. Feigin，1975）较早用于营销活动，后来由奥尔森和雷诺兹（Jerry Corrie Olson and Thomas John Reynolds，1983）进一步发展。

一、手段—目标链的定义

手段—目标链是指消费者认识产品属性，结合自身相关知识产生结论和价值观的一个知识体系。该理论展示了顾客对产品的认知过程，揭示了顾客购买或使用某产品或品牌时所追求的基本目的。该理论认为，顾客是按照产品属性、利益、价值这样的承接梯次形成产品知识概念体系的。产品的属性是顾客实现某种目的的手段，顾客在选购产品时，不可避免地要受到它的影响。根据顾客需要的特点，当顾客原有的需要得到满足后会产生新的需要，需要具有层次性。

手段—目标链理论综合考虑了产品属性、产品利益及价值，可以有效地帮助我们了解消费者行为。消费者将产品属性（attributes）看作达成目的的手段，其购买目的反映了消费者的价值取向，并通过产品利益（benefits）把产品属性和价值（values）连接起来。三个层次间是相互关联的（见图 4—6）。属性层是实现利益层的手段，通过利益层帮助顾客实现其价值层，属性和利益间存在一对一、多对一的对应关系。层次越高，抽象程度就越高。相对于属性和利益而言，价值的表述最抽象，属性层的定义最具体。层次越高，稳定性就越强。产品属性是最不稳定的，属性或属性组合在不断地发生变化，而个人价值观的变化是最缓慢的，它最稳定。

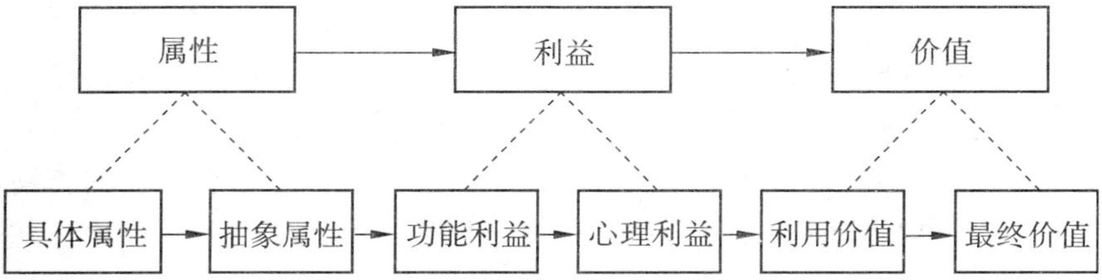

图 4—6　手段—目标链模型

1. 产品属性

产品属性描述的是产品特性，关注的是产品本身，是消费者对特定产品的看法，包括产品的物质属性和功能特点等。由产品的概念可知，产品被看成是带给顾客利益和价值并满足其需要的诸多属性的组合。因此，产品除了自身的物理、化学属性外，还具有品牌、包装、质量、价格等属性。产品属性是可以感知的，具有无形或有形的特色，涉及包装、色彩、价格、品牌及销售者的服务等方面。

到目前为止，对于属性并没有普遍认同的定义。一般来讲，产品属性包括产品所有外在和内在的各种特征与性质。顾客总是习惯于用属性来描述他们所期望的产品，企业一般也习惯于根据属性定义它们所做的事情。若企业的眼光仅局限于属性层，而没有考虑价值层，势必导致经营面临较大的风险。

2. 产品利益

产品利益描述的是顾客使用产品时或使用后的体会或感觉，是顾客对产品使用结果的较为主观的判断。消费结果是消费者对产品或服务在使用后所产生的经验或感觉。当顾客感知的结果与他所期望的一致时，通常把这样的结果称为利益，利益具有主观性的特点。利益与属性是有区别的，不管产品有怎样的属性，人们均可以获得一定的利益。一般来说，利益可以分为两类：工具性利益和心理社会利益。通过工具性利益可实现顾客的心理社会利益。工具性利益又可分为功能利益、体验利益和财务利益。

利益可能是物质上的（如满足饥饿、口渴或其他的生理需求），也可以是心理上的（如自尊、更美好的将来），还可以是社交上的（如提高地位）。直接利益来自顾客消费的物品或消费行为。当人们对其消费行为作出有利或不利的反应时，能够产生间接利益。当直接利益能够产生其他利益时，也会出现间接利益。此外，有些利益在消费行为发生时立即产生（如止渴），有些则滞后发生（如消化不良）。

3. 价值

价值是对特定行为或生活的终极状态的一种持续性信念，会影响个人的行为方式或生活目标。许多行为的发生，通常是顾客为了实现所追求的某种价值。价值层是顾客追求的最终目的，体现了使用者的核心价值、意图和目标，是顾客最基本的驱动力，会有意识地影响顾客的购买行为。价值可以分为两类：目的性价值和工具性价值。目的性价值与存在的目的有关（如愉快、安全），工具性价值与行为模式有关（如诚实、心胸宽广）。工具性价值是实现目的性价值的桥梁。

二、手段—目标链例子

图 4—7 描述了几个手段—目标链的例子，包括消费者日常用品（头发喷雾）、农产品（薯片）和一个品牌产品（Scope 漱口液）。

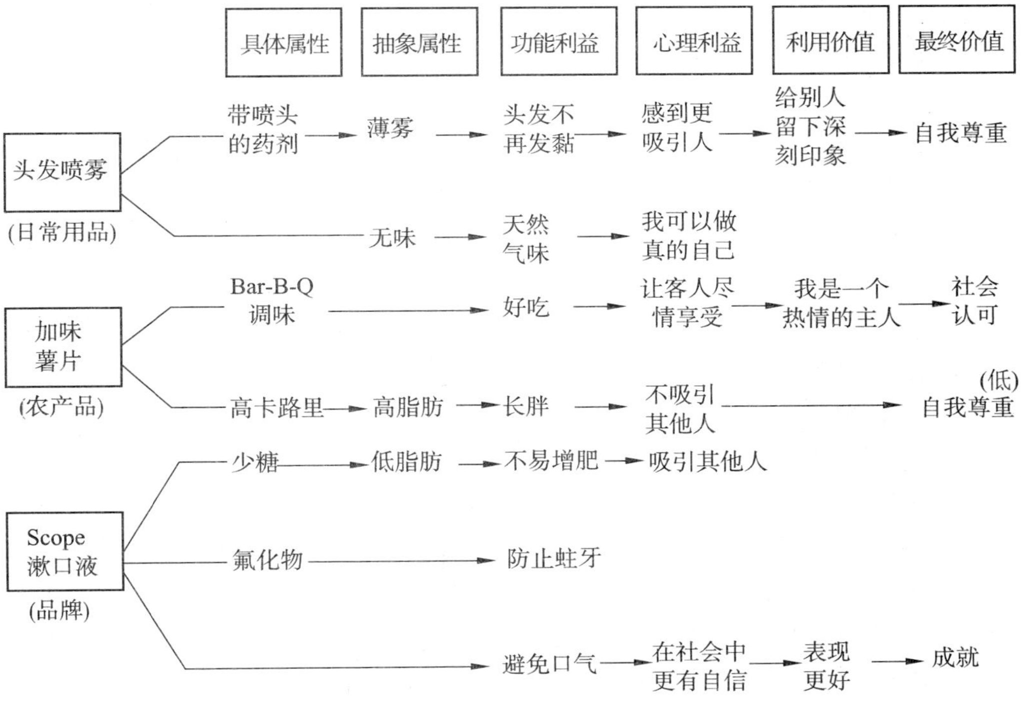

图 4—7　手段—目标链例子

三、营销启示

通过手段—目标链，营销人员能更好地了解消费者对其商品属性的感知和得出的结论，以及消费者购买的基本目的（价值观和购买目标），以便更有针对性地对消费者进行营销刺激，推动购买。最后，手段—目标链可以反映消费者与产品的关系，也就是说，可以提供与消费者相关的能提升其自信等重要方面的产品。

总之，通过手段—目标链能更好地了解消费者对产品的感知，从而帮助营销人员制定更有效的广告、价格、配置和商品策略。

第6节　品牌定位仿真模型

一、品牌定位软件模型介绍

1. 实验目的

品牌定位分析利用手段—目标链理论帮助企业实现品牌战略定位，通过确立产品在市场上的重要属性，并对市场上不同品牌的表现进行比较，为目标企业已有产品和待开发产品进行品牌和市场定位分析，帮助企业准确定位目标市场，找准战略方向，实现高效运营规划。

2. 品牌定位分析思路

品牌定位的目的是了解产品在目标消费者心目中的位置及其在消费者价值阶梯上的位置。一旦找到这个位置，我们就明确了产品的优势和劣势，从而可以进一步找到主要竞争对手，衡量他们的表现。这样，我们就可以扬长避短，确定目标市场，与主要竞争对手区分开来。

对于同一类产品，不同的消费市场（比如男性、女性市场）在产品属性上的偏好（即E值）不同。市场营销策划者必须界定不同消费市场所关注的重要属性，即不同的消费者需要什么。

除了明确不同消费者的产品属性偏好外，还需要了解产品在各个消费市场的表现如何。评价某种产品的市场表现，需要把该产品与其他同类产品进行比较。因此，针对不同的市场，可以就消费者关注的不同品牌产品的重要属性进行满意度（即B值）的比较。

没有一种产品可以抓住所有消费者的心，通过差异化寻求产品在消费者心目中的特定位置，从而确立目标细分市场才是明智的。明确了不同消费市场的产品偏好（E值），以及不同消费市场上某种产品相对于其他产品的表现（B

值），我们就获得了该产品在不同消费者心目中的位置。这为营销策划者制定营销战略提供了强有力的依据：也许在这个市场上我们的表现不如竞争对手，但是在另一个市场上我们已经占绝对优势；也许我们目前在各个市场上都不如竞争对手，但是通过某些重要属性的改进，我们完全可以在某个市场上超越竞争对手。

综上所述，品牌定位分析首先要确定不同市场所关注的重要属性（E 值），然后比较各市场上的不同品牌在重要属性上的表现（B 值），了解目标产品与竞争对手在市场上的位置，从而为营销策略的制定提供依据。

二、品牌定位软件操作介绍

（一）数据分析模块

该模块利用手段—目标链理论帮助企业进行品牌战略定位，可确立产品在市场上的重要属性，并对市场上不同品牌的表现进行比较，从而进行产品品牌和市场定位分析。

文件格式为 Excel。具体文件格式如图 4—8 所示：每列存储一个指标数据，每条记录为一行，每一列的第一行为列的名称，第二行开始为调研数据。

各属性评价值			市场、产品及品牌信息			被访者个人资料		
属性1	……	属性N	市场名称	产品名称	品牌名称	性别	年龄	职务
1	2	3	白领	牙膏	中华	男	43	主管

图 4—8　文件格式

（二）基础数据导入

单击菜单“文件”——“打开”，弹出数据文件对话框（如图 4—9 所示）。

选择要分析的数据文件，单击右下角“打开”按钮，即可弹出载入数据界面（如图 4—10 所示）。

用户可在此界面查看基础数据是否有误，如果基础数据存在问题，可以直接在该窗体中双击该数据所在的文本框，进行修改。

（三）基础数据设置

数据检查无误后，单击“数据”——“设置”，弹出属性设置对话框（如图 4—11所示）。

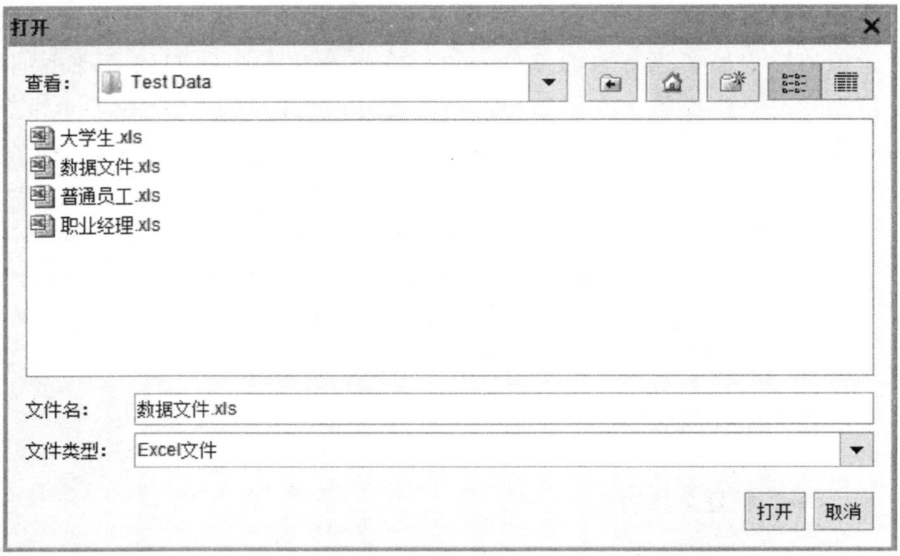

图 4—9　打开数据文件

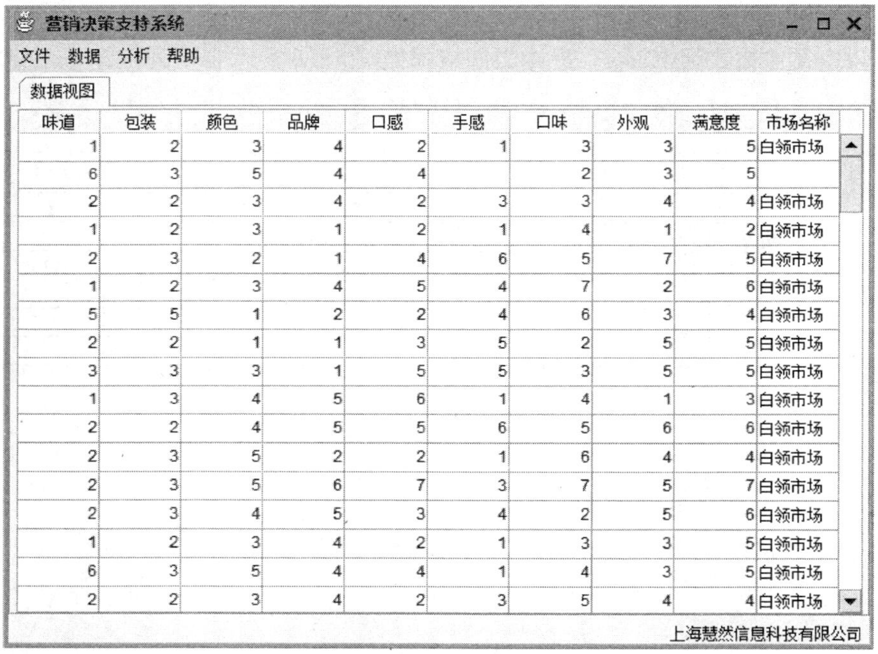

味道	包装	颜色	品牌	口感	手感	口味	外观	满意度	市场名称
1	2	3	4	2	1	3	3	5	白领市场
6	3	5	4	4		2	3	5	
2	2	3	4	2	3	3	4	4	白领市场
1	2	3	1	2	1	4	1	2	白领市场
2	3	2	1	4	6	5	7	5	白领市场
1	2	3	4	5	4	7	2	6	白领市场
5	5	1	2	2	4	6	3	4	白领市场
2	2	1	1	3	5	2	5	5	白领市场
3	3	3	1	5	5	3	5	5	白领市场
1	3	4	5	6	1	4	1	3	白领市场
2	2	4	5	5	6	5	6	6	白领市场
2	3	5	2	2	1	6	4	4	白领市场
2	3	5	6	7	3	7	5	7	白领市场
2	3	4	5	3	4	2	5	6	白领市场
1	2	3	4	2	1	3	3	5	白领市场
6	3	5	4	4	1	4	3	5	白领市场
2	2	3	4	2	3	5	4	4	白领市场

图 4—10　载入数据

“列名”为自动载入数据文件的首行标题，如果选择该列数据进行分析，则在该列名对应的“选否”一列进行勾选，中间列为“数据类型”设置项。

因为品牌定位模型分析要对 E 值和 B 值进行分析，为了简化操作，通常将各个属性的 E 值和 B 值同时载入分析，实现数据输出结果的综合比较。在“选否”列对各个产品属性的 E 值和 B 值、市场名称、品牌名称分别进行勾选。对于属性的 E 值和 B 值数据列，在数据类型上分别勾选相应的“E（valuation）值”和“B

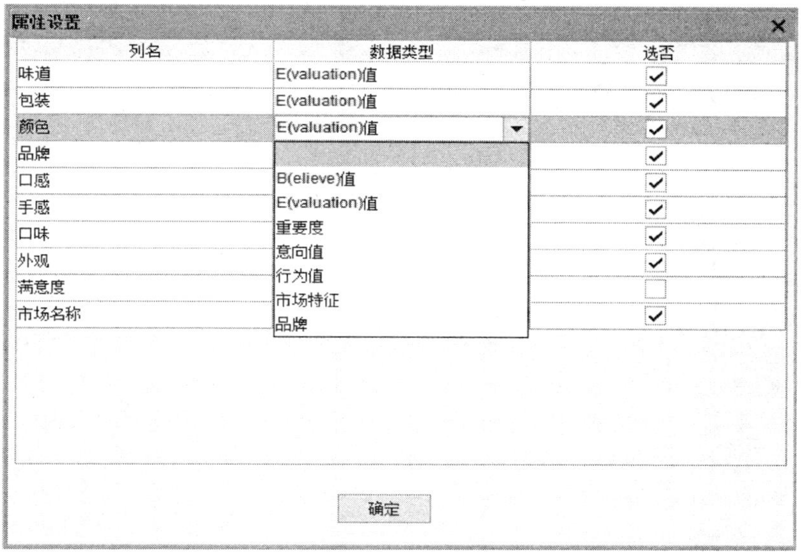

图 4—11　属性设置

(elieve) 值”；对于市场名称数据列，在数据类型上选择“市场特征”；对于品牌名称数据列，在数据类型上选择“品牌”。数据设置完毕后，单击“确定”，基础数据设置完毕。

(四) 品牌定位分析设置

单击“分析”——“品牌定位分析”，弹出品牌定位分析模块数据设置对话框(如图 4—12 所示)。

在“设置”选项卡中为系统自动载入之前设置过的品牌定位模块所要分析的数据列，即属性的 B 值和 E 值，系统初始默认对所有列数据进行分析，也可通过勾选选择部分产品属性的 B 值和 E 值进行分析。

“过滤”选项卡为系统自动加载所要分析的市场特征和品牌特征（如图 4—13 所示)。

为了简化操作，品牌定位分析需要分别对各市场的不同品牌进行比较。比如先分析大学生市场，在对大学生市场的不同品牌进行定位分析时，应将各个产品属性的 E 值和 B 值同时载入分析，在“过滤”选项卡中的“市场名称”字段上勾选大学生，在“品牌名称”字段上勾选要比较的品牌，如高露洁、佳洁士。同理，可对其他市场的多个品牌进行定位分析。

(五) 品牌定位分析结果输出

品牌定位分析设置完毕，点击“确定”，即可弹出品牌定位的分析结果窗体(如图 4—14 所示)。

图 4—14 中的数据表格可列出某市场关于不同品牌产品属性的 E 值和 B 值的平均值，其下左侧的柱状图是针对该数据矩阵系统自动生成的图示。其中，重要属性

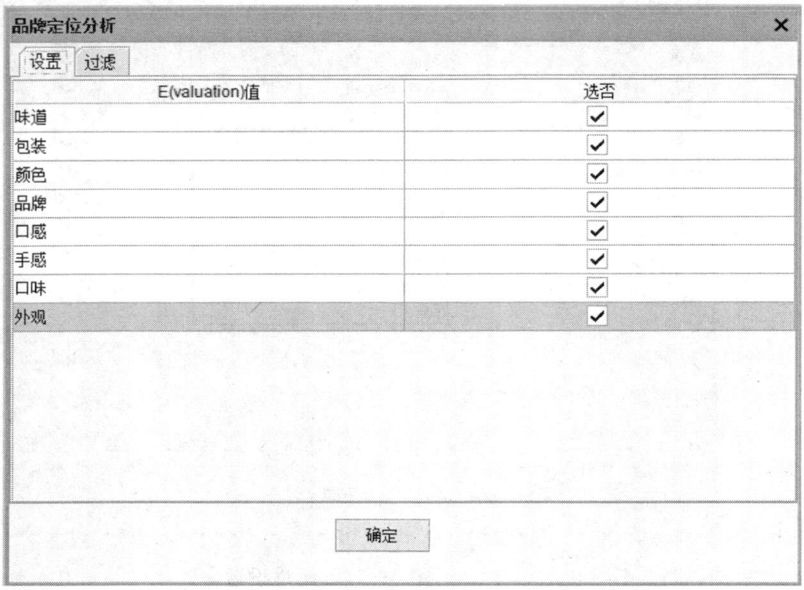

图 4—12 品牌定位分析设置

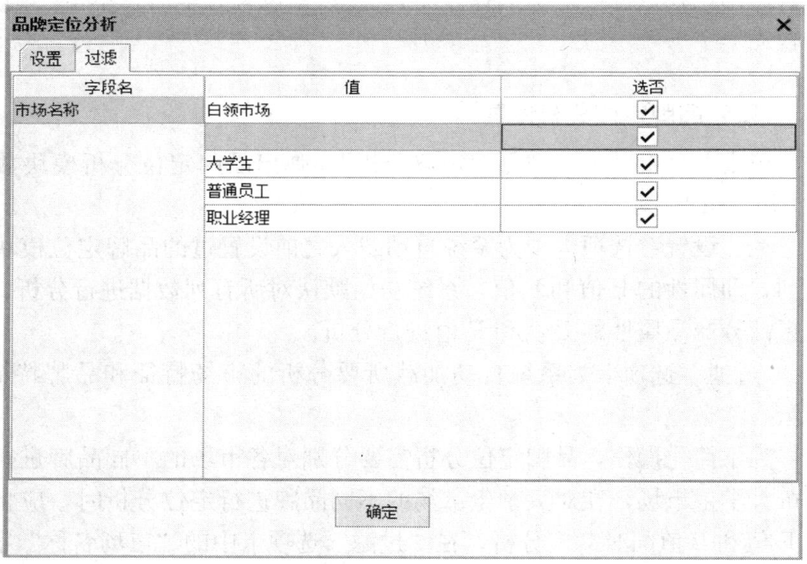

图 4—13 数据过滤

条形图中列出的属性（E 值）即为某市场关于某类产品的重要属性；普通属性条形图（在各市场中没有太大差异，而且属性值大于 2）中列出的属性（E 值）即为某市场关于某类产品的普通属性；非重要属性条形图中列出的属性（E 值）即为某市场关于某类产品的非重要属性。

为了保证品牌定位分析的全面性，进行 B 值比较的重要属性是指排除了非重要属性之后剩下的属性。

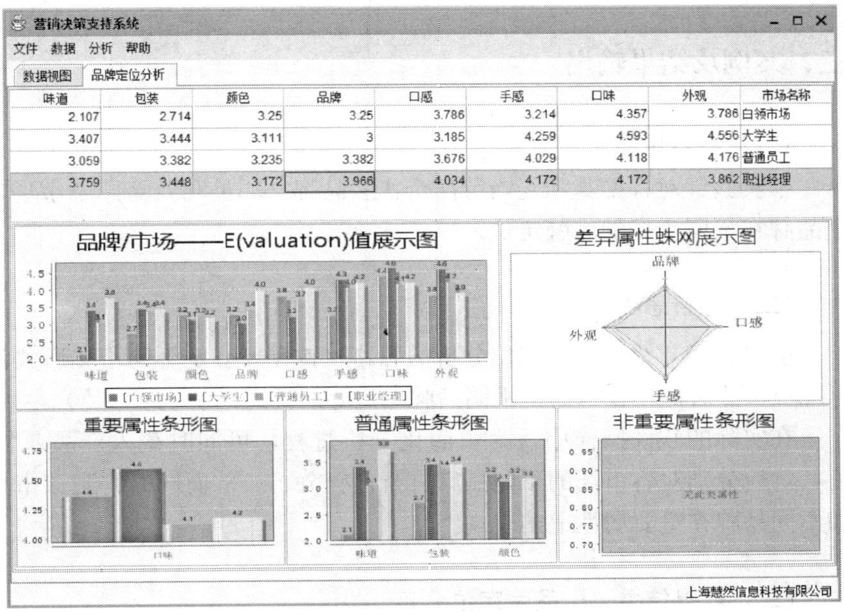

图 4—14　品牌定位分析结果

差异属性蛛网展示图显示了不同品牌之间有明显差异的属性（既包含 E 值也包含 B 值），在对不同品牌就重要属性的 B 值进行比较时，只需观察排除了非重要属性的 B 值的比较情况。

在图 4—14 中的每一张图上，均可点击右键，将各图另存为一个图片文件。

（六）品牌定位分析数据导出

使用模块进行数据分析的结果可以导出到一个 pdf 文件中，具体操作步骤为：点击“数据”——“导出”，然后选择要保存的地址并填入相应的文件名称。文件的具体内容如图 4—15 所示。

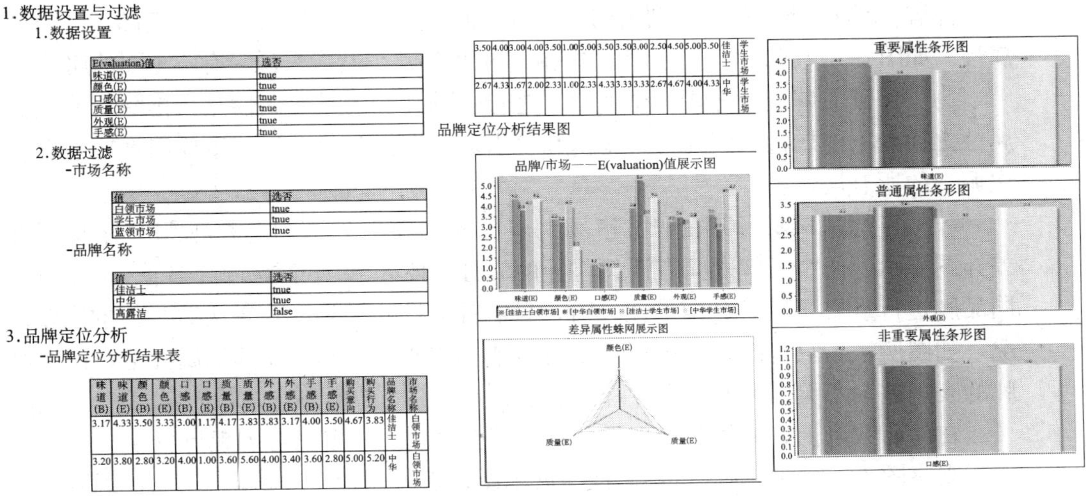

1.数据设置与过滤

1.数据设置

E(valuation)值	选否
味道(E)	tnue
颜色(E)	tnue
口感(E)	tnue
质量(E)	tnue
外观(E)	tnue
手感(E)	tnue

2.数据过滤

-市场名称

值	选否
白领市场	tnue
学生市场	tnue
蓝领市场	tnue

-品牌名称

值	选否
佳洁士	tnue
中华	tnue
高露洁	false

3.品牌定位分析

-品牌定位分析结果表

味道(B)	味道(E)	颜色(B)	颜色(E)	口感(B)	口感(E)	质量(B)	质量(E)	外感(B)	外感(E)	手感(B)	手感(E)	购买意向	购买行为	品牌名称	市场名称
3.17	4.33	3.50	3.33	3.00	1.17	4.17	3.83	3.83	3.17	4.00	3.50	4.67	3.83	佳洁士	白领市场
3.20	3.80	2.80	3.20	4.00	1.00	3.60	5.60	4.00	3.40	3.60	2.80	5.00	5.20	中华	白领市场
3.50	4.00	3.00	4.00	3.50	1.00	5.00	3.50	3.50	3.00	2.50	4.50	5.00	3.50	佳洁士	学生市场
2.67	4.33	1.67	2.00	2.33	1.00	2.33	4.33	3.33	3.33	2.67	4.67	4.00	4.33	中华	学生市场

品牌定位分析结果图

图 4—15　导出文件

三、案例及结果输出

（一）实验目的

本实验针对肯德基和麦当劳两个快餐品牌、职员和儿童两个市场，旨在摸清两个品牌在不同市场的品牌定位。

（二）分析思路

前文已经介绍了品牌定位分析的思路，首先要确定不同市场所关注的重要属性（E值），然后比较各市场上不同品牌在重要属性上的表现（B值）。

在实际的软件操作中，为了简化分析过程，可同时载入产品属性的E值和B值，然后分别对各市场的不同品牌进行比较分析，从而同时得到该市场的重要属性和不同品牌在重要属性上的表现。

（三）输出结果——品牌定位分析

下面首先分析职员市场上肯德基和麦当劳的品牌定位，然后分析儿童市场上肯德基和麦当劳的品牌定位。在分析过程中，首先确定在职员市场或儿童市场上，消费者关注的属性（E值）是什么，然后比较在这些重要属性上，肯德基和麦当劳的表现（B值）如何。

1. 职员市场品牌定位分析

职员市场的品牌/市场属性展示图如图4—16所示，品牌定位分析结果图如图4—17所示。

（1）职员市场关于快餐类产品的重要属性。图4—17中，品牌/市场重要属性图列出的属性（E值）即为该市场关于某类产品的重要属性。如图所示，职员市场中送餐速度成为肯德基和麦当劳共同的重要属性。

品牌/市场非重要属性图列出的属性（E值）即为该市场关于某类产品的非重要属性。如图4—17所示，职员市场中所调查的属性对消费者来说没有不重要的属性。

为了保证品牌定位分析的全面性，进行B值比较的重要属性是指排除了非重要属性之后剩下的属性。因此，肯德基和麦当劳需进行B值比较的重要属性应包含本次调查的所有属性。

（2）肯德基和麦当劳在职员市场上表现的比较。图4—17中，品牌/市场属性差异图显示了两个品牌之间有明显差异的属性（既包含E值也包含B值）。在对不同品牌进行重要属性的B值的比较时，只需观察排除了非重要属性的B值的比较情况，如图所示，只有门店数量和主食的B值具有明显差异。在其他属性上，两个品牌的表现差别不大，因而没有在蛛网图上显示。

在门店数量上，肯德基表现得更好；而在主食上，麦当劳表现得更好。

观察图4—16中品牌/市场属性的展示图，送餐速度是职员市场最关注的属性，虽然肯德基（B值为3.79）和麦当劳（B值为3.62）的表现没有明显差异，但是与

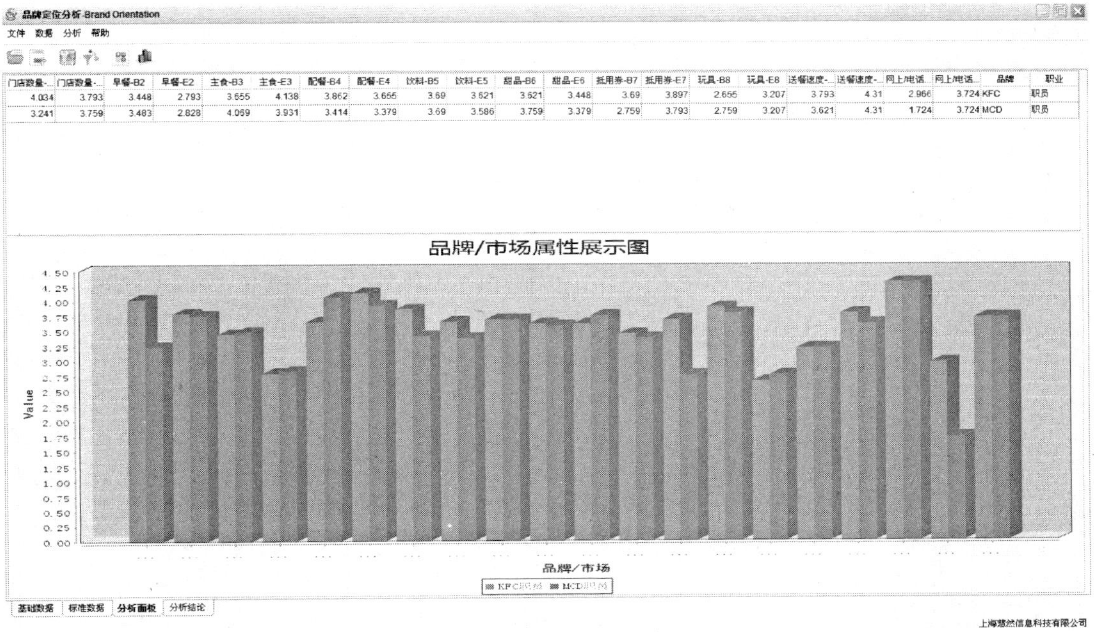

图 4—16　品牌/市场属性展示图——职员市场

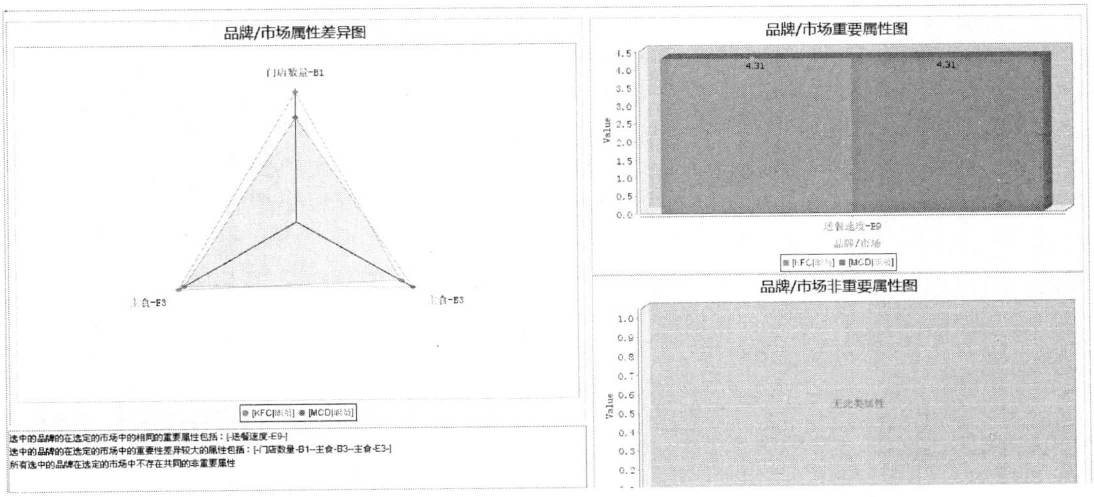

图 4—17　品牌定位分析结果图——职员市场

消费者的 E 值评价 4.31 相比仍有一定差距，这是两个品牌都要改进的地方。

2. 儿童市场的品牌定位分析

儿童市场的品牌/市场属性展示图如图 4—18 所示，品牌定位分析结果图如图 4—19 所示。

(1) 儿童市场关于快餐类产品的重要属性。如图 4—19 中的品牌/市场重要属性图所示，儿童市场中，门店数量、配餐、饮料、甜品、玩具是消费者关于快餐类产品的重要属性，其中又以玩具为最重要属性。

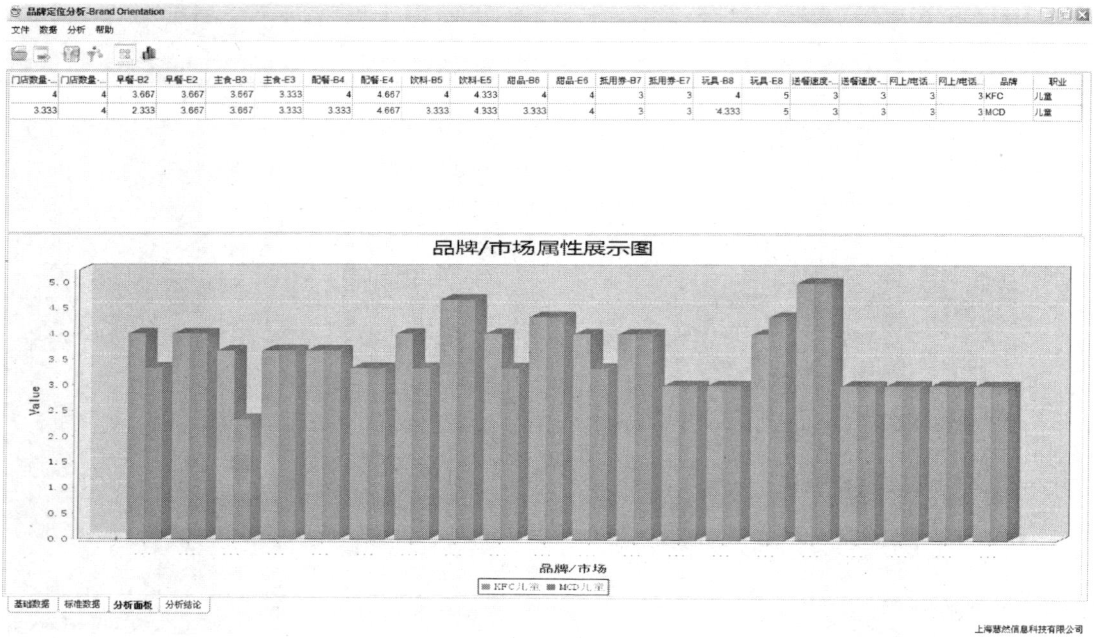

图 4—18　品牌/市场属性展示图——儿童市场

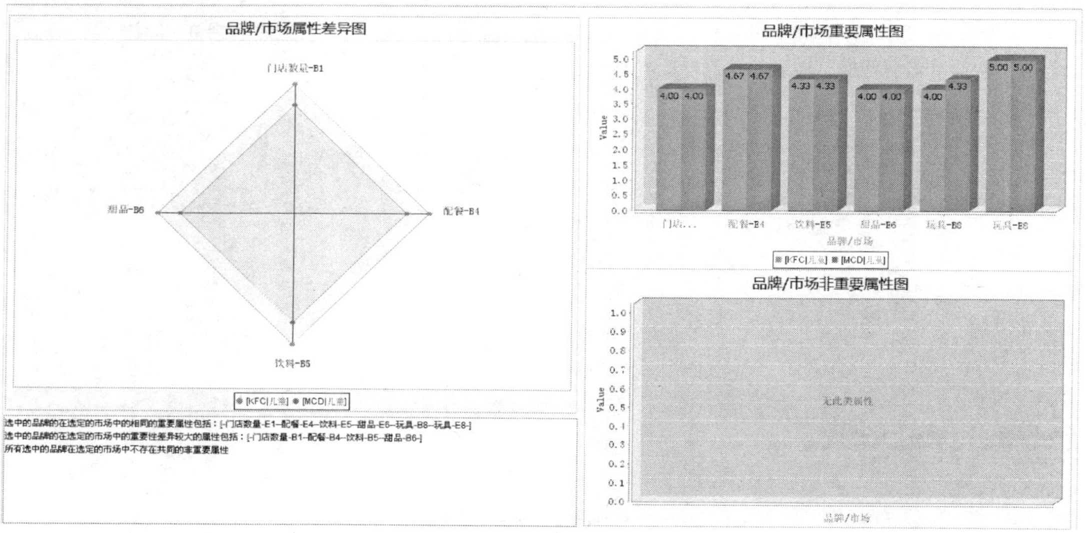

图 4—19　品牌定位分析结果图——儿童市场

如图 4—19 中的品牌/市场非重要属性图所示，儿童市场中，所调查的属性对消费者来说没有不重要的属性。

因此，肯德基和麦当劳需进行 B 值比较的重要属性应包含本次调查的所有属性。

（2）肯德基和麦当劳在儿童市场表现的比较。如图 4—19 中的品牌/市场属性差异图所示，门店数量、配餐、饮料和玩具是肯德基和麦当劳具有明显差异的属性，而肯德基在这四个重要属性的表现上都明显优于麦当劳，因此肯德基在儿童消费者心目中的表现要明显优于麦当劳。

观察图 4—18 中品牌/市场属性展示图，除去四个具有明显差异的属性，在其他属性上肯德基和麦当劳的表现几乎不相上下，玩具是儿童市场最关注的属性（E 值为 5），麦当劳（B 值为 4.33）比肯德基（B 值为 4）略高，但是二者的表现与儿童消费者的期待还有一定差距，可以做进一步改进。

思考题

1. 知觉的特征有哪些?
2. 简述造成知觉选择性的心理机制。
3. 营销人员应该如何根据知觉原理实施有效的营销策略?
4. 学习的基本理论及其营销启示有哪些?
5. 简述学习过程和形式。
6. 消费者学习的方法有哪些，对消费者行为有何影响?

第5章 态度

学习目标

- 了解态度的特点、功能和类型。
- 掌握态度形成的理论。
- 掌握影响态度形成与转变的因素，有效引导消费者在良好态度的支配下实施购买行为。
- 掌握态度比较仿真模拟软件的运用。

每年，露华浓公司销售给全球消费者的化妆品、护肤品和香品达10多亿美元。公司各种成功的香水产品使露华浓在全球40亿美元香品市场中的大众价格细分市场上位居第一。从某种意义上说，香水只不过是很好闻的油和化学品的精心混合物。但是，露华浓知道出售香水永远不只是出售香水本身，它出售的是芳香的气味给使用香水的女性带来的魅力。当然，香水的香味也是决定市场成败的重要因素，但是对香水消费者来说，这可不仅仅是价值几美元的配料和好闻的香味，配料和香味以外的许多因素增加了香水的魅力。

事实上，露华浓在设计一种新型香水时，香味或许是最后开发的部分。露华浓首先调查与女性不断变化的价值观、理想和生活方式相适应的新型香水的概念。当露华浓找到一种有前途的新概念之后，就创造和命名某种香味以使其与该构思相一致。露华浓在20世纪70年代初的调查表明，当时的女性比男性更具竞争力，她们努力追求个性。针对这些70年代的新女性，露华浓开发了“查利”(Charlie)——首种“生活方式”香水，成千上万的女性将查利当作勇敢的独立宣言，因此它很快成为世界最畅销的香水。到了70年代末，露华浓调查发现，女性的态度正在发生转变——女性已取得了平等地位，转而渴望体现一种女人味。使用查利香水的女孩已长大成人，她们现在想要令人难以忘怀的香水。因此，露华浓巧妙地改变了查利的市场定位：该香水仍然是“独立生活方式”的宣言，但同时又加上了一点“女人味和浪漫情调”。露华浓研制了一种针对80年代女性的香水：“琼秀”(Jontue)。该香水的市场定位以浪漫为主题。露华浓继续精心改进查利的市场定位，在90年代，其目标市场是“全都能做，但是又清楚地知道自己想干什么”的女性。通过不断精细地调整市场定位，直到现在，查利仍是大众市场最畅销的香水。

资料来源：http://www.5ucom.com/downyx/556667.shtml.

态度是我们对于所处环境的某些方面的动机、情感、知觉和认识过程的持久评价体系，它是“对于给定事物喜欢或不喜欢的反应倾向”。因此，态度就是我们对于所处环境的某些方面（如一个零售店、电视节目或产品）的认知、情感或意向。

态度是由前几章中已经讨论过的一系列行为影响因素共同作用形成的，它对于个体的生活方式影响深远。本章将讨论的是态度的相关知识，包括其定义和功能、构成和测量，以及态度与认知、行为三者之间的相互关系。在此基础上进一步讨论与态度相关的营销启示，并进行态度比较的仿真模拟。

第1节 态度的定义和功能

一、态度的定义

态度是个人对某一客观对象所持的评价与行为倾向。这一客观对象包括人、物、事、观念、信念等。心理学认为态度具有认知、情感和行为三种成分。认知成分是指个体在对对象认识与理解的基础上所作出的评价；情感成分是指个体对于对象的好恶；行为成分是个体对对象的反应倾向，即采取行为的准备状态。

归纳起来，态度具有如下几个特点：

（1）态度有一定的结构，这个结构是由认知、情感和行为三种成分组成的。

（2）态度有一定的对象，这种对象可能是具体的一个人、一个物体或者一条广告等，也可能扩大到一个团体、一类产品、一家商店和整个企业。此外，抽象的思想观念也可以成为态度的对象。

（3）态度是学习的结果，因此，它既不是与生俱来的，也不是亘古不变的。先天的需要可能对态度产生一定的影响，后天的知觉与学习则对态度的形成和改变起着决定作用。

（4）态度是影响人行为的一种因素，它对行为的作用受制于其他一些因素。

二、态度的功能

对个体而言，态度有四个关键功能。

1. 知识功能

有些态度主要是作为组织用来帮助消费者形成关于事物或活动（如品牌或购物）的信念的一种手段。这些态度也许是对客观事物的正确反映，也许是不正确的反映。但它们往往比事物的真相对我们的行为产生更大的影响。例如，某个消费者对于可乐的态度也许是“它们都是一个味道”，在实际购买中，该消费者很可能选择最便宜的或随手可得的品牌。即使他能在口味试验中辨别出不同口味并喜欢某种口味，他在实际的消费活动中仍有可能作出随意购买的选择。为此，像百事可乐这样的公司将大量精力花在影响消费者关于可乐的信念上。

2. 价值表现功能

有些态度是用来表达个体的价值观和自我概念的。比如，崇尚自然、重视环境的消费者有可能发展起与此价值观相一致的关于产品与活动的态度。这些消费者可能会表达对于环保和回收废旧物品的倡议的支持，愿意购买和使用“绿色”产品。在第3章我们对此已进行了较详细的讨论。

3. 功利功能

这种功能建立在操作性条件制约的基础上，本书前文中对于操作性条件反射已做描述。我们倾向于对那些能给我们带来好处的事物或活动形成正面的态度，而对那些会给我们带来害处的事物或活动形成负面的态度。营销者在广告中经常许诺会给人们带来好处，并进行广泛的产品试验以保证产品确实能带来好处。

4. 自我防御功能

有些态度是为了保护我们的自我形象不受威胁或在受贬抑时进行自我防卫而形成的。被宣传为男性化的产品很可能被那些对自己的阳刚之气没有自信的男人所看好。感到自己在社会中处境受威胁的个体可能对那些表现成功或至少使人觉得安全的产品和品牌形成好感，他们很可能看好流行的品牌。

第2节　态度的构成和测量

一、态度的构成

如图5—1所示，态度由三个成分组成，即：认知成分（认知），情感成分（情感），行为成分（意向）。下面对每种成分进行详细讨论。

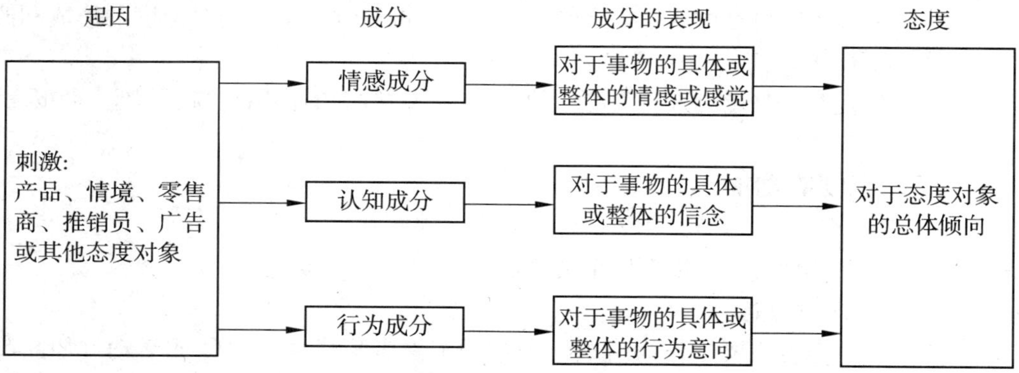

图5—1　态度的组成成分及其表现

（一）认知成分

认知成分由消费者关于某个事物的信念所构成。对于大多数事物，我们都有一些信念。例如，我们认为健怡可乐的特点是：几乎不含热量；含有咖啡因；相对较贵；由一家大公司生产。

关于这种品牌饮料的所有信念构成了对健怡可乐的态度的认知成分。重要的是，信念不必是正确的或真实的，它们只要存在就行。

许多关于产品属性的信念本身具有评价性质。例如，对于某汽车品牌而言，油耗小、款式新颖、表现可靠通常被视为正面信念。一个品牌与越多的正面信念相联系，每种信念的正面程度越高，则整个认知成分就越积极。而且，由于某一态度的三个组成成分总体来说具有内在一致性，因而整个态度会是积极的。这一逻辑便是人们所熟悉的“态度多属性模型”的基础。

（二）情感成分

我们对于某个事物的感情或情绪性反应就是态度的情感成分。一个宣称“我喜欢健怡可乐”或“健怡可乐是一种糟糕的苏打水”的消费者所表达的就是对产品的情感性评价。这种整体评价也许是在缺乏关于产品的认知信息或没有形成关于产品的信念的条件下发展起来的一种模糊的、大概的感觉，也许是对产品各属性表现进行一番评价后的结果。例如，“健怡可乐口味不好”和“健怡可乐太贵”等评价隐含着对产品某些方面的负面情感反应，这种负面情感与关于产品其他属性的情感相结合，将决定消费者对于该产品的整体反应。

与对其他事物的反应一样，我们对产品的评价是在特定的情境中作出的，因此，特定消费者对于某个产品的情感反应（正如对该产品的认识和信念一样）也会随情境的改变而改变。例如，一个消费者也许认为：健怡可乐含有咖啡因；咖啡因能使你保持清醒。这些认识和信念，在该消费者为准备考试而需要熬夜时会引起一种积极的情感反应，而在该消费者想在晚上喝点东西又不至于睡不着觉时会引起负面的情感反应。

由于独特的动机、个性、经历、参照群体和身体状况，不同个体可能会对同一信念作出不同评价。一些人会对“健怡可乐是一家很大的跨国公司生产的”产生积极的情感，另一些人却可能对此作出负面的反应。

尽管存在个体差异，但在某一特定文化中大多数人对与文化价值观紧密联系的信念会作出相似的反应。尽管情感往往是评价某产品的具体属性的结果，它也可能在认知出现之前产生并影响认知。事实上，一个人可能在没有获得任何有关产品的认识的情况下便喜欢上该产品，这种最初的情感将会影响我们后来对该产品的评价。

（三）行为成分

朋友推荐某品牌或其他品牌等一系列决定，能反映出态度的行为成分。下面将介绍，行为成分提供了反应倾向或行为意向。我们的实际行为反映出这些意向，而这些意向会随着行为所发生的情境而调整。

（四）各成分间的一致性

图 5—2 说明了态度的一个重要特征：态度的三个组成成分倾向于一致。这意味着某个成分的变化将导致其他成分的相应变化。这一趋势构成了很多市场营销策略的基础。

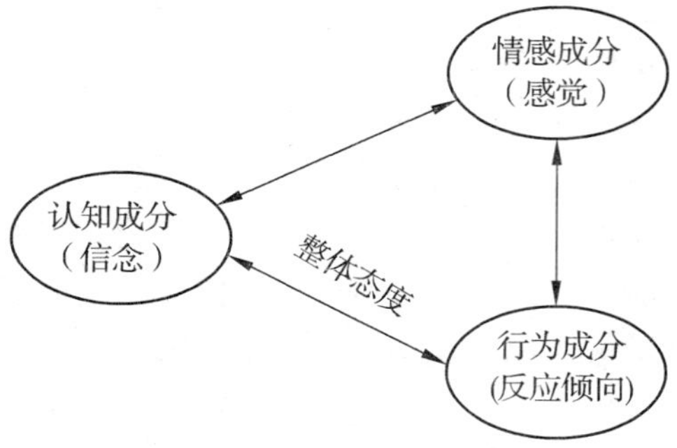

图 5--2　态度组成成分的一致性

营销管理者十分关注如何影响消费者的行为。但是，要直接地影响行为通常是很困难的。换言之，他们通常不能直接地要求消费者购买、使用并向他人推荐其产品。但是，消费者经常会听取推销人员的介绍，会注意广告，或者会查看产品的包装。于是，营销人员可以通过提供信息、音乐或其他刺激来间接影响消费者对产品的认识或情感，前提是使态度的三个组成成分之间保持一致。

一些研究已经发现了这三个成分之间的某些联系。下面举一个例子来考察这种一致性的来源。假定某个消费者对于苹果公司的 MAC 计算机有一系列正面的信念，并且对该品牌和型号有一种积极的情感反应。进一步假定，该消费者对于 MAC 的信念和情感比对其他同类的计算机要更积极。他填写了一份问卷，并在问卷中表明其正面的信念与情感。但是，他并未拥有一台 MAC，也没有购买其他品牌或型号的计算机。此时，研究者可能会得出结论，认为态度的三个成分并不一致。

至少有七个方面的因素可以导致或影响测量出的信念、情感与可观察的行为之间不一致。

（1）一种积极的态度要有一种需要或动机才能转变成具体的实际行动。因此，前面提到的消费者可能觉得自己并不需要一台笔记本电脑，或者已经拥有一台不太喜欢但仍可以接受的电脑。

（2）将积极的信念和情感转化成对产品的实际拥有需要能力。一个人可能买不起一台 MAC，或者只能买一台比 MAC 便宜的电脑。

（3）上述态度测量只针对计算机这一类商品，实际上，购买或不购买的决定往往不只是在一类产品内而是在不同类的产品之间权衡作出的。因此，该消费者可能为了省钱去买新的滑冰鞋或照相机，而只买了一台比 MAC 便宜的电脑。

（4）如果所持的信念和情感成分并不强烈，或者消费者在逛商店时获得了新信息，他最初的态度可能会发生改变。

（5）许多购买决策受家庭其他成员的直接或间接影响。因此，该消费者可能为了更好地满足整个家庭的需要而购买另一台计算机。

（6）我们往往脱离购买情境来考察对品牌的态度，但许多物品是在特定的情境下购买的。当消费者预计在不远的将来会有更复杂、更高级的设备出现时，他现在可能只想购买一台很便宜的计算机。

合理行为理论就是部分建立在这一概念之上的。该理论认为，行为意向建立在对于特定行为的态度、对于行为是否恰当和合乎社会规范的信念以及遵循这些规范性信念的动机的基础之上。例如，某位消费者也许对于在餐馆就餐前喝一杯饮料持肯定态度，但他是否真的叫上一杯饮料，要受到他对于在该环境下（与朋友聚餐或者工作宴请）点饮料是否合乎规范、是否恰当的认识，以及他是否有遵循这类社会规范的动机等因素的影响。

（7）要测量与态度有关的所有方面是很困难的。消费者也许不愿意或没有能力说明他们对于各种产品或品牌的情感或信念。因此，态度的各组成成分有时比我们测量得到的结论更加一致。

总之，态度的组成成分——认知、情感和行为倾向于保持一致。但是，在认知和情感的测量值与可观察的行为之间显现的一致程度会因为一系列因素（如上述七个方面）而降低。此外，我们必须记住，行为成分只是一种反应倾向，并不是实际的行为。反应倾向在许多情况下不一定通过购买显示出来，比如乐于接受关于该品牌的新信息、赞扬购买了该品牌的人等均构成反应倾向。

二、态度的测量

通过测量消费者对整体品牌的喜好或情感，可以相当准确地预测该消费者对该品牌产品的购买和使用情况。然而，由于态度的各成分往往是某一营销策略的有机组成部分，我们有必要对每种态度成分加以测量。表 5—1 显示了测量三种成分的方法，下面将对这些方法进行简要的讨论。

表 5—1　　　测量态度的各构成成分

认知成分（用语意差别量表测量对具体属性的信念）					
健怡可乐					
口味浓烈	— — — — — — —			口味温和	
价格低	— — — — — — —			价格高	
无咖啡因	— — — — — — —			咖啡因含量高	
口味独特	— — — — — — —			无独特口味	
情感成分（用李克特量表测量对具体属性的感觉）					
	很同意	同意	既非同意也非不同意	不同意	很不同意
我喜欢健怡可乐的口味	—	—	—	—	—
健怡可乐太贵了	—	—	—	—	—
咖啡因对健康不利	—	—	—	—	—
我喜欢健怡可乐	—	—	—	—	—
行为成分（测量行动或行动意向）					
最近一次我买的软饮料是__________。					
我通常喝__________软饮料。					
下一次买软饮料时，你买健怡可乐的可能性有多大？				□ 肯定会买 □ 可能会买 □ 或许会买 □ 可能不会买 □ 肯定不会买	

（一）测量认知

在表 5—1 中，对于健怡可乐的信念是用语意差别量表予以测量的。语意差别量表法是由奥斯古德（C. Osgood）于 1957 年提出的一种态度测量方法，它选择一系列可用于描述态度客体的成对反义形容词，将其分成 5～7 个等级，再由被测试者根据自身的感受程度，在不同等级中选出能代表自己观点或者想法的那一级，然后加总被测试者在不同测试项目上的得分，从而得出被测试者对客体的积极或者消极的态度倾向。

该量表列出了目标市场关于该品牌的态度可能涉及的不同属性和特点。这些属性可以通过小组访谈、投影技术和逻辑分析来发现。每种属性用其可能有的相互对应的两极（如大与小、亮与暗、快与慢）来表示。

在两个极端之间划分出 5～7 个等级。消费者被要求在恰当的地方对所评价的事物标准标注“X”符号，在最两端表示“极为”，最靠近两端的位置表示“很”，再向里的位置表示“有一点”，最中间的位置表示“既不，也不”。

消费者关于理想品牌的信念也常用语意差别量表来测量，其方法与上述方法相同，只是理想位置用“I”而不是“X”来标出。

（二）测量情感

表 5—1 中用于情感成分测量的是李克特量表。李克特量表法是由美国心理学家李克特（R. Likert）于 1932 年提出的，使用陈述句的方式提出有关态度测量的题目，但并不将题目按照强弱程度均衡地分解为若干连续系列，而是仅仅采用肯定或者否定两种陈述方式，要求被测试者对各项陈述意见按照同意或者不同意的强弱程度作出明确的回答。运用李克特量表时，也需要找出目标市场关于品牌特点可能涉及的一系列属性和特点。这些属性的清单可以运用前述语意差别量表中所使用的类似方法（如小组访谈）获得。

在李克特量表中，品牌可能具有的各种属性通过一系列陈述句表现出来，这些语句陈述该品牌具有某种特点或消费者对该品牌整体或某一方面持有某种情感。例如，“去麦当劳用餐使我很高兴”就是这种陈述句。消费者被要求对这些陈述表示同意或不同意，并表明同意或不同意的程度。如表 5—1 所示，使用 5 个等级的同意量度通常就足够了，有时也使用 6 个或 7 个等级的量度。

（三）测量意向

反应倾向通常是用直接询问的方法来测量的，这种方法对于许多产品是相当有效的。但是，对于那些与某些社会规范联系密切的产品（如酒精），这种方法就不一定有效。人们倾向于隐瞒或低报对于这类负面产品的消费，而夸大他们对诸如教育节目之类的正面产品的消费。

在这种情况下，问卷中谨慎地措辞和间接地询问有时是很有帮助的。例如，与其问某人对这类产品的消费情况，还不如让他估计与自己相似的人（如邻居或同事）对这类产品的消费情况。

第3节 态度的形成与改变

一、态度的形成

消费者过去可能对某一产品没有任何相关知识和态度，从某一时间开始才逐步形成一定的态度。

态度形成的基础是经验，消费者的态度一般是在与对象的直接接触中形成的。消费者直接对某些商品进行比较、评价、购买，并逐渐形成或改变自己对某种商品的态度。间接经验有助于消费者态度的形成，消费者态度的形成会受到与其相互作用并对消费对象持一定态度的人们的影响。

消费者对特定产品态度的形成，不仅以产品特征为基础，而且受到对该产品广告的态度的影响。如果存在高动机卷入的情况，基于间接经验形成的态度和基于直接行为经验形成的态度一样，非常容易受记忆和信任的影响。

形成态度的学习方式主要有以下四种：

1. 简单重复

由于熟悉可以强化态度，多次重复有助于强化消费者对特定品牌产品或服务的积极态度。比如，某产品长期做广告，看到别人买了该产品，你也可能会买。

2. 条件反射

本来与商品无关的一些符号，经过多次重复奖励或惩罚，在消费者心目中形成一种赞成或反对的态度，这称为态度学习的经典条件化作用。消费者随意购买了某个品牌的商品，实际使用后觉得该商品性价比很高，于是对这个品牌的商品产生了积极态度，这称为态度学习的工具性条件化作用。

3. 观察学习

消费者有意无意观察身边的人，从而习得一种态度。此类态度的习得方式实质上是建立在模仿、暗示和顺从的基础上的。

4. 认知学习

态度是认知学习的结果，信息掌握得越充分，态度就越坚定。面对同类或者可替代商品的各类信息，消费者需要把各种信息放到一起，进行信息加工，作出抉择。

二、态度的改变

态度分为积极的和消极的两种，可以改变。因为态度不一样，其结果会有很大的差别。

（一）改变情感成分

如今，企业试图在不直接影响消费者的信念或行为的条件下影响他们对于品牌或产品的感知。如果企业成功了，消费者对产品的喜爱会促使其对产品的正面信念增强。一旦对该类产品产生需要，这些正面信念会导致他们的购买行为；消费者对产品的喜爱也可能直接促使其购买，并在使用中增加关于该产品或品牌的正面信念。营销者通常使用三种基本方法直接增强消费者对产品的好感：经典性条件反射、激发对广告本身的情感以及更多接触。

1. 经典性条件反射

在这种方法中，企业将受众喜欢的某种刺激（如一段音乐）不断地与品牌名称同时播放。一段时间后，与该音乐相联系的正面情感就会转移到品牌上。其他刺激（如喜爱的图画）也经常被使用。

2. 激发对广告本身的情感

对一则广告的喜爱可能导致对产品的喜爱倾向。由于经典性条件反射，消费者对广告的正面情感有助于增加其对品牌的喜爱。对广告的这种正面情感也可能提高购买介入程度或激发有意识的决策过程。使用幽默、情绪诉求的语言或请名人代言也可以增加受众对广告的喜爱。

3. 更多接触

尽管存在争议，但有证据表明，更多的接触也能导致情感的产生。也就是说，向某人不断地大量展示某品牌，也能使他对该品牌产生更积极的态度。因此，对于那些介入程度低的产品，可以通过广告的反复播放增加消费者对品牌的喜爱，而不必改变消费者最初的认知结构。

经典性条件反射、激发对广告本身的情感和更多接触可以直接改变消费者对产品的情感，进而影响或间接改变他们的购买行为，而不必先改变他们的信念。其重要意义如下：

- 设计用于改变消费者情感的广告不一定包括认知信息（无论有关事实还是属性）。
- 经典性条件反射原理用来指导上述营销活动。
- 消费者对于广告本身的态度（即喜欢还是不喜欢），是这类营销活动成败的关键（除非能使消费者更多地接触广告）。
- 重复是以情感为基础的营销活动的关键所在。
- 对广告效果的传统测量注重认知成分，而这些测量对于以情感为基础的营销活动是不适用的。

（二）改变认知成分

改变态度的一种常用的有效方法是改变态度中的认知成分。比如，为了改变人们对吸烟的态度，美国癌症协会向人们提供了吸烟对健康不利的信息。该举措背后的理论基础是，影响认知可以改变情感和行为。改变认知也可能直接导致购买行为，进而导致对所购产品的喜爱。

有四种基本的营销策略可以用来改变消费者态度中的认知成分。

1. 改变信念

该策略是改变对于品牌或产品的一个或多个属性的信念。例如，由于许多消费者认为美国制造的汽车没有日本制造的汽车好，大量广告被设计出来以改变这种信念。要想改变信念，通常要提供关于产品表现的事实或描述。

2. 改变权重

消费者认为产品的某些属性比其他一些属性更重要。营销者常常说服消费者相信自己的产品中相对较强的属性是该类产品最重要的属性。例如，克莱斯勒是最先将安全气囊作为标准配置的汽车制造商之一，它在广告中极力强调这一点，让消费者感到安全气囊是汽车的重要配置。

3. 增加新信念

另一种改变态度中的认知成分的方法是在消费者的认知结构中添加新的信念。例如，百威啤酒在促销中强调新鲜是好的啤酒的一个重要衡量指标。

4. 改变对于理想产品的概念

最后一种改变认知成分的策略是改变消费者对于理想品牌的概念。基于此，许多环保组织努力改变人们关于理想产品的概念，如最低限度的包装、制造过程无污染、可回收材料的再利用，以及产品使用寿命到期后的无污染处置，等等。

（三）改变行为成分

行为，具体指购买或消费行为，可以先于认知和情感的发展，也可以以与认知和情感相对立的形式发生。例如，一个消费者可能不喜欢健怡饮料的口味，且认为其中所含的人工甜料不利于健康，但是，当一位朋友递给他一杯健怡软饮料时，为了不显得失礼，他还是接受了它，喝后感觉口味还不错，从而改变了以前的认知。证据显示，试用产品后所形成的态度会更持久、更强烈。

行为能直接导致情感或认知的形成。消费者经常在事先没有认知和情感的情况下尝试购买和使用一些低价的新品牌或新型号的产品。这种购买行为既是为了满足诸如饥饿的需要，也是为了获得“我是否喜欢这个品牌”的信息。

在改变情感或认知之前改变行为，主要是以操作性条件反射理论为基础的。因此，营销的关键任务是促使消费者试用或购买企业产品，并确保消费者的购买和消费是物有所值的。优惠券、免费试用、购物现场展示、搭售以及降价都是引导消费者试用产品的常用技巧。由于试用行为常常导致消费者对于所试产品或品牌的积极态度，健全的分销系统和必要的库存对于防止现有顾客尝试竞争品牌是很重要的。

第4节 认知、态度与行为的关系研究

营销人员十分关注认知、态度与行为之间的关系。这些关系对于营销人员之所

以重要，是因为它们预示了营销策略的成败。如果广告成功地建立起对一个品牌的积极信念，消费者就更可能积极地评估这个品牌并去购买它。消费者使用后若对该品牌满意，会进一步加强其积极的态度，并增大再次购买的可能性。

一、海德的平衡理论

海德（Heider）的平衡理论的得名源于人们致力于在他们的思想（信念）和感觉（评估）之间找到一种平衡。例如 H&M 与范思哲等诸多顶级品牌联手推出限量版服装系列，就是运用平衡理论的一个例子。许多消费者对范思哲持有奢华的积极印象，但对 H&M 抱有平价快销的消极印象（如图 5—3 左上部的三角形所示）。当范思哲的产品开始在 H&M 出售（用范思哲和 H&M 之间的一个正号表示），这个关系产生了不平衡（一个积极的对象与一个消极的对象相连接）。两个正号和一个负号产生了一个负号，在消费者的头脑中产生了不平衡。H&M 希望借助消费者对范思哲的印象提升自己的品牌档次来解决不平衡问题（如图 5—3 右上部的三角形所示）。但实际情况可能是很多消费者保持了对 H&M 的印象，对范思哲有了消极印象（如图 5—3 下半部的三角形所示）。这个印象转变在消费者的认知系统中产生了平衡（两个负号和一个正号产生了一个正号），但不是 H&M 所期望的那种平衡。

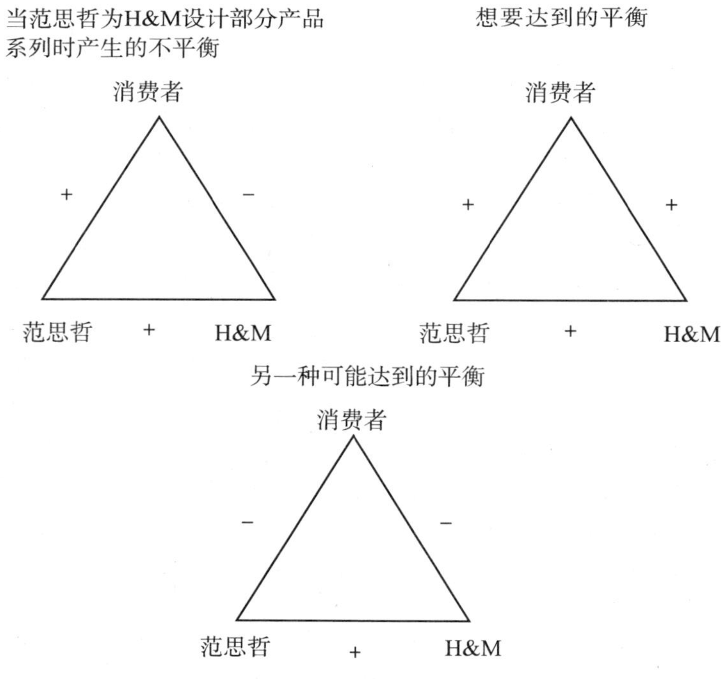

图 5—3　平衡理论的例子

平衡理论符合认知一致的基本行为原则。这个原则表明消费者重视他们的信念与评估之间的一致。如果信念与评估之间不一致，消费者会改变他们的态度以在认识结构中创造一致。研究结果支持了认知和评估品牌之间存在一致的思想。其他研究也发现品牌信念和整体评估之间有一定的联系。

二、马丁·费希本的态度多属性模型

马丁·费希本（Martin Fishbein）的态度多属性模型将态度构造描述成消费者有关属性信念和品牌利益的一个函数。该模型允许营销人员通过确定消费者怎样根据重要的属性来评估可选品牌，从而判断他们的品牌相对于其他竞争品牌的优势和劣势。为此，营销人员可以将多属性模型直接应用于评估具体品牌的属性。

如图5—4所示，消费者从对特定属性的评估开始（一种清新口味的牙膏更适合你），接着形成有关对象是否有这个属性的信念（高露洁牙膏有这种口味）。同时，这位消费者可能会对该属性是不是自己看重的属性做进一步的整体评价。对该对象的态度不只涉及一个属性，而是涉及所有相关属性的信念和价值的总和。费希本的态度多属性模型是一个品牌属性的补偿模型，即消费者可以用一个品牌在一个属性上的优势来补偿它在另一个属性上的缺陷，所有的属性总和将确定对该品牌的态度是喜欢还是不喜欢。

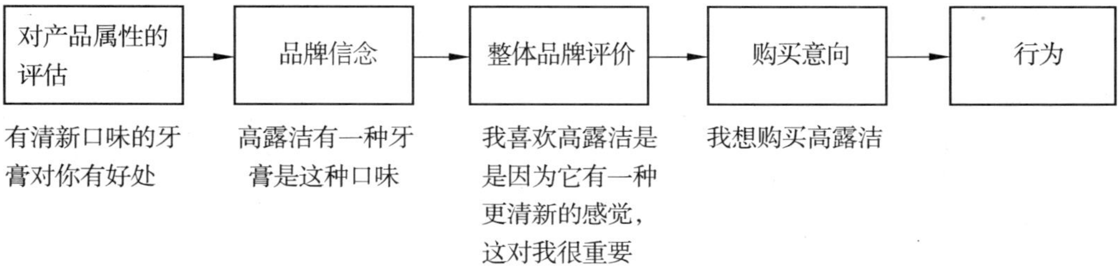

图5—4　马丁·费希本的态度多属性模型

进一步的研究发现，人们对某一商标（产品）的各种属性的态度并非都对购买行为起作用，真正起作用的只是其中极少数态度，我们将这几种与实际购买密切相关的对产品属性的态度称为关键属性，而将其余无关的态度称为非关键属性态度。

在某些情况下，对某一品牌（产品）的态度与其购买行为并非完全一致。也就是说，要正确预测消费者的购买行为，就必须了解消费者对将来购买行为本身的态度，即了解消费者对将来购买某一品牌（产品）这一行为本身的态度远比了解消费者对某一品牌（产品）的态度重要。

态度多属性模型的公式为：

$$A_0 = \sum_{i=1}^{n} b_i e_i$$

式中，A_0——对该商品的态度；

b_i——拥有该属性的强度；

e_i——对该属性是否具有这样的强度的评价；

n——该商品中关键属性的个数。

三、理性行为理论

为了更好地解释态度与行为之间的联系，费希本修正了他的态度多属性模型。修正后的理性行为理论旨在更准确地预测行为，它在确定某个人对行为的态度方面比在确定此人对行为目标的态度方面更重要。即它在测度一个人对购买一瓶百事可乐、一辆大众汽车或一台索尼电视机的态度方面，比在测度对这些品牌的态度方面更重要。恰当的态度测度应当是基于购买行为或对一个品牌的使用（A_{act}），而不是基于品牌自身（A_0）。消费者最终对产品的消费才真正地反映了其满意程度。对某对象的态度也许不是衡量态度的基础。一个消费者可能对劳斯莱斯汽车有非常积极的态度，但因为其价格太高而购买另一辆车。

对这个模型的第二项修正是将信念定义为某行动被感知的结果，而不是某品牌被感知的属性。与按照诸如“增白牙齿”和“清新口气”之类的属性来评价一个牙膏品牌相比，消费者更可能基于他们使用此品牌后牙齿变白或口气更清新的可能性来评价一个品牌。泛泛地评价一个品牌与使用后再评价的区别很微妙，但也很重要。例如，一个人可能认为某一品牌的汽车是安全的，然而，如果问及她带着婴儿驾驶是否足够安全，她可能会说不。在消费者自己使用产品的情况下与在一般情况下，若要求消费者去评价一个产品，消费者的信念可能有所不同。

由于相关信念和行为评估的结果容易混淆，费希本对他的模型作了第三项修正。他推断一定有其他因素也会影响行为。因为家庭和同事等群体的行为规范在态度的形成中是如此重要，所以他将社会影响引入了模型。有两个社会因素被引入：对行为规范的认知和遵从它们的动机。对行为规范的认知可以用下列方式表示：

我的家庭认为我：

应该选择品牌 *X*　　　　　　　　　　　　不应该购买品牌 *X*

遵从的动机可用以下量表测度：

我想做我的家庭认为我应当对品牌 *X* 做的事

我不想做我的家庭认为我应当对品牌 *X* 做的事

图 5—5 描述了理性行为理论。研究发现它比原有的多属性模型更好地预测了意向和行为。在回顾这一研究时，瑞安和本菲尔德（M. J. Ryan and E. H. Bonfield，1980）得出结论，是否选择某品牌的态度与行为的相关性要比对该品牌自身的态度与行为的相关性更高。韦尔森、马修斯和哈维（Wilson，Matthews and Harvey）运用最初的和扩展的费希本模型测度了对牙膏的购买意向和行为。他们也发现，对选择某品

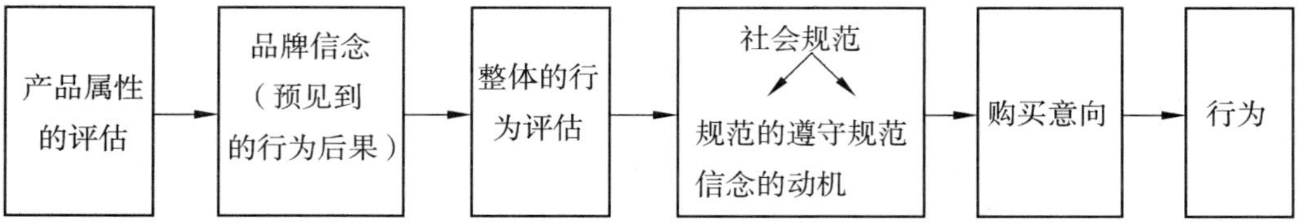

图 5—5　马丁·费希本的理性行为理论

牌的态度与行为之间的关系要比对该品牌本身的态度与行为之间的关系更密切。西蒙·诺克斯和谢尔那托尼（Simon Knox and Leslie de Chernatony，1990）开展的一项对矿泉水购买者的研究证实：对购买意向的态度是随后行为的良好预测器。

理性行为理论的公式为：

$$B \sim BI = A_{act}(\omega_1) + SN(\omega_2)$$

式中，B——具体行为；

BI——购买意向；

A_{act}——消费行为对购买行为持有的态度；

SN——参照群体的规范；

ω_1，ω_2——A_{act}和 SN 在对行为的影响中占有的权重。

马丁·费希本对137位大学生就3种产品（汽车、牙膏、啤酒）各5种品牌的态度及购买意向进行调查（见表5—2），结果发现，购买意向取决于消费者自己对实际购买行为的评价和所属团体对他的购买行为的看法。

表5—2　　5种品牌的3种产品

产品		
汽车	牙膏	啤酒
品牌		
1. Chevllet 2. Ford 3. Volkswagen 4. Jaguar 5. Mercedes	1. Crest 2. Colgate 3. Gleem 4. Pepsodent 5. Ultra-Brite	1. Michelob 2. Budweiser 3. Busch 4. Miller 5. Dreury
1. 打算购买 2. 3年后购买	1. 打算购买 2. 2周后购买	1. 打算购买 2. 下周买了自己喝

1. 购买意向：
   我打算下周买 Miller 啤酒自己喝：
   喜欢— — — —不喜欢
2. 对实际购买行为的评价：
   下周买 Miller 啤酒自己喝是：
   明智的— — — —愚蠢的
   有好处的— — — —有坏处的
3. 所属团体的看法：
   对我来说最重要的那些人认为我下周买 Miller 啤酒自己喝：
   应该— — — —不应该

四、购买意向与行为之间的关系

购买意向是态度与行为之间的一个中间变量。营销人员和经济学家都已使用购买意向来预测未来的行为。营销人员还使用消费者购买意向来评估多种新产品概念和广告主题。经济学家还运用消费者意向去预测未来的经济形势。

如果购买意向能够有效测度行为趋势，营销人员应当确认意向与随后行为的关系。一项针对杂志读者的研究发现，有 6/7 的意向与行为有密切的联系。针对计算机系统的购买者的研究发现，大型计算机用户的购买意向与行为的关系更加密切。这反映出更丰富的知识和更高的参与度形成了意向与行为之间更密切的联系。在更早的一项对 7 种产品类别的研究中，班克斯（Banks）发现，决定购买的被测试者中有 62%实际这样做了，表示不打算购买的人中有 28%购买了该产品；最高的实现率（意向与实际购买之间一致）出现在咖啡和清洁剂上，最低的实现率出现在冰激凌上，这反映了购买冰激凌的冲动性。

密歇根大学的调查研究中心提供了对意向与购买之间关系的最广泛的实证研究。该中心的建立者乔治·卡托那（George Katona）运用消费者购买意向来预测经济趋势。他报告了购买汽车的意向与实际行为的密切关系：在表示计划或可能购买一辆新车的消费者中，有 63%在第二年购买了新车；在表示不打算购车的消费者中有 29%购买了新车。这个实现率与班克斯的研究中的实现率非常接近。两项研究表明，打算购买产品的消费者实现了他们的意向。

卡托那在 1970 年以前就进行了相关研究。从那时起，消费者意向被证明是行为的一种不太可靠的预测指标。20 世纪 80 年代早期和 90 年代的能源短缺和两次严重的经济衰退已使意向与行为之间的关系减弱。在能源危机期间，大多数消费者表示他们会减少驾车出行，但实际上没有这样做。1987 年美国股市崩溃之后，许多消费者表示他们会减少购买高风险票据，也并没有做到。有趣的是，调查研究中心现在不问消费者打算购买什么，而是问他们对经济状况的预期。后一种测度方式似乎对总的消费者支出有更好的预见性。

另一个抑制消费者意向实现的因素是再购买周期长度。密歇根大学对访问过的消费者进行研究，以确定消费者在确定意向之后一年内实际的购买情况。在一年里，许多因素（诸如需要的改变、经济环境的改变或有效替代品的变化）都可能导致购买意向发生改变。

五、行为与态度的联系

消费者的态度会影响行为，而行为也能影响随后的态度。在以下三种情况下可能导致行为对态度产生影响：认知不和谐、被动学习和预期不确定。

有关认知不和谐、被动学习和预期的不确定的理论，通过揭示态度的改变并不是购买行为改变的必要条件，削弱了态度在解释消费者行为方面的重要性。

1. 认知不和谐

按照不和谐理论，消费者态度有时会发生改变以与先前的行为保持一致，因而减少了购买后的冲突。几项研究已证实了这些联系。例如，在一场赛马结果尚未确定之前，研究人员在跑道边调查了几个参赌者。平均来说，参赌者为他们下注的马给予比平均取胜机会高一点的评价。研究人员在比赛开始前、赌注下定后又调查了这些参赌者。在作出决策后，他们对于所下注的马的表现有更积极的预测，认为自己所选的马最终会赢的可能性更大了。显然，参赌者通过改进对所选对象的评估来减少决策后出现冲突的可能性。这一发现指出，个人趋向于将他们的态度转向支持所选品牌，从而在行动之后强化他们的决策。也就是说，如果看好或者支持某个品牌，这种态度的认知倾向会促进与该认知倾向相一致的行为倾向的发生，一旦行为真的发生，则会进一步强化其对该品牌的认知倾向。

2. 被动学习

被动学习理论从另一个侧面削弱了将消费者态度作为行为决定因素的重要性。正如我们所看到的，在低度涉入的条件下，态度的变化不一定影响行为的变化。对寻求变化的消费者来说，发现了一个新品牌可能就是他更换品牌的充分理由，并有可能在使用之后对此新品牌形成自己的态度。消费者趋向于购买之后更充分地评价品牌。

3. 预期不确定

当有关产品性能的预期没有被满足时，这种预期的不确定可能在购买产品后使消费者产生更消极的态度。按照同化/差别理论，当消费者仅感到有点失望时，态度将调节预期，因为经验被接受和同化了。然而，当消费者感到非常失望时，他们在购买产品后就可能发生态度的消极变化，并且可能会夸大这种变化。

第5节　态度和营销启示

消费者在了解、接触和消费企业所提供的产品与服务的过程中，会对这些产品、服务乃至提供这些产品、服务的企业形成某种态度。这种态度不仅决定消费者如何看待企业及其提供的产品和服务，而且在很大程度上影响消费者的购买行动。虽然态度反映的是一个人的内心状态和对事物的好恶倾向，但它往往是个体行为的先导，是预测个体行为的重要指标。要维持或改变消费者的行为倾向，就必须设法维持或改变其态度。所以，研究消费者态度，对了解、引导消费者行为具有十分重要的意义。

营销人员定义和测量消费者对品牌的态度的目的在于：态度可以帮助他们确认利益细分市场、开发新产品，以及系统地评估促销策略。

一、市场细分

识别细分市场是市场营销的一个关键方面。营销方案应该围绕每个细分市场的独特需要进行设计。不同产品属性的重要程度是界定消费者对产品的大致需求的一种方法。根据最重要的产品属性来划分市场的方法被称作“利益细分”。

为了界定利益细分市场，营销人员需要知道某种产品或服务的各相关特性对于消费者的重要性，然后将追求相同或相似产品功用的消费者（他们对于产品重要特性的排序是相似的）划入同一个细分市场。

为了给每一个细分市场提供一种较全面的描述或图景，还需要获得关于消费者的其他信息。一旦知道了每个细分市场所追求的产品利益以及各细分市场的特征，就可以对每个细分市场制定和实施独特的营销计划。

二、产品开发

了解了产品主要属性对于消费者的重要程度，就可以掌握消费者的需要并据此进行利益细分，而每一个属性的理想功效水平反映了消费者所期待的需要的满足状况。因此，各属性的理想功效水平为开发产品或改进现有产品提供了有价值的指导。

为了说明理想功效水平如何用于产品开发，图 5—6 描述了可口可乐公司怎样使用这一方法开发一种新型软饮料。该方法的第一步是测量特定细分市场特别重视的关键属性的理想功效水平。例如，对某种软饮料，四个关键属性被识别出来，经消费者评定，可得出每一个属性的平均理想功效水平。如果消费者对某一特定属性给出的理想值波动范围很大，则需对市场进行进一步细分。第二步是创造一种最接近理想产品的产品概念，该产品概念可以是语言性描述、图样或实体原型。图 5—6 显示，被测试的消费者对可口可乐提供的概念产品的评价与他们所认为的理想产品相当接近，认为唯一的不足是产品的颜色稍微深了一点。第三步是将概念产品转化为实际的新产品。当这一步完成后，在消费者看来，可口可乐实际提供给消费者的新产品既不同于概念产品，也不同于他们心目中的理想产品（见图 5—6 中的 C)。虽然该新产品也获得了消费者的较高评价，却比概念产品的得分低（见图 5—6 中的 D)。看来，新产品还有待进一步改进和完善。以这些信息为基础，管理者可以在新产品推向市场之前对其进一步改进，使之更接近消费者心目中的理想产品。该过程也可以运用于广告、包装或零售商店的设计。

三、态度强化策略

营销人员通常运用强化策略来强化消费者的现有态度，而不是试图加以改变。

1. 通过广告强化现有用户的态度

许多公司用广告来强化用户对其产品的态度，以确保其核心用户的忠诚。可口可乐公司的大多数广告的目的是增加现有消费者对其可乐的消费量。由于它在该市场上占据统治地位，因此其最有效的策略是强化现有用户的态度，而不是去转变非用户的态度。

2. 通过关系营销巩固现有用户

许多公司认识到与消费者维持一种持续联系的价值，并开始转向关系营销。关系营销是指一个公司在一对一的基础上与消费者建立起持久联系，可通过直接信函、公司代表接触或互联网的方式与消费者个体进行沟通。

通过实施关系营销，雀巢成为法国婴儿食品市场举足轻重的公司。它拥有 22

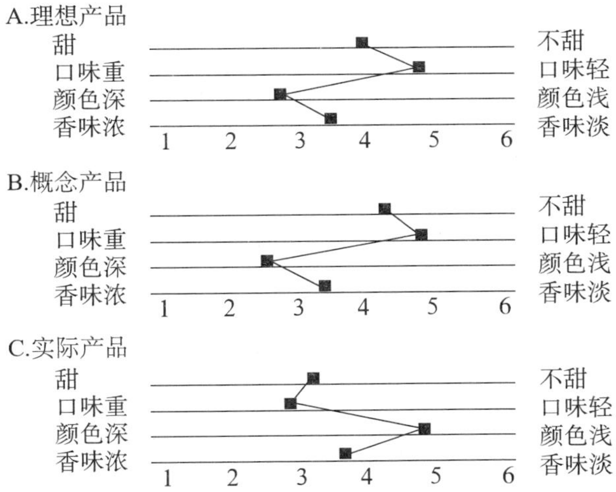

D.对概念产品和实际产品的态度

$$
\begin{aligned}
A_{概念} &= 25\times|4.17-4.32|+25\times|4.63-4.90|+25\times|3.16-2.60|+25\times|3.64-3.62| \\
&= 25\times 0.15+25\times 0.27+25\times 0.56+25\times 0.02 \\
&= 25 \\
A_{实际} &= 25\times|4.17-3.25|+25\times|4.63-3.17|+25\times|3.16-4.64|+25\times|3.64-3.68| \\
&= 25\times 0.92+25\times 1.48+25\times 0.04 \\
&= 97.5
\end{aligned}
$$

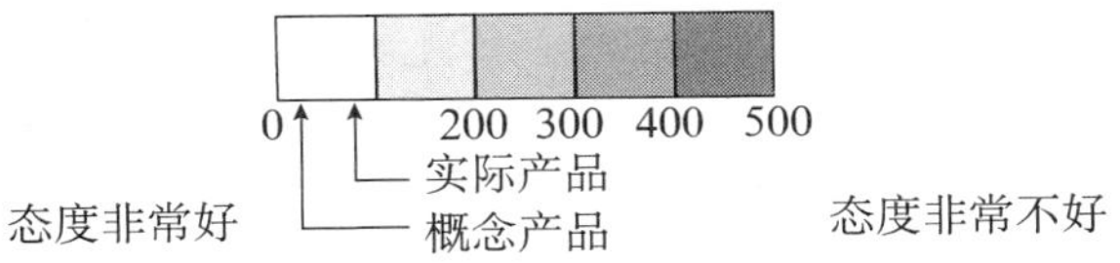

图 5—6 在产品开发中运用态度多属性模型

万名新妈妈的数据，每位妈妈都会收到一张公司邮寄的意见征询卡和答复卡。基于答复卡，雀巢会在孩子成长的不同阶段送上印有孩子姓氏的个性化的邮件，每一个邮件中都有产品的样品。这种个性化的宣传活动使公司拥有了婴儿食品市场43%的份额，尽管其竞争对手在广告上的开支是它的7倍。

3. 将新用户吸引到现有产品上来

通过表明其产品能比其他产品更好地满足人们的需求，营销人员可将新用户吸引到现有产品上来。吉列公司于1990年推出超级感应刀片时，开展了历史上最为成功的新产品推销活动。之后公司并没有躺在荣誉中不思进取，而是试图把消费者对吉列的积极品牌态度扩展到其他市场上去。既然女性用刀片占刀片销售市场的29%，她们显然是超级感应用户的扩展对象。1992年，吉列在世界范围内推出了女性用超级感应刀片。平整、单薄的手柄以及坚硬的刀片使其更便于女性在沐浴时使用。女性用超级感应刀片仅用6个月就成为全美女性除毛产品中的明星产品。

4. 将新用户吸引到新产品上来

营销人员寻找各种机会以满足新兴市场的需要。在这种情形下，营销人员的意图不是强化现有态度，而是塑造新的态度。例如，20世纪80年代中期摩托罗拉推出的蜂窝电话就满足了商务市场上移动通信的需要。与普通移动电话和汽车电话相比，摩托罗拉不仅推动了区域蜂窝电话的发展，而且推动了车内及便携式（手持）蜂窝电话的发展，这些电话有效增强了抗干扰性。摩托罗拉在消费者心目中的移动通信领军者形象使其易于塑造对蜂窝电话这一新产品的积极态度。

下面以商务通信市场为例考察摩托罗拉是如何塑造对这种新产品的积极态度的。摩托罗拉首先考察了在商务通信领域管理人员所追求的利益。它找出一系列有关通信利益的词汇（如精确、速度、服务、便携通信设备、车内通信设备、保密性等），然后调查了一些对通信设备比较关注的商务人士，询问他们最看重的利益。

在此基础上，摩托罗拉区分出了三类利益人群。第一类强调驾驶时通信设备的抗干扰性，这一人群由销售和服务业人员构成；第二类看重抗干扰便携式通信设备，这一人群主要由医生及其他医疗界人士组成；第三类强调移动通性设备的保密性，这一人群主要由公司管理人员组成。

随后，摩托罗拉生产了一些蜂窝电话样机，邀请一些对通信设备比较关注的商务人士试用，并与其他类型的通信设备进行比较。得到的结论是：邮件被认为是一种能提供文字记录且能够抗干扰的通信工具；传真通信能保证速度和精确性；电话经济实用，且能提供各种服务；蜂窝电话则具有车内或便携移动通信的好处。

蜂窝电话的主要目标消费者是倾向于驾车时使用通信设备的销售人员和倾向于使用便携式通信设备的医生，摩托罗拉努力满足他们的主要利益要求。

四、态度转变策略

试图转变消费者态度的策略通常需要对现有品牌进行重新定位，也就是说，改变那些传播给消费者并对消费者购买行为产生影响的产品属性及利益。营销人员将此重新定位策略应用于现有用户以改善品牌形象，或者应用于非用户以使他们转而选择该品牌。

1. 转变现有用户的态度

销售额下降的公司通常试图改变它向现有消费者提供的产品。美国箭牌衬衫成功地对自身进行了重新定位。箭牌公司作为保守白衬衫提供者的形象限制了它在日益追求时髦的市场上的销量，于是公司通过提供运动衬衫和休闲装扩展了它的产品系列。

2. 转变非用户的态度

为了获得市场的认同，公司通常试图转变非用户的态度。对公司来说，为确保未来的销售量必须这样做。比如，AT&T 正在努力转变自己在那些享用其他电信服务的年轻消费者中的形象；对于那些追求时尚、出手阔绰的职业妇女，凯马特努力转变自己在她们心目中的形象。然而，年轻的消费者认为这些公司保守而过时。

五、影响认知、态度与行为之间关系的因素

营销人员必须了解消费者态度不大可能与行为有关的情形。在下列条件下，可

能导致认知、态度与行为之间缺乏联系。

1. 缺少涉入

消费者态度不大可能和低度涉入产品的行为有关。

2. 缺乏购买的可行性

消费者可能对某品牌有非常积极的态度，但不会选择该品牌。例如，一位消费者可能非常积极地评价一辆保时捷汽车，但它的价格令大多数消费者觉得不是一个现实的选择，于是导致态度与行为无关。

3. 缺乏直接的产品使用经验

当消费者有直接的产品使用经验时，他们的态度更有可能与随后的行为有关。缺乏产品使用经验可能会导致软弱的态度并与行为无关。

4. 价值和信念之间缺乏关系

如果品牌信念与消费者价值无关，那么态度也不大可能与行为有关。如果消费者对减轻体重没有兴趣，那么消费者相信某牛奶品牌含更少卡路里的态度与行为无关。

5. 变化的市场条件

产品涨价可能引起消费者更换品牌而不改变态度。竞争品牌的特价促销或更好的信贷条件可能会诱使消费者去选择一个不太喜欢的品牌。找不到喜爱的品牌也可能导致消费者去选择一种不太喜欢的品牌而态度不变。

6. 较差的态度可获性

消费者将品牌信念以代表他们与该品牌联系的形式保存在记忆中。这些信念要想去影响品牌态度，必须能从记忆中获取。如果消费者持有强有力的态度，当他们遇到该品牌时，常常会自动恢复自己与它的联系。如果一位消费者对麦当劳持有强有力的积极态度，只要一提及大汉堡和金色拱门，这位消费者就可能自动恢复其与麦当劳的联系。态度与行为之间缺乏联系可能是因为某些态度是如此的微弱，以至于它们不能从记忆中获取。

第6节　态度比较仿真模型

一、态度比较软件模型介绍

1. 实验目的

态度比较分析基于“期望—价值”消费者态度行为模型，通过关键属性分析确定对购买意愿或购买行为产生影响的重要属性，比较分析目标企业的产品属性对消费者态度的影响，得出影响态度的主要属性，并分析态度、购买意向与购买行为三者的相关关系。

2. 理论依据——多元态度属性模型

马丁·费希本的态度多属性模型将态度构造描述成消费者有关属性信念和品牌

利益的一个函数。前文已详细介绍了该模型，在此不再赘述。

3. 态度比较分析思路

态度比较分析对于帮助我们通过消费者态度来预测未来市场情况有很大的作用。它分析了影响购买意向或购买行为的关键产品属性，以及态度、购买意向与购买行为之间的相关关系，并就同一市场不同品牌（或同一品牌不同市场）的情况作出比较，从而为市场营销战略的制定提供依据。

态度比较分析包括两个部分：(1) 关键属性分析，影响购买意向或购买行为的关键属性。(2) 具体的态度比较分析，包括态度值的比较，以及消费者的态度对购买意向、购买行为的影响的分析。两个部分的分析都包括同一市场不同品牌的比较以及同一品牌不同市场的比较。

在关键属性的分析中，我们将产品分为两大类：新开发的产品和已上市的产品。对于新开发的产品，通过对消费者的产品属性偏好（E 值）与购买意愿或购买行为做回归分析，确立关键属性；对于已上市的产品，则通过对消费者的产品属性满意度（B 值）与购买意愿或购买行为做回归分析，确立关键属性。

在态度值的比较分析中，根据马丁·费希本的态度多属性模型，通过公式计算不同品牌在不同消费者心目中的态度值。在态度对购买意向、购买行为影响的分析中，则通过态度—意向—行为的相关关系和折线图，比较不同品牌、不同市场的消费者的态度对购买意向和购买行为的影响。

二、态度比较软件操作介绍

（一）关键属性分析

1. 数据分析模块

该模块利用多元线性回归，为目标企业分析产品各属性与各重要度之间的多元线性关系，由此确定影响商品重要度的关键属性。

文件格式为 Excel。具体文件格式如图 5—7 所示：每列存储一个指标数据，每条记录为一行，每一列的第一行为列的名称，第二行开始为调研数据。

各属性及重要度评价值　　市场、产品及品牌信息　　被访者个人资料

属性1	……	属性N	重要度1	……	重要度N	市场名称	产品名称	品牌名称	性别	年龄	职务
1	2	3	1	2	3	白领	牙膏	中华	男	43	主管

图 5—7　文件格式

2. 基础数据导入

单击菜单“文件”——“打开”，弹出数据文件对话框（如图 5—8 所示）。

选择要分析的数据文件，单击右下角“打开”按钮，即可弹出载入数据界面（如图 5—9 所示）。

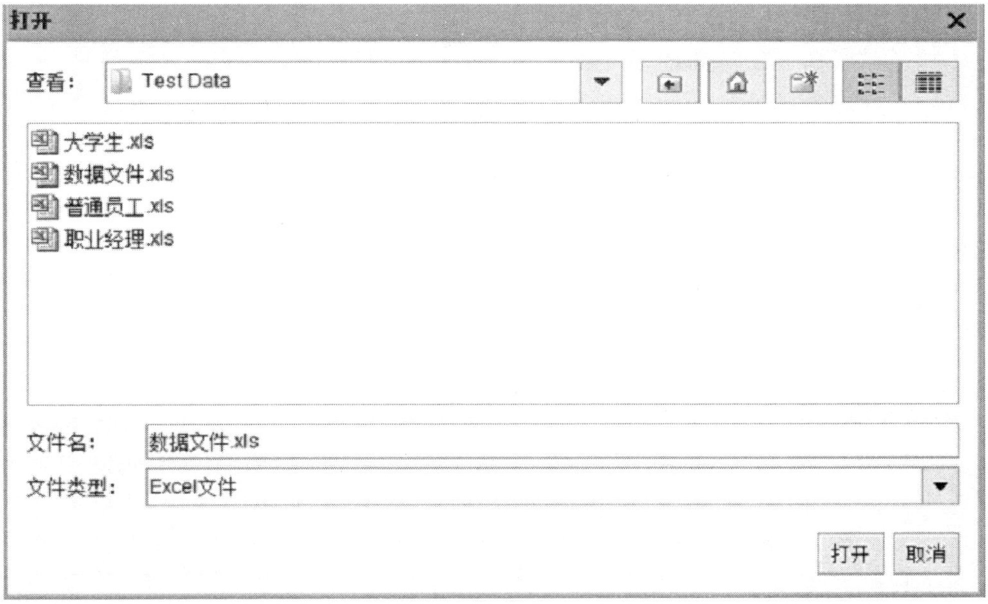

图 5—8　打开数据文件

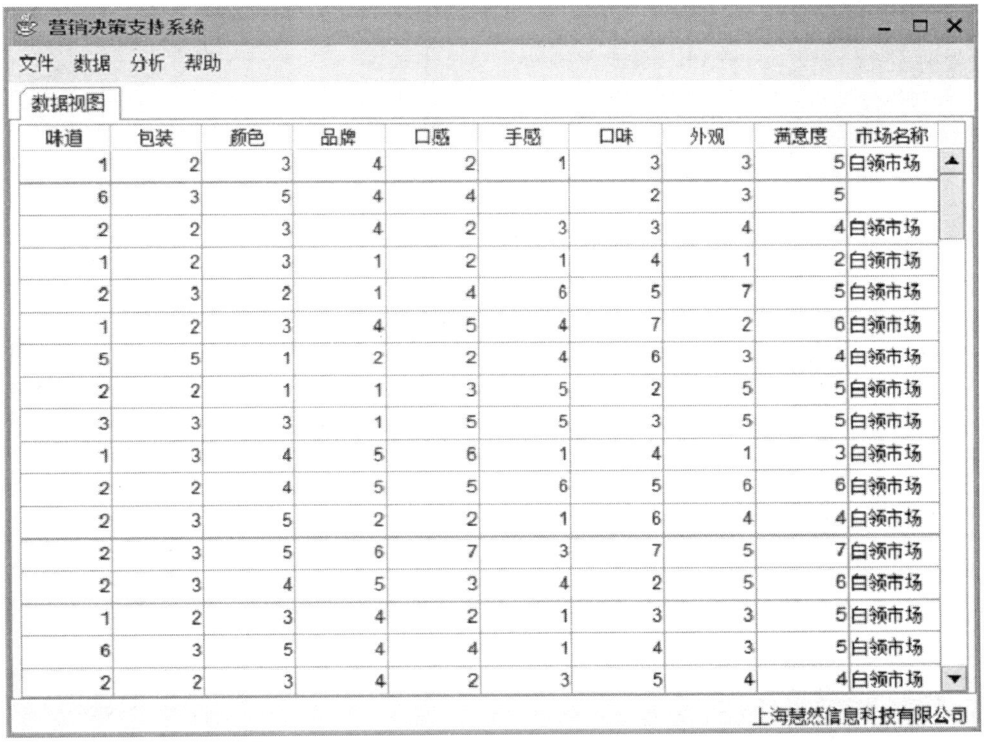

味道	包装	颜色	品牌	口感	手感	口味	外观	满意度	市场名称
1	2	3	4	2	1	3	3	5	白领市场
6	3	5	4	4		2	3	5	
2	2	3	4	2	3	3	4	4	白领市场
1	2	3	1	2	1	4	1	2	白领市场
2	3	2	1	4	6	5	7	5	白领市场
1	2	3	4	5	4	7	2	6	白领市场
5	5	1	2	2	4	6	3	4	白领市场
2	2	1	1	3	5	2	5	5	白领市场
3	3	3	1	5	5	3	5	5	白领市场
1	3	4	5	6	1	4	1	3	白领市场
2	2	4	5	5	6	5	6	6	白领市场
2	3	5	2	2	1	6	4	4	白领市场
2	3	5	6	7	3	7	5	7	白领市场
2	3	4	5	3	4	2	5	6	白领市场
1	2	3	4	2	1	3	3	5	白领市场
6	3	5	4	4	1	4	3	5	白领市场
2	2	3	4	2	3	5	4	4	白领市场

图 5—9　数据界面

用户可在此界面查看基础数据是否有误，如果基础数据存在问题，可以直接在该窗体中双击数据所在的文本框，进行修改。

3. 基础数据设置

数据检查无误后，单击“数据”——“设置”，弹出属性设置对话框（如图 5—10所示）。

图 5—10 属性设置

“列名”为自动载入数据文件的首行标题，如果选择该列数据进行分析，则在该列名对应的“选否”列进行勾选，中间列为“数据类型”设置项。

对于已上市的产品，关键属性模型分析的是 B 值，因此，将表示 B 值的数据列的数据类型选为“B 值”，对于新开发的产品，则将相应数据列设置为“E 值”。用于表示重要度（购买意愿或购买行为）的数据列，将其数据类型选择为重要度；用于表示市场特征和品牌特征的数据列，则将其数据类型分别选择为市场特征和品牌。数据设置完成后，单击“确定”。基础数据设置完毕。

4. 关键属性分析设置

单击“分析”——“关键属性分析”，弹出关键属性分析模块数据设置对话框（如图 5—11 所示）。

在设置选项卡中为系统自动载入之前设置过的关键属性分析模块所需分析的数据列，系统初始默认对所有的列进行分析，“过滤”选项卡为系统自动加载的所需分析的市场特征和品牌特征，初始默认对所有的市场特征和品牌进行分析（如图 5—12 所示）。

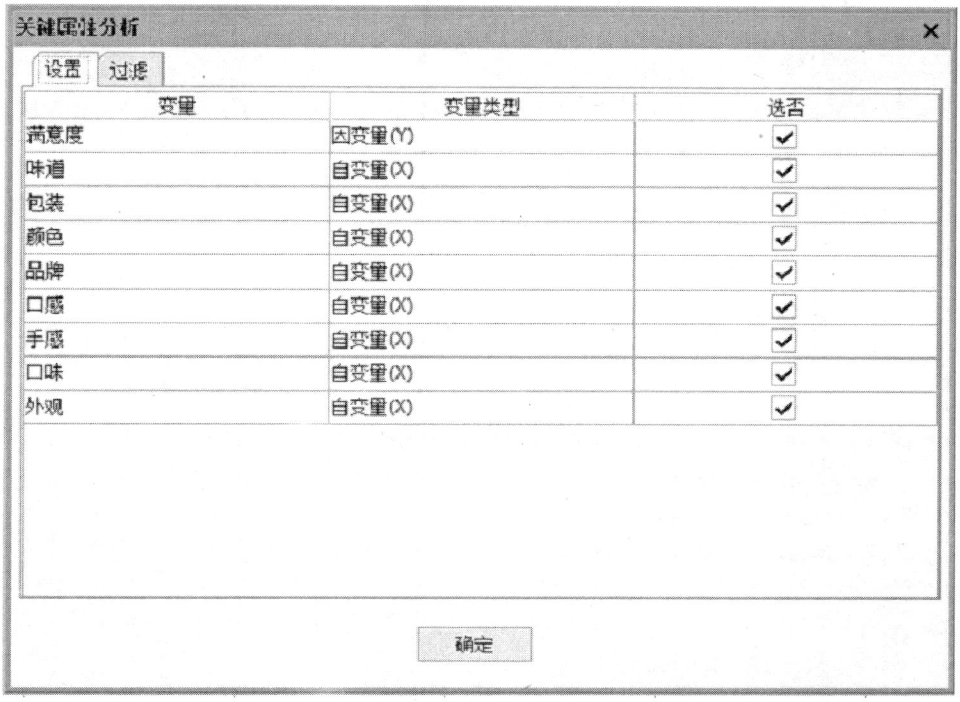

图 5—11　关键属性分析设置

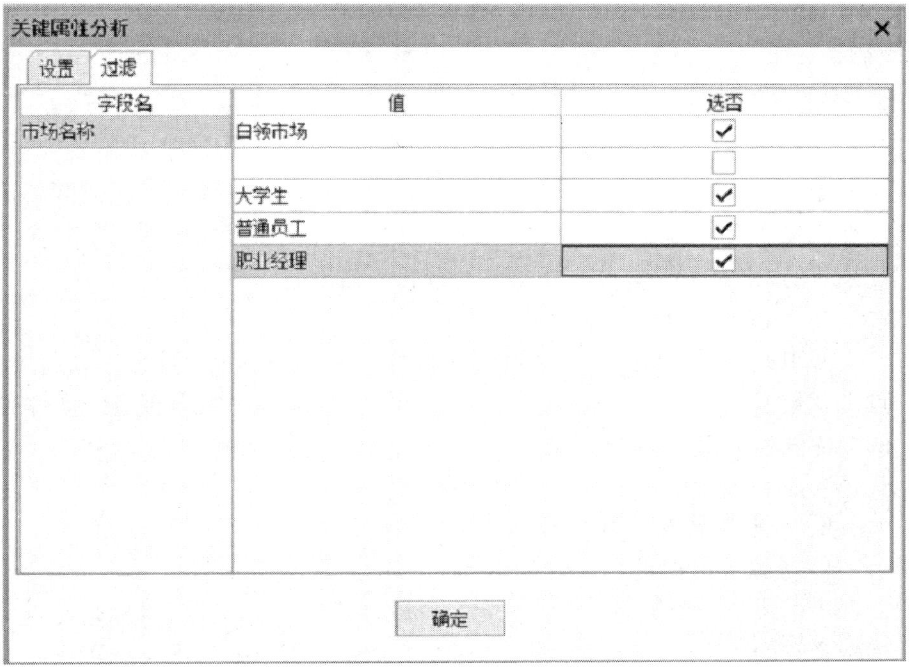

图 5—12　关键属性分析数据过滤

如果只对部分市场特征和品牌进行分析，操作很简单，只需将该市场特征之后的复选框勾选即可。

5. 关键属性分析

关键属性分析设置完毕，点击“确定”，即可弹出关键属性的分析结果窗体（如图 5—13 所示）。

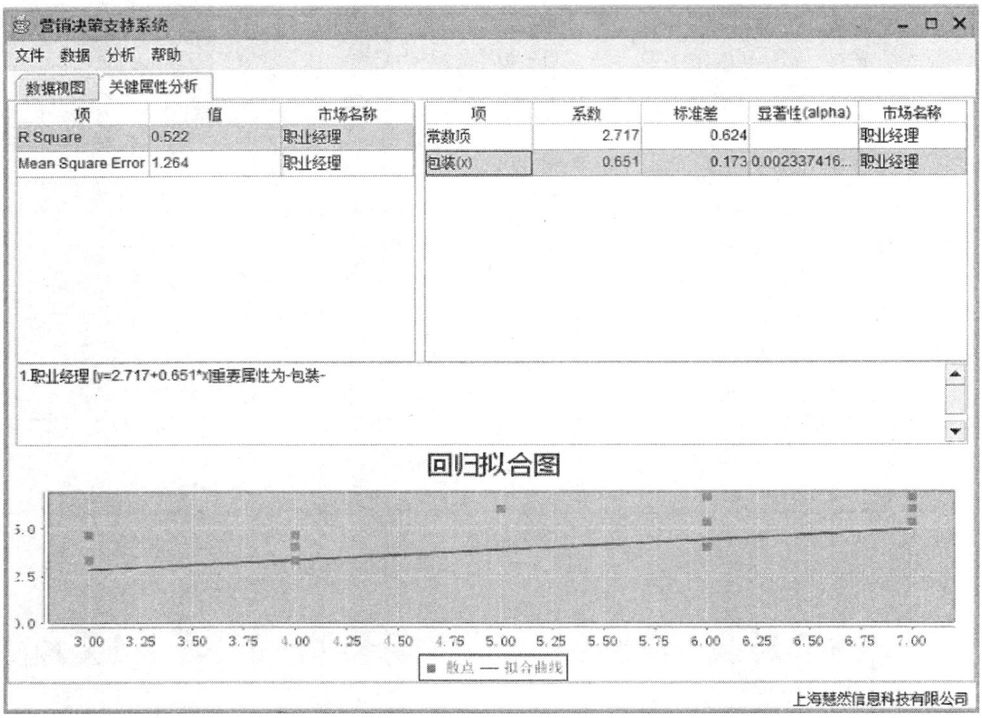

图 5—13　关键属性分析结果

图 5—13 中给出了关于某市场上某品牌影响消费者购买意愿或购买行为的重要属性，并列出了回归方程的常数项和系数，在图的右上角显示了回归方程的 F 检验和系数的 t 检验结果，在图下方是系统自动输出的回归拟合图。

6. 关键属性分析数据导出

使用模块进行数据分析的结果可以导出到一个 pdf 文件中，具体操作步骤为：点击“数据”——“导出”，然后选择要保存的地址并填入相应的文件名称。文件的具体内容如图 5—14 所示。

（二）态度比较分析

1. 数据分析模块

该模块基于期望—价值消费者态度行为模型，比较分析目标企业产品各属性对消费者态度的影响，得出影响态度的主要属性，并分析态度、购买意向与购买行为三者的相关关系。

文件格式为 Excel。具体文件格式图 5—15 所示：每列存储一个指标数据，每

true

1.数据设置与过滤

1.数据设置

变量	变量类型	选否
购买意向	因变量(Y)	true
柔顺(B)	自变量(X)	true
去屑(B)	自变量(X)	true
修复(B)	自变量(X)	true
防毛躁(B)	自变量(X)	true
人参精华(B)	自变量(X)	true

2.数据过滤

-市场名称

值	选否
男性	true
女性	true

-品牌名称

值	选否
潘婷	true
飘柔	false

2.关键属性分析

1.回归系数与t检验

项	系数	标准差	t值	p值	t(alphe=0.1)	市场名称	品牌名称
常数项	0.40	1.52	0.266	0.793	1.711	女性	潘婷
修复(B)(x1)	-0.23	0.22	-1.046	1.694	1.711	女性	潘婷
去屑(B)(x2)	-0.13	0.25	-0.414	1.317	1.711	女性	潘婷
防毛躁(B)(x3)	0.27	0.29	0.934	0.360	1.711	女性	潘婷
柔顺(B)(x4)	0.73	0.29	2.541	0.018	1.711	女性	潘婷
人参精华(B)(x5)	0.19	0.20	0.968	0.343	1.711	女性	潘婷

2.回归效果F检验

项	值	市场名称	品牌名称
R Square	0.344	女性	潘婷
A d,justed R Square	0.203	女性	潘婷
Standand Enor	1.316	女性	潘婷
F-V alue	2.522	女性	潘婷
F(alpha=0.1)	2.103	女性	潘婷
评价	差	女性	潘婷

3.回归拟合图

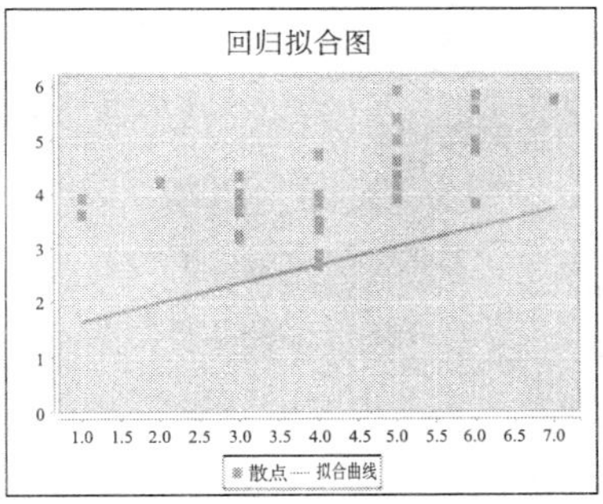

图 5—14　关键属性分析数据导出文件

条记录为一行，每一列的第一行为列的名称，第二行开始为调研数据。因为每种产品的属性包含 B 和 E 两个指标值，最好放置在相邻两列（便于在软件中进行数据设置），前后顺序可以自定义，没有强制要求。

各属性的B值和E值（前后顺序自定义）　意向及行为信息　市场品牌信息　个人资料

属性1(B)	属性1(E)	……	属性N(B)	属性N(E)	购买意向	购买行为	市场名称	品牌名称	性别	年龄	职务
1	1	2	3	3	3	4	白领	中华	男	43	主管

图 5—15　文件格式

2. 基础数据导入

单击菜单“文件”——“打开”，弹出数据文件对话框（如图 5—16 所示）。

选择要分析的数据文件，单击右下角“打开”按钮，即可弹出载入数据界面（如图 5—17 所示）。

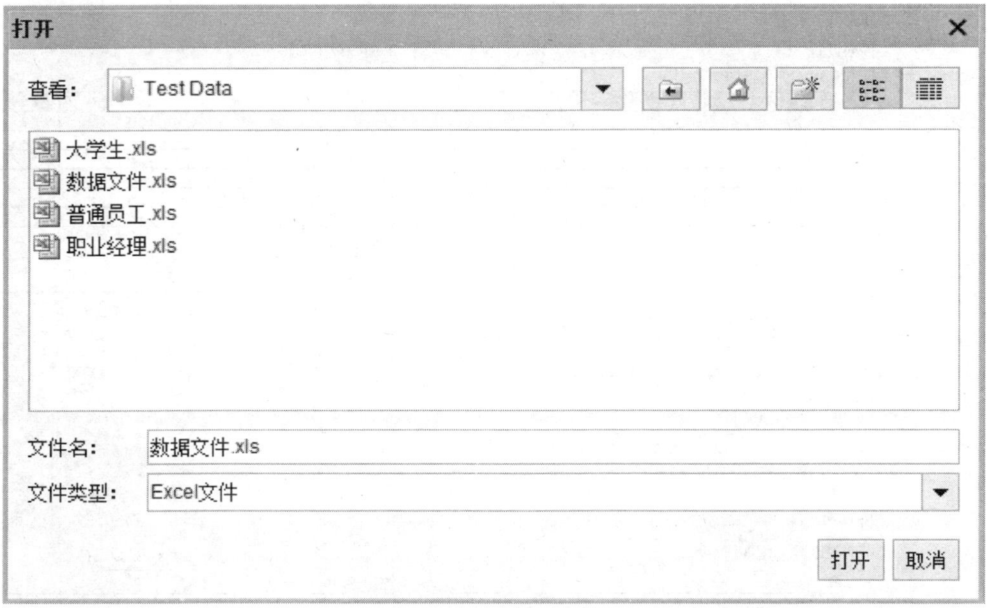

图 5—16　打开数据文件

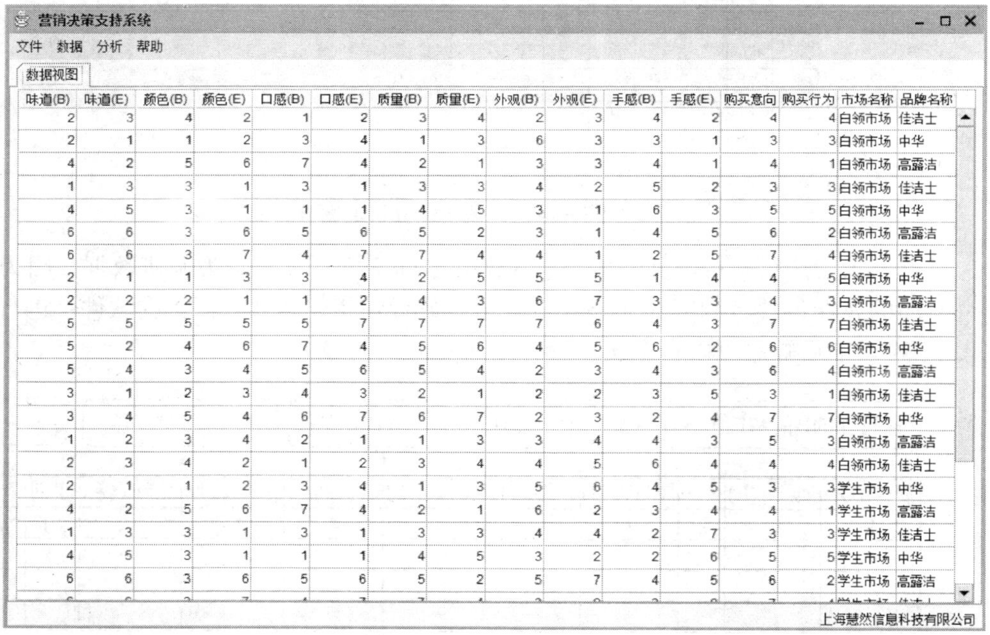

味道(B)	味道(E)	颜色(B)	颜色(E)	口感(B)	口感(E)	质量(B)	质量(E)	外观(B)	外观(E)	手感(B)	手感(E)	购买意向	购买行为	市场名称	品牌名称
2	3	4	2	1	2	3	4	2	3	4	2	4	4	白领市场	佳洁士
2	1	1	2	3	4	1	3	6	3	3	1	3	3	白领市场	中华
4	2	5	6	7	4	2	1	3	3	4	1	4	1	白领市场	高露洁
1	3	3	1	3	1	3	3	4	2	5	2	3	3	白领市场	佳洁士
4	5	3	1	1	1	4	5	3	1	6	3	5	5	白领市场	中华
6	6	3	6	5	6	5	2	3	1	4	5	6	2	白领市场	高露洁
6	6	3	7	4	7	7	4	4	1	2	5	7	4	白领市场	佳洁士
2	1	1	3	3	4	2	5	5	5	1	4	4	5	白领市场	中华
2	2	2	1	1	2	4	3	6	7	3	3	4	3	白领市场	高露洁
5	5	5	5	5	7	7	7	7	6	4	3	7	7	白领市场	佳洁士
5	2	4	6	7	4	5	6	4	5	6	2	6	6	白领市场	中华
5	4	3	4	5	6	5	4	2	3	4	3	6	4	白领市场	高露洁
3	1	2	3	4	3	2	1	2	2	3	5	3	1	白领市场	佳洁士
3	4	5	4	6	7	6	7	2	3	2	4	7	7	白领市场	中华
1	2	3	4	2	1	1	3	3	4	4	3	5	3	白领市场	高露洁
2	3	4	2	1	2	3	4	4	5	6	4	4	4	白领市场	佳洁士
2	1	1	2	3	4	1	3	5	6	4	5	3	3	学生市场	中华
4	2	5	6	7	4	2	1	6	2	3	4	4	1	学生市场	高露洁
1	3	3	1	3	1	3	3	4	4	2	7	3	3	学生市场	佳洁士
4	5	3	1	1	1	4	5	3	2	2	6	5	5	学生市场	中华
6	6	3	6	5	6	5	2	5	7	4	5	6	2	学生市场	高露洁

图 5—17　数据界面

用户可在此界面查看基础数据是否有误，如果基础数据存在问题，可以直接在该窗体中双击该数据所在的文本框，进行修改。

3. 基础数据设置

数据检查无误后，单击“数据”——“设置”，弹出属性设置对话框（如图 5—18所示）。

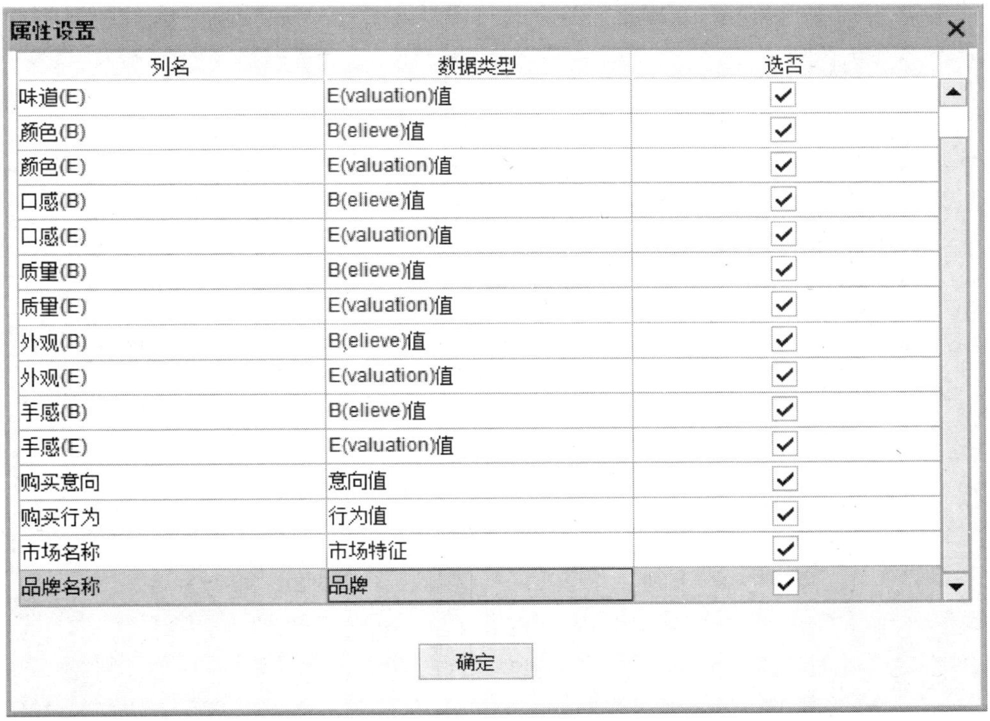

列名	数据类型	选否
味道(E)	E(valuation)值	✓
颜色(B)	B(elieve)值	✓
颜色(E)	E(valuation)值	✓
口感(B)	B(elieve)值	✓
口感(E)	E(valuation)值	✓
质量(B)	B(elieve)值	✓
质量(E)	E(valuation)值	✓
外观(B)	B(elieve)值	✓
外观(E)	E(valuation)值	✓
手感(B)	B(elieve)值	✓
手感(E)	E(valuation)值	✓
购买意向	意向值	✓
购买行为	行为值	✓
市场名称	市场特征	✓
品牌名称	品牌	✓

图 5—18　属性设置

“列名”为自动载入数据文件的首行标题，如果选择该列数据进行分析，则在该列名对应“选否”列进行勾选，中间列为“数据类型”设置项。态度比较分析模块综合比较 B 值和 E 值两项数据值，在选择数据类型时，对应地将其设置为相应的 B 值和 E 值，对于表示市场特征和品牌特征的数据列，将其数据类型选择为市场特征；如果该列是标识品牌特征，则将其数据类型选择为品牌。另外需要注意的是，在态度比较分析模块，需要关联分析购买意向和购买行为两项数据，因此，应将这两列数据相应地标明。数据设置完成后，单击“确定”。基础数据设置完毕。

4. 态度比较分析设置

单击“分析”——“态度比较分析”，弹出态度比较分析模块数据设置对话框（如图 5—19 所示）。

在设置选项卡中为系统自动载入之前设置过的态度比较分析模块所需分析的数据列，系统初始默认对所有列进行分析，“过滤”选项卡为系统自动加载所需分析的市场特征和品牌特征，初始默认对所有的市场特征和品牌进行分析（如图 5—20 所示）。

如果只对部分市场特征和品牌进行分析，操作很简单，只需将该市场特征之后的复选框勾选即可。另外，位于最下方的购买意向和购买行为也是数据自动加载的。

5. 态度比较分析

态度比较分析设置完毕，点击“确定”，即可弹出态度比较的分析结果窗体（如图 5—21 所示）。

在态度值的选项卡中，左侧为态度、意向和行为的均值折线图，右侧为态度、

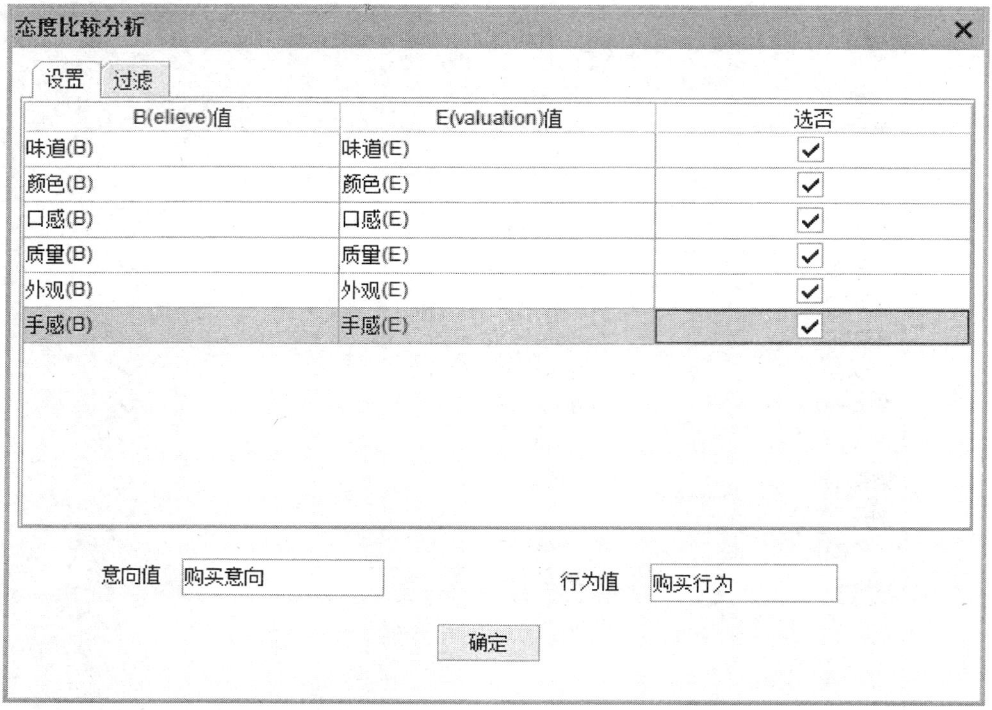

图 5—19　态度比较分析设置

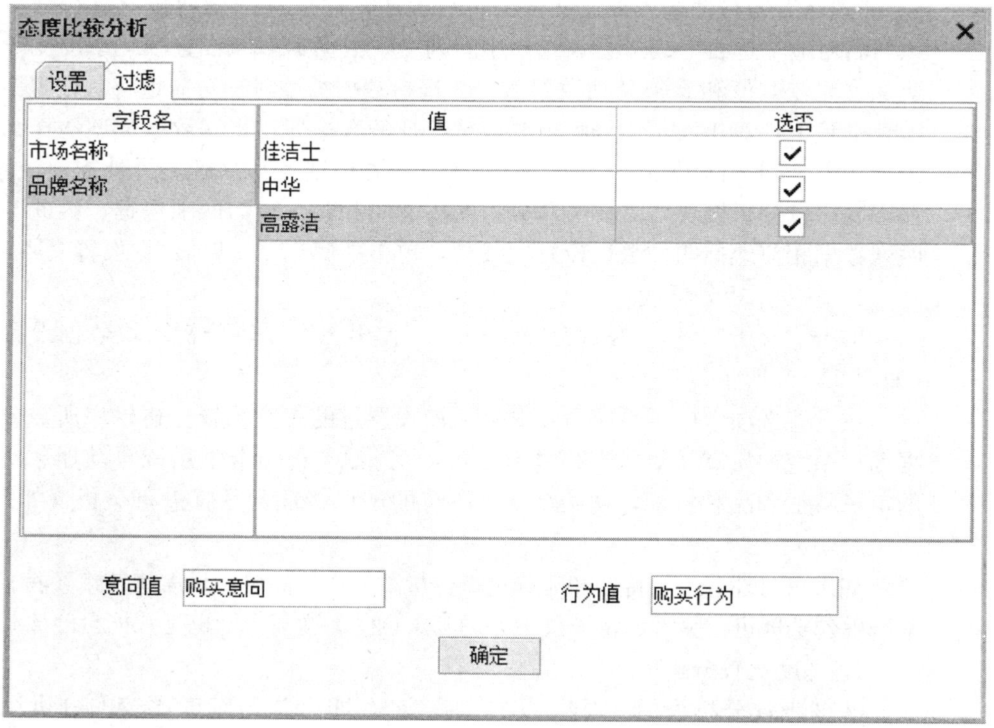

图 5—20　态度比较分析数据过滤

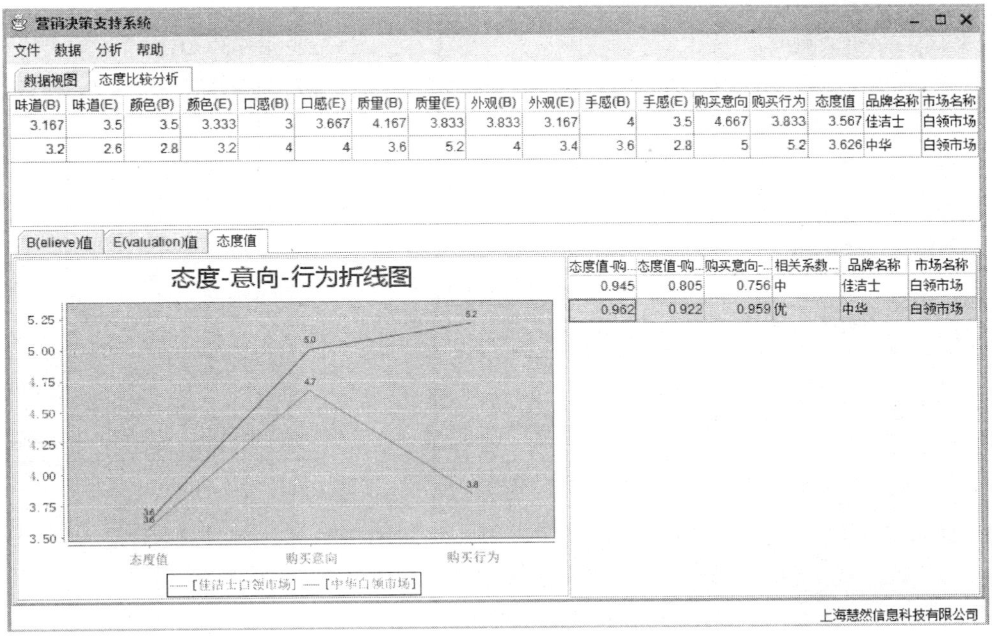

图 5—21　态度比较分析结果

意向和行为三者之间的相关关系值及其评价。

在每一张图上均可点击右键，将各个图示另存为一张图片。

6. 态度比较分析数据导出

使用模块进行数据分析的结果可以导出到一个 pdf 文件中，具体操作步骤为：点击"数据"——"导出"，然后选择要保存的地址并填入相应的文件名称。文件的具体内容如图 5—22 所示。

三、案例结果输出

(一) 实验目的

本次实验针对潘婷和飘柔两个洗发水品牌、男性和女性两个市场，旨在弄清两个品牌、两个市场的消费者态度差异。

(二) 分析思路

上文已经介绍了态度比较分析的思路。态度比较分析包括两个部分：

(1) 关键属性分析。对于新开发的产品，通过对消费者产品属性的偏好（E 值）与购买意愿或购买行为做回归分析，确立关键属性；对于已上市的产品，则通过消费者产品属性的满意度（B 值）与购买意愿或购买行为做回归分析，确立关键属性。关键属性的分析包括同一品牌不同市场的比较和同一市场不同品牌的比较。

(2) 具体的态度比较分析。包括态度值的比较、态度—购买意向—购买行为相关关系和折线图的比较。同样包括同一品牌不同市场的比较和同一市场不同品牌的比较。

1.数据设置与过滤

1.数据设置

E(valuation)值	E(valuation)值	选否
味道(B)	味道(E)	tnue
颜色(B)	颜色(E)	tnue
口感(B)	口感(E)	tnue
质量(B)	质量(E)	tnue
外观(B)	外观(E)	tnue
手感(B)	手感(BE)	tnue

2.数据过滤

-市场名称

值	选否
白领市场	tnue
学生市场	tnue
蓝领市场	false

-品牌名称

值	选否
佳洁士	tnue
中华	tnue
高露洁	false

-态度-意向-行为相关系数表

态度值-购买意向	态度值-购买行为	购买意向-购买行为	相关系数评价	品牌名称	市场名称
0.90	0.83	0.76	中	佳洁士	白领市场
0.95	0.91	0.96	良	中华	白领市场
1.00	1.00	1.00	优	佳洁士	学生市场
-0.10	-0.58	0.87	中	中华	学生市场

-态度-意向-行为折线图

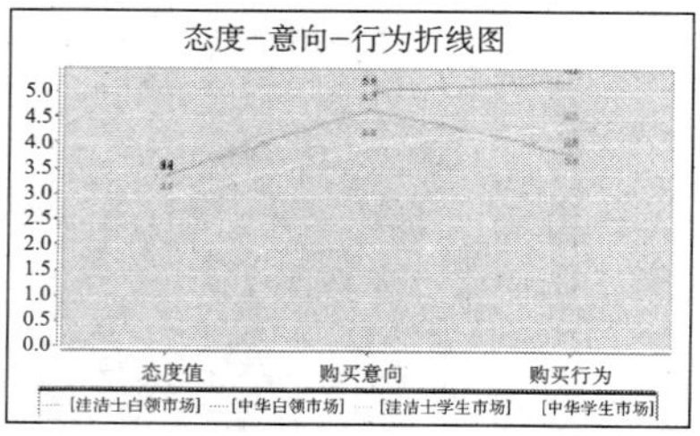

2.态度比较分析

味道(B)	味道(E)	颜色(B)	颜色(E)	口感(B)	口感(E)	质量(B)	质量(E)	外感(B)	外感(E)	手感(B)	手感(E)	购买意向	购买行为	态度值	品牌名称	市场名称
3.17	4.33	3.50	3.33	3.00	1.17	4.17	3.83	3.83	3.17	4.00	3.50	4.67	3.83	3.42	佳洁士	白领市场
3.20	3.80	2.80	3.20	4.00	1.00	3.60	5.60	4.00	3.40	3.60	2.80	5.00	5.20	3.37	中华	白领市场

图 5—22　态度比较分析结果导出文件

（三）输出结果——态度比较分析

1. 关键属性分析

本次研究是针对已上市产品的研究，故在关键属性的分析上是对 B 值进行分析，本次实验将购买行为定为 Y 值，分析 B 值对购买行为的影响，从而确立对购买行为产生影响的关键属性。

下面以女性市场上关于飘柔和潘婷的关键属性分析为例，说明同一市场不同品牌的关键属性分析。同一品牌不同市场的关键属性分析与之类似，不再赘述。

表 5—3 为飘柔女性市场的关键属性的回归系数与 t 检验表。

表 5—3　飘柔女性市场关键属性分析——关键属性的回归系数与 t 检验表

项	系数	标准差	t 值	p 值	t（alpha=0.1）	市场名称	品牌名称
常数项	0.32	1.51	0.210	0.836	1.711	女性	飘柔
修复（B）（x1）	−0.17	0.24	−0.703	1.511	1.711	女性	飘柔
去屑（B）（x2）	0.00	0.26	0.004	0.997	1.711	女性	飘柔
防毛燥（B）（x3）	−0.16	0.32	−0.512	1.386	1.711	女性	飘柔
柔顺（B）（x4）	0.53	0.23	2.283	0.032	1.711	女性	飘柔
人参精华（B）（x5）	0.71	0.21	3.360	0.003	1.711	女性	飘柔

表 5—3 给出了各属性与购买意向的回归方程中的常数项、各属性的相关系数，同时对各属性的相关系数进行了 t 检验，并列出了 t 值和 p 值。根据 t 检验的判定规则，p 值小于 0.05，差异显著，应拒绝回归系数为 0 的假设。

从本次调查的5个属性来看，柔顺和人参精华是女性消费者购买飘柔的关键属性。从回归系数来看，人参精华的回归系数（0.71）要大于柔顺（0.53），因此认为女性消费者更多地因为看重人参精华这一产品属性而购买飘柔。

表5—4为潘婷女性市场的关键属性的回归系数与 t 检验表。

表5—4　　潘婷女性市场关键属性分析——关键属性的回归系数与 t 检验

项	系数	标准差	t 值	p 值	t（alpha=0.1）	市场名称	品牌名称
常数项	0.40	1.52	0.266	0.793	1.711	女性	潘婷
修复（B）（x1）	−0.23	0.22	−1.046	1.694	1.711	女性	潘婷
去屑（B）（x2）	−1.10	0.25	−0.414	1.317	1.711	女性	潘婷
防毛燥（B）（x3）	0.27	0.29	0.934	0.360	1.711	女性	潘婷
柔顺（B）（x4）	0.73	0.29	2.541	0.018	1.711	女性	潘婷
人参精华（B）（x5）	0.19	0.20	0.968	0.343	1.711	女性	潘婷

观察 t 值列，发现柔顺的 p 值小于0.05，因此认为柔顺是女性消费者购买潘婷的关键属性。回归系数为0.73，因此认为柔顺对于女性消费者购买潘婷影响较大。

综上所述，女性消费者更多地因为看重人参精华而购买飘柔，因为看重柔顺而购买潘婷，这与两种产品目前的品牌诉求相符。

2. 态度比较分析

（1）潘婷在男性、女性市场的态度比较分析——同一品牌、不同市场的态度值的比较（见表5—5）。

表5—5　　态度值比较——潘婷

柔顺（B）	柔顺（E）	去屑（B）	去屑（E）	修复（B）	修复（E）	防毛燥（B）	防毛燥（E）	人参精华（B）	人参精华（E）	购买意向	购买频率	态度值	品牌名称	市场名称
3.50	4.03	3.70	3.93	3.33	3.90	3.63	3.80	3.33	3.70	3.93	4.13	3.81	潘婷	男性
4.83	5.17	4.53	5.00	4.83	5.27	4.37	5.10	3.73	4.10	4.23	3.60	4.73	潘婷	女性

表5—5显示，潘婷在男性市场的态度值为3.81，明显低于女性市场（4.71），因此认为女性对于潘婷的评价要高于男性。

观察表5—5可发现，女性在各个属性上的关注（E值）和评价（B值）都高于男性，尤其是柔顺、去屑、修护的属性值明显高于男性，说明女性消费者在洗发水各产品属性上的认知比男性更加敏感。

态度—购买意向—购买行为关系的比较见态度—意向—行为相关系数表（如表5—6所示）。相关系数反映了两个变量间线性相关的程度，相关系数的绝对值越大，两变量的线性相关关系越密切。从表5—6中可以看出，就态度—购买意向—购买行为之间的相关系数而言，男性均高于女性，认为男性的态度值与购买意向、购买行为的线性相关性要强于女性，即男性市场的态度值能够更好地预测其购买意向和购买行为值。

表5—6　　态度—意向—行为相关系数表——潘婷

态度值—购买意向	态度值—购买频率	购买意向—购买频率	相关系数评价	品牌名称	市场名称
0.60	0.73	0.83	中	潘婷	男性
0.44	0.54	0.75	中	潘婷	女性

可以看出，不论是男性市场还是女性市场，态度与购买行为的相关系数都要低

于购买意向与购买行为的相关系数，这印证了购买意向对购买行为的预测性要比态度对购买行为的预测性准确。

图 5—23 为态度—意向—行为折线图，显示了态度值、购买意向和购买频率的均值，并用折线表示出来，从而直观地说明了男性、女性市场对潘婷的态度、购买意向和购买行为的差异。

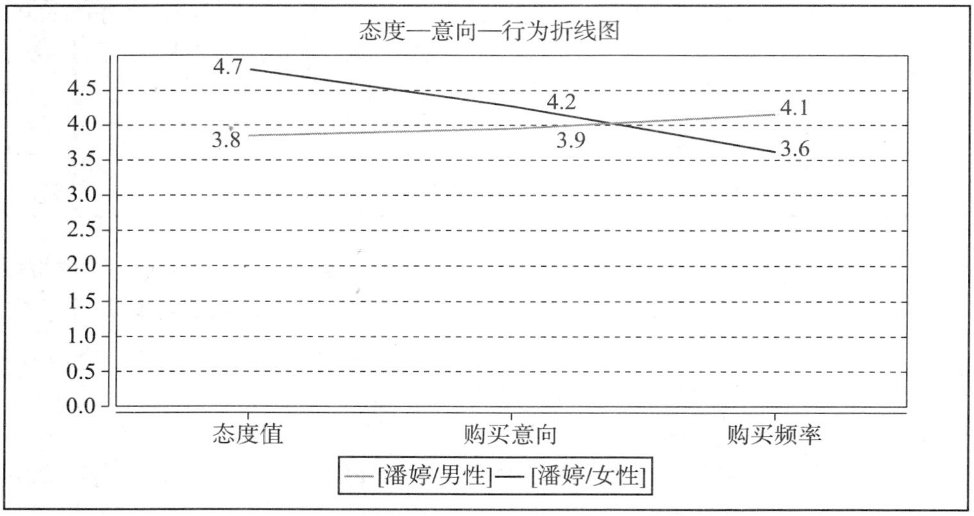

图 5—23　态度—意向—行为折线图——不同性别市场

如图 5—23 所示，潘婷在女性市场上的态度值（4.7）要高于男性（3.8）；在购买意向值上，女性（4.2）略高于男性（3.9）；在购买行为值上，男性（4.1）反而高于女性（3.6）。

女性消费者虽然对潘婷有更高的评价，但是在购买行为值上却低于男性。通过相关系数的分析，我们知道男性市场的态度值比女性有着更好的市场预测作用。因为女性在购买洗发水产品时可能更多地受到除态度之外的其他因素的影响，所以虽然对潘婷的态度值较高，购买行为值却不高。

（2）女性市场关于飘柔、潘婷的态度比较——同一市场、不同品牌的态度值的比较。表 5—7 为态度值比较表，潘婷在女性市场的态度值为 4.73，略高于飘柔（4.66），因此认为女性对于潘婷的评价要高于飘柔。

表 5—7　　态度值比较表——女性

柔顺（B）	柔顺（E）	去屑（B）	去屑（E）	修复（B）	修复（E）	防毛燥（B）	防毛燥（E）	人参精华（B）	人参精华（E）	购买意向	购买频率	态度值	品牌名称	市场名称
4.83	5.17	4.53	5.00	4.83	5.37	4.37	5.10	3.73	4.10	4.23	3.60	4.73	潘婷	女性
4.93	5.40	4.47	4.93	4.17	5.20	4.23	5.03	3.83	4.30	4.27	4.10	4.66	飘柔	女性

观察表 5—7 中各属性的值，女性在柔顺、去屑、修复和防毛燥上的 E 值都较高，认为它们是女性消费者所关注的重要属性。除了柔顺外，潘婷在去屑、修护和防毛燥的属性评价上的 B 值都高于飘柔，因此认为女性消费者对于潘婷的整体评价要高于飘柔。

表 5—8 为态度—意向—行为相关系数表。从中可以看出，女性消费者对于潘

婷的态度值、购买意向和购买行为之间的相关系数均高于飘柔。与飘柔相比，女性消费者对于潘婷的态度对其购买意向和购买行为有更好的预测作用。

表 5—8　　态度—意向—行为相关系数表——女性

态度值—购买意向	态度值—购买频率	购买意向—购买频率	相关系数评价	品牌名称	市场名称
0.44	0.54	0.75	中	潘婷	女性
0.29	0.32	0.71	中	飘柔	女性

图 5—24 为态度—意向—行为折线图。如图所示，女性消费者对于潘婷的态度值要略高于飘柔；在购买意向值上，二者非常接近，潘婷为 4.23，飘柔为 4.27；在购买行为值上，飘柔（4.1）高于潘婷（3.6）。

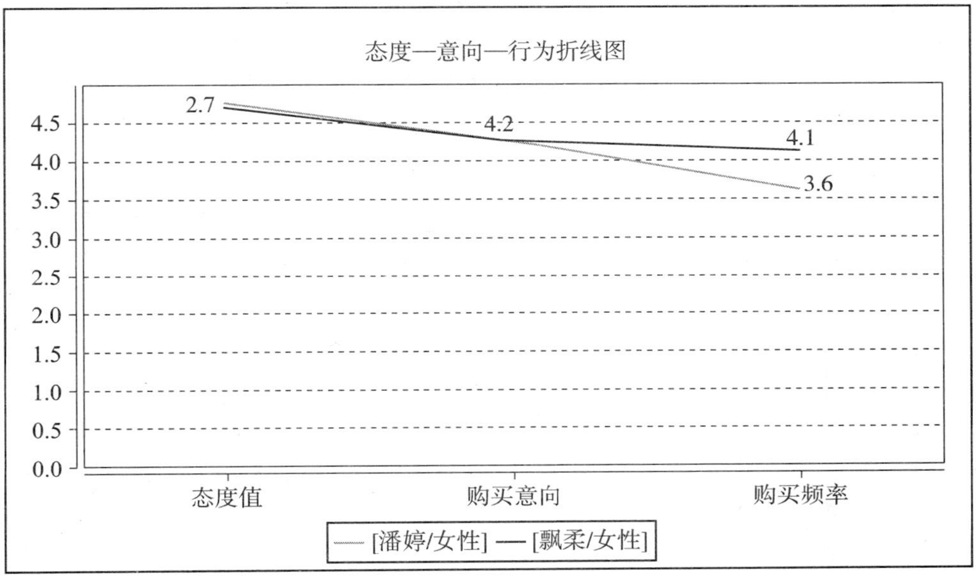

图 5—24　态度—意向—行为折线图——不同品牌

女性消费者虽然对潘婷有更高的评价，但对潘婷的购买行为值却低于飘柔。通过相关系数的分析可知，女性关于潘婷的态度值比飘柔有更好的市场预测作用，因此女性消费者购买飘柔很可能受到除了态度之外的其他因素的激励，比如更低的价格。因此，虽然女性消费者对于飘柔的态度值不如潘婷，却有更高的购买行为值。

思考题

1. 试述消费者态度对购买行为的影响。
2. 态度是如何形成的？
3. 影响态度形成的因素有哪些？影响态度转变的因素又有哪些？
4. 简述转变态度的方法。
5. 态度的功能有哪些？它对消费者有怎样的影响？

第6章 个 性

学习目标

- 了解个性的定义及其主要理论，理解这些理论对市场营销的启示。
- 了解生活方式和自我形象的概念，以及它们如何影响消费者的购买行为。
- 学会通过分析消费者的个性、生活方式和自我形象，制定和调整营销战略。

20 世纪 40 年代，当雀巢速溶咖啡这一新产品刚刚投放市场时，厂家自信它会很快取代传统的豆制咖啡而获得成功。因为它的味道和营养成分与豆制咖啡相同，而且饮用方便，不必再花时间去煮，也不需要为刷洗煮咖啡的器具而费劲。雀巢为了推销速溶咖啡，在广告上突出宣传了这些优点，出乎意料的是，购买者寥寥无几。厂家聘请调研专家来分析原因，在问卷调查中，很多受访的家庭主妇回答说，不愿选购速溶咖啡是因为不喜欢速溶咖啡的味道。速溶咖啡的味道与豆制咖啡的味道有什么不同？调研专家进行了口味测试，试饮中，主妇们大多辨认不出二者有什么不同。这说明，主妇们不选购速溶咖啡不是因为味道而是心理因素所致。

为了找出这个心理因素，调研专家改用间接的方法对消费者的真实动机进行调查和研究。他们编制了两种购物单，除了一张上写有速溶咖啡，另一张上写有新鲜咖啡之外，其他项目都相同。然后，把清单分给两组有可比性的家庭主妇，请她们描述按购物单买东西的家庭主妇是什么样的妇女。结果表明，两组受访者描述的想象中的两个家庭主妇的形象截然不同。购货单上有速溶咖啡的那组受访者几乎有一半人认为，按这张购物单购物的家庭主妇是个懒惰、邋遢、生活没有计划的女人；有 12% 的人认为她是个挥霍浪费的女人；还有 10% 的人认为她不是一位好妻子。另一组受访者则把按购物单购买新鲜咖啡的妇女描述成勤俭、讲究生活、有经验且喜欢烹调的主妇。这说明，当时的美国妇女有一种带有偏见的自我意识：作为家庭主妇，担负繁重的家务劳动乃是一种天职，而逃避这种劳动是偷懒的、应受谴责的行为。速溶咖啡的广告强调的正是其省时、省力的特点，因而并没有给人以好的人格投射印象，反而被理解为它帮助了懒人。由此可见，速溶咖啡被人们拒绝，并不是由于它本身有问题，而是由于人们的人格投射，即希望成为一名勤劳、称职的家庭主妇，而不愿成为被他人和自己所谴责的懒惰、失职的主妇。这种潜在的购买动机正是速溶咖啡不受欢迎的真正原因。

资料来源：http：//wenku. baidu. com/view/be4a3cfa770bf78a6529546a. html.

本章着重介绍个性的概念及其与各种消费者行为的关系，概括介绍几种个性理论，以及这几种理论如何激发针对消费者个性的营销研究。本章还会讨论生活方式及其对市场细分的影响，自我和自我形象如何影响消费者态度和行为，并对品牌个性、虚拟个性或自我进行探索。

第1节 个性概述

一、个性的定义

对于个性（personality）的理论研究非常广泛。有些学者强调基因和早期童年经历的双重影响；有些学者则强调广泛的社会和环境影响，以及个性是随时间的推移而改变的。一些学者倾向于将个性看作一个整体；另一些学者则关注其具体特性。可见，很难给个性下一个简单的定义。

在这里，我们将个性定义为：决定和反映个人对环境的反应的心理特征的集合。虽然个性趋于一致，具有持续性，但个性会由于时间的推移或重大人生事件的发生而改变。

个性的定义强调的是内在特征——将人与人区别开的具体特质、属性、特征、因素和态度。本章稍后会阐述由这些根深蒂固的个性特征所构成的个性会影响个人对产品的选择：它们会影响消费者对营销者促销的反应，以及何时、何地、如何购买和消费产品与服务。因此，识别与消费者行为相关的个性特征对一个公司市场细分战略的开发十分有用。

个性的以下三个特征非常重要：

1. 个性反映了个体差异

因为构成个性的内在因素是各种因素的组合，两个人的个性是不可能完全相同的。然而，许多人可能在某一个个性特征上相似。例如，有些人可以划入喜欢冒险类（喜欢冒险做新的或不同的事情，如跳伞或攀岩），有些人则属于冒险规避类（如害怕购买新产品）。个性的有用性体现于此，我们可以根据一个或多个个性特征将消费者分类。如果每个人的个性特征都不一样，便不可能细分消费者，市场营销者针对特定细分市场开发产品或促销也就成为无稽之谈。

2. 个性具有稳定性和一致性

一个人的个性总是趋向稳定和一致的。事实上，现实生活中母亲对孩子的评价——“从生下来就好动”便是个性稳定性和一致性的最好证明。个性的这两个特性是市场营销者解释或预测消费者行为所反映的个性的基础。

虽然市场营销者不能改变消费者的个性来适应产品，但是，如果他们知道影响消费者反应的个性特征，便可以吸引目标顾客群。

虽然消费者的个性具有一致性，但是他们的消费行为会因各种心理、社会文化、环境和情景因素的影响而发生改变。举例来说，虽然个人的个性是相当稳定的，但具体需要或动机、态度、对群体压力的反应和对新品牌的反应都会导致消费行为的不同。个性是影响消费者行为的各种因素的综合体。

3. 个性是可以改变的

在某种情况下，个性是可以改变的。例如，一个人的个性可能因一些事件而改变，如孩子出生、爱人去世、离婚或升职。一个人的个性也可能因突发事件而改变，改变本身就是一个人渐进的成熟过程。

还有证据表明，个性的类型也会随时间而改变。比如，在过去的50年里，虽然男人的个性几乎没有什么改变，但是女人变得更男性化而且在未来还有加强的趋势，这预示了男人和女人个性特征的融合。其原因可能是，随着女人进入传统上由男人控制的职业领域，她们受到男人个性特征的感染。

二、个性理论

下面简要介绍三种个性理论：(1) 弗洛伊德理论；(2) 新弗洛伊德理论；(3) 特质理论。从众多的理论中选择这三种理论做介绍，是因为这三种理论在研究消费者行为和个性中起到重要作用。

(一) 弗洛伊德理论

西格蒙德·弗洛伊德的个性心理分析理论（psychoanalytic theory of personality）是现代心理学的里程碑。这一理论是基于以下假设：下意识需求或动机，尤其是性和其他的生理动机，是人类动机和个性的核心。弗洛伊德的理论基础是通过收集病人的早期童年经历、对病人梦的解析以及他们的生理和心理调整问题来揭示其本质特征。

1. 本我、超我和自我

基于分析，弗洛伊德认为人的个性是由三个互相转换的系统组成的：本我、超我和自我。本我可以理解为充满原始的和不可遏制的动机（基于生理需要，如口渴、饥饿和性欲）的“仓库”，为满足这些欲望而不计较方式。

与本我不同，超我是人类内在社会道德和行为准则的集合。超我的存在是为了使个人行为符合社会要求，因而超我是约束或抑制本我冲动力量的“刹车”。

自我是有意识的控制，它扮演着平衡器的作用，在本我内在冲动和超我社会约束之间平衡，图6—1描绘了三者间的相互作用。弗洛伊德强调个性的形成是伴随个人经历一系列婴儿和孩童阶段的发展逐步形成的。这些阶段包括口部快感期、腔欲期、性器期、潜意识期和性生理发育早期。弗洛伊德根据身体的区域描述了其中的四个阶段，因为他认为孩童的性本能在那时比较集中。

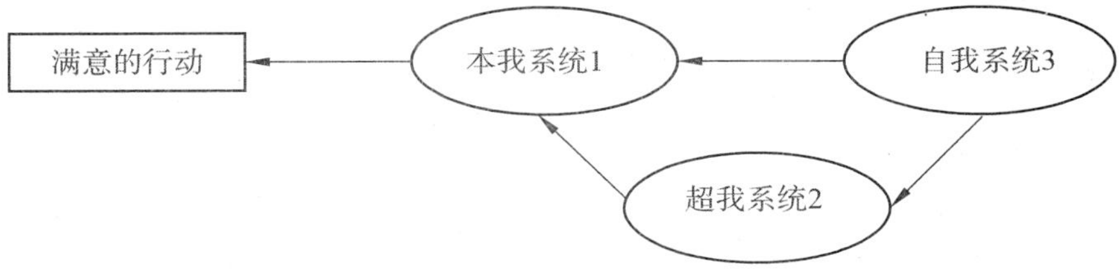

图 6—1　本我、超我和自我的关系图

根据弗洛伊德理论，一个成人的个性取决于他如何处理在每个阶段出现的问题（尤其是在前三个阶段）。例如，如果在口部快感期，孩童的口部快感需要得不到满足，这个孩童就会停留在这个阶段，成年后其个性表现为依赖性强，口部活动过多（如不停嚼口香糖和吸烟）。如果一个人停留在腔欲期，成年后其个性特征中会表现出洁癖等。

2. 弗洛伊德理论和“产品个性”

将弗洛伊德精神分析法应用于研究消费者个性的学者相信人类动机大多是下意识的，消费者很可能不知道买某样东西的真正原因。这些学者认为，消费者购买和消费情景是消费者个性的反映和延伸。换句话说，他们认为消费者的外貌和所有物（如打扮、穿着、首饰等）反映消费者的个性。表 6—1 展示了对 19 000 个消费者关于零食的感知与个性特点的关系。这项研究揭示了薯片与有雄心、渴望成功和追求完美有关，爆米花则与愿意承担责任、努力工作、诚实、自信但不炫耀有关（相关的品牌个性、自我和自我形象将在本章稍后讨论）。

表 6—1　零食与个性特征

零食	个性特征
薯片	有雄心、渴望成功、追求完美
玉米薄饼	完美主义者、高期望值、准时、保守、有责任心
椒盐卷饼	活泼、厌倦枯燥的惯例、轻浮、凭直觉、过分依赖计划
薄脆饼干	理智、逻辑性强、爱沉思、害羞、喜欢独处
干奶酪条	正直、讲原则、守规矩、公正、守旧但有品格、事前计划、办事有条理
坚果	随和、有同情心、有理解力、冷静、脾气温和
爆米花	愿意承担责任、努力工作、诚实、自信但不炫耀
零食肉类	唠叨、大方、值得信赖、轻信

资料来源：From What Flavor is Your Personality? Discover Who You Are by Looking at What You Eat. Alan Hirsch，MD. Naperville，Ⅱ，Sourcebooks，2001.

（二）新弗洛伊德个性理论

弗洛伊德认为个性主要是天生的且性是本能的，但他的一些同行不认同该观点。这些人认为社会关系是个性形成和发展的基础。例如，阿尔弗雷德·阿德勒（Alfred Adler）认为人们致力于被他称为生活风格的各种理性目标，还强调人们超越自卑感觉的努力（如努力获得优越感）。另一个新弗洛伊德派的代表人物哈里·斯塔克·沙利文（Harry Stack Sullivan）认为，人们总是不断地与别人建立重要且有偿的关系，他非常关注人们减少紧张和焦虑的努力。

同沙利文一样，卡伦·霍尼（Karen Horney）也关注焦虑。她致力于研究家长与子女的关系，以及个人战胜焦虑的意愿的影响。霍尼提出，可以将人分为三类：顺从型、好战型和独立型。

（1）顺从型的人顺从他人以期得到他人喜欢，或得到自己想要的东西，或得到他人的赞赏，等等。

（2）好战型的人喜欢与别人对着干，这些人喜欢表现自己，赢得他人的敬佩。

（3）独立型的人远离人群，他们希望独立，相信自己，自给自足，是个人主义者或责任规避者。

基于霍尼的理论的个性测试（CAD）在消费者行为领域得以发展和应用。最初的CAD研究揭示了大学生成绩与产品和品牌选择模式之间的关系。高度顺从的学生喜欢以名字命名的产品，如拜耳阿司匹林；好战型学生喜欢老牌香料除臭剂胜过别的品牌（可能是因为其男性诉求）；高度独立型学生喜欢喝浓茶（或许是为了显示不妥协性）。后来的研究发现，高度自立的儿童很少成为品牌忠诚者且更喜欢尝试不同的品牌。

（三）特质理论

特质理论与弗洛伊德理论及新弗洛伊德理论所采用的定性研究方法（如个人观察、报告自己的经历、梦的分析、投影技术等）不同。

特质理论以定量分析或经验证明为导向，关注分析和测量个人的具体精神特点（即特征）。特质被定义为任何区别于他人的、相对持久的特点。特质理论拥护者致力于构建个性测试或问卷调查来找出导致个人差异的特征。

单特质个性测试（每次只测量一个个性特征，如自信）专门用于研究消费者行为，这些量身定制的测试包括以下方面内容：消费者创新（consumer innovativeness）（接受新事物的开放度），消费者物质主义（consumer materialism）（消费者想获得东西的多寡和愿望的强烈程度），以及消费者种族主义（consumer ethnocentrism）（消费者反对或接受进口商品的倾向）。

特质理论拥护者发现，相对于购买与消费某个特定品牌，个性与消费者如何制定购买决策、选择购买和消费产品的关系更密切。例如，某种个性特征与一个消费者是否拥有敞篷车的关系比该个性特征与那辆敞篷车的品牌的关系更密切。

第2节　生活方式

对于生活方式的研究起源于西方。从微观上讲，该项研究旨在深刻洞察研究对象的个人生存动机，为学者进一步挖掘个体内心真实世界铺平了道路；而从宏观上理解，将生活方式的理论研究成果应用于社会、经济等诸多领域，不仅是对生活方式研究本身的全面升华，更是了解民情、造福民生的有力武器。

目前，国内学术界在生活方式的测量方面仅限于借鉴西方研究成果。就运用最广泛的AIO生活方式量表而言，国内还没有成熟的专门由心理学家、统计学家及管理学家等组成的研究团队来开展量表修正工作，但同时，生活方式研究应用的巨大价值正呼唤学术界对该课题研究进行本土化的创新。

面对国内学术界在生活方式研究中存在的不足，学者王雅林指出："对生活方式的研究要面对的任务是从'登堂入室'到走向学术前沿"。要改变落后的状况，必须寻找适合我国国情的生活方式研究的新思路。

如今在我国，无论是新生代农民工的相关问题、都市白领的心理健康问题还是国家经济结构调整等一系列重大社会问题，无一不与人们的生活方式息息相关。因此，学术界把握国家方针，深入了解民生、分析群众的生活方式，为政府相关部门及各行各业探讨、制定和实施各项利民惠民政策提供科学依据，将有助于我国加快建设小康社会。

一、生活方式的定义

相对于马克思主义创始人与韦伯等学者对广义的生活方式的研究，营销学领域的学者更侧重对狭义的生活方式的研究。广义的生活方式是指人们的生活领域应当涵盖劳动生活、政治生活、物质消费生活、闲暇和精神文化生活、交往生活、宗教生活等广阔领域的"一切"方面。狭义的生活方式则指人们的物质消费活动和个人可支配的闲暇时间活动的方式。

基于社会学视角，马克思和恩格斯认为：生活方式是区别阶级的重要指标，并且与生产方式紧密联系。韦伯曾在《阶级、地位与权力》一文中提出：生活方式的高尚和低俗代表着社会地位的尊卑，特定的生活方式标志着不同的社会地位。凡伯伦则运用历史社会学的方法深入、系统地论述了特定的生活方式与特定的社会阶级的相关性。他也将生活方式作为阶级地位及尊荣的社会标志来研究。

我国学者王雅林自20世纪80年代起致力于社会学领域的生活方式研究。他指出，社会学家比较一致的看法是，生活方式是回答人们"怎样生活"的概念，是指人们依据一定的文化模式为满足自身生活需要而运用社会环境提供的各种物质和精神文化资源的活动方式、配置方式。在王雅林于2003年发表的题为"生活方式的理论魅力与学科建构——生活方式研究的过去与未来20年"的文章中，再次强调生活方式是人的生命活动方式的总和。

基于消费者行为学领域，学者们将生活方式广泛地引入有关购买行为的研究，但在早期文献中很少有对生活方式的准确定义。

基于营销学领域，学者们对生活方式的定义主要从其与消费的关系出发。威廉·莱泽（William Lazer，1963）认为，生活方式是一个系统概念，是有别于其他群体或社会的一种独特生活模式；特殊群体和社会的消费购买习惯反映了这种消费者的生活方式。用营销学的思维可理解为：一个社会或某个群体的生活方式可由消费者的购买和消费行为所反映。虽然莱泽对生活方式的定义很快得到广泛传播，但是后世的学者们认为该定义略显同义赘述。西德尼·利维（Sidney J. Levy，1963）在阿德勒结合自我概念和行为给出生活方式的定义的基础上，指出个体的生活方式从动态方面理解是十分复杂的，它涉及两个方面——生活环境模式的特征和符合自我价值观处理事务的过程。尤金·凯利（Eugene J. Kelley，1963）以一种更接近市场营销内涵的方式提升了利维的观点。他认为市场营销者销售的并不是仅仅被视为象征的孤立商品，而是一种象征着生活方式的产品。戴维·穆尔（David G. Moore，1963）提出了概念性与操作性并驾齐驱的生活方式定义。他将生活方式定义为人们适应各种事物的生活模式，消费者的购买现象与生活方式息息相关，并且所购买的物品是生活方式的一部分。

威尔斯和泰吉特（W. D. Wells and D. J. Tigert，1971）提出，生活方式是指一个人的态度、信念、期望、恐惧和偏见等特征，并反映在平时对于实践、金钱与精力的支配上。普卢默（J. T. Plummer，1974）主张将消费者看作一个整体，描绘出消费者的本质以及行为方式。他认为，生活方式有以下特点：（1）是一种表达行为；（2）是一种一致性行为知觉；（3）背后隐含着个体的价值观；（4）可分别从态度与活动等方面进行测量；（5）可包括几个层面，如时间分配、家庭互动、工作习性、人际关系、休闲活动及其他特殊活动等。扎布罗茨基和坎特（B. D. Zablocki and R. M. Kanter，1976）从经济学视角出发，认为生活方式表明了某一特定群体中个体分配其收入以及对不同产品或服务进行分配的方式。面对众说纷纭的定义，托马斯·安德森（W. Thomas Anderson）认为，关于生活方式的研究中最值得关注的是学者对它的定义，当时已有的定义都不够清晰。因为在关于生活方式的定义中，既包含了行为模式的特征以及认知过程和属性，也包含了众多有关个体的维度，如价值观、态度、意见和兴趣。这种定义方式犯了内部不统一的严重错误。

20世纪80年代，学者史蒂芬·科斯马斯（Stephen C. Cosmas，1982）提出，生活方式不同的消费者对产品或服务有着不同的需要，消费模式也存在明显差异。此外，霍利等人（Horley et al.，1998）将生活方式定义为个人具有特色的、典型的生活方式。

恩格尔、科拉特和布莱克韦尔（Engel，Kollat and Blackwell）则提出，生活方式是个人价值观与人格的综合表现，是个人价值观与人格特性不断整合所产生的结果。它影响个人的一般行为，进而影响其特定的购买决策，是人们生活与使用时间、金钱的方式。他们同时指出，个人生活方式所包含的价值观与人格特质也受到外在环境（如文化、次文化、社会阶层、参考群体与家庭）的影响。经外部环境与内在心理所统合而形成的生活方式，将影响个人决策与一般行为，进而影响对产品与品牌的选择。

霍金斯（Hawkins，2001）认为，生活方式是指在生命周期演化过程中个人所形成的内在个体特征。米切尔（G. Mitchell）对生活方式的定义是：生活方式表征着特定的个体行为模式，并且这些行为的产生由个体的内在价值所引导。

著名的营销学家科特勒认为，生活方式是一个人的生活模式，可以通过心理图表表现出来。生活方式可以捕捉到除了人的社会地位和个性以外的更多的内容。由此看来，来自相同亚文化、社会阶层和职业的人们可能有着截然不同的生活方式，进而影响其消费行为（见图6—2）。

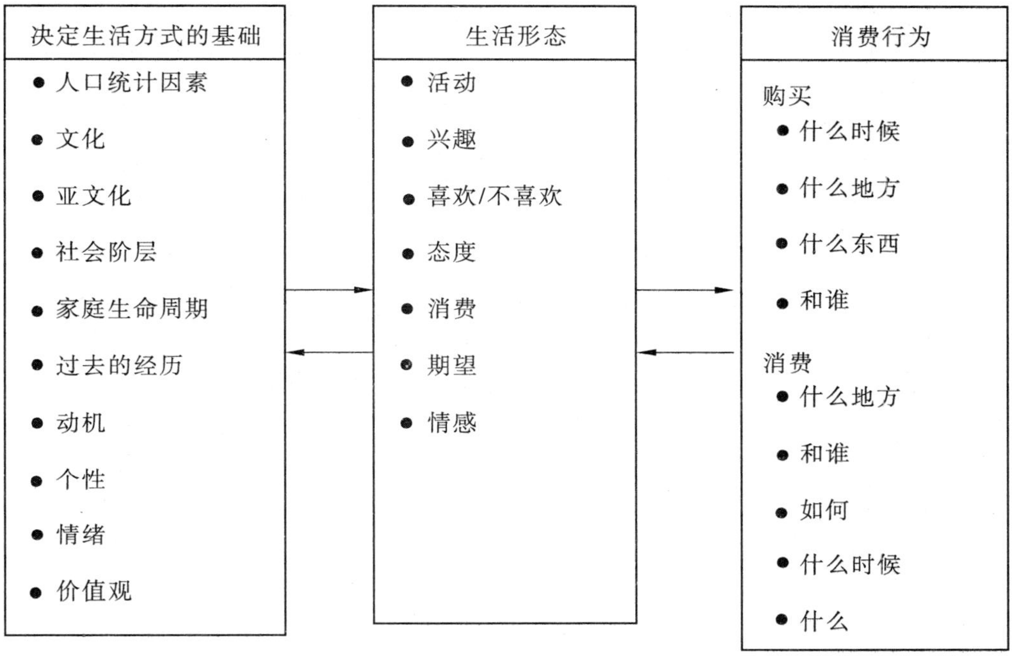

图6—2 生活方式和消费过程的交互影响

资料来源：德尔·I·霍金斯，等．消费者行为学．8版．北京：机械工业出版社，2003.

二、生活方式的研究工具

霍金斯认为对宏观生活方式的测量可以反映出个人生活的总体状况，微观生活方式则更侧重于揭示个体对待特定事物所表现出的态度、行为和活动。

在过去的几十年里产生了许多测量生活方式的想法，包括测量人口统计特征、社会阶层和心理特征等。但威尔斯（W. D. Wells，1975）提出，尽管人口概况对于研究生活方式是必要的，但对于影响消费者行为的因素的考虑并不充分。普卢默（J. T. Plummer，1974）、登比（E. H. Demby，1994）和李（Lee，2005）都认同此观点，认为生活方式是市场营销中最常见的概念，在人口统计特征因素对生活方式不能充分解释的情况下，即使加入社会阶层和心理特征因素，仍需补充其他一些资料进行研究。

（一）国外生活方式测量模型

西方关于生活方式的研究相当广泛，主要测量工具为AIO量表，另外，VAL量表、VAL2量表及LOV价值量表也为生活方式中的价值观测量提供了专业工具。

1. AIO 生活方式量表

（1）AIO 生活方式量表的内容。生活方式是行为的模式，而行为模式又可以通过消费者的 AIO（activities，interests，and opinions）——生活、兴趣和意见——三个维度表现。伯克曼和吉尔森（H. W. Berkman and C. C. Gilson，1974）的研究中指出，AIO 研究揭示了基于生活方式视角，重度使用者与轻度使用者在使用同样的商品时所表现出的各种差异。这种 AIO 量表是目前西方学者最常用于生活方式研究的测量工具。

生活方式的分析包含了对消费者 AIO 三方面内容的认知。根据米其曼（R. D. Michman，2003）等人对 AIO 三维度内涵的界定，A（活动）指体育活动、工作、娱乐及兴趣活动等；I（兴趣）是针对家务、职业、家庭、时尚和食物等的选择而言；O（意见）即对社会事件、政治活动、教育、商务及未来展望等的看法。其内涵简单概述为：活动表明个人如何利用可用的时间，其中也涉及如何支配金钱；兴趣表明通过努力地持续参与而被激发起的兴致及兴奋程度；意见的形成源于消费者对于他们认为正确事物的重要性的衡量。

如今，生活方式测量工具中应用最广泛的 AIO 量表是基于威尔斯和泰吉特（W. D. Wells and D. J. Tigert，1971）的问卷调查成果得到的，该调查问卷由 300 句陈述句组成。普卢默（J. T. Plummer，1974）将其内容整理为四个维度：活动、兴趣、观点及人口统计特征（见表 6—2）。

表 6—2　AIO 生活方式量表维度

活动	兴趣	观点	人口统计特征
工作	家庭	自我	年龄
爱好	住所	社会事件	受教育程度
社会活动	工作	政治	收入
度假	交际	商业	职业
文娱活动	娱乐	经济	家庭人口
俱乐部会员活动	时尚	教育	居住环境
社交	食物	产品	地理位置
购物	媒介	未来	城市大小
运动	成就	文化	家庭生命周期

资料来源：Plummer，J. T.，"The concept and application of life style segmentation," *Journal of Marketing*，1974，Vol. 38，No. 1，33-37.

（2）AIO 生活方式量表的应用。随着生活方式研究的不断推广与深入，AIO 量表被广泛应用到各项研究中。达登和雷诺兹（W. R. Darden and F. D. Reynolds，1974）用量表描述了男性创新者的特征；赛特尔等人（R. B. Settle et al.，1978）测量出了时间导向与生活方式之间的关系；罗伯斯和沃策尔（M. L. Roberts and L. H. Wortzel，1979）运用量表研究了女性购买食品的行为；霍克（S. J. Hoch，1988）研究了大众普遍的消费模式。

20 世纪以来，运用 AIO 生活方式量表进行研究的成果日益增多。西方学者汤普森和卡明斯基（A. M. Thompson and P. F. Kaminski，1993）通过问卷调查研究了有关服务质量期望的心理因素及生活方式中经历因素的影响；路易斯·舒菲尔特等人（Lois Shufeldt et al.，1998）运用AIO生活方式量表研究了生活方式对于中老年人购买药品的影响因素。哈莱布（Z. A. A. Hallab，1999）试图研究旅游行为与健康生活间的关系；里昂（L. Leung，1998）研究了新媒体技术的消费；库库可米洛格鲁（O. Kucukemiroglu，1999）、凯内克和卡拉（E. Kaynak and A. Kara，2001）、库库可米洛格鲁等人（O. Kucukemiroglu et al.，2006）及斯皮兰等人（J. E. Spillan et al.，2007）研究了生活方式维度与种族人群对购买决策的影响；冈萨雷斯和贝洛（A. M. Gonzalez and L. Bello，2002）借助AIO量表研究了旅游消费者的行为；陶（S. P. Tao，2006）采用AIO工具比较了文化差异很大的中国台湾和美国消费者的生活方式特征；李等人（H. J. Lee et al.，2009）则采用AIO量表得出了影响消费者购买科技产品的相关生活方式因素。AIO生活方式量表的应用在营销领域无处不在。

塔尔哈·哈卡和艾德那·凯内克（Talha Harcar and Erdener Kaynak，2008）运用AIO生活方式量表与VALS生活方式量表研究了具有文化差异的两个国家——美国和加拿大的消费者在生活方式上的异同。研究表明，两国消费者的生活方式的确存在差异，但相似的人口统计特征曾被市场营销人员视为生活方式无差异的理由。该研究为决策者针对不同市场制定营销战略提供了重要依据。

马诺泽·巴尔斯-艾瑞荣等人（Ma José Barlés-Arizón et al.，2010）在研究芬兰旅游业细分市场的过程中运用AIO生活方式量表工具，得到六大细分市场，为芬兰旅游业市场的进一步拓展指明了方向。他们还运用同样的方法进一步研究了有外出度假想法的女性人群。通过分析他们的生活方式及社会人口统计特征，结果显示该人群可分为三类。这一研究不仅丰富了学术成果，而且为旅游业营销人员更有效地吸引女性旅游者提供了新思路。该研究指出，可对解释变量进一步深入研究。

我国研究者对AIO生活方式量表的应用成果主要有：徐滔（2007）借助AIO量表研究发现了上海大学生所具有的5个生活形态因子；朱瑜（2008）参考AIO量表对“80后人群”进行不同消费特征群体的划分；罗琴（2008）采用AIO量表将大学生市场细分为若干不同生活方式的子市场；由学者沈蕾（2008）完成的共青团中央项目“基于青少年生活方式创新上的消费模式转变研究”同样是对AIO量表应用的深层次挖掘。

2. VALS量表

（1）VALS量表的内容。VALS量表（Values and Lifestyles Scale）即价值观和生活方式量表，最早由美国斯坦福国际研究所（SRI）提出，综合了社会心理学家马斯洛（1954）的需要层次理论与美国社会学家戴维·瑞斯曼（1950）的驱动说。随后SRI又提出了VALS2模型，更注重心理学基础以及活动与兴趣的结合，倾向于选择有相对持久性的态度和价值观来反映个人生活方式。VALS2量表基于两个主要维度——自我导向与资源。

图6—3显示了VALS2的分群系统。

（2）VALS量表的应用。美国的著名品牌铁城啤酒曾借助VALS量表研究目标消费者并评估铁城啤酒的形象。通过拍摄新广告片把啤酒与目标顾客新的自我形象

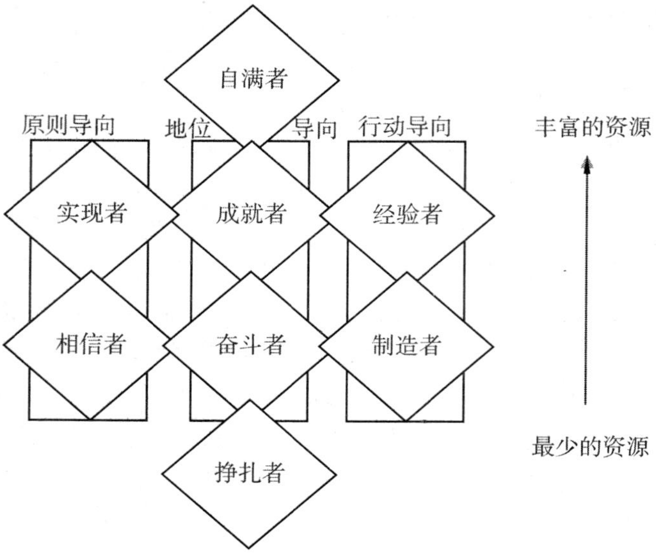

图 6—3　VALS2 的分群系统

资料来源：SRI International.

联系起来，使铁城啤酒的销售额在短短一个月内飙升了 26%。

3. LOV 价值观量表

(1) LOV 价值观量表的内容。LOV 价值观量表对于研究消费者的差异性而言是一种十分重要的测量工具。西方学者林恩卡尔（Lynn Kahle，1989）在美国密歇根大学调研中心开发的 RVS 量表（Rokeach Value Scale）（见表 6—3）的基础上进一步研究开发了 LOV 价值观量表。结合性别、年龄等人口统计资料来看，LOV 价值观量表比 RVS 量表更简洁、更易理解且更贴近消费者日常生活的行为方式。

表 6—3　　RVS 量表的工具价值与终极价值

工具价值	终极价值
野心	舒适生活
心胸开阔	令人振奋的生活
能耐	成就感
欢乐	世界和平
清洁	美丽世界
勇气	公平性
宽容	家庭安全
助人为乐	自由（独立、自主的选择）
富于想象	内在和谐
独立（自力更生、自给自足）	成熟的爱
智慧（有知识、善思考）	国家安全
逻辑的	愉悦
博爱	救世（救助）
顺从	自尊
礼貌	社会认可

续前表

工具价值	终极价值
责任	真正友谊
自我控制	睿智（对生活有成熟的理解）
正直（真挚、诚实）	幸福（满足）

资料来源：Rokeach Value Scale，RVS，1973.

（2）LOV价值观量表的应用。LOV价值观量表1976年首次应用于对2 264位美国公民价值观的调研。

基姆（Hye-Shin Kim，2005）运用CIP消费者涉入剖面工具细分有757个有效样本量的消费者市场，采用LOV价值观量表对细分后的市场进行研究，并试图找出组间是否存在个人价值的差异。研究发现，四个涉入维度将消费者分为五个子市场，同时LOV价值量表的九个维度进一步解释了五个子市场的差异所在。苏达斯·罗伊和帕罗米塔·戈斯瓦米（Sudas Roy and Paromita Goswami，2007）对印度的18～23岁城市大学生进行了服装购买行为的研究。该研究借助LOV价值观量表进行探索性因素分析，找到了两种（内、外）价值观维度，其中外在价值观影响了时尚感知的心理轨迹，研究结论通过了结构方程的验证。古尼·格兰特韦斯特、汉斯·尼克达和马瑞特·马曼达（Gunne Grankvist，Hans Lekedal and Maarit Marmendal，2007）运用LOV价值观量表研究了不同人群对饮料标签的不同偏好，研究发现拥有“与他人保持和谐关系”价值观的人群愿意接受既贴有生态标签又贴有公平交易标签的果汁饮料；拥有“安全”价值观的群体则倾向于选择贴有公平交易标签的饮料而非贴有生态标签的饮料。上海外国语大学的林佳思选择125个样本进行定量分析，选择16个样本进行定性分析，根据林恩卡尔（Lynn Kahle，1989）的LOV价值观量表设计上海人的时尚消费行为取向的调查问卷，最终找出了价值观与消费行为之间的关系。该研究在样本中发现了LOV的两个维度，同时也验证了刘世雄的五代细分理论，并对每一个世代的价值观取向做出了诠释。

4. 国外生活方式测量模型小结

AIO生活方式量表、LOV价值观量表以及VALS2量表，都是基于西方消费者价值观和生活形态研究发展而来的。其中，AIO生活方式量表被中西方管理学家广泛运用于研究生活方式，且对AIO生活方式量表的修正在国内研究中被证明是可行的。

VALS量表相对于LOV价值观量表更依赖于人口统计学特征；LOV价值观量表则更接近消费者的实际行为，并且其统计算法也较为灵活。VALS量表是完全基于美国文化的产物，因此将其照搬运用到其他国家的消费者研究，所得到的研究结果易存在争议。

对于与西方消费者有巨大文化差异的中国消费者而言，完全采用西方的测量工作研究中国消费者实有不妥。因此，对中国消费者生活形态的衡量应该在参考西方测量工具的基础上，结合我国消费者的现实情况进行。

（二）国内生活方式测量模型

在我国，关于生活方式测量的研究成果不断涌现，其中运用得最广泛的社会分层结构范式是东方 E-ICP 量表与 China-VALS 量表。

1. 东方 E-ICP 量表的内容及应用

针对国内营销环境中缺乏客观及全面的消费者调查资料的现状，东方消费者营销资料库（Eastern Integrated Consumer Profile，E-ICP）自 1988 年起每年持续进行台湾地区消费者生活形态与消费行为调查。

该量表的应用成果主要有：E-ICP 的研究者在台湾消费者营销数据库中抽取了 1 200 位 20～64 岁的消费者作为样本，以因子分析与聚类分析方式归纳他们的生活方式与消费习惯，整理出台湾成年人的六种生活方式群体。

2. China-VALS 量表的内容及应用

China-VALS 模型由零点研究咨询集团的吴垠博士在第四届中国经济学年会（2004）上发表的论文《关于中国消费者分群范式（China-VALS）与应用研究》中提出。该研究成果是基于全国 30 个城市的 70 684 位被访者的调查结果，采用分层二阶段抽样，按 15～64 岁成年人口密度分配样本，并将分层抽样与系统抽样相结合，经因子分析与聚类分析得出 14 大族群。

尽管起步较晚，国内研究者对生活方式课题的本土化研究也已取得一定的成绩。东华大学工商管理学院的沈蕾教授对生活方式的研究开展得较早且成果较为丰富。其开展的研究包括：2011 年国家社会科学基金项目“新生代农民工生活方式研究”，2009 年共青团中央项目“基于青少年生活方式创新上的消费模式转变研究”。其指导的多篇硕士学位论文包括：《基于消费者生活方式细分的营销战略模型及其实证研究》（龙斐，2007）；《基于 90 后城市青少年生活方式细分的消费决策过程研究》（张杰，2010）；《基于生活方式细分的上海都市乡村旅游游客消费行为研究》（胡晓燕，2007）等。

但是，国内的研究相对于理论较为成熟的西方国家学者而言仍旧处于初级阶段，并且大多数属于实证研究。尽管国内的学者自行开发了测量工具，基本思路仍沿袭了西方的研究方法，未来的努力方向是深刻挖掘西方成熟理论，创建适合本土的新方法。

第 3 节　自我形象

自我形象是指个体对自我组织结构感知的看法，是意识的接纳。自我形象由许多因素构成，包括个体的特性与能力、与周边环境相处时的自我感知、个体价值观、积极或消极的目标及理念等。

自我形象的形成主要有三种方式：(1) 自我评价。人们往往通过社会对其行为表现的接受度来评价自我从而形成自我形象。(2) 反射评价。反射评价是指通过其他个体形象的反射形成自我形象。(3) 社会比较。这种自我形象是通过观察自己与其他人交往中的表现而获得的。

一、自我和自我形象

消费者对自己有各种各样的固定印象。这些自我形象或自我概念与消费者所购买的产品和服务以及消费者所光顾的零售终端的形象或特点密切相关，这些特点在某些方面与消费者的自我形象相似。本质上说，消费者希望通过产品品牌的选择来展示自己——他们会偏爱可以强化自我形象的产品，回避那些与自我形象特点不一致的产品。下面将介绍单一/多样化自我形象、自我形象的构成、自我延伸的概念，以及改变消费者自我形象的可能性及条件。

（一）单一/多样化自我形象

过去，人们曾被认为拥有单一自我形象，消费者所购买的产品或服务是用来满足单一的自我形象需要的。然而，现在通常把消费者自我形象看成是多样化的。这种观念的转变意味着：在看待消费者时，应该认为他们在不同场合、与不同的人在一起时，行为会有所不同。比如，一个人与父母在一起、在学校、在办公室、在展览馆或者在歌厅与朋友相聚，所表现出来的行为就会不同。一个正常的人在不同场合下的表现会有所不同。

从消费者行为学角度来讲，个体拥有多样化自我形象的观点告诫营销者：应该在某个自我形象范围内锁定目标消费者，调整产品和服务；在某些情况下，需要针对不同的自我形象提供不同的产品和服务。

（二）自我形象的构成

基于多样化自我形象观点，每个人对自己是某类人的印象是由一些特征、技术、习惯、财产、社会关系和行为方式等组成的。个体自我形象同其他类型的形象和特质一样是独一无二的，反映个人的背景和成长经历。个人在与他人的交往中逐渐形成自我形象，他们交往的对象首先是父母，然后是其他个体或群体。

产品和品牌对不同消费者所代表的价值是不同的，消费者会根据这些产品和品牌与自我形象的一致情况来判断。有些产品与消费者的一个甚至多个自我形象相符，有些产品和品牌则与消费者的自我形象大相径庭。普遍接受的观点认为：消费者试图选择与自己的形象或个性相一致的产品或品牌来强化自我形象，而拒绝与自我形象不同的产品或品牌。这种观点特别符合女性消费者的行为特点。研究发现，77%的女性认为自己所使用的产品品牌反映了自己的个性，这个比例高于男性的比例（64%）。

从消费者自我形象与偏好间的密切关系可以看出，消费者用品牌来定义自己的风格。研究表明，忠诚于某个品牌的消费者将品牌看作他们某些方面特点的象征。对营销者来说，这些品牌联系有助于培养消费者的忠诚度并与消费者建立良好关系。

在关于消费者行为的研究中，有许多类型的自我形象陆续被发现。具体来说，研究人员描述了以下部分或全部自我形象的类型：(1) 实际的自我形象（消费者实际上是如何看待自己的）；(2) 理想的自我形象（消费者想象中的自我形象）；(3) 社会自我形象（消费者认为别人对自己的形象的看法）；(4) 理想的社会自我形象

（消费者希望别人对自己的形象的看法）。

将消费者自我形象划分为期望的自我形象和应该的自我形象同样是有用的。期望的自我形象（即消费者期望自己在将来某个时刻能够拥有的形象）介于实际的自我形象和理想的自我形象之间，将实际自我形象和希望达到的理想形象相结合。应该的自我形象是一个很有趣的概念，由消费者认为自己应该拥有的特征或特质组成。致力于更深入地理解宗教，或寻找一个解决颇具挑战性的道德问题的方案，都可以看作这类自我形象的例子。因为期望的自我形象和应该的自我形象向消费者提供了挑战自我的机会，所以比实际的自我形象和理想的自我形象更有助于营销者开发和推广产品。

在不同的情况下（如处于不同的环境或者需要购买不同的产品），消费者可能有不同的态度或行为。例如，在购买日常用品时，消费者会以实际的自我形象为指导；而在购买彰显或强化社会地位或角色的产品时，以社会自我形象为指导。在购买一些所谓的新奇产品时，则可能是以理想的自我形象或理想的社会自我形象为指导。

自我形象这一概念对市场营销者具有战略意义。例如，营销者可以根据拥有相似自我形象的消费者进行市场细分，对产品或服务进行定位。采用这种战略时，营销者先评估细分消费者群的需要（产品的种类和所代表的消费者自我形象），再开发和营销符合上述标准的产品或服务。营销的重要性并没有被夸大，正如品牌价值理论（关注品牌本身的价值）所假定的那样，品牌的价值是基于消费者对现实经历（购买和使用）和所传递经历（广告和促销）的看法。

（三）延伸的自我形象

消费者的自我形象与财产（他们所拥有的东西）间的关系是很有意思的话题，具体而言就是消费者的所有物能够加强或延伸消费者的自我形象。例如，得到一双梦想很久的“Vintage”系列耐克旅游鞋会延伸或丰富一个日本青少年的自我形象。这个青少年会因此觉得自己更加吸引人，更加时尚，更成功，因为他有一双“Vintage”耐克旅游鞋（这种鞋以前并不多见）。同理，如果一个女孩子将阿姨送的礼物——手镯弄丢了，她可能会感觉好像丢了魂一样。事实上，丢失了宝贵的东西，她会感到痛苦，还会产生许多情感，如挫折感、失控以及被冒犯。表 6—4 是从测量某些东西（如山地自行车）在何种程度上延伸自我形象的测量工具中摘录的例子。

表 6—4　　延伸自我形象调查问卷示例

我的______对我有特殊意义。
我的______是反映我身份的关键。
我对我的______有特殊的感情。
我的______让我能更加接近自己的奋斗目标。
如果我的______不幸失窃，我会感觉自己的一部分被偷了。
我对我的______非常在意。
如果没有______，我将是另外一个人。
我信任我的______。

资料来源：Kimberly J. Dodson，“Peak Experiences and Mountain Biking：Incorporating the Bike in the Extended Self,” *Advances in Consumer Research*，1996.

前面的例子说明，宝贵的财产是可以左右人的情绪的。在这些例子中，财产能以多种方式来延伸消费者的自我形象。下面从不同方面说明财产或物品在广告中是如何延伸消费者的自我形象的：(1) 强调功能性，通过使用某产品才能完成某些工作，否则会很困难或不可能完成（如使用电脑来完成工作）；(2) 强调象征性，可以让人感觉更好或更强大（如从雇主那里得到额外奖励，会自我感觉很好）；(3) 通过赋予某产品或品牌身份或地位（如收藏数量有限的珍品）；(4) 因为使用某产品或品牌给后人留下宝贵的财富而感觉永恒（同时延伸了后人的自我形象）；(5) 给某物品加上神奇的力量（如从祖父那里得到的能趋吉避凶的挂表）而赋予使用者拥有神奇的力量的形象。

（四）改变自我形象

有时消费者会希望改变自己而成为另外一个自己或更完美的自己。衣物、装饰品或化妆品，以及所用的配饰（如墨镜、珠宝、文身，甚至彩色隐形眼镜）都能帮助消费者改变自我形象（仪表），从而改变自我。消费者往往通过使用改变自我形象的产品来塑造一个不同的自己，以展示自己的个性或独特之处。有时消费者使用改变自我形象的产品来使自己像或者符合某一类人（如军人、外科医生、执行总裁或者大学教授）的形象。

与自我形象和改变自我形象相关的是自大。自大作为描述人类特征的词汇，常常与自恃过高、以自我利益为中心、很欣赏自己的外貌或成就相联系。研究人员通过使用自大量表（见表6—5）调查了身体自大（对自己的外表给予过多的关心或者过于积极甚至过高的评价）和成就自大（对自己的成就给予过多的关心或者过于积极甚至过高的评价），发现这些想法与物质主义、化妆品的使用、衣着讲究和乡村俱乐部会员资格等有关。

表6—5　　自大量表示例

身体关注程度的题目
1. 我看上去怎么样对我很重要。
2. 我非常关注我的外貌。
3. 我的形象良好非常重要。
对身体看法的题目
1. 人们注意到我是多么吸引人。
2. 人们嫉妒我的美貌。
3. 我的身体很性感。
成就关注程度的题目
1. 职业成功是我的追求。
2. 是否比同龄人成功对我很重要。
3. 我希望我的成就得到大家的认可。
对成功看法的题目
1. 我的成就得到大家的高度认可。
2. 我是事业成功的典范。
3. 别人都希望像我一样成功。

资料来源：Richard G. Netermeyer, Scot Burton and Donald R. Lichtenstein, "Trait Aspects of Vanity: Measurement and Relevance to Consumer Behavior," *Journal of Consumer Research*, 21, March 1995, 624.

研究表明，当论及个人如何在环境暗示的情况下考虑行为是否符合社会规范时，人的自我控制系统能调控各种因素。自我控制能力弱的人是典型的内因指导型的，自我控制能力强的人则能够根据环境和周围人的不同而有不同表现。因此，自我控制能力强的人更倾向于使用改变自我形象的产品来符合社会理想的自我形象。

要改变自己（尤其是自己的形象和身体），可以通过化妆品的使用、发型或头发颜色的改变、把框架眼镜换成隐形眼镜（或相反），或者美容手术来实现。

二、虚拟个性和虚拟自我

随着互联网广泛用于娱乐或交流，网络聊天室的使用越来越普及和频繁。人们可以通过网络与世界各地不同的人交流感兴趣的话题。目前，几乎所有的聊天室都可以使用文字对话，这就给在线聊天者提供了尝试新身份或改变身份的机会。例如，可以将性别从女性改成男性（这称为性别转换），将年龄从老人改成青年，将已婚改成未婚，将白领知识分子改成蓝领工人，将身材由肥胖改成苗条，个性由温和改成暴躁、由内向改成外向，等等。

虚拟个性（virtual personality）或虚拟自我（virtual self）给予人们尝试不同个性和身份的机会，就像在商场试穿不同的衣服一样。如果个性适合或者身份中意，人们可以选择保留新个性或新身份，改变旧个性或旧身份。从消费者行为的角度看，尝试新身份或新个性可能导致消费者行为方式的改变，这表明针对网上个性或形象营销有新的市场机会。

第 4 节　个性和营销启示

一个人的个性反映了另一系列有助于理解消费者行为的特点。个性特点对于营销人员来说是非常有价值的。例如，一家公司发现人造甜味佐料的用户中有较大一部分易受他人影响，而且他们为了减肥愿意接受其他人（特别是医疗方面的专家）的指导，这一发现意味着可挑选一位权威性人物代言该产品。因此，了解消费者的个性对营销活动的开展起着至关重要的作用。

一、个性与消费行为多样化

市场营销者对个性是如何影响消费行为的非常感兴趣，因为这些知识能帮助他们更好地理解消费者，从而更有效地细分消费者，针对那些对产品或服务信息反应积极的消费者开展营销活动。接下来介绍一些具有启示性的与消费者行为密切相关的特征。

(一) 消费者创新和相关个性特征

市场营销者总是试图了解创新型消费者的所有方面。创新型消费者（consumer innovators）是指喜欢尝试新的产品、服务或活动的人，他们对新产品或新服务的反应通常决定了该产品或服务在市场上的成败。

个性特质理论在区分创新型消费者和非创新型消费者上显现出巨大的优势。该理论可以区分如下特性：消费者的创新性、守旧性、社会角色、追求独特性、最佳刺激水平、追求感官刺激以及追求变化和新奇。

1. 创新性

消费者行为研究人员已经开发出测量工具来度量消费者的创新性，这种个性特质测量工具对于了解消费者创新意愿的本质和界限非常有用。表6—6列出了6个用于测量消费者创新性的语句，这组量表可以用来测量很宽泛的产品种类（如个人电脑）、亚产品类别（如笔记本电脑）或者产品型号（小型笔记本电脑）。

表6—6　　消费者创新性量表示例

一般情况下，我是所认识的人中最后一个购买新款（苹果产品）的。
如果我听说商店里有（新款苹果产品），我会感兴趣并且去购买。
与我的朋友相比，我只拥有很少的（苹果产品）。
一般情况下，在我的朋友圈子中我总是最后一个知道（新推出的苹果产品的名字）。
即使没有听说有（新款苹果产品）推出，我也想买个新的。
我比别人先知道一些（苹果产品）的名字。

资料来源：Ronald E. Goldsmith and Charles F. Hofacker, "Measurement Consumer Innovativeness," *Journal of the Academy of Marketing Science*, 1991 (19), 212.

最新的研究显示，网络的使用与网上购买之间呈正相关关系。有关个性特质与网上创新行为的研究发现，网上购买者倾向于认为自己能够控制未来，乐于使用网络收集信息，喜欢变化，不惧怕不确定性。

2. 守旧性

消费者对完全不熟悉的商品或商品特征（如守旧程度——与个性特质相关）的反应是许多市场营销者（尤其是那些拥有高科技产品的市场营销者）关注的重点。守旧性（dogmatism）用来描述消费者对与所持观点相反的不熟悉的新产品或新信息所表现出来的保守（相对于开放）程度。高守旧者对于不熟悉的事物持排斥态度，并感觉不舒服和不确定。相反，低守旧者会比较乐于接受不熟悉或相反的观点。

低守旧者（思想开放的人）会喜欢用创新的产品来代替原有的或传统的选择；高守旧者（思想闭塞的人）倾向于选择已有的而非创新的产品。高守旧者比较容易接受权威人物所做的新产品或新服务的广告。鉴于此，市场营销者使用名人和专家来为新产品做广告，以使潜在的有排斥心理的消费者（非创新型消费者）接受新产品。而低守旧者（常常是高创新者）很容易接受产品的差异、产品带来的好处以及其他产品的使用信息。

3. 社会角色

社会角色这一个性特质有着深刻的社会学研究根源，社会学关注如何识别社会文化类型，并将个体分成不同社会文化类型。与消费者心理学一样，消费者行为学也认为社会角色是一个内涵丰富的概念，包括从自我主见（inner-directedness）到他人支配（other-directedness）的连续序列。自我主见型消费者倾向于依据自己的价值观或标准来评价新产品，因而更有可能成为创新者；他人支配型消费者则倾向于遵从他人的指导来作出判断，因而成为创新者的可能性很小。

自我主见型消费者和他人支配型消费者对不同的促销信息的反应不同。自我主见型消费者喜欢强调产品特征和给使用者带来的好处（便于他们根据自己的价值标准评价产品）的广告；他人支配型消费者喜欢揭示产品得到社会一致认可（为了能够与大众保持一致，从大众那里获得指导意见）的广告。可见，他人支配型消费者更容易被说服，因为他们购买社会认可的产品，而不看重广告的本质。

4. 追求独特性

人们通常期望自己与众不同，有独特之处，因而会尽量避免外在形象或者所拥有的物品符合别人的要求或标准。如果不是担心因此受到指责，人们对独特性的追求会更甚。一项研究探讨了追求独特性需要的消费者作出符合常规或违反常规的选择的条件。该研究表明，当消费者被要求解释选择的原因而不担心受到他人批评时，会明显倾向于作出独特的选择。认识到消费者独特性需要的重要性，一些学者开发了一套问卷来测量影响消费者行为的个性特质，表 6—7 展示了问卷的一部分。

表 6—7　　消费者独特性需要量表示例

我收集不同寻常的东西以告诉别人，我与众不同。
说到穿着打扮，我有时会选择得不到别人认同的很不寻常的装束。
当某些商品或品牌很流行时，我就会远离这些商品和品牌。
在购买和使用商品时，我是一个打破常规者。
有时，我会购买不常见的商品或品牌以塑造自己独特的个人形象。
有时，我会买独此一件的商品来打造自己的风格。
我避免购买被一般消费者认同和购买的商品或品牌。

资料来源：Kelly Tepper Tian，William O. Bearden，and Gary L. Hunter，"Consumers' Need for Uniqueness：Scale Development and Validation，" *Journal of Consumer Research*，28，June 2001，50-66.

5. 最佳刺激水平

一些人喜欢单一的、有序的和安静的环境，另一些人喜欢新奇的、复杂的和不同寻常的经历。研究人员研究了消费者对刺激的不同需要对其行为所产生的影响。研究发现，就最佳刺激水平（optimum stimulation levels，OSLs）而言，较高者比较低者更愿意冒险，乐于尝试新产品，寻找与购买相关的信息以及零售机构。

最佳刺激水平同时反映了人们希望得到的风格刺激水平的高低，偏好平和生活风格的得分低，偏好新奇生活风格的得分高。例如，实际生活风格得分与最佳刺激水平得分相当的消费者会感觉很满意；实际生活风格刺激没有得到满足（即实际生活风格得分比最佳刺激水平得分低）的消费者会觉得生活枯燥乏味；实际生活风格刺激过度满足（即实际生活风格得分比最佳刺激水平得分高）的消费者会试图寻找平静或者放松的生活。这表明消费者的风格与最佳刺激水平得分之间的关系会影响消费者购买产品或服务时的决策，以及他们如何管理和使用时间。例如，一个认为生活枯燥单调的消费者会选择活动丰富、充满刺激的旅行；一个生活中刺激过多的消费者会选择寂静、偏远、令人放松的旅行。

6. 追求感官刺激

追求感官刺激（sensation seeking，SS）与最佳刺激水平很相似，被定义为“追求变化、新奇且复杂的感觉和经历，并愿意为此承担身体和社会风险的意愿”。研究表明，高感官刺激型青少年比低感官刺激型青少年更喜欢重金属乐和参加冒险甚至危险的活动。

7. 追求变化和新奇

与最佳刺激水平相似的另一个特质是追求变化和新奇（variety or novelty seeking）。消费者追求变化的方式很多，包括探索性购买（如转换品牌以期找到更好的替代品）、替代型探索（收集一种新的产品或品牌的信息，深入思考甚至幻想自己购买了那种产品）和创新型使用（用新的或创新性的方法使用一种已用过的产品）等。创新型使用与高科技产品（如家用电器）密切相关，有些产品提供许多特征和功能，有些产品仅提供有限的特征和功能。例如，追求变化和新奇程度高的消费者会选择有更多功能的音响设备，更容易为功能多、特征丰富或应用范围广的产品所吸引。

从一定意义上讲，市场营销者受益于向追求多样化的消费者提供多种选择，因为多样化需求强烈的消费者会寻找能够向他们提供多种产品线、多个选择的市场营销者。然而需要注意的是，市场营销者提供的产品可能过于多样化且产品特征过多，使消费者拒绝或回避太多的选择。总的来说，市场营销者应该向消费者提供适度的选择，不要太多或者太少。

大量研究表明，创新型消费者与非创新型消费者在个性上有所不同。对个性差异的理解可以帮助市场营销者更好地选择新产品的定位，以及为不同的产品设计独特的促销组合。

（二）认知个性因素

研究人员对认知个性因素（cognitive personality）如何影响消费者行为的各方面越来越感兴趣，尤其是认知需要（need for cognition）、感性认知者—理性认知者（visualizers versus verbalizers）这两个认知个性因素对于研究消费者行为非常有用。

1. 认知需要

认知需要用于衡量一个人对思考的渴望或喜欢程度。研究表明，高认知需要的消费者对产品相关信息或广告反应强烈；低认知需要的消费者更容易受广告的背景或次要因素（如模特或名人）的吸引。在对青少年进行的卡通信息与纸写信息的关联研究中，如预期的那样，低认知需要物体（如卡通信息）在改变青少年态度和客观规则上更有效；相比之下，纸写信息对成年人较有效。另一项类似的实验发现，图示信息（如正面强调产品的优点）对低认知需要的个体比高认知需要的个体更有效。研究人员还发现，高认知需要的消费者倾向于在印刷广告上花更多时间，因此容易产生强势品牌和较高广告回复率。

认知需要也影响着人们对网络的使用。更确切地说，认知需要与使用网络获得产品信息、时事和新闻以及接受教育和学习——所有带有认识因素的活动——呈正相关关系。这些研究结论向广告人员提供了如何制作广告以吸引有不同认知需要的目标顾客的有益指导。

2. 感性认知者—理性认知者

有的人对文字敏感，喜欢接受文字信息；而有的人对可视信息敏感，喜欢将图形或可视信息作为信息来源。与上述个人差异相一致，认知个性研究将消费者分为两种：感性认知者（喜欢可视化信息和强调看得见的广告的消费者）；理性认知者（喜欢纸质或语音信息和产品的消费者）。有些市场营销者强调视觉方面的特点来吸引感性认知者；有些市场营销者则通过设问然后解答，或者描述细节，或逐一介绍来吸引理性认知者。

（三）从物质主义消费到强迫性消费

研究人员对分析各种消费和占有特质越来越感兴趣，这些特质行为包括物质主义消费行为、固定消费行为和强迫性消费行为。

1. 物质主义消费行为

物质主义（即一个人物质化的程度）是报纸、杂志、电视台和朋友间经常聊到的话题。物质主义作为一个个性特质，因个人对物质占有的重要性所持态度的不同而不同。研究人员发现一些证据可以证明物质主义者有以下特点：（1）他们非常看重获得和炫耀占有物；（2）他们以自我为中心，且自私；（3）他们追求拥有很多占有物的生活方式（如他们渴望获得很多东西，而不是向往简朴宁静的生活方式）；（4）众多的占有物并没有给他们的生活带来更大的满足（占有物本身并不能给他们带来满足）。表6—8列出了物质主义量表的一部分。

表6—8　物质主义量表示例

成功
我拥有的东西显示我生活的优越性。
我并不认为人们只有拥有很多东西才是成功的标志。
我喜欢拥有那些引人注意的东西。
自我中心
我喜欢买没有使用价值的东西。
当论及占有物时，我努力让生活保持简朴。
购物这件事本身让我欢乐。
幸福
如果买得起更多的东西，我会更幸福。
我已经拥有让自己幸福的东西。
不能买下所有想要买的东西让我很难受。

资料来源：From Marsha L. Richins and Scott Dawson, "A Consumer Values Orientation for Materialism and Its Measurement: Scale Development and Validation," *Journal of Consumer Research*, 19, December 1992, 310.

物质主义经常与广告联系在一起，研究表明，美国印刷媒体业越来越强调物质主义。然而需要注意的是，物质主义在不同国家的表现也有所不同（物质主义在墨西哥不如在美国那么受欢迎)，因而市场营销者将在美国有效的市场营销组合应用到其他国家时应当谨慎。

2. 固定消费行为

说到购买或占有东西，介于物质主义与强迫性购买之间的是固定购买或占有物品的观念。与物质主义相同，固定消费行为是一种社会普遍认可和接受的行为。固定购买者并不把自己的物品和购买兴趣看作秘密，反而更愿意展示它们，并且通常与兴趣相同的人一起购买物品。例如，在各类收藏领域（芭比玩具、邮票、罕见的古董、照相机或者任何吸引收藏者的东西)，有无数固定购买者追求他们的兴趣并尽力实现收藏目的。

固定购买者通常有以下特点：(1) 对某一物品或产品类别有浓厚或者狂热的兴趣；(2) 愿意为获得感兴趣的商品样品或产品目录而跑很远的路；(3) 为寻找所想要的物品或商品付出大量的时间、精力和金钱。固定购买者体现出许多收藏者或者收藏爱好者的特点。通过对固定购买者的研究发现，他们不仅对产品本身有持久的兴趣，而且在获得物品的过程中会付出大量的努力。

3. 强迫性消费行为

与物质主义消费和固定消费不同，强迫性消费（compulsive consumption）是不正常的行为——消费的阴暗面。强迫性消费者对消费上瘾；从某种程度上说，他们不能控制自己，并且消费的结果往往对自己及周围的人有害。强迫性消费的典型例子是不能自控的购物、赌博、吸毒、嗜酒和各种饮食紊乱。最简单的例子是许多女性和少数男性有恋巧克力症，他们对巧克力有强烈的欲望（上瘾)。从市场营销和消费者行为角度看，强迫性消费可以视为强迫性行为，要控制或减少这些强迫性行为，必须采取治疗措施。

为识别强迫性消费行为，研究人员已经开发出量表。表 6—9 展示了不同量表的示范问题。研究证明，一些消费者采取自我奖励、冲动购买和强迫性购买的方式来影响和管理自己的情绪，也就是说，购买能将低落的心情转变成积极的好心情。

表 6—9　　强迫性购买量表示例

瓦朗斯、达斯图斯和福捷的强迫性购买量表
1. 我一有钱就想花掉一部分甚至全部。
2. 我的购买行为经常是不由自主的。
3. 我一走进购物中心就抑制不住购买东西的冲动。
4. 我总是购买邮寄目录上的东西，并搞得钱包空空。

费伯和奥奎因的强迫性购买量表
1. 如果付清所有账单后还有余钱，我会毫不犹豫地花掉。
2. 如果别人知道我的消费习惯一定会觉得很恐怖。
3. 即使我的经济能力承受不起，我还是会买下想要的东西。
4. 即使我知道银行里的钱不够，我还是会签支票买东西。
5. 我会为了让自己感觉舒服而购买东西。

资料来源：Gilles Valence，Alaind Astous，and Louis Fortier，“Complusive Buying：Concept and Measurement，” *Journal of Consumer Policy*，1988 (11)，419-433；Ronald J. Faber and Thomas C. O'Guinn，“A Clnical Screener for Compulsive Buying，” *Journal of Consumer Research*，19，December 1992，456-469.

（四）消费者民族主义：对外国制造产品的反应

研究人员开发和测试了消费者民族主义量表（简称 CETSCALE），以区分易接受外国制造产品的消费者和抵制外国制造产品的消费者。经实践证明，CETSCALE 量表能有效识别消费者接受或抵制外国制造产品的个性取向。有民族主义情结的消费者认为购买外国制造的产品是不好的或者错误的，因为这会给本国经济发展带来影响；非民族主义者则会客观地以产品本身的特性来评价外国制造的产品。民族主义量表测试得分低的消费者事实上大多对外国制造的产品持很开放的态度。表 6—10 用于测量美国人对外国制造产品的反应。

表 6—10　　消费者民族主义量表示例

1. 美国人应该购买美国制造的产品，而不是进口商品。
2. 只有美国不能生产的产品才需要进口。
3. 买美国货，支持美国经济发展。
4. 美国货，最初、最终以及最好的选择。
5. 购买外国货就不是真正的美国人。
6. 购买外国制造产品是错误的，会造成美国同胞失业。
7. 真正的美国人就应该买美国货。
8. 我们应该购买美国制造的商品，而不是让外国人挣我们的钱。
9. 购买美国货永远正确。
10. 除非有必要，应该尽量减少购买外国的产品。
11. 美国人不应该购买外国制造的产品，那样会阻碍美国商业发展，造成失业。
12. 进口物品应当有明显的进口标示。
13. 虽然长期只购买美国货会让我吃一点亏，但我还是支持美国产品。
14. 应该禁止外国人在美国市场销售他们的产品。
15. 应该对外国制造产品课以重税以减少它们进入美国市场。
16. 只有在本国不能生产的产品才有必要从国外购买。
17. 那些购买外国制造产品的家伙应该为失业的美国同胞负责。

资料来源：Terence A. Shimp and Subhash Sharma，"Consumer Ethnocentrism：Construction and Validation of the CETSCALE，" *Journal of Marketing Research*，24，August 1987，282.

民族主义因国家和产品不同而不同。例如，墨西哥消费者的民族主义感情就比法国和美国消费者强；马来西亚消费者喜欢购买本国制造的零食、衬衫、内衣和腰带等，却偏爱购买进口的太阳镜和手表。研究表明，美国老人因战争留下的记忆的影响，拒绝购买德国和日本制造的产品；德国和日本老人对美国制造的产品也同样持抵制态度。

市场营销者通过在促销信息中强调本国生产主题（如美国制造、法国制造）成功地吸引了各国的民族主义消费者，因为这些消费群体倾向于购买国产商品。日本本田汽车制造公司通过告知消费者雅阁轿车从美国出口到其他国家，间接吸引美国民族主义消费者，因为这一消息强调了本田汽车的有些部件是美国制造的。表 6—11 展示了面对不同产地的市场营销组合战略。具体来说，如果营销者发现目标国家的目标消费者对所营销产品的产地国的产品持正面评价，营销者就可以选择表 6—11 中"正面"一栏的营销组合；相反，如果目标国家的目标消费者对所营销产品的产地国的产品印象不好，聪明的营销者应该选择表 6—11 中"负面"一栏的营销组合。

表 6—11 **不同产地营销组合策略**

营销组合	对产地国的产品的印象	
	负面	正面
产品	强调产地	强调产品品牌
价格	高价	低价吸引价格敏感者
分销渠道	分销	建立连锁分销伙伴关系
销售促进	国际形象	民族担保
	品牌形象	制造商担保

资料来源：Osman Mohamad，Zafar U. Ahmed，Earl D. Honeycutt，Jr.，and Taizoon Hyder Tyebkhan，"Does' Made in…' Matter to Consumer? A Malaysian Study of Country of Origin Effect，" *Multinational Business Review*，Fall 2000，73.

二、品牌个性

在前面讨论弗洛伊德理论时，我们提到了品牌个性的概念。消费者实际上是认同品牌个性观点的，也就是说，消费者会给多种不同品牌的产品赋予类似于个性特点或个性的描述。例如，经广告反复宣传，消费者会认为沃尔沃汽车代表着安全；Perdue鸡肉代表着新鲜；耐克是专业的运动品牌；宝马汽车是追求完美的象征。同理，李维斯牛仔服装的品牌个性被公认为"可靠的、户外的""真实的、真正的"，以及"美国西部"的象征。这些品牌个性形象地反映了消费者对许多优秀品牌内在核心要素的看法。如上面所举的例子，品牌个性可以是具体的、功能性的（如提供安全保障），也可以是抽象的（如专业的运动品牌）。常识及实验表明，只要是正面的且固定的品牌个性都有提升品牌的作用。然而还有许多问题未得到证实，如在产品功能和质量等条件相同的情况下，有多少消费者愿意多花10%～15%的钱来支持某品牌。

许多人经常光顾两家快餐连锁店——肯德基和麦当劳，它们是典型的通过努力树立不同品牌个性的例子。肯德基展示给消费者的是一个和蔼可亲、提供精美快餐的邻家老爷爷形象。麦当劳的品牌个性则与之大不一样，其创始人利用卡通人物将麦当劳与欢乐联系在一起。

从其他的例子还可以看出营销者如何通过使用品牌战略为产品建立稳定的个性或背景。下面看看Brown Forman的例子。当Brown Forman于1996年进入小瓶装啤酒市场时，给新产品取名为"1886"，这显然让广大消费者觉得其历史悠久。事实上，"1886"是公司下属另一个叫做"Jack Daniel's"的威士忌的酿造时间。从公司的角度而言，这样做可以运用历史品牌战略为新产品构建稳固可靠的背景。

（一）品牌人格化

有些营销者发现品牌人格化（brand personification）非常有用，通过品牌人格化将消费者对产品或服务各种特性的理解转化成人性的特征。举例来说，在焦点小组访谈中，几种知名餐具洗洁精品牌被比喻成"工作狂人"和"精力旺盛的人"。

许多消费者在表达对产品或品牌的看法和感觉时都会借助熟知的人类个性特征。于是，识别现有品牌和人格之间的关系，并将新产品与人的个性特点相联系便成为营销者的重要工作。

“M&M” 糖果（www. m-ms. com）的品牌个性非常鲜明，那就是“有趣”，这一品牌个性在消费者心目中得以形成，是塑造产品或者品牌广性的成功例子。这个结论是基于对一系列问题的回答统计出来的，如“如果 M&M 巧克力花生豆是一个人，那么他是什么样的人呢?”还可以更深入地提问：“M&M 糖果的外层巧克力颜色是如何影响消费者对 M&M 个性的理解的?”

美国特制茶市场领导者 Celestial Seasonings 公司在广告中使用“Tracy Jones”这一人名来称呼其茶饮料广告中的模特，以强调该产品的个性特点。那么谁是“Tracy Jones”呢? 根据 Celestial Scasonings 的描述，她是一个高消费、受过良好教育、社会活动广泛的女性。同样，一个深受消费者喜爱的自动咖啡机品牌 Mr. Coffee 很意外地在焦点小组访谈中发现，消费者将他们的咖啡机像人一样称呼为 Coffee 先生（“他能做出很好的咖啡”，“他有很多不同的型号和价位”）。经过认真思考，营销者决定尝试建立人格化品牌，早期的研究还发现 Mr. Coffee 被大家公认为具有“可靠”“友好”“高效”“智慧”和“机智”的个性特点。

图 6—4 是一个品牌个性结构图，该图反映了大量消费者研究所发现的品牌个性的结构和本质。由该图可以看出，品牌有 5 个维度（诚实、活力、有能力、成熟和强韧），这 5 个维度涉及 15 个个性方面（如务实、勇敢、可信、理性和坚强）。如果仔细回顾品牌的各个维度和方面，可以发现图中所呈现的品牌个性正是许多消费品品牌所追求的。

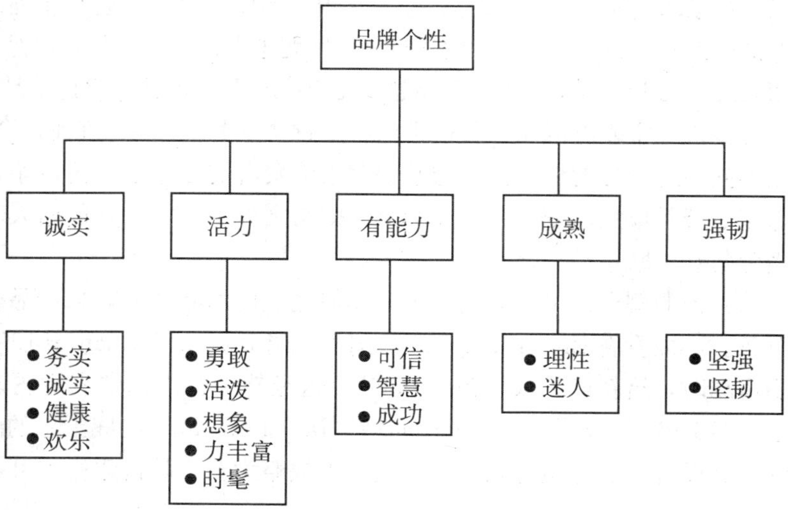

图 6—4　品牌个性结构图

资料来源：Jennifer L. Aaker, “Dimension of Brand Personality,” *Journal of Marketing Research*, 35, August 1997, 352.

(二) 产品个性和性别

商品个性或人格常常赋予商品或品牌性别，如 Celestial Seasonings 的 Tracy Jones 拥有女性身份，Mr. Coffee 则是明确的男性身份。如同性别是个性的一部分，消费者认为产品和服务有性别特征。一项关于中国消费者对多种产品按照性别分类的研究发现，他们认为咖啡和牙膏是男性化产品，香皂和洗发水则是女性化商品。

掌握了某一产品或品牌所认可的性别角色之后，市场营销者就能更好地选择合适的图像和文字来传递营销信息。

(三) 产品个性和地域

营销者很早就注意到，在消费者头脑里很多产品有很强的地域联系（如纽约盛产面包圈）。于是，通过给产品取地方色彩浓郁的名字，使产品具有地域个性，这种地域个性赋予品牌地域价值。也就是说，在消费者头脑里，品牌内涵反映了很强的地域性。

有趣的是，地域名可以是人们熟悉的，也可以是鲜为人知甚至诡异的。比如，“Philadelphia”奶油吐司实际上是伊利诺伊人生产的，却使用了美国最大城市之一——“Philadelphia”的名字；亚利桑那是美国的一个州，但是亚利桑那冰茶却是在纽约灌装的；诸如“隐藏的山谷”沙拉酱和“熊与小溪”汤等产品名称就比较另类。

名称所指的地区是否真实存在并不重要，重要的是地名和名称是否增加了品牌的价值。尽管美国田纳西州最好的烧烤调料可能产于新泽西州，许多消费者还是将烧烤调料与田纳西州联想在一起。类似地，墨西哥的 Old EI Paso 沙拉畅销美国西南部，而该产品很有可能产于明尼阿波利斯，以双城（明尼阿波利斯和圣保罗）命名的沙拉酱却不如它畅销。表 6—12 列出了美国一些用熟悉的或鲜为人知的地域命名的品牌名称。

表 6—12 **地域名称品牌示例**

地域特点	品牌名称	产品	产地
熟悉/真实存在	K. C. Masterpiece	烧烤调料	加利福尼亚州的奥克兰
	London Pub	醋	新泽西州的布卢姆菲尔德
	Old El Paso	沙拉	明尼苏达州的明尼阿波利斯
	Old Milwaukee	啤酒	密歇根州的底特律
	Philadelphia	奶油吐司	伊利诺伊州的格伦威尔
	San Francisco Intl	小圆面包/面包圈	新泽西州的特特沃
	Arizona Iced Tea	冰茶	纽约州
鲜为人知/诡异	Bear Tea	汤	犹他州
	GreenForest	餐巾纸	墨西哥
	Hidden Valley	沙拉酱	加利福尼亚州的奥克兰
	ItalianVillage	馄饨	纽约州的西夸克斯
	Pepperwood Grove	酒	加利福尼亚州的奥克威尔
	Sorrel Ridge	果酱	新泽西州的瑞迪港

资料来源：K. Damon Aiken，Eric C. Koch，and Robert Mandrigal，“What's in a Name? Explorations in Geographic Equity and Geographic Personality，” *American Marketing Association*，Winter 2000，302.

（四）个性和颜色

消费者不仅赋予产品和服务个性特征，而且将个性和特定的颜色联系起来。比如，可口可乐选择红色为主色调，显示兴奋与活力；蓝色瓶装酒卖得很好，因为蓝色包装很吸引女性消费者；黄色让消费者联想到新奇，黑色则是成熟的象征。有的产品希望使用黑色调的标签或包装来展示成熟的个性（如 Minute Maid 果汁和 LaBella 面食）、高档品味或美好形象（如米勒啤酒的 Miller Reserve），黑白颜色相结合的产品暗示着细心管理、精心设计和高科技。Thinkpad 笔记本电脑使用黑色机身，再配上红色按钮和条纹来传递整个产品线的成功之意。耐克鞋主要使用黑色、白色以及少量红色，这种颜色组合能传递完美表现的感觉。M&M/Mars 通过在广告中加入一个 M&M 人物造型开发了普通消费者市场。虽然我们都知道浓缩番茄汁都是以红色作为主色调，但亨氏在对 1 000 多名儿童进行研究后开发了绿色浓缩番茄汁，将产品包装改小以适合儿童手拿。基于消费者口味和颜色的研究，LifeSavers 推出的户外印刷品广告中用受欢迎的小姐代指草莓，用局外人代指莱姆树果实，用麻烦制造者代指酸苹果和酸草莓，以瞄准青少年市场。

许多快餐店都选用明亮颜色组合（如红色、黄色和蓝色）来作为路边标志和店内装潢的主色调，因为这些颜色让人联想到快捷服务和廉价食物。相反，高档饭店则使用灰色、白色、棕色条纹，或者其他温和、灰白或斑驳的颜色来反映优质和舒适的感觉。销售廉价外套的市场营销者在对消费者进行研究后发现，深色（如灰色、深蓝和黑色）在寒冷的东北部和中西部市场比柔和的浅色受欢迎。然而，当凤凰、亚马逊等跨国公司被纳入研究领域时出现了相反的结论——黑色失去了市场，玫瑰红、粉红、黄色、宝石蓝成为最受欢迎的颜色。进一步的研究发现，许多人试图用多彩的布料和家具来中和严肃的背景色。表 6—13 给出了一些颜色及其个性寓意，以及相关的营销指导。

表 6—13　　颜色与个性的联系

颜色	联想到的个性	营销指导
蓝色	受人尊敬、权威	美国人最喜爱的颜色 IBM 标识所使用的颜色 让人联想到苏打水 男人喜欢蓝色包装的产品 房间墙壁不能涂成蓝色 低热量脱脂牛奶 蓝色杯装咖啡让人感觉口味淡
黄色	谨慎、新奇、温和、温暖	最醒目 黄色杯装咖啡让人感觉咖啡不稠 停止通行 出售房子

续前表

颜色	联想到的个性	营销指导
绿色	安全、自然、轻松、随意、生命力	良好的环境 让人联想到蔬菜和口香糖 加拿大干姜汁、无酒精饮料把无糖型包装由红色改为绿色和白色后销售量上升
红色	人性、兴奋、热情、激情和强壮	感觉食物更好吃 红色杯装咖啡让人觉得很浓 女人喜欢紫罗兰红 男人喜欢橙红 可口可乐是红色的
橙色	力量、有支付能力、非正式	引人注意
棕色	非正式、放松、男性化、自然	棕褐色杯装咖啡给人感觉太浓了 男人喜欢棕色包装产品
白色	善良、纯洁、仁慈、干净、精致、精华、正式	暗示着低热量 干净和健康的食物
黑色	成熟、权势、力量、神秘	严肃的衣着 高科技电子产品
金、银、白金的颜色	强势、财富、庄严	高价

资料来源：From Bernice Kanner "Color Schemes," *New York Magazine*, 3, April 1989, 22-23.

值得注意的是，消费者对有些颜色的喜欢或厌恶因国家和地区而异。最新的研究调查了8个国家和地区的消费者对10种颜色的好恶。调查使用的是7级量表，表6—14给出了一些结论。研究人员使用的定性研究方法有观察法、焦点小组访谈法、深入访谈法和投影技术等。

表6—14　　多个国家和地区的颜色评分（7级量表）

澳大利亚		巴西		加拿大		哥伦比亚	
颜色	分数	颜色	分数	颜色	分数	颜色	分数
蓝色	6.59	白色	6.34	黑色	5.52	蓝色	6.23
绿色	5.86	蓝色	6.12	蓝色	5.48	白色	5.54
白色	5.52	绿色	5.35	白色	5.41	绿色	5.38
黑色	5.21	黑色	5.23	红色	5.24	红色	5.10
红色	4.34	红色	5.00	绿色	5.21	黑色	5.02
橙色	4.34	棕色	4.50	紫色	4.03	紫色	3.83
棕色	3.97	黄色	4.31	黄色	3.79	黄色	3.63
黄色	3.59	紫色	4.27	橙色	3.55	金色	3.52
紫色	3.24	金色	3.77	金色	3.55	棕色	3.31
金色	3.17	橙色	3.58	棕色	3.03	橙色	2.90
中国香港		中国大陆		中国台湾		美国	
颜色	分数	颜色	分数	颜色	分数	颜色	分数
白色	5.84	蓝色	5.81	蓝色	6.27	蓝色	5.90
蓝色	5.37	白色	5.65	白色	6.23	绿色	5.63
黑色	5.21	黑色	5.26	紫色	5.18	黑色	5.31

红色	5.21	红色	5.16	黑色	4.82	白色	5.29
黄色	5.05	绿色	5.13	绿色	4.82	红色	5.14
紫色	5.00	金色	4.55	黄色	4.64	金色	3.94
金色	4.84	黄色	4.16	棕色	4.59	紫色	3.90
绿色	4.58	橙色	4.13	橙色	4.36	棕色	3.80
棕色	4.11	紫色	3.87	红色	4.32	橙色	3.27
橙色	3.89	棕色	4.38	金色	4.31	黄色	3.26

资料来源：Thomas J. Madden，Kelly Hewett and Martin S. Roth，“Managing Images in Different Cultures：A Cross-National Study of Color Meaning and Preference，” *Journal of International Marketing*，8，4，2000，95.

第 5 节　个性与市场细分仿真模型

一、市场细分软件模型介绍

（一）实验目的

该模块基于消费者生活方式细分的营销战略模型，结合因子分析和聚类分析研究各类细分市场的消费偏好差异，并匹配与之对应的营销战略模型，为企业营销活动提供决策指导。

（二）理论依据

1. 生活方式与消费模式的关系

生活方式可以被认为是一个人自我形象的外在表现，消费者的自我形象与生活方式又导致需要与欲望的产生，这些需要与欲望大部分通过消费行为来获得满足；人们也总是通过有意识的消费来努力形成一种认同感，使自己感到就是所想要成为的人。

由于生活方式的概念起源于心理学和社会学，因此其表述也是多样的，但都可以从个体的活动、兴趣和意见（AIO）三方面来衡量；消费行为是指消费者在寻找、购买、使用和评价希望满足自身需要的产品和服务时所表现出的一切活动，消费模式则是消费行为的一种范式，同样也可以用研究消费行为的购买决策过程（EKB）来表述。生活方式与消费模式的关系如图 6—5 所示。

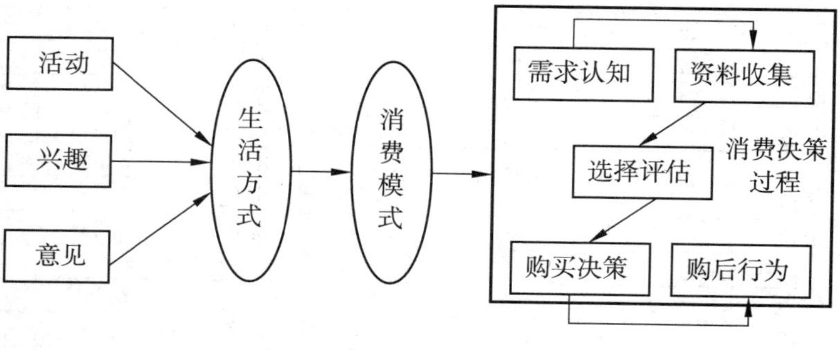

图 6—5　生活方式与消费模式关系图

由图 6—5 不难看出，活动、兴趣和意见是生活方式的外在表现；生活方式决定相应的消费模式，进而影响购买决策过程的各个部分。

2. 基于消费者生活方式细分的营销战略模型

（1）基于生活方式的市场细分（N 的确定）。模型的构建首先必须基于一定数量的 N（$N \geqslant 2$）类细分市场，它直接源于对消费者生活方式的市场细分理论，即借助 AIO 量表，通过对样本对象消费者日常生活习惯、购买行为、价值观念等的问卷调查来采集数据，运用 SPSS 软件进行因子分析和聚类分析，从而得出 N 类细分市场的聚类结果。这是模型构建所必须具备的最基本条件之一。

（2）EKB 购买决策过程（P 的确定）。

消费者购买决策过程是基于恩格尔模式（即 EKB 模式），即反映消费者在进行市场购买决策过程中所经历的需求认知、资料收集、选择评估、购买决策和购后使用等五个决策步骤，因此，模型对五个购买决策过程的操作性定义建立在稳固的理论基础之上，直接方便了对模型组成因素的选择。结合消费者生活方式聚类分析的结果和消费者购买决策过程的特征表现，采用 SPSS 软件的卡方检验差异性分析，得出不同细分市场状态下，被调查的消费者在购买决策过程中五个步骤的表现是否存在差异性（见图 6—6）。

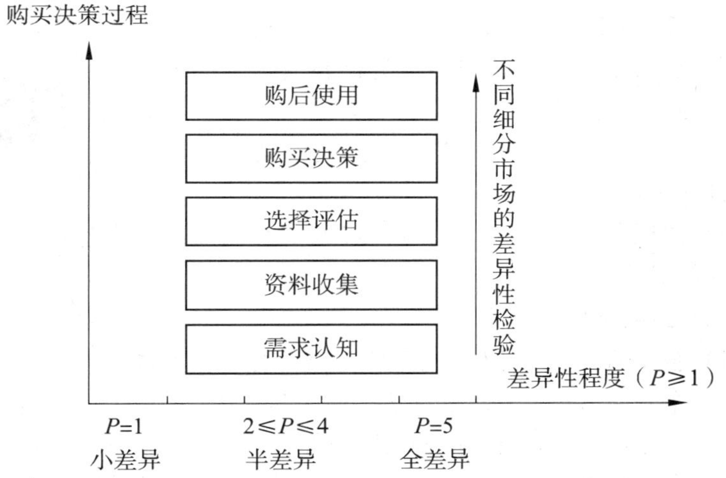

图 6—6　差异性程度的确定

（三）营销战略模型的选择

1. 二元小差异战略

如图 6—7 所示，当 $N=2$，$P=1$ 时，企业可以选择二元小差异战略。

（1）战略特点。

1）企业在市场中只存在两类具有不同生活方式特征的核心消费群。

2）在 EKB 购买决策的五个步骤中，上述两类消费群只在一个决策步骤上具有差异性表现。

（2）战略基点。

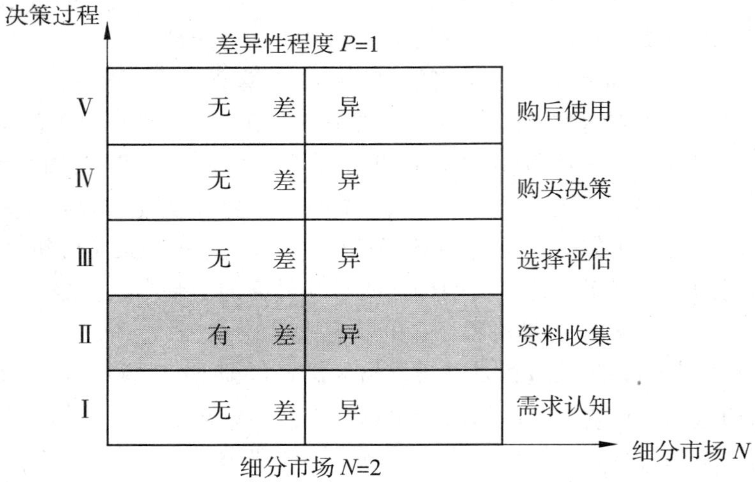

图 6—7 二元小差异战略

1）企业的两类核心消费群在消费习惯方面存在较多的共性特征。

2）企业的市场覆盖面精确而密集（如图 6—8 所示）。

（3）战略要点。

1）辐射重点，争取挖掘两类核心消费群中更多的潜在消费力量。

2）创造需求，发现、创造并满足消费者对产品设计的多种需求。

3）把握共性，从共性生活方式入手寻找最具针对性的对策。

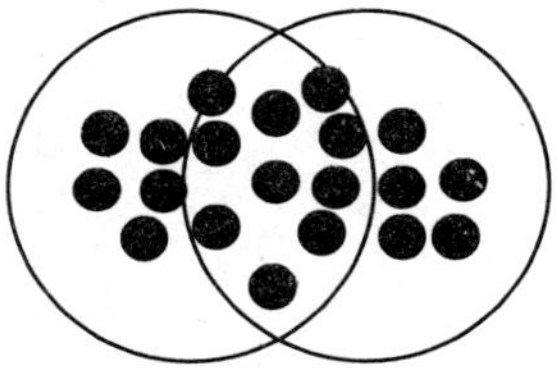

图 6—8 二元小差异市场覆盖图

（4）战略环境。

1）企业的产品设计相对独特，市场定位相对明确。

2）企业的消费者较注重对某些特定生活方式的追求。

3）企业对消费者设置的购买壁垒不高，购买频率较大。

4）企业的消费者特别注重对购买过程中某一个环节的要求。

2. 二元半差异战略

如图 6—9 所示，当 $N=2$，$2\leqslant P\leqslant 4$ 时，企业可以选择二元半差异战略。

（1）战略特点。

1）企业在市场中只存在两类具有不同生活方式特征的核心消费群。

2）在 EKB 购买决策的五个步骤中，上述两类消费群在多个决策步骤上具有差异性表现。

（2）战略基点。

1）企业的两类核心消费群在消费习惯方面存在较明显的差异性。

2）企业的市场覆盖面精确而均匀（如图 6—10 所示）。

（3）战略要点。

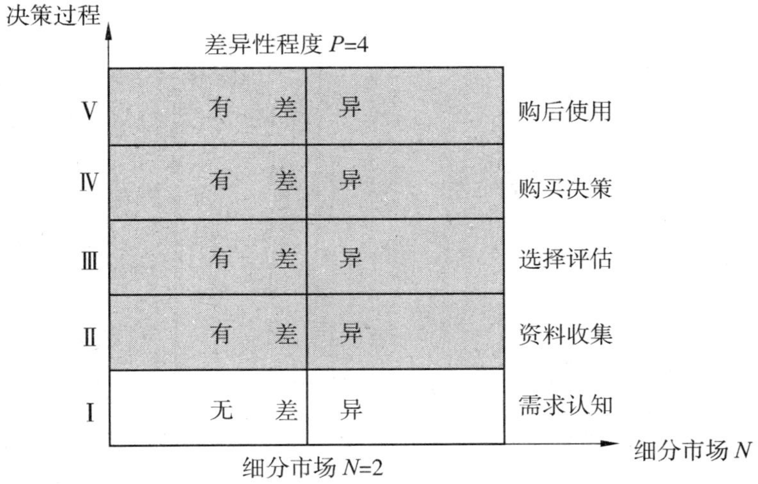

图 6—9 二元半差异战略

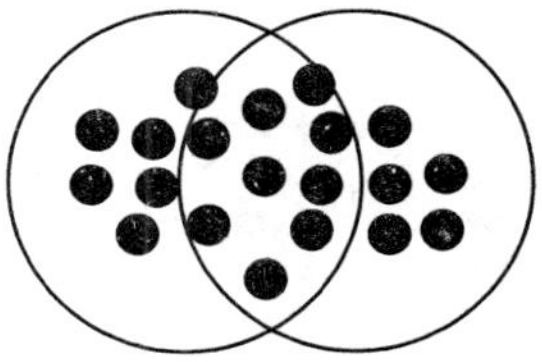

图 6—10 二元半差异市场覆盖图

1）区分重点，分别对两类消费群制定不同的系统的具体推广策略。

2）满足需求，希望在这一过程中完善消费者对产品设计的主要需求。

3）体现过程，对存在差异性的购买决策过程制定有针对性的策略。

4）强调差异，分别以购买决策过程的差异性表现作为主要的4P策略指导。

5）把握关键，找出影响购买决策差异性的关键因素，寻根究底。

6）兼顾共性，针对购买决策过程的“无差异”表现，制定通用策略。

（4）战略环境。

1）企业的产品设计较独特，市场定位较明确。

2）企业的消费者较注重对某些特定生活方式的追求。

3）企业对消费者设置的购买壁垒较高，甄别难度较大。

3. 二元全差异战略

如图6—11所示，当 $N=2$，$P=5$ 时，企业可以选择二元全差异战略。

（1）战略特点。

1）企业在市场中只存在两类具有不同生活方式特征的核心消费群。

2）在EKB购买决策的五个步骤中，上述两类消费群在所有决策步骤上均具有差异性表现。

（2）战略基点。

1）企业的两类核心消费群在消费习惯方面存在绝对的差异性。

2）企业的市场覆盖面精确但稀疏（如图6—12所示）。

（3）战略要点。

1）精确定位，深入挖掘两类核心消费群。

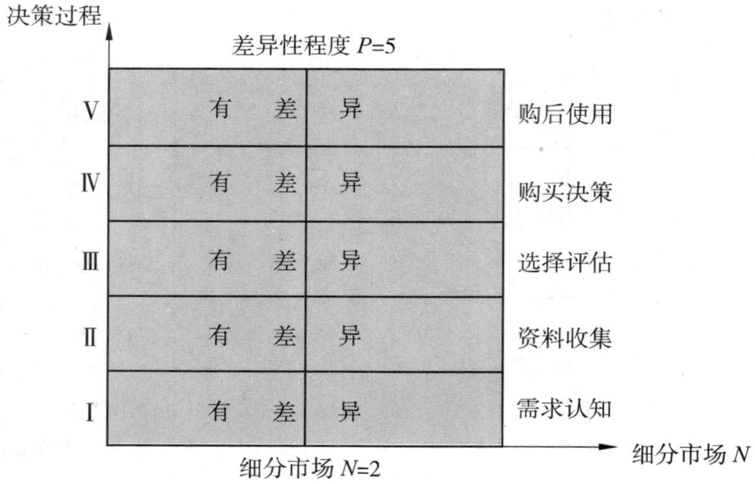

图 6—11 二元全差异战略

图 6—12 二元全差异市场覆盖图

2）完善需求，对消费者需求进行集中定位，满足并完善其最核心的需求。

3）强调差异，分别以购买决策过程的差异性表现作为主要的 4P 策略指导。

4）寻求关键，找出影响购买决策差异性的关键因素。

5）服务管理，强调客户服务的针对性。

（4）战略环境。

1）企业的产品设计极其独特，市场定位极其明确。

2）企业的消费者非常注重对某些特定生活方式的追求。

3）企业对消费者设置的购买壁垒极高，购买频率很低。

4. 多元小差异战略

如图 6—13 所示，当 $N>2$，$P=1$ 时，企业可以选择多元小差异战略。

（1）战略特点。

1）企业在市场中存在多类（两类以上）具有不同生活方式特征的消费群。

2）在 EKB 购买决策的五个步骤中，上述多类消费群只在一个决策步骤上具有差异性表现。

（2）战略基点。

1）企业的多类主要消费群在消费习惯方面存在较多的共性特征。

2）企业的市场覆盖面广泛而密集，以 $N=4$ 为例，如图 6—14 所示。

（3）战略要点。

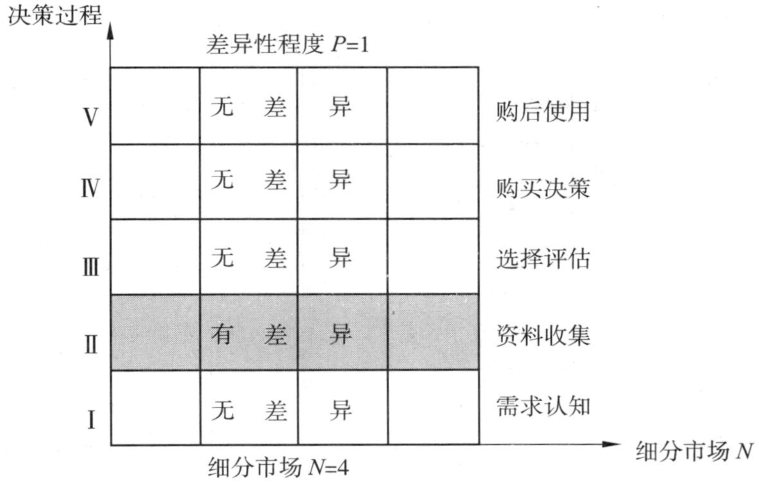

图 6—13 多元小差异战略

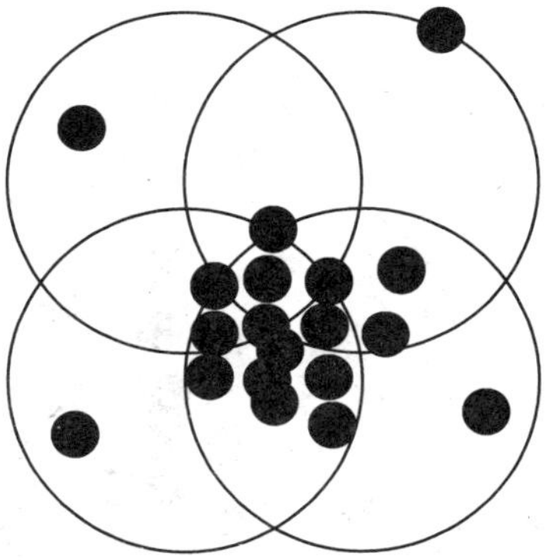

图 6—14 多元小差异市场覆盖图

1）辐射重点，挖掘几类重点消费群边缘更多的潜在消费力量。

2）把握共性，从共性生活方式入手寻找最具针对性的对策。

3）创造需求，针对多类消费群开发多种潜在需求。

（4）战略环境。

1）企业的产品设计大众化，市场定位多样化。

2）企业的消费者具有较普遍的生活方式共性。

3）企业对消费者设置的购买壁垒不高，购买频率较大。

4）企业的消费者在购买过程中的某一个环节体现个性化。

5. 多元半差异战略

如图 6—15 所示，当 $N>2$，$2\leqslant P\leqslant 4$ 时，企业可以选择多元半差异战略。

（1）战略特点。

1）企业在市场中存在多类（两类以上）具有不同生活方式特征的消费群。

2）在 EKB 购买决策的五个步骤中，上述多类消费群在多个决策步骤上具有差异性表现。

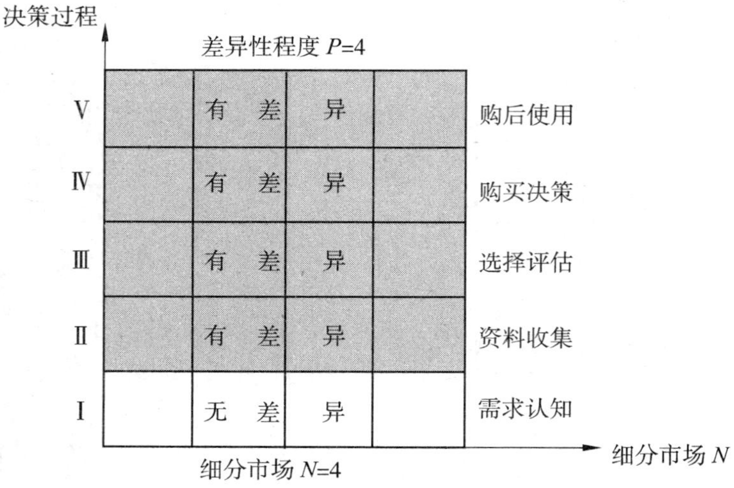

图 6—15 多元半差异战略

(2) 战略基点。

1) 企业的多类主要消费群在消费习惯方面存在较明显的差异性。

2) 企业的市场覆盖面广泛而均匀，以 $N=4$ 为例，如图 6—16 所示。

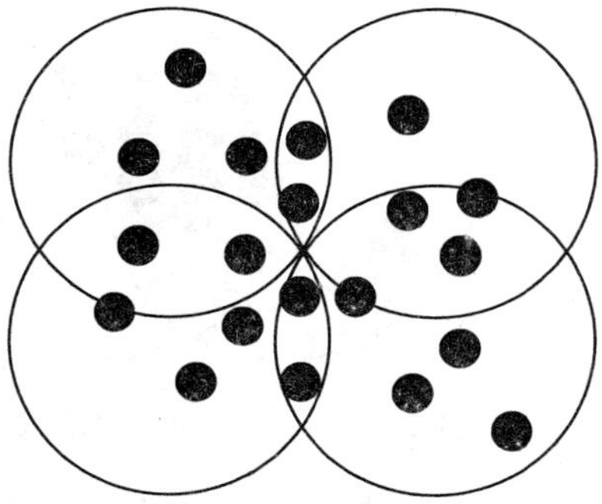

图 6—16 多元半差异市场覆盖图

(3) 战略要点。

1) 大众策略，以通用的市场推广方法赢得最大范围的消费者。

2) 满足需求，希望在这一过程中完善消费者对产品设计的主要需求。

3) 看准差异，重视存在差异的购买过程，找出关键的影响因素。

4) 兼顾共性，针对购买决策过程的“无差异”表现，制定通用策略。

(4) 战略环境。

1) 企业的产品设计大众化，市场定位多样化。

2) 企业的消费者较注重对某些特定生活方式的追求。

3) 企业对消费者设置的购买壁垒较高。

6. 多元全差异战略

如图 6—17 所示，当 $N>2$，$P=5$ 时，企业可以选择多元全差异战略。

(1) 战略特点。

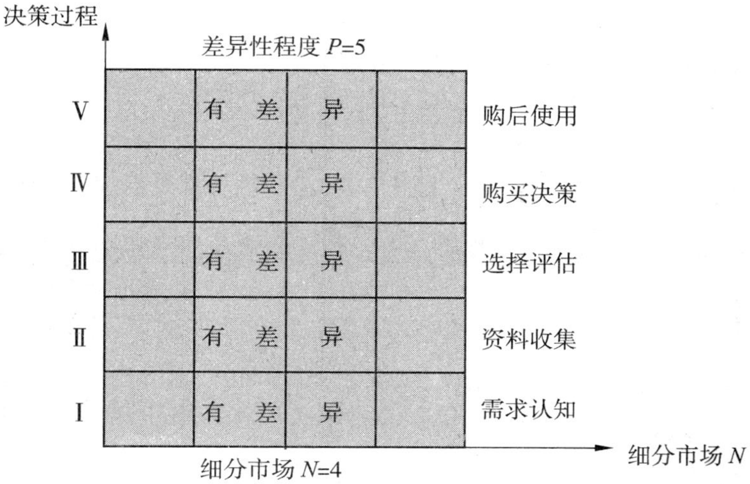

图 6—17 多元全差异战略

1）企业在市场中存在多类（两类以上）具有不同生活方式特征的消费群。

2）在 EKB 购买决策的五个步骤中，上述多类消费群在所有决策步骤上均具有差异性。

（2）战略基点。

1）企业的多类主要消费群在消费习惯方面存在绝对的差异性。

2）企业的市场覆盖面广泛但稀疏，以 $N=4$ 为例，如图 6—18 所示。

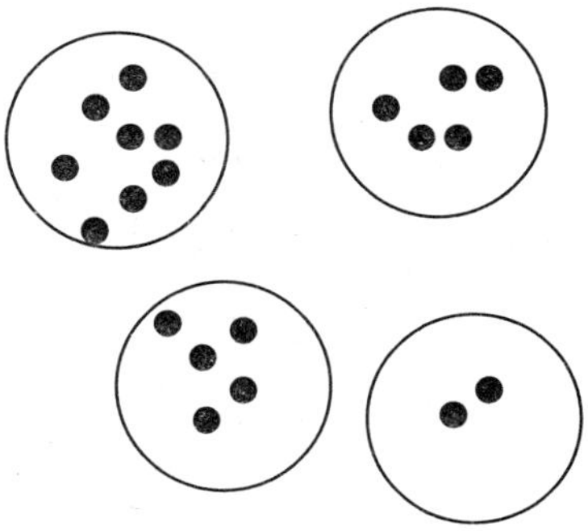

图 6—18 多元全差异市场覆盖图

（3）战略要点。

1）重中求重，从现有的多类主要消费群中确定重点发展对象。

2）精益求精，完善对消费者的最核心需求。

3）强调差异，针对不同的消费群制定不同的策略指导。

4）挖掘潜在，从大范围市场中开发更多的潜在消费者。

（4）战略环境。

1）企业的产品设计大众化，市场定位多样化。

2）企业的消费者非常注重对某些特定生活方式的追求。

3）企业对消费者设置的购买壁垒极高，购买频率很低。

4）企业的市场分布广泛但稀疏，容易掌控。

二、市场细分软件操作介绍

（一）基础数据导入

单击菜单“文件”——“打开”，弹出数据文件对话框（如图 6—19 所示）。

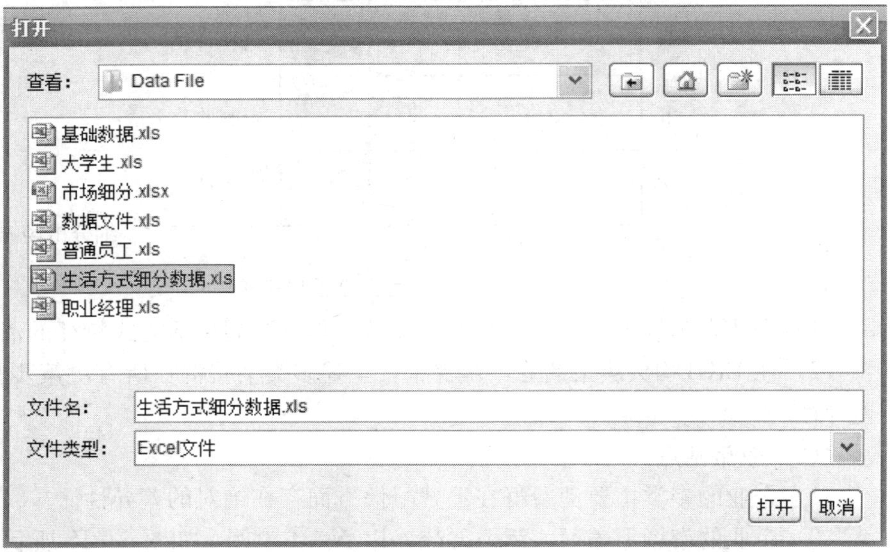

图 6—19　打开数据文件

选择要分析的数据文件（Excel 文件格式，格式要求如数据模板中所示），单击右下角“打开”按钮，即可弹出载入数据界面（如图 6—20 所示 ）。

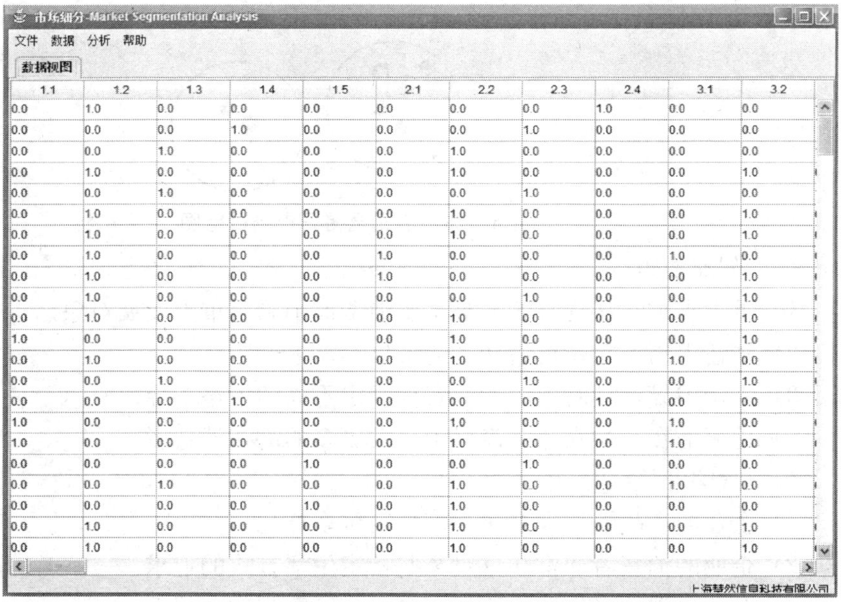

1.1	1.2	1.3	1.4	1.5	2.1	2.2	2.3	2.4	3.1	3.2
0.0	1.0	0.0	0.0	0.0	0.0	0.0	0.0	1.0	0.0	0.0
0.0	0.0	0.0	1.0	0.0	0.0	0.0	1.0	0.0	0.0	0.0
0.0	0.0	1.0	0.0	0.0	0.0	1.0	0.0	0.0	0.0	0.0
0.0	1.0	0.0	0.0	0.0	0.0	1.0	0.0	0.0	0.0	1.0
0.0	0.0	1.0	0.0	0.0	0.0	0.0	1.0	0.0	0.0	0.0
0.0	1.0	0.0	0.0	0.0	0.0	1.0	0.0	0.0	0.0	1.0
0.0	1.0	0.0	0.0	0.0	0.0	1.0	0.0	0.0	0.0	1.0
0.0	1.0	0.0	0.0	0.0	1.0	0.0	0.0	0.0	1.0	0.0
0.0	1.0	0.0	0.0	0.0	1.0	0.0	0.0	0.0	0.0	1.0
0.0	1.0	0.0	0.0	0.0	0.0	0.0	1.0	0.0	0.0	1.0
0.0	1.0	0.0	0.0	0.0	0.0	1.0	0.0	0.0	0.0	1.0
1.0	0.0	0.0	0.0	0.0	0.0	1.0	0.0	0.0	0.0	1.0
0.0	1.0	0.0	0.0	0.0	0.0	1.0	0.0	0.0	1.0	0.0
0.0	0.0	1.0	0.0	0.0	0.0	0.0	1.0	0.0	0.0	1.0
0.0	0.0	0.0	1.0	0.0	0.0	0.0	0.0	1.0	0.0	0.0
1.0	0.0	0.0	0.0	0.0	0.0	1.0	0.0	0.0	1.0	0.0
1.0	0.0	0.0	0.0	0.0	0.0	1.0	0.0	0.0	1.0	0.0
0.0	0.0	0.0	0.0	1.0	0.0	0.0	1.0	0.0	0.0	0.0
0.0	0.0	1.0	0.0	0.0	0.0	1.0	0.0	0.0	1.0	0.0
0.0	0.0	0.0	0.0	1.0	0.0	1.0	0.0	0.0	0.0	0.0
0.0	1.0	0.0	0.0	0.0	0.0	1.0	0.0	0.0	0.0	1.0
0.0	1.0	0.0	0.0	0.0	0.0	1.0	0.0	0.0	0.0	1.0

图 6—20　数据界面

用户可在此界面查看基础数据是否有误，如果基础数据存在问题，可以直接在该窗体中双击数据所在的文本框，进行修改。

（二）基础数据设置

数据检查无误后，单击“数据”——“设置”，弹出属性设置对话框（如图 6—21 所示）。

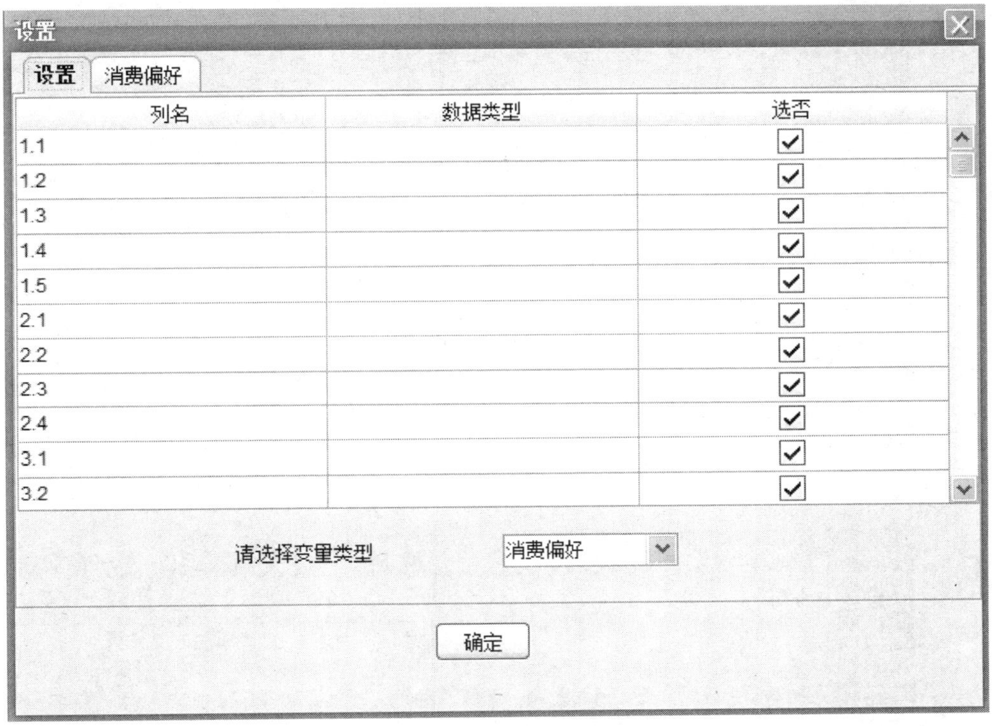

图 6—21 属性设置对话框

该设置对话框包括两部分，一部分是各列的数据类型设置，另一部分是消费偏好设置。

首先介绍数据类型设置的过程。图 6—21 为数据类型设置的界面，“列名”为自动载入数据文件的首行标题，如果选择该列数据进行分析，则在该列名对应“选否”一列进行勾选，中间列为“数据类型”设置项。

数据类型设置项包括三种待选的数据类型，即消费偏好、生活方式、个人情况。由于该类数据设置的列比较多，因此，在界面中除了可以进行单个数据类型设置之外，还可以进行批量设置。批量设置的操作步骤为：首先选定要设置的所有行，所选中的行将以反色显示（如图 6—22 所示）。

选中所有行之后，单击“请选择变量类型”后的复选框，选择要设置的变量类型名称，即可完成所有行的数据类型设置，结果如图 6—23 所示。

图 6—22　数据类型属性设置

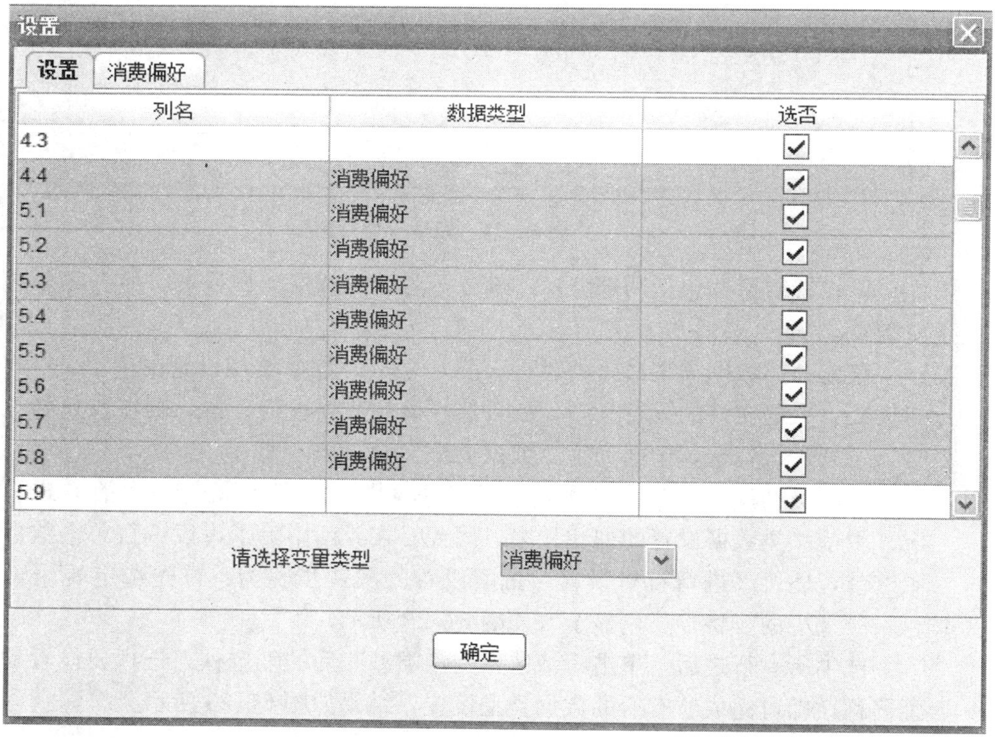

图 6—23　数据类型属性批处理设置

另外，在数据类型设置完毕后，需要对消费偏好进行更为细化的设置，将其标识为五种类型：需求分析、信息收集、选择评估、购买决策、购买使用。具体设置方法如下：首先选中要设置的数据列，然后单击选择变量类型后的下拉框，点击对应要设置的数据类型，即可完成对数据类型的设置操作（如图 6—24 所示）。

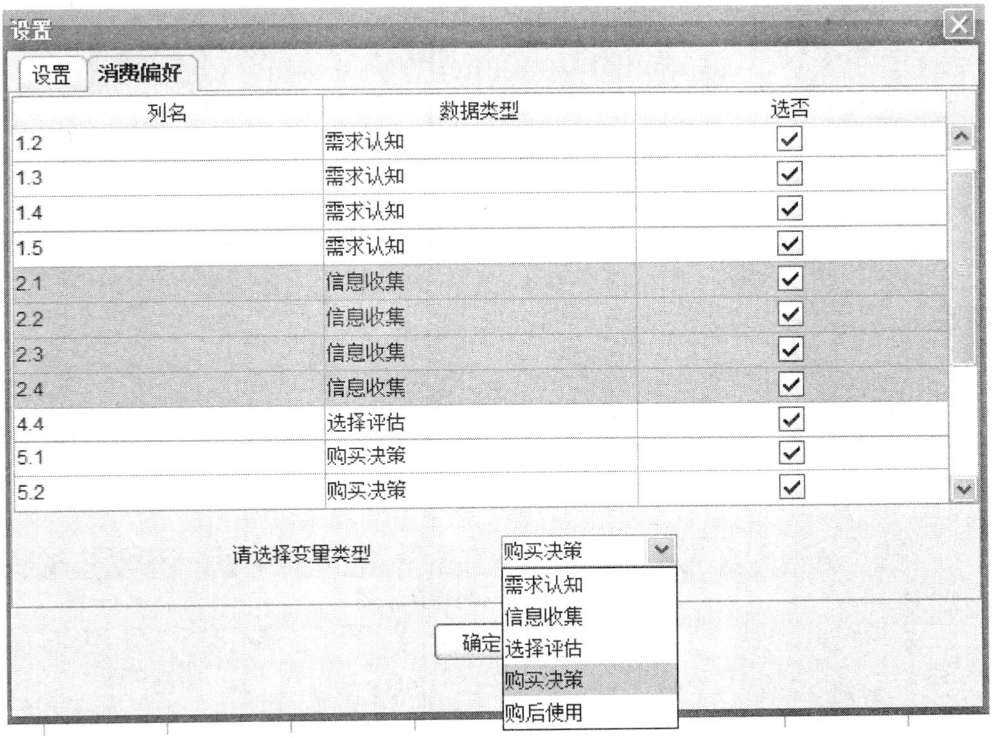

图 6—24 消费偏好属性设置

数据设置完成后，单击“确定”，基础数据设置完毕。

（三）描述性统计分析

单击“分析”——“描述性统计分析”，弹出描述性统计分析的分析结果界面（如图 6—25 所示），图中右侧有三个选项卡，分别表示消费偏好、生活方式和个人情况三类统计数据，默认显示的数据为消费偏好。

若要查看图 6—25 中数据的图表，只需选中相关数据行，并单击鼠标右键，即可弹出描述性统计图。

如图 6—26 所示，窗体中显示了消费偏好和个人情况两类数据的各种选项的统计分析结果。

利用同样的方法可进行生活方式和个人情况的描述性统计，在此不予赘述。

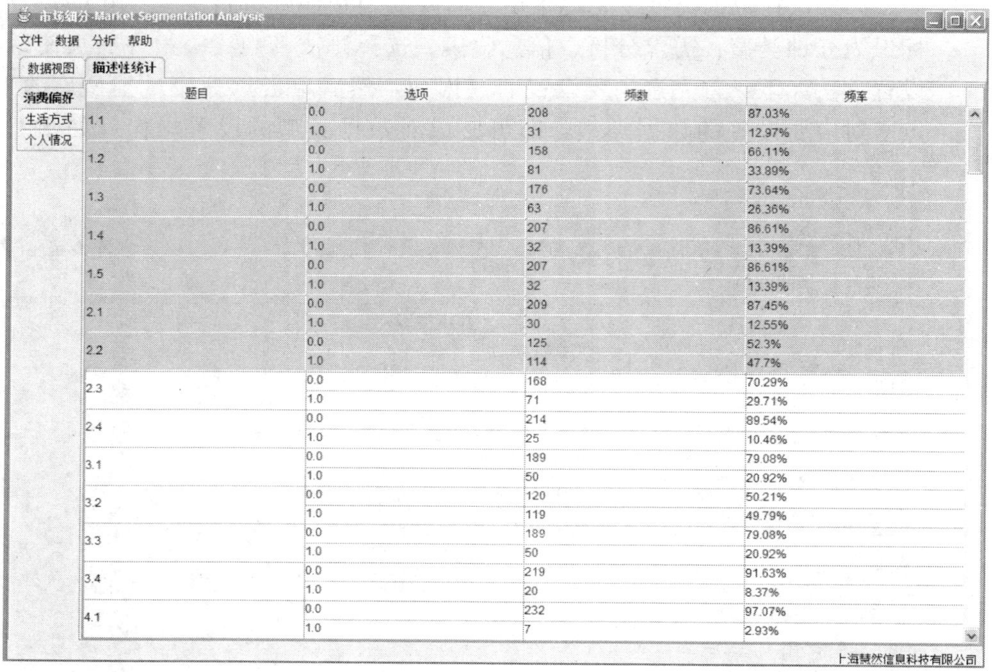

市场细分-Market Segmentation Analysis

文件　数据　分析　帮助

数据视图　描述性统计

消费偏好　生活方式　个人情况

题目	选项	频数	频率
1.1	0.0	208	87.03%
	1.0	31	12.97%
1.2	0.0	158	66.11%
	1.0	81	33.89%
1.3	0.0	176	73.64%
	1.0	63	26.36%
1.4	0.0	207	86.61%
	1.0	32	13.39%
1.5	0.0	207	86.61%
	1.0	32	13.39%
2.1	0.0	209	87.45%
	1.0	30	12.55%
2.2	0.0	125	52.3%
	1.0	114	47.7%
2.3	0.0	168	70.29%
	1.0	71	29.71%
2.4	0.0	214	89.54%
	1.0	25	10.46%
3.1	0.0	189	79.08%
	1.0	50	20.92%
3.2	0.0	120	50.21%
	1.0	119	49.79%
3.3	0.0	189	79.08%
	1.0	50	20.92%
3.4	0.0	219	91.63%
	1.0	20	8.37%
4.1	0.0	232	97.07%
	1.0	7	2.93%

上海慧然信息科技有限公司

图 6—25　描述性统计表

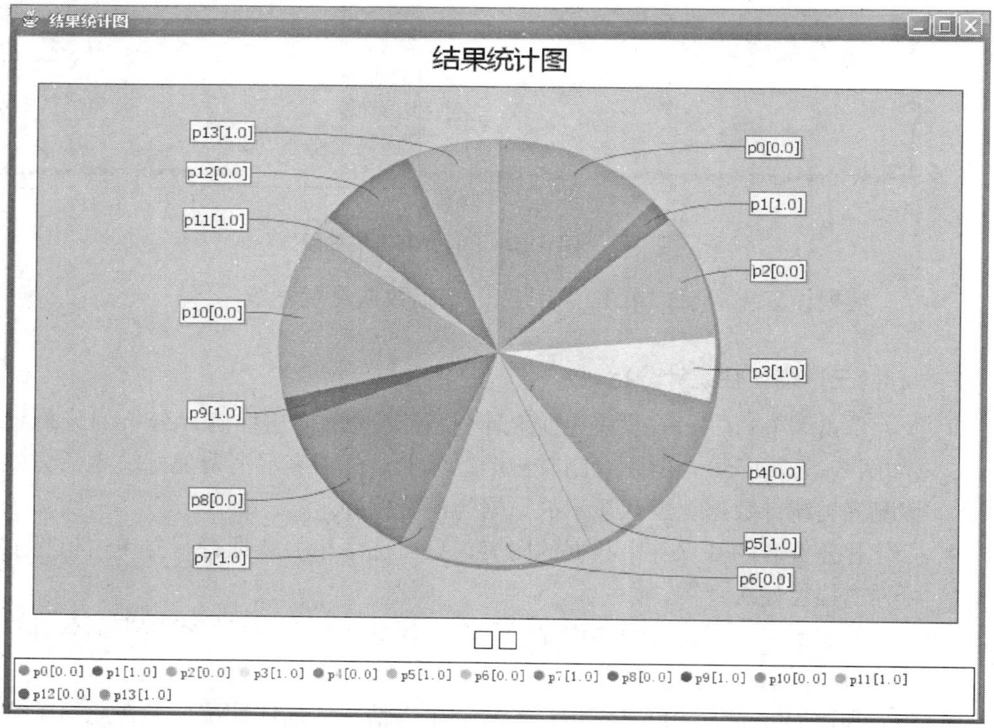

图 6—26　描述性统计图

（四）信度和效度分析

完成描述性统计分析之后，信度效度菜单即为可用状态，点击该菜单，即可弹出信度分析与效度分析结果窗体（如图6—27所示）。

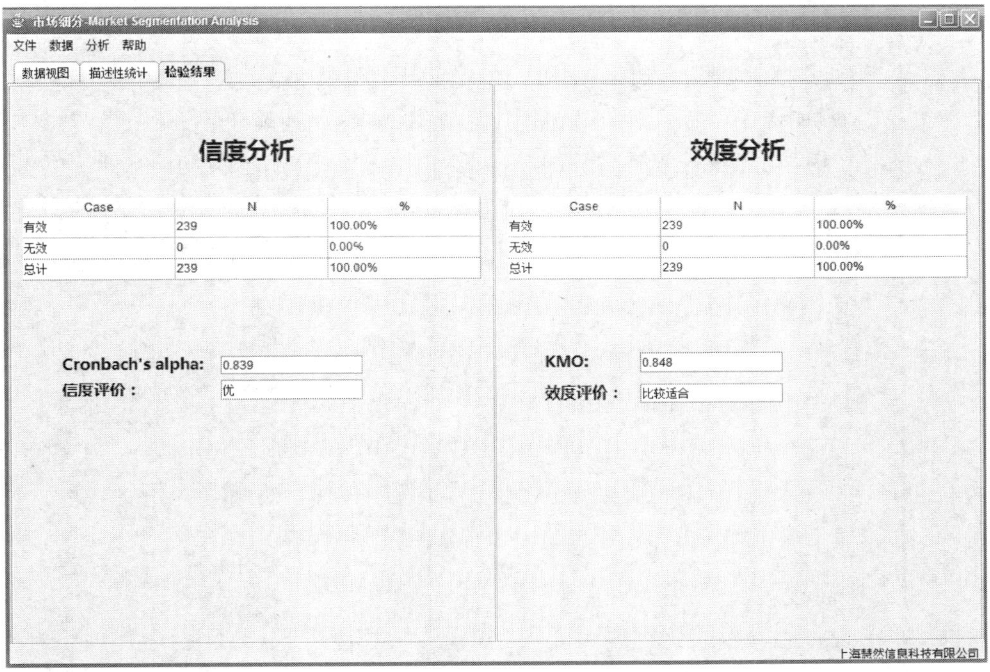

图6—27 信度分析与效度分析

如图6—27所示，左侧为信度分析结果，其中表格部分为基础数据有效性统计，表格下方的数据为信度值以及相应的评价，评价的标准如表6—15所示。

表6—15 信度评价标准

标准	评价
0.75＜信度值	优
0.5＜信度值≤0.75	良
信度值≤0.5	差

图6—27的右侧为效度分析，同样，其中表格部分为基础数据有效性统计，表格下面为KMO效度检验的值和相应的效度评价，评价标准如表6—16所示。

表6—16 效度评价标准

标准	评价
0.9＜KMO	非常合适
0.8＜KMO≤0.9	合适
0.7＜KMO≤0.8	一般
0.6＜KMO≤0.7	不太合适
KMO≤0.6	不合适

（五）因子分析及因子命名

完成信度完成分析和效度分析后，因子分析菜单即为可用状态，点击该菜单，即可弹出因子分析结果界面（如图 6—28 所示）。

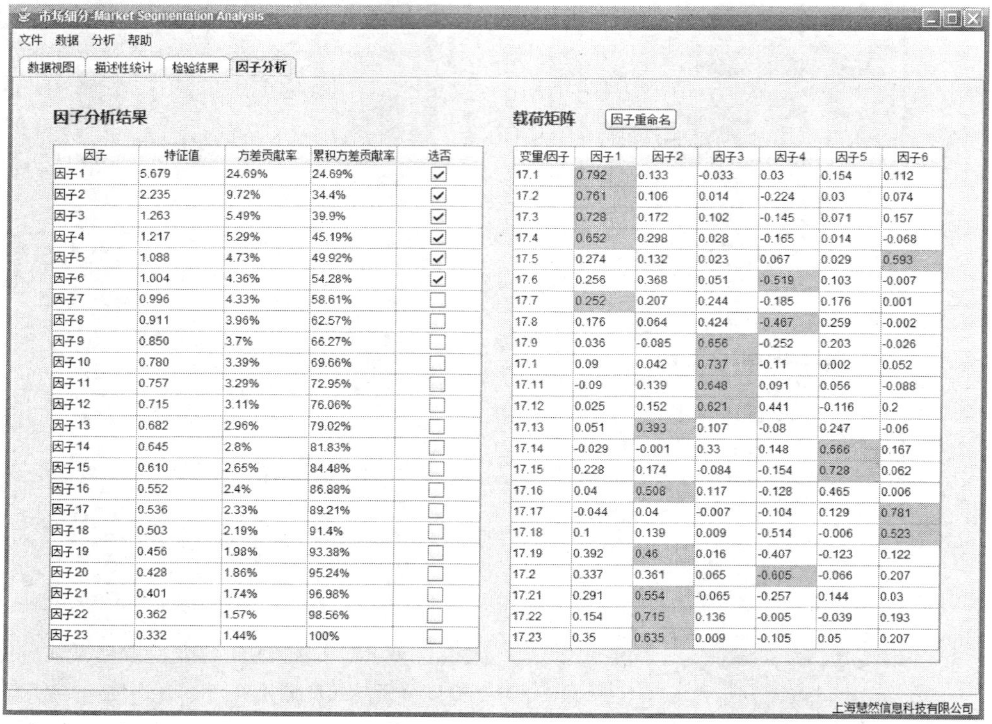

因子	特征值	方差贡献率	累积方差贡献率	选否
因子1	5.679	24.69%	24.69%	✓
因子2	2.235	9.72%	34.4%	✓
因子3	1.263	5.49%	39.9%	✓
因子4	1.217	5.29%	45.19%	✓
因子5	1.088	4.73%	49.92%	✓
因子6	1.004	4.36%	54.28%	✓
因子7	0.996	4.33%	58.61%	
因子8	0.911	3.96%	62.57%	
因子9	0.850	3.7%	66.27%	
因子10	0.780	3.39%	69.66%	
因子11	0.757	3.29%	72.95%	
因子12	0.715	3.11%	76.06%	
因子13	0.682	2.96%	79.02%	
因子14	0.645	2.8%	81.83%	
因子15	0.610	2.65%	84.48%	
因子16	0.552	2.4%	86.88%	
因子17	0.536	2.33%	89.21%	
因子18	0.503	2.19%	91.4%	
因子19	0.456	1.98%	93.38%	
因子20	0.428	1.86%	95.24%	
因子21	0.401	1.74%	96.98%	
因子22	0.362	1.57%	98.56%	
因子23	0.332	1.44%	100%	

变量/因子	因子1	因子2	因子3	因子4	因子5	因子6
17.1	0.792	0.133	-0.033	0.03	0.154	0.112
17.2	0.761	0.106	0.014	-0.224	0.03	0.074
17.3	0.728	0.172	0.102	-0.145	0.071	0.157
17.4	0.652	0.298	0.028	-0.165	0.014	-0.068
17.5	0.274	0.132	0.023	0.067	0.029	0.593
17.6	0.256	0.368	0.051	-0.519	0.103	-0.007
17.7	0.252	0.207	0.244	-0.185	0.176	0.001
17.8	0.176	0.064	0.424	-0.467	0.259	-0.002
17.9	0.036	-0.085	0.656	-0.252	0.203	-0.026
17.1	0.09	0.042	0.737	-0.11	0.002	0.052
17.11	-0.09	0.139	0.648	0.091	0.056	-0.088
17.12	0.025	0.152	0.621	0.441	-0.116	0.2
17.13	0.051	0.393	0.107	-0.08	0.247	-0.06
17.14	-0.029	-0.001	0.33	0.148	0.666	0.167
17.15	0.228	0.174	-0.084	-0.154	0.728	0.062
17.16	0.04	0.508	0.117	-0.128	0.465	0.006
17.17	-0.044	0.04	-0.007	-0.104	0.129	0.781
17.18	0.1	0.139	0.009	-0.514	-0.006	0.523
17.19	0.392	0.46	0.016	-0.407	-0.123	0.122
17.2	0.337	0.361	0.065	-0.605	-0.066	0.207
17.21	0.291	0.554	-0.065	-0.257	0.144	0.03
17.22	0.154	0.715	0.136	-0.005	-0.039	0.193
17.23	0.35	0.635	0.009	-0.105	0.05	0.207

图 6—28 因子分析结果

如图 6—28 所示，左侧为各因子的特征值、方差贡献率以及累积方差贡献率，可以看出哪些因子是有效的；右侧为旋转后的因子载荷矩阵。若对有效因子进行重命名，只需点击右上侧载荷矩阵标签边的“因子重命名”按钮，即可弹出如图 6—29 所示的界面。

若对因子进行重命名，只需双击该因子后面的输入框，输入新的因子名称，点击“确定”，即可完成因子的重命名。

（六）聚类分析及类别命名

完成因子分析及因子命名后，聚类分析菜单即为可用状态，单击该菜单，即可弹出聚类分析界面。在“请输入聚类数目”输入框中输入要聚成类的数目（如图 6—30 所示）。

单击“确定”，即可弹出聚类结果矩阵（如图 6—31 所示）。

在完成聚类分析后，我们可以对不同的类别根据其特征进行重命名。我们只需点击图 6—31 中的“Cluster 重命名”按钮，即可打开重命名对话框（如图 6—32 所示）。

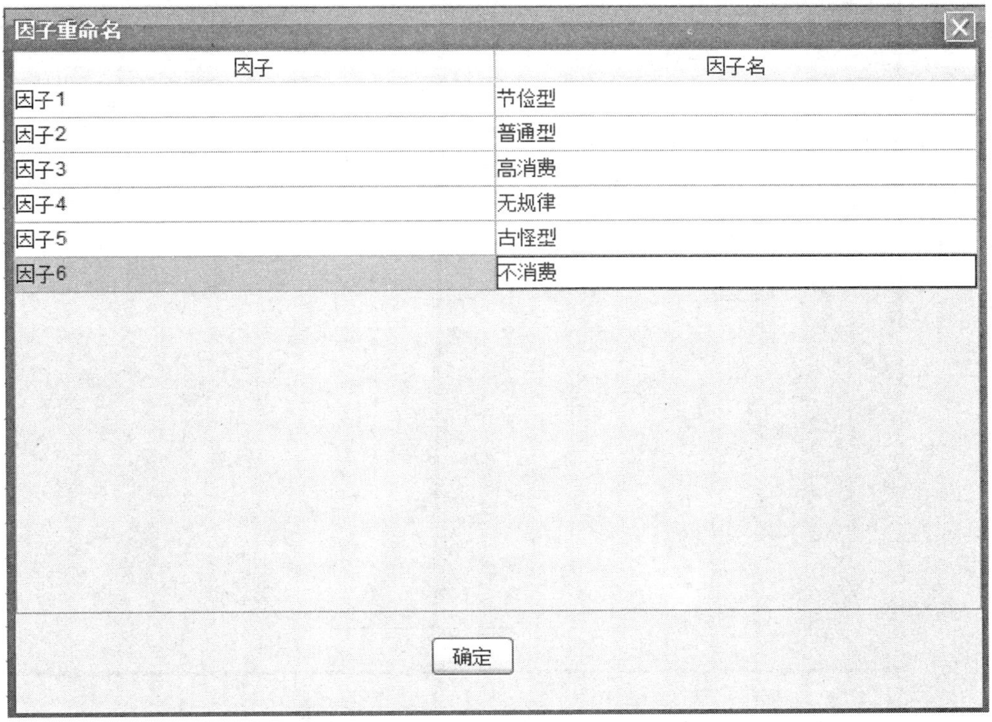

图 6—29　因子命名界面

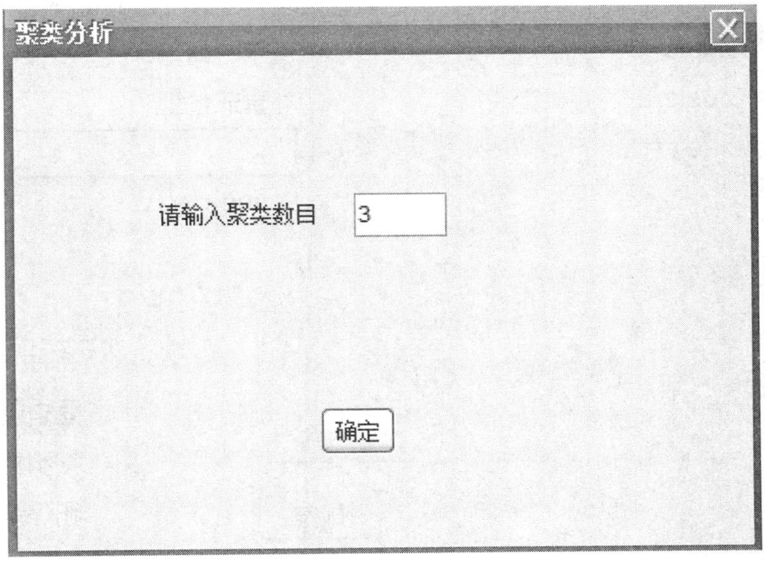

图 6—30　聚类分析界面

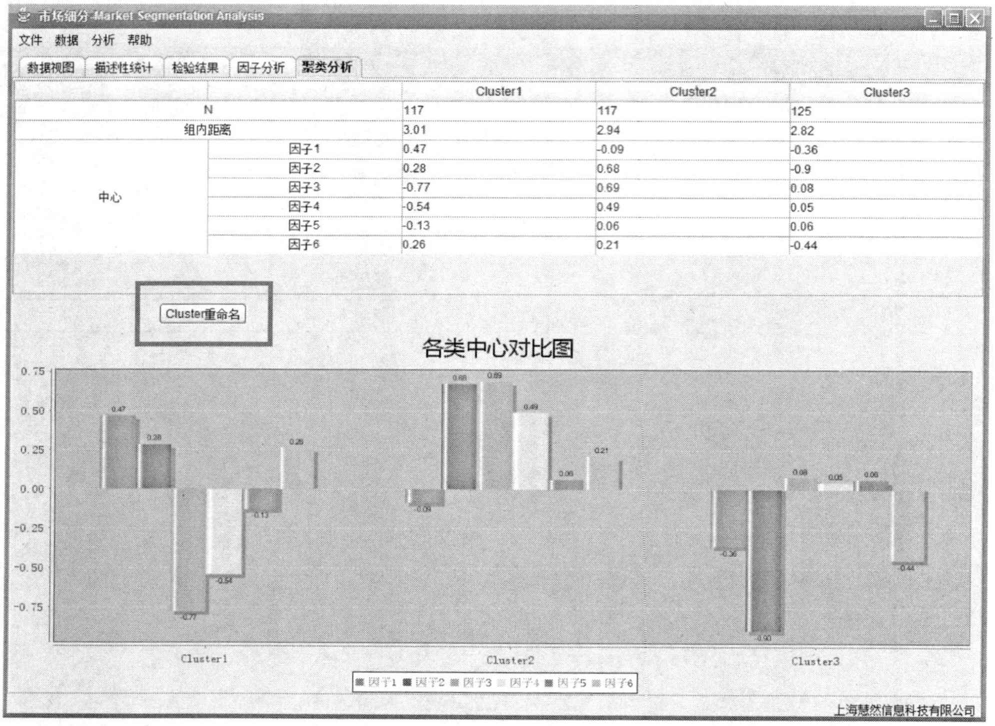

图 6—31　聚类分析结果

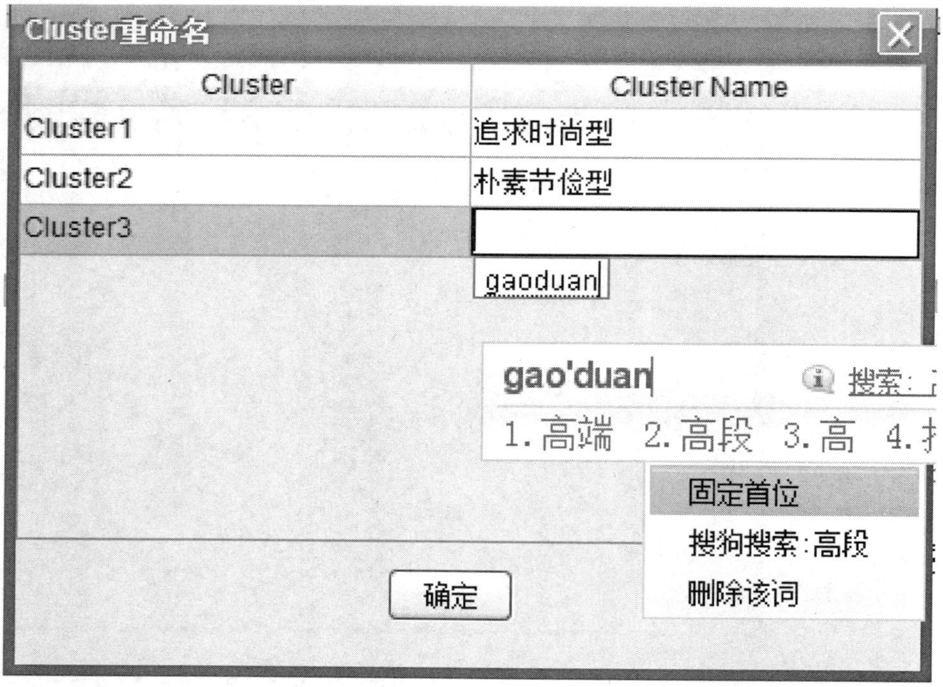

图 6—32　类别重命名

（七）差异比较统计分析

完成聚类分析后，差异分析窗体即为可用状态，单击该菜单，即可弹出差异分析结果窗体（如图 6—33 所示），其中浅灰部分表示该条目不同类别之间存在显著差异。

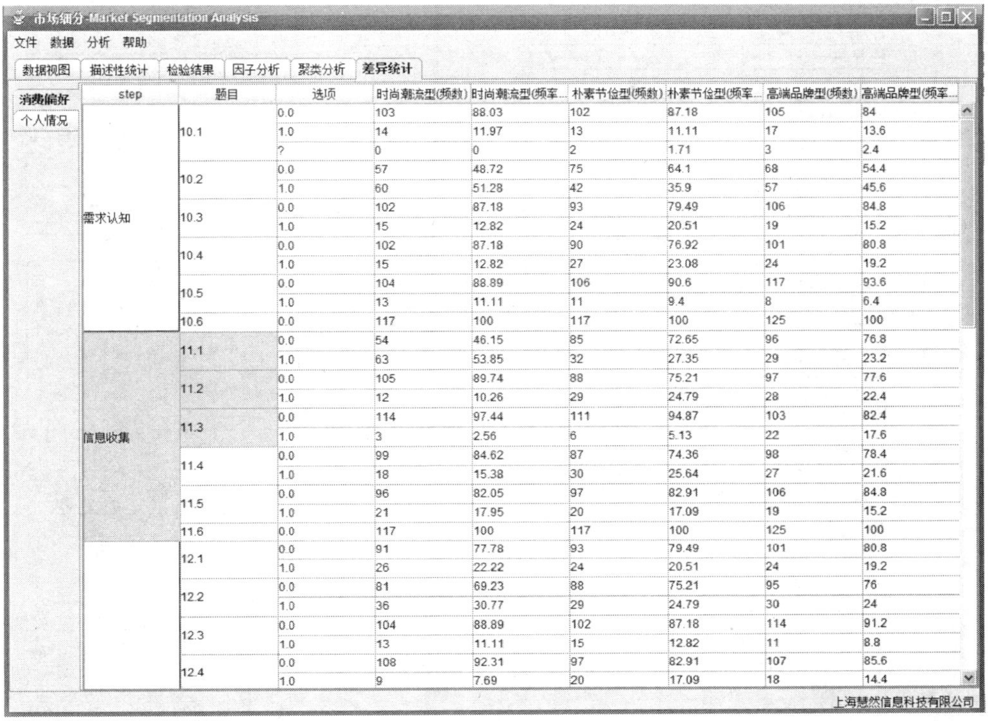

step	题目	选项	时尚潮流型(频数)	时尚潮流型(频率…	朴素节俭型(频数)	朴素节俭型(频率…	高端品牌型(频数)	高端品牌型(频率…
需求认知	10.1	0.0	103	88.03	102	87.18	105	84
		1.0	14	11.97	13	11.11	17	13.6
		?	0	0	2	1.71	3	2.4
	10.2	0.0	57	48.72	75	64.1	68	54.4
		1.0	60	51.28	42	35.9	57	45.6
	10.3	0.0	102	87.18	93	79.49	106	84.8
		1.0	15	12.82	24	20.51	19	15.2
	10.4	0.0	102	87.18	90	76.92	101	80.8
		1.0	15	12.82	27	23.08	24	19.2
	10.5	0.0	104	88.89	106	90.6	117	93.6
		1.0	13	11.11	11	9.4	8	6.4
	10.6	0.0	117	100	117	100	125	100
信息收集	11.1	0.0	54	46.15	85	72.65	96	76.8
		1.0	63	53.85	32	27.35	29	23.2
	11.2	0.0	105	89.74	88	75.21	97	77.6
		1.0	12	10.26	29	24.79	28	22.4
	11.3	0.0	114	97.44	111	94.87	103	82.4
		1.0	3	2.56	6	5.13	22	17.6
	11.4	0.0	99	84.62	87	74.36	98	78.4
		1.0	18	15.38	30	25.64	27	21.6
	11.5	0.0	96	82.05	97	82.91	106	84.8
		1.0	21	17.95	20	17.09	19	15.2
	11.6	0.0	117	100	117	100	125	100
	12.1	0.0	91	77.78	93	79.49	101	80.8
		1.0	26	22.22	24	20.51	24	19.2
	12.2	0.0	81	69.23	88	75.21	95	76
		1.0	36	30.77	29	24.79	30	24
	12.3	0.0	104	88.89	102	87.18	114	91.2
		1.0	13	11.11	15	12.82	11	8.8
	12.4	0.0	108	92.31	97	82.91	107	85.6
		1.0	9	7.69	20	17.09	18	14.4

图 6—33　差异分析结果

如图 6—33 所示，从左至右依次显示的是题号、选项、该选项在第一类中的频数、该选项在第一类中所占的比例、该选项在第二类中的频数、该选项在第二类中的频数、该选项在第二类中所占的比例，最后一列标识的是该行属于消费偏好的标识类型。

（八）生活方式细分分析数据导出

使用模块进行数据分析的结果可以导出到一个 pdf 文件中，具体操作步骤为：点击“数据”——“导出”，然后选择要保存的地址并填入相应的文件名称。文件的具体内容如图 6—34 所示。

三、案例结果输出

（一）实验目的

本次实验的调研对象为 90 后青少年，旨在弄清以下问题：

（1）90 后青少年的样本人群被分为几类？

（2）每一类人群在 EKB 五大维度及人口统计变量指标上有何差异？将分析结果与基于消费者生活方式细分的营销战略模型进行匹配以开展消费行为创新研究。

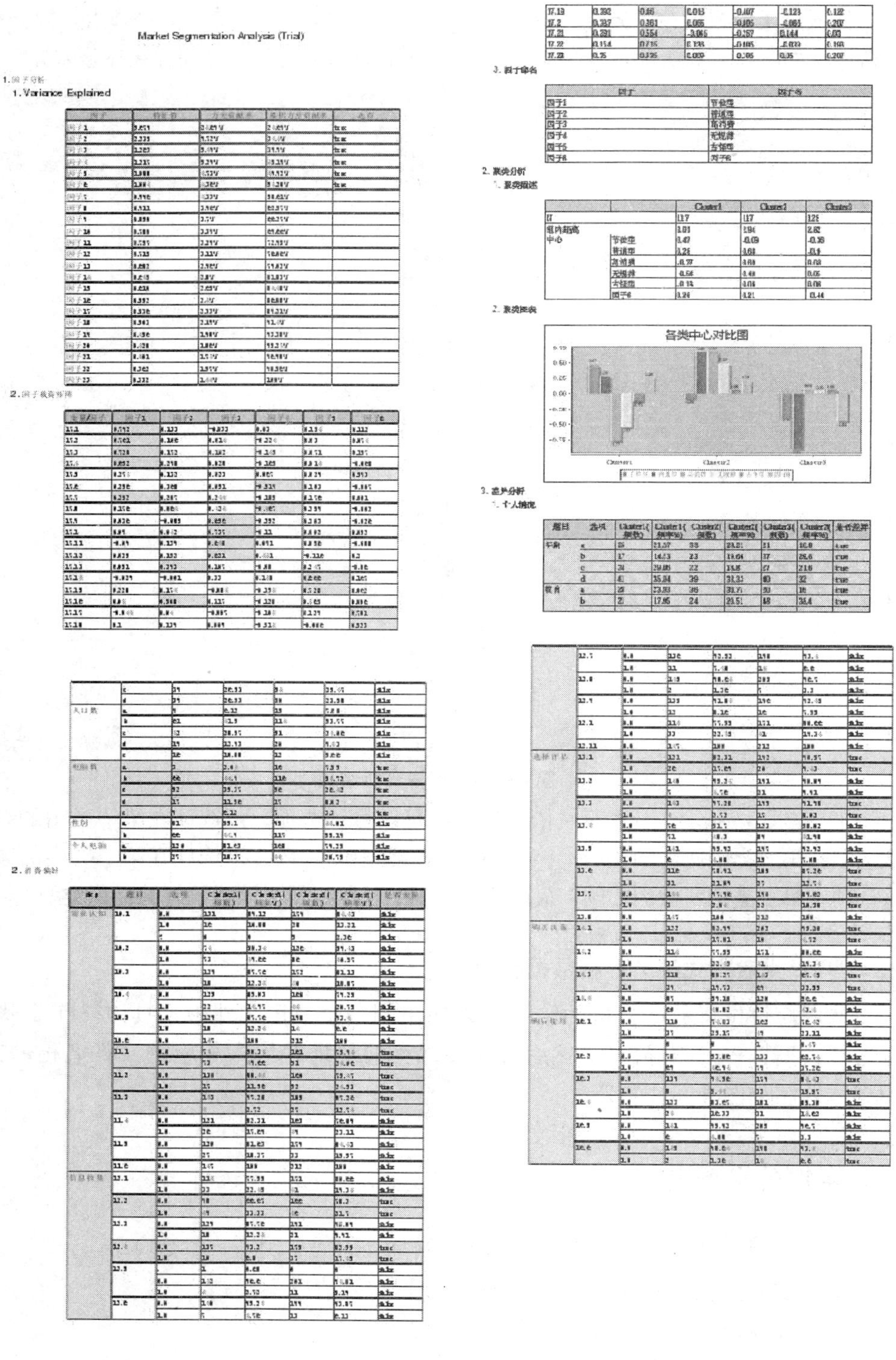
Market Segmentation Analysis (Trial)
1. Variance Explained
2. 因子载荷矩阵
3. 因子命名
2. 聚类分析
2. 聚类图表
各类中心对比图
3. 差异分析
2. 消费偏好

图 6—34 导出文件

（二）输出结果——市场细分分析

1. 因子分析结果

90后城市青少年抽样人群的因子分析结果如表6—17所示。六大因子被分别命名为：理想追求因子、自我修养因子、时尚娱乐因子、人际交往因子、自我优越因子及注重学习因子。

表6—17　　因子分析结果

因子	因子名
因子1	理想追求
因子2	自我修养
因子3	时尚娱乐
因子4	人际交往
因子5	自我优越
因子6	注重学习

2. 聚类分析结果

基于上述因子分析结果，聚类分析将90后城市青少年抽样人群划分为两类，Cluster1为追求时尚型，Cluster2为朴素节约型（如图6—35所示）。

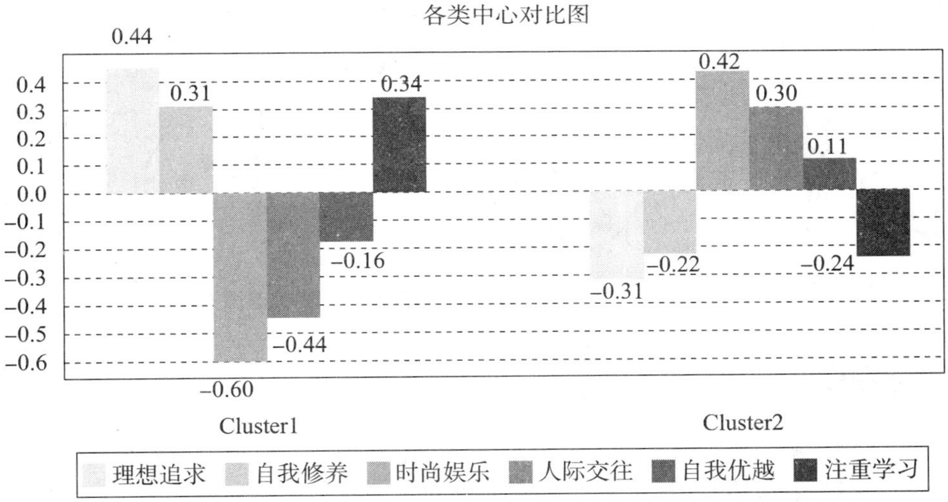

图6—35　聚类分析结果

3. 差异分析结果

从图6—36所示的差异性分析结果可知，两类人群在拥有电脑数、需求认知、信息收集、选择评估、购买决策及购后使用上均存在差异。

4. 基于消费者生活方式细分的营销战略模型的选择

基于上述90后城市青少年抽样人群的聚类分析结果（$N=2$），以及差异性分析结果，该抽样人群的消费行为创新模式研究应当选择营销战略模型中的二元全差异市场模型，二元全差异市场覆盖图如图6—37所示。该模型的应用特点、基点、要点及环境已在前文作了介绍。

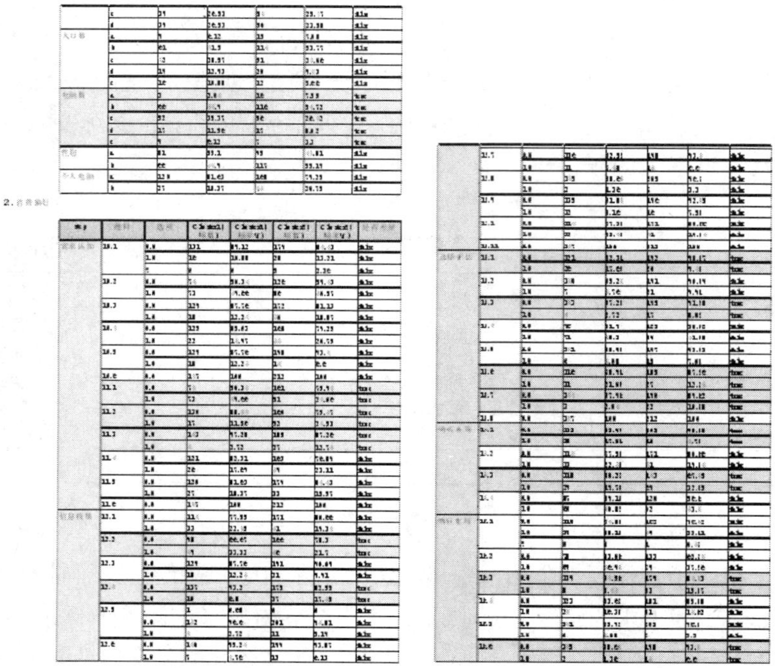

图 6—36 差异分析结果

图 6—37 二元全差异市场覆盖图

思考题

1. 新弗洛伊德个性理论与弗洛伊德个性理论在应用上的差别是什么？
2. 个性的含义是什么？了解个性对于理解消费行为多样化有何意义？
3. 生活方式的测量工具有哪些？
4. 阐述生活方式研究对于消费行为学的意义。
5. 市场细分仿真软件的实际应用有何意义？

第 7 章

家庭和群体对消费行为的影响

学习目标

- 了解家庭决策方式以及家庭成员在家庭决策中扮演的角色。
- 分析家庭决策方式和家庭角色给营销带来的启示。
- 了解群体和参照群体，明确他们在市场营销中的角色。
- 掌握在市场营销过程中如何利用群体和参照群体的特点开展营销活动。

孩子的消费在家庭中变得越来越重要，即便是家庭共用的一些大件消费品，也往往以孩子的需求为中心，孩子在家长的购买考虑因素中已经占有非常重要的地位。零点调查公司曾在北京、上海、广州、武汉四个城市针对425个有7～12岁孩子的家庭进行抽样调查，结果显示，孩子的消费占据家庭收入的30%左右。另一项有关家用轿车研究的数据则显示，“为了方便接送配偶、孩子”是家庭汽车消费的四个主要目的之一，其中“31～40岁”年龄组的人作出这一选择的人数比例最高。

由此可以看出家庭的变化是如何影响儿童产品市场的营销战略的。在做某项购买决策时，丈夫和妻子（孩子的父母）的感知、认知和行为是相互影响的。该决策还受到社会环境中其他人（包括亲属、朋友、同辈）的影响。

本章将介绍家庭及群体对其成员消费行为的影响，以及家庭作为一个基本的消费单元是如何发挥功能的。还将探讨传统和非传统家庭在不同的家庭生命周期中的消费结构的差异，以及家庭决策的类型。最后讨论不同参照群体对消费者的影响及其带来的营销启示。

第1节　住户和家庭

家庭是社会的基本单位，正常情况下，人的一生大都是在家庭中度过的。家庭对个体性格和价值观的形成以及个体的消费与决策模式都会产生非常重要的影响。

一、住 户

住户（households）是指那些在一个居住单元里单独生活或者与他人共同生活的人。大多数住户（63%）是家庭单元。住户可分为：（1）传统住户，分为原子型家庭（指有一个或几个 18 岁以下孩子的已婚夫妇）和延伸型家庭（指至少有一个祖父/祖母在家共同生活的原子型家庭）；（2）非传统住户，包括没有孩子的已婚家庭、孩子不到 18 岁的单亲家庭、与他人合住的个人、未婚同居者。

二、家 庭

家庭（family）是指那些具有血缘关系或婚姻关系的，生活在一起的两个或更多的人。家庭也可分为传统家庭和非传统家庭。

社会学家一般将家庭分为四种类型：（1）核心家庭。即由父母双方或其中一方和他们的未婚子女组成的家庭，以及只有一对夫妇的家庭。（2）主干家庭。指一个家庭中至少有两代人，且每代只有一对夫妇（含一方去世或离婚）的家庭，这种家庭的最典型形式是三代同堂。（3）联合家庭。指由父母双方或其中一方同多对已婚子女组成的家庭，或兄弟姊妹婚后仍不分家的家庭。（4）其他类型的家庭。指上述三种类型以外的家庭，如未婚兄弟姐妹组成的家庭。

由此可见，家庭是住户的一种形式。与家庭相比，住户是一个范围更广泛的社会群体或购买决策单位，由生活在同一屋檐下或同一住宅单元里的人所组成。虽然“家庭”与“住户”的概念有时被交替使用，但两者既有联系又有区别。一方面，住户包括了家庭；另一方面，住户强调的是其成员生活在同一起居空间，而不注重其中的婚姻血缘关系。

无论是家庭还是住户，对营销者来说都是非常重要的。因为作为消费单位，家庭、住户是营销策略各个方面的切入点。就冰箱、电视机、电话和其他主要以家庭和住户为单位进行消费的产品而言，家庭和住户数量增长的意义远大于人口的增长。对于房地产商、家具商和汽车制造企业来说，家庭住户的结构和规模也同样重要。

第 2 节　家庭生命周期

家庭生命周期与消费者生命周期密切相关。有关消费者生命周期（consumer life cycle，CLC）的观念认为消费者的行为和时间之间存在某种系统性的关系。有关家庭生命周期的观念主张消费者行为和不同的家庭发展阶段间存在某种关联，也就是说，家庭生命周期对于消费者行为具有某种程度的预测性。家庭生命周期（family life cycle，FLC）是指从家庭筹建到解体之间所经历的各种不同的家庭发展阶段和形态，就如同一个人的生老病死一样。家庭生命周期中的各个阶段与家庭形态，由于面对不同的情况而往往有不同的需求，而家庭成员的消费行为也会受到所处阶段的家庭独特需求的影响。

一、传统家庭的生命周期

早期有关家庭生命周期的研究主要来自社会学家，后来经济学家也开始探讨不同家庭生命周期下的支出与收入形态。最早以消费者为导向的家庭生命周期阶段划分是由威尔士（Wells W. D.，1966）提出的，其家庭生命周期的八个阶段详见表7—1。

表 7—1　传统家庭的生命周期

1. 单身阶段 家中只有 35 岁以下的单身汉。由于他们刚开始职业生涯，收入一般比较低，但是他们几乎没有经济负担，有较高的可任意支配收入。
2. 新婚阶段 新婚夫妇没有孩子。因为妻子通常会工作，所以他们有较高的可任意支配收入。
3. 满巢阶段Ⅰ 已婚夫妇有不到 6 岁的孩子。由于照料孩子的花费增加，经济状况比以前差。
4. 满巢阶段Ⅱ 已婚夫妇有 6～12 岁的孩子。由于父母的工资上涨，经济状况会变好，大多数孩子因为父母都工作而成了“挂钥匙的孩子”。
5. 满巢阶段Ⅲ 已婚夫妇有超过 12 岁的孩子。家庭的经济状况继续改善。一些孩子做些临时工，教育费用逐步上升。
6. 空巢阶段Ⅰ 成年的孩子已经离开家庭并且不再依靠父母的支持。父母仍在工作。开支的减少导致储蓄和可任意支配收入达到最高水平。
7. 空巢阶段Ⅱ 住户的当家人已经退休，因此夫妇的收入会大幅下滑，依靠退休金提供固定收入。
8. 鳏寡阶段 寡居或鳏居，收入更低，而且医疗费用上升。

资料来源：William L. Wilkie，Consumer Behavior，Third Edition，NewYork：John Wiley & Sons，Inc.，1994，407.

单身阶段：根据年龄的不同，还可以将单身阶段再细分为 25 岁以下和 25～35 岁的不同时期。25 岁之前大多数人与家庭其他成员居住在一起，正在学校念书或大学毕业刚参加工作。25～35 岁的人的收入水平明显要高于 25 岁以下的人，这个群体较独立，常常与别人合住在一起，与居住在家的单身者相比，他们有着更多的经济上的限制，需要更多地投资房子、汽车等不动产。

新婚阶段：刚刚筹建了家庭，还没有孩子。此时夫妇两人都在工作，经济状况不错。一般来说，他们会在房子、装潢、休闲娱乐上花费较多的钱。在此阶段，很多消费者是呈现“双人消费”的特点，例如两人一同外出用餐、一同旅游，以及一同观看电影等。

满巢阶段Ⅰ：已经有了孩子，但最小的孩子还不到6岁。相对于前面两个阶段，这一阶段的很多花费都用在孩子身上，例如婴儿医疗、食物、营养补充、玩具和衣物。由于此时孩子还小，无法离开父母，再加上经济重心转移，“双人消费”受到限制。

满巢阶段Ⅱ：有孩子，但最小的孩子已经超过6岁。此时父母的收入增加，家庭经济状况好转，但是孩子的教育费用是一笔不小的花销，成为家庭的主要支出。

满巢阶段Ⅲ：有孩子，但最小的孩子已经超过12岁。此时，有的家庭孩子已经开始赚钱，父母的负担减轻，耐久性商品的支出占较大比例；有的家庭则孩子继续接受教育，家庭教育支出上升，其他消费受到限制。

空巢阶段Ⅰ：孩子已独立，通常不再与父母同住。一般而言，父母的收入随工作年限的增加与职务的晋升而增加，再加上子女已经独立，因而负担相对减轻，所以这一阶段可以承受较高的消费支出，购买力非常强，其主要花费用于奢侈品、旅游、休闲以及昂贵的嗜好支出。

空巢阶段Ⅱ：孩子已独立，并不再和父母同住，但是父母也已经退休，此时家庭的收入骤减，因此这一阶段的消费会相对集中在必须支出的方面，例如医疗服务或健康食品，而奢侈性消费会相对减少。

鳏寡阶段：配偶已过世，这一阶段往往收入很少，支出却日渐增多，尤其是医疗和看护的支出。

家庭生命周期对于细分市场和制定营销策略是一种非常有用的工具。一个基本的假定是：大多数家庭都会经历若干阶段，这些阶段各有特点，具有不同的经济状况和购买模式。而每一个阶段的家庭都有不同的需求、欲望、经济状况和经历。因此，家庭生命周期为营销者提供了相对同质的家庭细分市场，这些市场面临相似的问题，在产品消费方面也有相似的需求。

二、非传统家庭的生命周期

随着时代的发展和进步，各种新型的家庭形式大量涌现，最明显的例子就是非家庭住户——由独身者或没有血缘和婚姻关系的个体所组成的住户——不断涌现。传统家庭生命周期理论正面临严峻的挑战（详见表7—2）。

表7—2　　非传统家庭的生命周期

阶段1
- 有孩子的年轻已婚夫妇
- 年轻的离婚夫妇
- 孩子较大的单亲父母
- 年龄较大的未婚者

阶段2
- 没有孩子的年轻离婚配偶
- 没有孩子的中年已婚夫妇
- 没有孩子的年龄较大的已婚夫妇

阶段 3
- 有孩子的年轻已婚夫妇
- 中年离婚的父母
- 带着自己孩子和前夫（妻）孩子的中年再婚父母

阶段 4
- 没有孩子的年轻未婚配偶
- 没有孩子的中年已婚夫妇
- 没有孩子的年老夫妇
- 寡妇（鳏夫）

资料来源：Patrick E. Murphy and William A. Staples，"A Modernized Family Life Cycle"，*Journal of Consumer Research*，6，June 1979，17.

第 3 节　家庭购买决策

考虑一下孩子和成人购买早餐麦片这一行为。他们是如何选择麦片的类型和品牌的？每个人考虑的产品特点一样吗？虽然父母经常是实际的购买者，但购买决策是由孩子还是家长作出，抑或是由他们一起作出？父母中哪一位作出决策？当时间和产品发生变化时，又会有何变化？

一、家庭决策方式

家庭购买决策是指由两个或两个以上家庭成员直接或间接作出购买决定的过程。作为一种集体决策，家庭购买决策在很多方面不同于个人决策，例如在早餐面包的购买活动中，成年人与儿童所考虑的产品特点是不同的，因而他们共同作出的购买决策将不同于各自单独作出的决策。

家庭购买决策研究中的一个重要问题是，对于不同产品的购买，家庭决策是以什么方式作出的，谁在决策中发挥最大的影响力。戴维斯等人（H. Davis et al.，1974）等人在比利时开展的一项研究识别了家庭购买决策的四种方式：(1) 妻子主导型（wife-dominant decision)。在决定购买什么的问题上，妻子起主导作用。(2) 丈夫主导型（husband-dominant decision)。在决定购买什么的问题上，丈夫起主导作用。(3) 自主型（autonomic decision)。对于不太重要的购买，可由丈夫或妻子独立作出决定。(4) 共同型（synergetic decision)。丈夫和妻子共同作出购买决策。该研究发现，人寿保险的购买通常属丈夫主导型决策；度假、孩子上学、购买和装修住宅则多由夫妻共同作出决定；清洁用品、厨房用具和食品的购买基本上是妻子做主，而饮料、花园用品等产品的购买一般是由夫妻各自自主作出决定。该研究还发现，越是进入购买决策的后期，家庭成员越倾向于联合作出决定。换言之，家庭成员在具体产品的购买上确有分工，某个家庭成员可能负责收集信息和进行评价、比较，而最终的选择尽可能由大家一起作出，即共同决策。

戴维斯等人的研究针对的是20世纪70年代欧洲的情况，其结论未必适合我国的情况，但至少启示我们应当开展类似的研究。在从事这类研究时，所获信息的信度和效度是一个应该引起重视的问题。通常，丈夫有夸大其在家庭决策中的影响和参与作用的倾向，妻子则更可能低估其影响力。一项研究发现，10%～50%的夫妇对于各自在家庭决策中的相对影响存在重大的分歧。

研究人员一直试图找出决定家庭人员相对影响力进而影响家庭决策方式的因素。奎尔斯（W. Qualls，1982）的研究识别了三种因素：家庭成员对家庭的财务贡献、决策对特定家庭成员的重要性以及夫妻性别角色取向。一般而言，对家庭的财务贡献越大，家庭成员在家庭购买决策中的发言权也越大。同样，某一决策对特定家庭成员越重要，他对该决策的影响就越大，因为家庭内部亦存在交换过程：某位家庭成员可能愿意放弃在某一领域的影响力而换取在另一领域的更大影响力。性别角色取向是指家庭成员多大程度上会按照传统的男、女性别角色行动。研究表明，不太传统、更现代的家庭，在购买决策中会更多地采用共同决策的方式。除了上述因素，我们通常认为，影响家庭购买决策的因素还包括以下方面。

1. 文化和亚文化

文化或亚文化中关于性别角色的态度，很大程度上决定着家庭决策是由男性主导还是女性主导。例如，在我国不发达的农村地区，由于家庭中的封建思想和重男轻女意识比较严重，家庭多以男性为核心。男性比女性有更多的受教育机会、更高的收入水平，在家庭中的地位更高，对家庭购买决策的影响自然更大。在我国的大城市（如上海、北京），人们受传统家庭观念的影响相对较小，家庭成员的地位比较平等，因此家庭决策过程中就更可能出现自主型、共同型甚至妻子主导型决策方式。当然，文化并非一个地理上的概念，即使生活在同一个城市，由于文化背景不同，人们对于性别角色地位的认识也会有相当大的差别，导致男性和女性在家庭决策中的影响力不同。

2. 角色专门化

随着时间的推移，夫妻双方在决策中会逐渐形成专门化角色分工。传统上，丈夫负责购买与机械和技术有关的产品，例如，他们要负责评价和购买汽车、保险、维修工具等产品；妻子通常负责购买与抚养孩子和家庭清洁有关的产品，如孩子的食物与衣服、厨房和厕所用的清洁剂等。随着社会的发展，婚姻中的性别角色不再像传统家庭中那样鲜明，丈夫或妻子越来越多地参与以前被认为应由另一方从事的活动。虽然如此，家庭决策中的角色专门化仍然是不可避免的。从经济和效率的角度来看，家庭成员在每件产品上都进行共同决策的成本太高，而专门由一个人负责对某些产品进行决策的效率会提高很多。

家庭中的角色分工与家庭发展所处的阶段密切相关。与建立已久的家庭相比，年轻夫妻组成的家庭会更多地进行共同型决策。之后，随着孩子的出生和成长，家庭内部会形成较稳定的角色分工。当然，随着时间的推移，这种分工也会发生相应的变化。

3. 家庭决策阶段

在家庭购买决策中，同样存在不同的阶段。家庭成员在购买中的相对影响力因购买决策阶段的不同而异。戴维斯等人在上文提到的研究中识别出家庭决策的三个阶段，即问题认知阶段、信息收集阶段和最后决策阶段。家庭决策越是进入后面的阶段，角色专门化通常变得越模糊。

4. 个人特征

家庭成员的个人特征对家庭购买决策方式亦有重要影响。诚如前文指出的，夫妻双方的影响力很大程度上取决于各自的经济实力，因此，拥有更多收入的一方在家庭购买决策中更容易占据主导地位。

个人特征的另一个方面是受教育的程度，妻子所受教育程度越高，她所参与的重要决策也就越多。一项研究表明，在美国受过大学教育的已婚妇女中，有 70%认为她们在选择汽车时有与丈夫同等的权利；而在只受过高中教育的妇女中，这一比例是 56%；在学历低于高中的妇女中，这一比例更低，仅为 35%。家庭成员的其他个人特征（如年龄、能力、知识等）也会直接或间接影响其在购买决策中的作用。

5. 介入程度及产品特点

家庭成员对特定产品的关心程度或介入程度是不同的。例如，对 CD 唱片、游戏卡、玩具等产品的购买，孩子可能特别关心，因此在购买这些产品时他们可能会发挥较大的影响；而对于父亲买什么品牌的剃须刀，母亲买什么品牌的厨房清洁剂，孩子可能不会关心，所以在这些产品的购买上他们的影响力比较小。

家庭购买决策方式因产品的不同而异。当某个产品对整个家庭都很重要，且购买风险很大时，家庭成员倾向于进行共同型决策；当产品为个人使用，或其购买风险不大时，自主型决策居多。此外，一些情境因素也会影响购买决策的方式，如当购买产品的时间充裕时，共同型决策出现的可能性增大；而当时间压力较大时，丈夫或妻子主导型以及自主型决策就更为普遍。

二、家庭决策与角色分配

（一）家庭消费者角色

家庭中的不同成员所扮演的社会角色是不同的，在制定购买决策时的行为方式也有所差别。例如，为制作午餐三明治而购买花生酱的人（丈夫）可能并不是做三明治的人（妻子），也不是吃三明治的人（孩子）。在家庭的购买行为中，由于家庭自然分工倾向的影响，其角色可以做如下划分：

信息收集者：指对某项购买有专长和兴趣的人。不同的信息收集者收集信息的时间和角度都不同。

影响者：指对评价选择、制定购买标准和作出最终选择有影响力的人。

决策者：指作出最后决定的人，当然也可能出现共同决策的情况。

购买者：指实际进行购买活动的家庭成员，购买者与决策者可能不同。

消费者：指消费或使用某种产品的人，许多产品都有多个消费者。

这种角色分工是典型理论意义上的划分，它对于分析家庭消费行为与心理有重要作用。但在实际生活中，某一家庭成员既可以是某一角色的扮演者，也可以同时是两个、三个甚至所有角色的扮演者。从消费者分析的角度来看，每个家庭成员的角色和行为都可以看成是其他家庭成员所处的社会环境。因此，研究家庭作出购买决策的过程，需要营销人员仔细分析家庭成员间的相互作用及其带来的影响。对于营销人员来说，这是一个难度很大的课题。

针对家庭购买的产品制定营销战略时，需要注意以下几个问题：

(1) 产品是为个人买的，还是供大家一起使用的？

(2) 产品是由个人去选购，还是由大家一起去买？

(3) 产品是否很昂贵？购买它是否会影响到家庭购买其他产品？

(4) 家庭成员对产品的价值是否存在异议？如果是，怎样才能减少冲突？

(5) 要购买的产品是否可以供家庭中的多个成员使用？如果是，有必要对产品进行改进以满足不同人的要求吗？

(6) 哪位家庭成员会直接影响产品的购买决策？要使用什么媒体和信息来说服他人？

(7) 目标市场中的各个家庭或者各家庭成员是否对某家商店有偏爱？

对于这些问题的答案直接影响到营销战略的制定。例如，如果一款汽车要用于接送10岁多的孩子上学，而另一款汽车是供成人上班使用，这两款汽车在付款方式、价格、促销信息的发布和媒体的选择等方面采取的营销战略必然不同。

(二) 家庭成员对家庭购买决策的影响

家庭购买决策研究中最重要的几个方面是：(1) 产品种类和家庭购买决策模式之间关系的差异；(2) 丈夫/妻子在家庭中扮演什么样的角色；(3) 谁对购买决策拥有决定权。关于家庭购买决策制定过程中的消费者分析的研究相对较少，其中一篇综述做出了如下总结：

(1) 丈夫/妻子的介入程度因产品不同而不同；

(2) 对同一类产品，丈夫/妻子的介入程度因决策和决策的阶段不同而变化；

(3) 在不同的家庭中，丈夫/妻子对任何一个消费者决策的介入程度都是不同的。

总之，在购买决策的每个阶段，家庭成员的介入程度都是不同的。就某个特定的营销问题而言，研究人员必须动态地研究问题：哪些家庭成员会参与购买决策的制定过程，他们各自扮演什么角色，谁的影响最大，等等。这些分析有助于我们制定出针对特定目标市场的营销战略。

三、家庭决策中的冲突

(一) 家庭冲突与影响因素

当家庭成员的需要和偏好不完全相同时，就容易发生冲突。争抢电视遥控器，选择不同的旅游目的地等都是典型的家庭冲突。一般情况下，当家庭成员觉得自己很重要，或者对备选方案有强烈看法时，决策就会陷入成员间的冲突之中。一般而言，影响家庭冲突的主要因素有：

1. 人际关系的需求

一个人在团体中投入的程度决定了家庭冲突的程度。一个人越在乎其家庭成员，家庭冲突的程度就越小。例如，家庭成员在幼年时期对家庭人际关系的需求较强，但到了青少年时期则因为同伴关系的重要性相对增加，对于家庭关系的需求降低，所以该成员与家庭的冲突会较严重。

2. 产品的卷入和效用

考虑购买的产品将被使用的程度或满足需要的程度。如果某一家庭喜爱旅行，那么相比其他同等支出的消费品，会更偏好购买旅游产品，而不是将预算用于购买家庭影院。坚持程度越强烈，冲突就会越严重。

3. 责任

当购买决策的责任分配和义务承担与家庭成员不匹配时，容易产生家庭冲突。例如，子女喜欢购买宠物，但父母通常会反对。因为宠物需要日常照顾，而这些琐碎的事情通常由父母承担，子女往往享受饲养宠物的权利而不尽照顾宠物的义务，父母与孩子之间就会发生冲突。

4. 权利

在制定决策时，不同家庭成员对其他人的影响程度不同。例如，在传统家庭中，丈夫比妻子的权利大，父母比儿女的权利大。在家庭决策中，如果某人不断利用自己在群体中的权利优先考虑自己的需要，冲突就会发生。

（二）冲突的解决

学者们提出了以下冲突解决策略：问题解决、说服、协议及投票（见图7—1）。问题解决策略要求家庭成员收集更多的信息，或增加新的选择对象，因为如果目标/价值一致，只是感知不同，获取信息和分享信息往往就可以解决冲突。说服策略需要进行目标层次方面的教育，妻子可能认为大而安全的轿车最符合全家人利益，因为他们需要带孩子外出。协议策略则需要交换好处

评估 \ 目标/价值	一致	分歧
分歧	问题解决	协议及投票
一致	无冲突	说服

图 7—1　冲突解决

（如果丈夫同意购买妻子所喜欢的汽车，作为交换，他就可以买一套带书房和地下室的房子）。如果目标和评估分歧非常大，以致协议策略都行不通，就要采取投票策略。在投票策略中，家庭成员内部分成几个联盟或小组，按少数服从多数的方式来解决冲突。

第4节 消费者社会化

社会化也是人的社会行为的塑造过程。通过这一过程，人们形成了为其生存环境所认可的社会行为模式，对其所生存的社会文化环境中的各种简单与复杂的刺激能够给予合适、稳定的反应。社会化总是随着人们所具备的不同条件而有选择性地形成。由于人们在性别、年龄、智力、体质、遗传特性、生理状态等方面有不同特点，其社会化过程的内容不同，即使生活在同一社会环境里，每个人的思想意识和行为方式也不会完全相同，这一方面是由于人的素质不同，另一方面则是由于社会对个体的行为范围和要求不同。因此，每个人的社会化过程都是不同的。

一、儿童消费者社会化

孩子是如何成为消费者，适应并参与各种市场交易的呢？一项研究表明，7～12 岁的孩子有很强的品牌偏好，不识字的孩子也能认出品牌的标志，如麦当劳的金色拱门。

消费者社会化（consumer socialization）是指获取与市场活动有关的知识、偏好和技能的过程。也就是说，当孩子们对下列各项中的一项或几项进行学习时，消费者社会化过程就发生了。

- 对品牌和产品选择对象的偏好；
- 关于产品特点和市场运作的知识；
- 作出明智决策的技能，如对价格和产品进行比较、辨别广告和销售人员的承诺、在各种选择对象之间进行权衡（包括在买与不买之间进行权衡）。

研究者约翰（D. R. John，1999）称，“消费者社会化可视为孩子们一步步成长为成熟的消费者的发展过程”。她将消费者社会化划分为三个阶段：感知阶段、分析阶段和思考阶段。在感知阶段（3～7 岁），孩子们往往更强调感知，而不是抽象的和象征性的思考。他们的消费知识具有感知性的特点，只在感知的层面加以区别，通常这种感知是建立在单一维度或属性基础之上的。他们可以在市场上认出品牌和零售店，但对它们没有深入的了解。在影响策略和决策制定方面，处在感知阶段的孩子只能从自身的角度看待事物。他们可能知道别人和他们的观点不同，但是不能将别人的观点融入决策制定。在分析阶段（7～11 岁），孩子们能够通过细致的分析来处理环境中的问题。这一阶段的特点是孩子的信息处理能力提高，对市场上的产品类别、价格、广告和品牌等因素有更好的理解。他们能够利用一种以上的维度或属性进行评估，他们的决策制定方法更具适应性、更加灵活，并可能将家人和朋友的观点融入决策制定。在思考阶段（11～16 岁），孩子们的信息处理能力与社交技巧已经发展得比较完善，他们对品牌、价格、广告以及促销活动有很清楚的理解。他们完全明白别人的观点，并针对各种情景和任务来作出消费决策。他们的影响策略也是战略性的，他们会根据被影响者的最佳接受方式来选择其影响战略。

因此，我们得出结论：在儿童的消费者社会化过程中，有两个因素起作用，即认知性因素和环境性因素。认知性因素是与年龄有关的心智能力。环境性因素是促进儿童社会化的中介（信息来源和影响）因素，包括：大众媒体、同龄人和家人。家人对孩子的整体社会化的影响最强，且不仅仅限于他们作为消费者的社会化过程。随着孩子年龄的增长，同龄人的影响以及媒体的影响越来越大，家庭的影响则可能降低。

二、成人消费者社会化

社会化过程并不仅限于儿童时期，它是一个持续的过程。社会化开始于早期的儿童阶段并持续贯穿人的一生，这一观点现在已被广泛接受。例如，当一对新婚夫妇建立家庭后，就需要不断调整共同生活和消费的方式，这就是社会化过程的一部分。类似地，决定搬迁到外地的一对退休夫妻的调整也是社会化过程的一部分。甚至接纳一个宠物进入家庭，家庭成员也必须面对使宠物社会化，以使宠物适应家庭氛围这一挑战。调查研究表明，宠物的主人通常把宠物当作真正的家庭成员对待。例如，78%的受访者承认他们通常用不同的语调对他们的宠物说话。

三、几代人之间的社会化

对某种产品的忠诚或对某品牌的偏爱将从一代传给另一代，这是十分普遍的现象。几代人之间的品牌转移甚至可能发生在同一家庭的三代人或四代人之间。例如，花生奶油、蛋黄酱、番茄酱、咖啡和罐装汤都是从一代传到另一代的产品种类。图 7—2 列出了社会化过程的一个简单模型，这个例子关注的是儿童的社会化，但是这个过程能够扩展到各个年龄阶段的家庭成员。注意箭线在年轻人与其他家庭成员之间以及年轻人与其朋友之间是双向的，这种双向箭线表明社会化确实是一种双向路径，在这种双向路径中，年轻人在自身社会化的同时又影响正在社会化的他人。可见，任何年龄的儿童都经常影响他们父母的看法和行为。

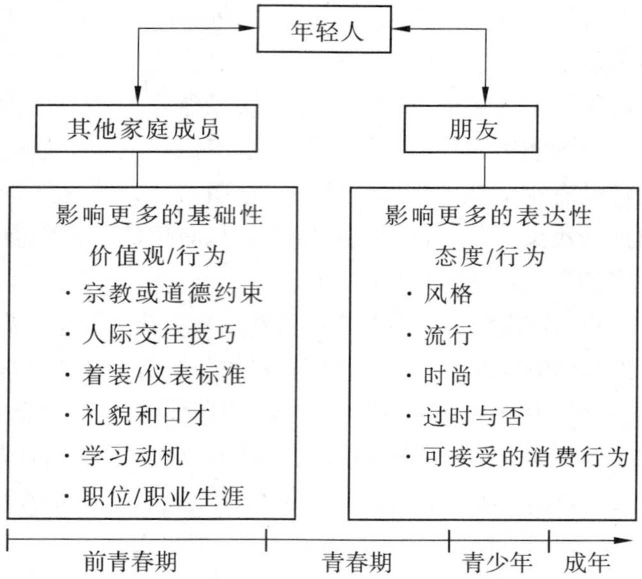

图 7—2 社会化过程的一个简单模型

第 5 节 家庭和营销启示

随着生活节奏的不断加快，双收入家庭（如今有孩子的已婚家庭中双收入家庭占 2/3）和单亲家庭的增加，对于许多人来说，时间变得越来越宝贵。许多消费者都感到时间不够用，希望尽可能节约时间。相对来说，很少有营销人员考虑为消费者节省时间，但是他们有可能迎合消费者希望节省时间的心理。这并不需要高深复杂的战略。下面是一些可以为消费者节省时间的营销战略。

（一）提供信息

若为消费者提供信息来帮助消费者正确选择商品，就可以让消费者节省时间，并减轻购物压力。例如，优酷之类的视频网站通常会建立一个数据库，消费者通过计算机可以很快地找到某个导演或者影星的电影；上淘宝网，人们可以借助图片展示来选择所要购买的服装的款式、颜色和风格；当当网或者亚马逊会根据顾客以前的购书经历推荐更多可供选择的图书。

（二）帮助制定计划

为了减轻时间压力，人们常会事先做好自己的购物计划。营销人员可以帮助消费者制定这样的购物计划，以减轻消费者购物时的压力。服装店和家电陈列室中出色的销售指导可以帮助消费者制定购物计划。如果顾客没要找到想购买的商品，营销人员可以向他们推荐替代品。

（三）开展店铺外销售

虽然购物曾经是消费者所向往的乐事，但是现在许多消费者宁可在家休息，也不愿意逛商场。这种趋势为零售店带来了很大的难题，但是也为其他销售方式创造了机会。例如，雅芳采用直销方式，由直销员把产品销售出去；许多消费者采用有创意的组合方式购物（将网购与实体店购物等其他方式相结合）。

（四）自动化

公司可以依靠自动化来加速产品的传输过程。在 Wegmans 超市——一家位于美国东北部的超市连锁店，顾客可以使用计算机输入他们购买熟食的订单，这样就不必排队等待了，他们可以在离开商店时取走自己订购的食物。A&P 和 Shop Rite 正在对自己的自动化结算系统进行试验以减少消费者付款的等待时间。Hertz 和 Alamo 等汽车租赁公司在各大机场提供自动化的结算服务，消费者把汽车放在停车场后就可以当场拿到发票，不用等待就可以进入机场了。

（五）加快递送速度

对于一个时间紧迫的消费者来说，没有什么事情比一整天待在家里等待服务人员来给自己修理洗衣机更令人不愉快了。通用电气公司多年来一直按照约定准时为自己的客户服务。西尔斯现在可以周一到周六全天（包括夜晚）为顾客提供维修服务。位于加利福尼亚帕萨迪纳市的 Vons 百货公司提供 1 400 多种产品的送货服务。设想一下，如果消费者可以在一家商店里得到众多的服务（服装干洗、修鞋、小家电维修、邮寄），效果会怎样呢？

第 6 节　群　体

现实生活中，每个消费者都生活在一定的群体之中，如家庭、学校、单位、左邻右舍或朋友。比如，你在决定穿什么服装参加聚会时，可能会考虑参加聚会的其他人的反应。又如，你在参加祖父母结婚周年纪念活动时，在参加一位好友的毕业晚会时，会有不同的行为。这些行为都是群体影响和群体期待的产物。社会心理学家的相关理论指出，人们作为社会成员在共同生活、交往的过程中具有相互影响的特点。人们的消费行为也同样如此，不可避免地受到这些群体的直接或间接影响。此外，群体还是消费者社会化和学习的基本媒介。因此，了解群体对于理解消费者行为至关重要。

一、群体和参照群体

群体（group）是指两人或两人以上，为了达到共同的目标，以一定的方式联系在一起进行活动的人群。群体的规模既可以比较大，如十几人组成的团队；也可以比较小，如经常一起上街购物的两个朋友。群体成员之间一般有较频繁的接触和互动，从而能够相互影响。社会成员构成的群体，应具备以下基本特征：（1）群体是一个多数人的集合，群体成员需要一定的纽带联系起来。（2）成员之间有共同的目标和持续全面的互相交往。（3）群体成员有共同的群体意识和规范。（4）根据任务划分，群体成员之间有组织性，在成员中产生整体观念。

从消费者行为学的角度分析，研究群体影响至关重要。首先，群体成员在接触和互动过程中，通过心理和行为的相互影响与学习，会产生一些共同的群体意识和规范，他们对消费者的行为将产生潜移默化的影响。其次，群体规范和压力会促使消费者不自觉地与群体的期待保持一致。即使是那些个人主义色彩很浓、独立性很强的人，也无法摆脱群体的影响。最后，很多产品的购买和消费是与群体的存在和发展密不可分的。比如，加入某一影迷俱乐部，不仅要参加俱乐部的活动，而且要购买与俱乐部形象相一致的产品，如印有某种标志或该影星头像的衣服、饰物等。

参照群体（reference group）是指对消费者形成的信仰、态度、行为起到参考作用的一个群体。群体的含义有一个逐渐变化、完善的过程。起初它是指家庭、朋友等在个体之间有互动的群体，现在不仅包括具有互动基础的群体，而且涵盖个体没有直接接触但对个体行为有一定影响的个人和群体。诸如明星、政治领袖和其他公众人物的行为举止都有可能影响消费者行为。

海曼（H. Haman，1942）强调了参照群体概念中能用来与他人进行比较且可以解决问题的参照点。后来，凯利（H. Kelley，1966）强调了参照群体的规范性影响，把参照群体分为两类：为自我评价而用作比较标准的群体，当作个体价值观念、规范和态度的源泉的群体。这样参照群体就具有了规范和比较两大功能，前者是指建立一定的行为标准并使个体遵照这一标准，后者是指个体把参照群体作为评价自己和别人的比较标准和出发点。

二、参照群体的类型

按照不同的标准，我们可以对参照群体进行不同的划分。例如，根据消费者是否属于群体以及群体对个体态度和行为的影响，可以将其分为会员群体、向往群体、拒绝群体和回避群体四种类型（见图 7—3）。

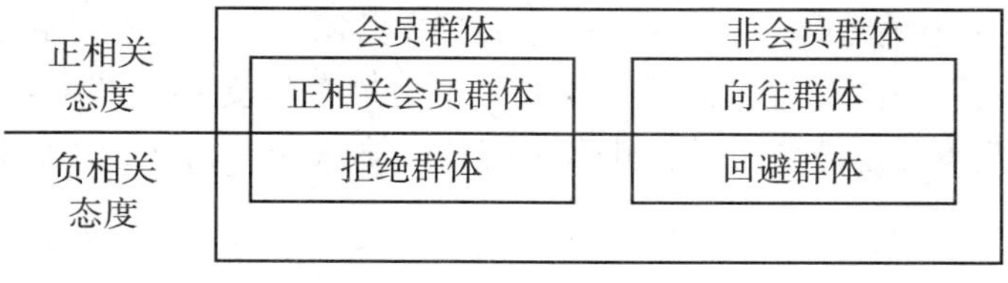

图 7—3　参照群体的类型

1. 会员群体

会员群体指这样一种群体，个体已经是群体的一员，且个体一般对群体持有正面肯定的影响。根据会员群体的互动作用和接触的频繁程度又分为主要群体和次要群体；根据群体的组织建设结构又分为正式群体和非正式群体（见图 7—4）。一项研究表明，频繁接触的群体成员购买相同品牌产品的可能性更大，换言之，有社会关系的人比没有相互关系的人具有更高的品牌一致性。另一项研究表明，在消费活动中非正式群体比正式群体起到更大的作用，也就是说，非正式群体会员对品牌选择一致性的影响更大，其影响程度取决于群体的凝聚力。具体来说，主要的正式群体是指成员之间经常接触，但地位、作用和权限非常明确的群体。例如，同班同学、工作单位的同事等就属于这个群体范畴。主要的非正式群体是指像家庭、朋友、亲戚等那样经常接触，并且是以亲切感来影响消费行为的群体。尽管这些群体是非正式的，但他们之间的互动性较强。次要的正式群体是指其成员之间并不经常接触，但有一定组织形式的群体。例如，大学中的同学会或者其他一些自发组织的学会、俱乐部等。次要的非正式群体是指那些虽然没有很强的凝聚力，但是可以直接影响购买行为的群体，如购物群体、消费群体等。有研究表明，在与其他消费者共同购物或者消费时，消费者一般都会比原计划购买更多的产品。

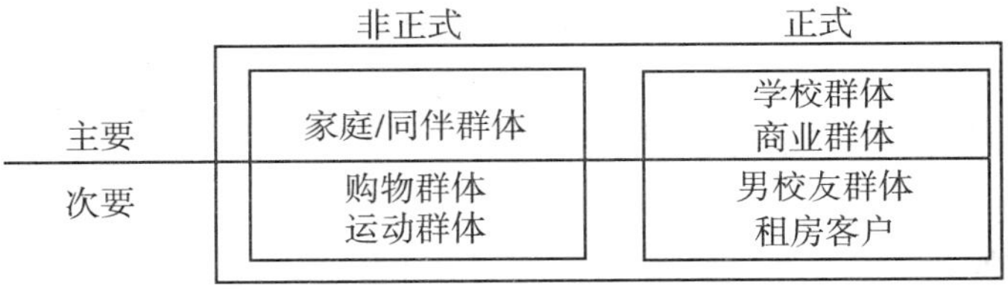

图 7—4　会员群体的类型

2. 向往群体

向往群体指渴望加入并追求心理认同的群体。向往群体根据接触程度可以分为预期性的向往群体和象征性的向往群体两种类型（见图 7—5）。具体来说，预期性的向往群体是个体希望加入并保持经常接触的群体。例如，对于一些普通工人来说，公司管理层就是一种预期性的向往群体，这是因为在市场经济环境下，人们一般会将财富、名誉及权力地位等看作重要的社会地位的象征。又如，高级服装、品牌化妆品广告中强调社会成就感或者荣誉感，就是因为人们都有向往群体的心理特征。象征性的向往群体则是个体没有成为其成员的可能性，但乐于接受其价值观念、态度和行为准则的群体。这也是广告中利用名人来形成名人效应的原因。

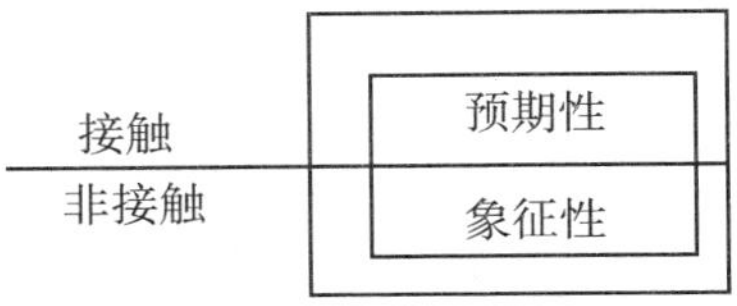

图 7—5　向往群体的类型

3. 拒绝群体

拒绝群体是指这样一种群体，人们隶属于它，并且经常面对面接触，但并不认同和接受其群体的价值观念、态度和行为等。例如，有些人虽然工作和生活在某个社会圈子内，但他根本就不认同该群体的某些重要的价值观念、文化观念、准则及行动方式等，从而在言谈举止上表现出一些"另类"行为，与周围的人显得有些格格不入。但是，由于某种原因，他又不能离开这个群体，必须与其他群体成员继续保持一定的接触和联系。例如，有些青少年对父母的教育方式感到厌倦和逆反，经常采取某些策略做出一些与父母要求相悖的事情。

4. 回避群体

回避群体是指人们不愿意与之发生联系，并且也没有面对面接触的群体。对于这些群体，人们总是会想尽方法避开它，并为此找到一些能够与之明确划清界限的标志，如穿戴某种品牌的服饰、驾驶某种品牌的汽车、参加某个俱乐部、在某种档次的饭店就餐等。例如，大多数社会成员都会拒绝吸毒者、黑社会等回避群体的嗜好和行为等。通常，大多数消费者更容易在得到肯定的动机下产生信念或态度。因此，在为自己的产品做广告时，企业应该更多地利用得到肯定的参照群体（如受到人们欢迎的正面人物）的正面效应来打动消费者，而尽可能不让回避群体（如受到人们憎恨的反面人物）在广告中单独出现。

三、参照群体对消费者的影响

参照群体的活动、价值与目标都会直接或间接地影响消费者的行为。营销人员要特别注意参照群体的三种影响方式：参照群体会提供信息并影响个人的认知、需求与偏好；参照群体的规范可以强迫或刺激消费者行为；参照群体可能会成为个人认同的楷模。

参照群体对于消费者的影响主要有以下三种类型（见表 7—3）。

表 7—3　　参照群体所施加影响的类型

影响类型	目标	可感知的来源特性	权力类型	行为
信息影响	获得知识	可信度	专家权力	接受
比较影响	自我维护和充实	相似性	参考权力	认同
规范影响	得到报酬	权力	报酬或强迫权力	遵守规范

资料来源：Robert E. Burnkrant and Alain Cousineau, "Information and Normative Social Influence in Buyer Behavior," *Journal of Consumer Research*, 2, December 1975, 207.

（1）信息影响（informational influence）：指参照群体成员的行为、观念、意见被个体作为有用的信息予以参考，由此对其行为产生影响。当消费者对所购产品缺乏了解，凭眼看手摸又难以对产品品质作出判断时，他人的使用和推荐将被视为非常有用的证据。群体在这一方面对个体的影响取决于被影响者与群体成员的相似性，以及施加影响的群体成员的专业程度。例如，某人发现好几位朋友都在使用某种品牌的护肤品，于是决定试用一下，因为这么多朋友使用它，意味着该品牌一定有其优点和特色。

（2）比较影响（comparative influence）：消费者购买某种产品时，经常将自己的态度与那些重要群体的成员进行比较，从而产生比较影响。每个人都会有一些角色楷模，这些角色楷模是他们所认同或者自我期望所投射的对象。例如，运动明星、电影明星、政治明星往往是很多人的角色楷模，也是很多消费者追逐模仿的对象。因此，消费者会去比较和模仿角色楷模的行为、所购买的产品及其生活方式。

（3）规范影响（normative influence）：是指群体要求成员遵守一定的规范而施加的影响。规范是指在一定社会背景下，群体对其所属成员行为合适性的期待，是群体为其成员确定的行为标准。无论何时，只要有群体存在，无须进行任何语言沟通和思考，规范就会迅速发挥作用。规范影响之所以发生和起作用，是因为奖励和惩罚的存在。为了获得赞赏和避免惩罚，个体会按照群体的期待行事。广告商声称，如果使用某种商品，就能得到社会的接受和赞许，利用的就是群体对个体的规范影响。同样，宣称不使用某种产品就得不到群体的认可，也是运用了规范影响。

有关参照群体三种影响方式的条件，参见表 7—4。另外，在上述三种影响方式中，相对影响力的大小仍应视其所针对的产品类型而定。一般而言，最容易受到信息影响的产品，是那些技术上比较复杂的产品（例如，电脑、汽车、摩托车、液晶电视、空调），或者在选择时需要客观信息准则的产品（例如，保险、医生、头痛药）。容易受到比较影响的产品有汽车、摩托车、衣服和家具。商品的外显性越强，规范影响越大。

表 7—4　　信息影响、比较影响和规范影响的条件

信息影响
1. 个人从独立的专家群体或者与产品有关的内行那里，咨询有关产品不同品牌的信息。
2. 个人从那些对品牌有可靠知识的朋友、邻居、亲戚或者同事那里，咨询品牌相关的知识和经验（例如，甲品牌的香水与乙品牌的香水相比孰优孰劣）。
3. 个人对专家行为的观察会影响它对品牌的选择（例如，观察警察所驾驶的汽车的款式或者维修人员所购买的电视机品牌）。
比较影响
1. 个人感到购买或者使用某一特定品牌能改善别人对他的印象。
2. 个人觉得购买某一特定品牌能帮助自己在别人面前显示真实身份或想要表现的身份（诸如运动员、成功的商业人士等）。
3. 个人感到那些购买或使用某一特定品牌的人具有他所想要拥有的特征。
4. 个人有时觉得像广告所展示的使用某特定品牌的那些人一样很好。
规范影响
1. 个人决定选择某一特定品牌受到那些与他有社会交往的人的偏好的影响。
2. 个人决定选择某一特定品牌受到家庭成员偏好的影响。
3. 个人想满足别人对自己的期望的愿望会影响其品牌选择。

资料来源：Robert E. Burnkrant and Alain Cousineau，"Information and Normative Social Influence in Buyer Behavior，" *Journal of Consumer Research*，2，December 1975，207.

第 7 节　群体和营销启示

由于群体对消费者的影响普遍存在，因此对于企业来说，制定相应的营销策略可以大幅提升产品销售量与品牌知名度。

一、亲和力营销

亲和力营销是市场营销活动中一种常用的基于参照群体影响的营销策略。亲和力是指个体消费者对某一品牌的忠诚度以及该品牌对消费者的反应。亲和力营销是指将群体识别与消费者个人生活相联系，从而加深消费者对会员群体或者象征性群体的识别的影响。例如，信用卡公司为了增加新会员、留住老会员，可能会向大学毕业生发行信用卡，为了提高信用卡的形象，也可能向电视台的主持人发行，这样就可以使信用卡的会员更加感受到群体的归属感。

二、广告代言策略

利用广告代言人影响目标受众的购买行为也是参照群体影响在营销活动中的应用。一般来说，广告代言人有四种类型：名人、专家、“普通人”及经理。

1. 名人代言

在广告中，名人（尤其是影视明星和体育明星等）是非常有威力的武器，他们对广大目标受众具有广泛的感召力和影响力。例如，迈克·乔丹就曾为耐克鞋签名，为纳恩斯内衣代言，将名字借用给古龙香水。尽管利用名人做广告可以帮助宣传，但广告成功的关键还在于名人被消费者认可或接受的程度，名人做广告也存在一定的风险。

2. 专家代言

一般来说，专家是指那些在某一方面有着独特见解或深入了解的人，他们可能比其他代言人更好地帮助消费者作出购买决策。例如，医生、律师、电气工程师和营养学家等受过专门的训练，具备专门知识和经验，作为参照群体可以产生公信力和说服力。但是利用专家代言需要额外关注以下两个问题：一是保持专家的公正性和客观性，避免公众对专家的怀疑；二是遵守相关的法律法规，避免广告的内容和形式违反相关的法律规范。

3. “普通人”代言

这是利用感到满意的顾客的体验来推荐企业的产品或服务。将“普通”消费者作为参照群体，向目标受众表明像他们一样的顾客在使用了广告产品或服务后会感到非常满意，极易引起公众的共鸣，可以取得很好的效果。现实中，越来越多的广告开始采用这种代言方式，由于产品与大多数个体的生活相联系，因而都取得了不错的促销效果。

4. 经理代言

近年来，以公司经理或总裁作为广告代言人的做法日益盛行。公司的总经理，尤其是大公司的领导者，一直都是社会关注的焦点，富有传奇色彩的经历和令人羡慕的成功经验使得他们备受公众的仰慕和崇拜。以他们作为广告代言人和参照群体，无疑能够吸引更多消费者的注意，从而达到预期的促销效果。

三、人员推销策略

事实上，利用从众压力也可以推销产品或服务，这也是参照群体影响在人员推销活动中的具体应用。人员推销的阿什齐模式就说明了这一点。一组潜在顾客——一些小企业的老板和推销人员被带到某个地方参加销售展示会。当某种设计得到展现时，做演示的推销人员迅速观察群体中每个人的表情，以便发现最赞赏该设计的那个人（如不断点头的那个人）。然后询问点头者的意见，他肯定会表示赞同。此时，推销人员请他详尽地发表评论和意见，同时观察其他人的神情，以发现更多的支持者，并询问下一个最赞同者的意见。这样一直问下去，直到起先最不赞同的人被问倒。如此一来，鉴于第一个赞同者的榜样作用以及群体对最后一个人所产生的压力，最终，推销人员使得群体中的全部或者大部分人对该设计作出正面的评价。

思考题

1. 简述家庭和住户的区别，以及它们对营销人员有什么重要意义。
2. 什么是家庭生命周期？如何理解传统的家庭生命周期和非传统的家庭生命周期？
3. 说出你参与的三个不同的家庭购买决策制定过程。你在这些过程中分别扮演了什么角色？在决策制定过程中，家庭成员之间是怎样相互影响的？
4. 给出你所经历的家庭购买决策制定过程中发生冲突的例子。什么样的营销战略有助于减少这些冲突？
5. 提出两种影响你的消费行为的参照群体。它们属于本章讨论的哪种类型，对你有什么影响？
6. 从营销者的角度出发，讨论各类参照群体影响有什么优点和不足？
7. 简述参照群体如何对奢侈品和必需品的选择造成影响。
8. 什么是消费者社会化？有关它的知识对营销经理有何用处？

第8章

社会阶层和文化对消费行为的影响

学习目标

- 了解社会阶层的概念、种类和测度。
- 通过分析不同社会阶层的消费行为，明确社会阶层给营销者的启示。
- 了解文化的含义和内容，掌握消费者的文化价值观对消费行为的影响。
- 了解跨文化差异和亚文化，明确文化差异对消费者产生的影响。

在中国很少谈及社会阶层，对当今中国的社会阶层究竟如何划分尚无统一认识。而在美国，就这一问题已经形成比较一致的观点：上层社会是由富裕的人群组成的，他们只占人口的很少比例；与其他社会阶层的人群相比，上层社会为社会做贡献的可能性更大，例如，他们更愿意参加志愿者活动，并积极参与社会公益事业。在消费购买模式上，富裕阶层的消费者拥有自主产权的房屋，购买新汽车和卡车的可能性更大，而吸烟的可能性更小。极其富裕的阶层将较多的钱花费在建设自己的度假别墅、休闲娱乐、雇人进行家务管理和庭院管理上，以此炫耀自己的财力。顶级富豪将更多的钱花在私人飞机、游艇和艺术品收藏上，该阶层的消费者更有可能参加艺术品拍卖会，光顾画廊，欣赏歌剧，购买珠宝、古董和奢侈品。

社会的阶层结构从人类文明产生以来就长期存在。某些特定的个人和家庭通过所拥有的财富或者所从事的职业为自己争得一定的社会地位，从而形成特定的社会阶层。同一个社会阶层的消费者有着基本相似的社会地位，从而共同享有财富、权利、影响、认知以及声望等。不同社会阶层的消费者显然是与不同的消费行为和产品选择相联系的，进而形成一套独特的行为模式。因此，社会阶层这一概念对企业的营销活动意义非凡，但不是所有的消费者行为都因社会地位的不同而不同。事实上，大多数行为都是各社会阶层消费者所共有的。

本章首先介绍社会阶层的概念、种类和测度方法，以及不同社会阶层的消费行为。其次，探讨文化的含义与内容以及不同文化价值观的消费者行为。最后介绍跨文化差异和亚文化群，并提出相应的营销策略。

第 1 节　社会阶层

第 7 章研究了家庭的概念。对于所有人来说，家庭是最重要的社会群体之一，对个体的消费行为——尤其是对与消费者和消费相关的价值观、消费偏好以及行为模式的建立有重要影响。在成长过程中，个人与家庭之外的互动越来越多，人们开始把自己与身边的人进行比较，经常形成某种“社会等级”模式，以便知道自己在整个社会体系中处于什么位置。因此，社会阶层作为消费行为的变量具有重要意义。

一、社会阶层概述

（一）社会阶层的概念

社会阶层（social class）是由具有相同或类似社会地位的社会成员组成的相对持久的群体。每一个个体都会在社会中占据一定的位置，有的人占据非常显赫的位置，有的人则占据一般的或较低的位置。这种社会地位的差别，使社会成员分成高低有序的层次或阶层。社会阶层是一种普遍存在的社会现象，不论是发达国家还是发展中国家，不论是社会主义国家还是资本主义国家，均存在不同的社会阶层。产生社会阶层的最直接的原因是个体获取社会资源的能力和机会的差别。社会资源是指人们所能占有的经济利益、政治权力、职业声望、生活质量、知识技能以及各种能够发挥能力的机会和可能性，也就是能够帮助人们满足社会需求、获取社会利益的各种社会条件。导致社会分层的终极原因是社会分工和财产的个人所有。社会分工的不同形成了不同的行业和职业，并且在同一行业和职业内形成了领导和被领导、管理和被管理等错综复杂的关系。当这类关系与个人的所得、声望和权力联系起来时，就会在社会水平分化的基础上形成垂直分化，从而形成社会阶层。

（二）社会阶层的性质

1. 社会阶层展示一定的社会地位

如前所述，一个人的社会阶层是与其特定的社会地位相联系的。处于较高社会阶层的人必定拥有较多的社会资源，在社会生活中具有较高的社会地位。他们通常会通过各种方式，展现其与社会其他成员的不同之处。社会学家凡勃仑所阐释的炫耀性消费，实际上反映的就是人们显示其较高社会地位的需要与动机。由于决定社会地位的很多因素（如收入、财富）不一定是可见的，因此人们需要通过一定的符号将这些不可见的成分有形化。按照凡勃仑的说法，在每一个社会阶层都会有一些人试图通过炫耀性消费告诉别人他们是谁，处于哪一个社会层次。研究发现，即使在今天，物质产品所蕴涵、传递的地位意识在很多文化中也非常普遍。

2. 社会阶层的多维性

社会阶层并不是单纯由某一个变量（如收入或职业）决定的，而是由包括这些变量在内的多个因素共同决定的。决定社会阶层的既有经济层面的因素，也有政治和社会层面的因素。在众多的决定因素中，一些因素比另外一些因素所起的作用更大。收入常被认为是决定个体处于哪个社会阶层的重要变量，但在很多情况下它可能具有误导性。比如，在我国改革开放初期，出租车司机、城郊菜农的收入比一般的大学教师和工程师高，但从社会地位和所处的社会层级来看，后者显然高于前者。除了收入，职业和住所亦是决定社会阶层的重要变量。一些人甚至认为，职业是表明一个人所处社会阶层的最重要的指标，因为从事某些职业的人更受社会的尊重。

3. 社会阶层的层级性

从最低的地位到最高的地位，社会形成一个地位连续体。不管愿意与否，社会中的每一个成员实际上都处于这一连续体的某一位置上。那些处于较高位置的人被归入较高层级，反之则被归入较低层级，由此形成高低有序的社会层级结构。社会阶层的这种层级性在封闭的社会里表现得更为明显。层级性使得消费者在社会交往中要么将他人视为是与自己同一层级的人，要么将他人视为是比自己更高或更低层级的人。这一点对于营销者而言十分重要。如果消费者认为某种产品主要被同层级或更高层级的人消费，他购买该产品的可能性就会增加；反之，如果消费者认为该产品主要被较低层级的人消费，那么他选择该产品的可能性就会减少。

4. 社会阶层对行为的限定性

大多数人在与自己处于类似水平和层级的人交往时会感到很自在，而在与自己处于不同层级的人交往时会感到拘谨甚至不安。为此，社会交往较多地发生在同一社会阶层之内，而不是不同阶层之间。同一阶层内社会成员的交流和互动会强化共有的价值观和社会规范，从而使阶层内成员间的相互影响加强。而不同阶层之间的互动较少，会限制产品和其他营销信息在不同阶层的成员之间流动，使得彼此的行为呈现更多的差异性。

5. 社会阶层的同质性

同一阶层的社会成员在价值观和行为模式上具有共同点和类似性。这种同质性很大程度上是由他们的社会经济地位决定的，同时也与他们彼此之间频繁的交流和互动有关。对于营销人员来说，同质性意味着处于同一社会阶层的消费者会订阅类似的报纸、观看类似的节目、购买类似的产品、到类似的商场购物、到类似的饭店吃饭，这为企业根据社会阶层进行市场细分提供了依据和基础。

6. 社会阶层的动态性

随着时间的推移，同一个个体所处的社会阶层会发生变化。个体可以在不同社会阶层内部或社会阶层之间流动。一般来说，越是开放的社会，社会阶层的流动性越大；越是封闭的社会，社会成员从一个阶层进入另一个阶层的机会就越小。比如，改革开放前的中国具有封闭的特征，改革开放后则具有开放的特征，社会流动的机会截然不同。社会成员在不同阶层之间的流动主要由两方面促成：一是个人因素，二是社会条件的变化。个人因素可能是天赋的，即先天就具有的；也可以是自致的，即后天努力得到的。

二、社会阶层的种类和测度

对社会阶层的衡量并没有一致的看法。在很大程度上，研究者对社会阶层中的维度并不确定，为了解决这个难题，研究者采用了多种衡量技术开展研究，并认为这些技术能够对社会阶层做出合理的解释。

系统地衡量社会阶层的方式可以划分为以下两类：主观衡量（subjective measures）和客观衡量（objective measures）。

（一）主观衡量

在主观衡量方式中，个体被要求估计自己的社会阶层位置。这类衡量方式的典型做法是要求回答一些问题，下面提供了一个例子。

下列四类中，哪一个最能描述你的社会阶层：

下层	[ ]
下中层	[ ]
上中层	[ ]
上层	[ ]
不知道/拒绝回答	[ ]

根据这种结果形成的社会阶层划分是基于参与者的自我认知或自我意象。社会阶层被看作一种个人现象，这种现象反映了个体自己对于其他人的归属和识别的判断。这种社会群体成员感通常被称作阶层意识（class consciousness）。

社会阶层主观衡量方式容易导致过多的人将自己归入中层（而某些人——“边缘人”——更确切地说应该归入下层或上层）。进一步说，对一个人社会阶层的主观认识是对其自我意象的反映，这可能与产品使用和消费偏好有关。这种现象不仅仅出现在美国。在日本，每年的“国家生活”（Life of Nation）调查都会要求公民将自己归入五类社会阶层中的一类：上层、上中层、中中层、下中层和下层。20 世纪 50 年代，70%的回答者将自己归入上中层、中中层或下中层，到今天，将近 90%的人将自己归入三类中层。这表明消费者倾向于认为自己处于中层。

（二）客观衡量

社会阶层的客观衡量可采用两类指标：单一变量指标（single-variable indexes）和复合变量指标（composite-variable indexes）。

1. 单一变量指标

单一变量指标只是基于社会经济变量来评定社会阶层成员。下面讨论常用的一些变量。

（1）职业。由于职业反映社会地位，因此人们普遍认为它是衡量社会阶层的最佳变量。职业是大家广泛接受的最主要的社会阶层指示牌。它的重要性可从与人初次见面时使用的频率明显地看出来，如一般人喜欢问：“你从事何种职业?”对该问题的回答有助于判断某个人（或评估和形成对某人的看法）。更重要的是，市场营销者在为他们的产品确定目标市场（如总是喜欢夏天去加勒比海游玩的顾客）时往往从职业角度来思考。进一步说，从事特定职业的人可能容易接受某些产品与服务，这种可能性为参加焦点小组访谈或调查研究提供了基础，这就方便了市场营销者选择特定职业群来开展营销活动。

（2）受教育程度。另一个普遍认可的社会阶层指标是个人受正规教育的程度。总体来说，一个人所受的教育越多，所得的报酬可能就越多（有更高的收入），越可能处于有较高声誉的地位（高的职业地位）。美国人口普查数据表明，受正规教育程度与家庭收入联系紧密。研究显示，不同社会阶层的受教育水平也表现出差异性。例如，在当地最好的大学读书的学生往往是美国上流人士的后代，而社会阶层较低的家庭的孩子通常会被鼓励去工作。在关于社会阶层的文章中，提到了一位身为人父的50岁工人的话："生命的全部意义在于你应该在工厂获得一份较好的工作……如果我说我想去上大学，就好像在说我想长出鱼鳃然后在水下呼吸一样好笑。"20世纪50年代，几乎1/3的美国人在20岁时从大学辍学（70年代晚期这个数字为1/5），其中大部分是贫困的工人家庭的孩子。而中上等家庭的孩子通常有机会读到大学毕业。

（3）收入。个人或家庭的收入是另一项常用的衡量社会阶层地位状况的社会经济变量。偏好使用收入来划分社会阶层的研究人员常关注收入数量与来源。研究表明，从特定的娱乐消遣活动来看，收入的确可以说明社会阶层的娱乐消费水平（如滑雪、打保龄球或高尔夫球）。尽管收入是流行的社会地位衡量指标，但并非所有研究人员都认为它是最合适的标准。一些人士反驳道，一位蓝领汽车技术员与一位白领银行经理可能都有15万元的年收入，但因其所属阶层有差异，消费方式可能不同，所以他们的价值观也可能不同。

2. 复合变量指标

复合变量指标系统地综合了诸多社会经济因素来对社会阶层进行总体衡量。研究人员对这些指标很感兴趣，因为它们比单变量指标更好地反映了社会阶层的复杂性。例如对美国消费者邮件或电话购物的调查表明，社会经济地位越高的消费者（从综合收入、职业地位与受教育程度角度看），通过邮件、电话购物的比例比到商店购物的比例更高。有两类重要的复合变量指标：地位特征指标（index of status characteristics），社会经济地位级别（socioeconomic status score）。

（1）地位特征指标。经典的社会阶层复合变量指标是华纳地位特征指标，它是对以下社会经济变量的加权衡量：职业、收入来源、住所类别与居住环境。

（2）社会经济地位级别。美国人口普查局开发了社会经济地位级别，它综合了三项基本的社会经济变量：职业、家庭收入与受教育程度。

三、不同社会阶层消费者的行为差异

1. 支出模式上的差异

不同社会阶层的消费者选择和使用的产品是存在差异的。一些产品（如股票、到国外度假）更多地被上层消费者购买，另外一些产品（如廉价服装与葡萄酒）则更多地被下层消费者购买。特别富裕的中层美国人将其大部分支出用于购买摩托艇、野营用品、大马力割草机、雪橇、后院游泳池、临湖住宅、豪华汽车或跑车等产品；收入水平与之差不多的上层美国人则将更多的时间和金钱用于私人俱乐部、孩子的独特教育、古董、字画和各种文化事件与活动。

在住宅、服装和家具等能彰显地位与身份的产品的购买上，不同阶层的消费者的差别比较明显。例如，上层消费者的居住环境优雅，室内装修豪华，购买的家具和服装的档次和品位都很高。中层消费者一般有很多存款，住宅也相当好，但他们中的很多人对内部装修不太讲究，服装、家具不少但高档的不多。下层消费者的居住环境较差，在衣服与家具上的投资较少。与人们的预料相反，下层消费者中的一些人员对于生产食品、日用品和某些耐用品的企业仍颇具吸引力。研究发现，这一阶层的很多家庭购买的是大屏幕彩电、新款汽车和高档炊具。虽然这一阶层的收入比中等偏下阶层（劳动阶层）平均低 1/3 左右，但他们所拥有的汽车、彩电和基本家庭用具的价值比后者平均高 20%。下层消费者的支出行为从某种意义上讲带有“补偿”性质，其原因在于：一方面，由于缺乏自信和对未来并不乐观，他们十分看重眼前的消费；另一方面，受教育水平低使他们容易产生冲动性购买。

2. 休闲活动上的差异

社会阶层从很多方面影响个体的休闲活动。一个人所偏爱的休闲活动通常是同一阶层或邻近阶层的其他个体所从事的某类活动，他选择的新的休闲活动往往也受到同一阶层或较高阶层成员的影响。虽然在不同阶层之间，用于休闲的支出占家庭总支出的比重相差无几，但休闲活动的类型却差别颇大。打高尔夫、打垒球和欣赏歌剧是上层社会的活动；打桥牌、网球、羽毛球在中层到上层社会阶层的成员中颇为流行；玩老虎机、拳击、职业摔跤是下层社会的活动。

上层社会成员所从事的职业一般很少有身体活动，作为补偿，他们大多会从事要求臂、腿快速移动的运动，如慢跑、游泳、打网球等。同时，这类活动较下层社会成员所喜欢的活动（如钓鱼、打猎、划船等）耗费的时间更少，因此受到上层社会的欢迎。下层社会成员倾向于参加团体活动，而上层社会成员大多喜欢单人或两人参与的活动。中层消费者是商业性休闲设施和诸如公共游泳池、公园、博物馆等公共设施的主要使用者，因为上层消费者一般自己拥有此类设施，而低层消费者又没有兴趣或无经济能力来进行此类消费。

3. 信息接收和处理上的差异

信息收集的类型和数量也因社会阶层不同而存在差异。处于最底层的消费者通常信息来源有限，对误导和欺骗性信息缺乏甄别力。出于补偿的目的，他们在作出购买决策的过程中可能更多地依赖亲戚、朋友提供的信息。中层消费者较多地从媒体上获得各种信息，而且会更主动地从外部收集信息。随着社会阶层的上升，消费者获得信息的渠道逐渐增多。特定媒体和信息对不同阶层消费者的吸引力和影响力也有很大的不同。比如，越是高层的消费者，看电视的时间越少，因此电视媒体对他们的影响相对越小。相反，高层消费者订阅的报纸、杂志比低层消费者多，所以，印刷媒体信息更容易到达高层消费者。

不同社会阶层的消费者所使用的语言各具特色。一般而言，越是上层消费者，使用的语言越抽象；越是下层消费者，使用的语言越具体，而且更多地伴有俚语和俗语。西方的很多高档车广告，由于主要面向上层社会阶层，因此使用的语句稍长，语言较抽象，画面或材料充满想象力。那些面向中、下层社会阶层的汽车广告，则更多地宣传其功能属性，强调图画而不是文字的运用，语言上更加通俗和大众化。

4. 购物方式上的差异

人们的购买行为会因社会阶层而异。一般而言，人们会形成哪些商店适合哪些阶层消费者惠顾的看法，并倾向于到与自己社会地位相一致的商店购物。研究表明，消费者所处的社会阶层与他想象的某商店典型惠顾者所处的社会阶层相去越远，他光顾该商店的可能性就越小。同时，较高阶层的消费者较少光顾主要是较低阶层消费者常去的商店，相对而言，较低阶层的消费者则较多地去主要是较高阶层消费者惠顾的商店。另一项研究发现，“客观”社会阶层（实际所属的社会阶层）与“感知”社会阶层（自我感知的社会阶层）的差异也会导致消费者在店铺惠顾上的差异。客观上属中层而自认为属上层的消费者，比实际为上层但自认为中层的消费者更多地去专卖店和百货店购物。与一直是劳动阶层的消费者相比，从更高层次跌落到劳动阶层的消费者会更多地去百货店购物。同时，中层消费者较上层消费者去折扣店购物的次数多得多。

上层消费者购物时比较自信，喜欢单独购物，他们虽然对服务有很高的要求，但对于销售人员过于热情的讲解、介绍反而感到不自在。通常，他们特别青睐那些购物环境优雅、品质和服务上乘的商店，而且乐于接受新的购物方式。中层消费者比较谨慎，对购物环境有较高的要求，但他们也经常在折扣店购物。对这一阶层的很多消费者而言，购物本身就是一种消遣。下层消费者由于受资源限制，对价格特别敏感，多在中、低档商店购物，而且喜欢成群结队地逛商店。

四、社会阶层和营销启示

我们可以从下列几个方面入手来了解社会阶层对于营销的意义。

1. 市场细分

不同的社会阶层有不同的价值观，这些不同体现在消费者的购买行为中。因此，社会阶层可以说是极其重要的市场划分变量。例如中国原创品牌“海澜之家”的营销策略与广告，主要针对购买力较弱的中、下阶层细分市场，珠宝广告则大多是以上流阶层消费者为诉求目标。从这个角度来看，厂商可以针对不同社会阶层设计不同的产品和策略，都可以取得成功。

2. 广告

广告中的象征性必须被广告针对的社会阶层人群所理解。营销人员必须了解不同社会阶层所惯用的术语、符号或象征。一般而言，劳动阶层比较容易接受直接的、以图像为主、明显和具体的广告表现手法；上层阶层则比较喜爱间接的、以文字为主、隐喻和抽象的广告表现手法。另外，权利也是常见的象征和符号。特别是对上层社会阶级而言，权力往往是有效的广告诉求，例如汽车广告便常常以权力的尊荣为诉求。在迈向现代化、后工业社会的年代，这些具有浓厚象征性意义与认同形式的广告已成为广告内涵的主流，“符号的消费”已渐渐取代过去对于物质商品的消费，成为消费文化的发展趋势。

3. 分销

不同社会阶层表现出不同的零售店购买习惯，低层消费者更有可能到打折商店和当地商店购物，上层消费者更有可能到专卖店购物。因此，营销人员若试图接触不同的社会阶层，则必须采用不同的渠道策略。

4. 产品研发

社会阶层对产品的特性和样式有直接的影响。不同社会阶级对于同一产品也会有不同的偏好，例如中、下阶层对于手机可能侧重于价格和实用等基本功能，而不太注重手机的款式和色彩，然而上层阶层却可能较注重样式和色彩，并要求很多的额外功能。

第 2 节　文　化

文化的影响如同我们呼吸的空气，无处不在，无时不有。除非其性质突然改变，否则，我们通常将其作为既定事实加以接受。设想一下，你和你的朋友正在共享一大块比萨饼。如果你是美国人，比萨饼上很可能是青椒；在日本，很可能是鱿鱼；在英国，可能是金枪鱼和玉米；在危地马拉，可能是黑色的豆酱；在智利，可能是贻贝和蛤肉；到了巴哈马，可能变成了烤鸡肉；在澳大利亚，可能是鸡蛋；在印度，则可能是酱姜片。你可能感到奇怪：为什么会各不相同？对于其中一些添加食物，你甚至会觉得恶心。然而，对于其他文化背景下的人们而言，在比萨饼上添加这些食品则是十分自然的。这就是文化。

一、文化的含义与内容

作为宏观社会环境的最主要方面，文化对消费者有普遍的影响。然而，尽管相关研究增多，营销人员还是难以深入理解文化。幸运的是，最近的理论研究明晰了文化的概念以及内容。我们把文化（culture）定义为一个社会群体中大多数人共享的生活方式。从广义上讲，文化包括普遍的感知反应、特有的认知（信念）和典型的行为模式。每个社会群体都有自己的世界观和文化观。在营销学中强调理解文化的主要性质或内容。营销人员主要分析社会的核心价值观，但文化绝不仅限于价值观。文化的内容既包括信仰、态度、目标、社会中大多数人的价值观，也包括行为的方式、规则、大多数人遵循的习俗；既包括社会环境和物资环境的主要方面，也包括主要的社会机构（如政党、宗教、商会）和物质因素（如产品、工具、建筑）。

营销人员用多种方法衡量文化的内容，如内容分析、人种研究、价值观的衡量。其中有些方法与传统的消费者研究（问卷调查、电话访问、小组访谈）不同。

1. 内容分析

文化的内容通常可以从社会群体所生产的物资产品中得到反映。例如，研究人员从漫画书中寻找文化的主要价值观；也有营销人员从以前的印刷广告中寻找过去的 90 年中美国的价值观和妇女的地位是如何改变的。

2. 人种研究

研究人员如今开始运用人种学的方法来研究文化。这种方法涉及对消费者日常生活中的情感反应、认知和行为的长期而细致的观察。运用大量翔实的资料，研究人员对价值观和文化方式做出了解释。人类学家通常要在所研究的社会群体里住几个月甚至几年，而对消费者的研究时间则短得多。通过直接观察、访问、录像和录音，研究人员在跳蚤市场和物物交换市场对消费者行为进行了研究。为了了解儿童正在使用的玩具和产品，玩具公司——美泰（Mattel）曾经对全球几十个国家的儿童在卧室墙上悬挂的所有物品进行调查和记录。

3. 价值观衡量

营销人员也运用程序直接衡量社会中的主要价值观。一种常用的方法是米尔顿·罗克奇（Milton Rokeach，1973）的价值观调查（RVS），它将消费者的价值观按照重要性分成 36 种。林内·科勒（Lynn R. Kahle，1983）的价值观调查（LOV）要求消费者列出 9 个与自己有关的价值观。营销人员根据这些数据来区分消费者的价值取向。

二、消费者的文化价值观

价值观是关于理想的最终状态和行为方式的持久信念。它代表着一个社会或群体对理想的最终状态和行为方式的某种共同看法。因此，文化价值观为社会成员提供了关于什么是重要的、什么是正确的以及人们应追求什么最终状态的共同信念。它是人们用于指导其行为、态度和判断的标准，而人们对于特定事物的态度一般也是反映和支持他的价值观的。

（一）文化价值观及其演变

每一社会或群体都有其居于文化核心地位的价值观。同时，文化价值观有核心价值观与次要价值观之分。文化的核心价值观是指特定的社会或群体在一定历史时期内形成并被人们普遍认同和广泛持有的占主导地位的价值观念。文化的次要价值观则是指特定的社会或群体在一定时期内形成和持有的次要、居于从属地位的价值观念。

文化价值观的另一种区分方法是由心理学家米尔顿·罗克奇（Milton Rokeach，1973）提出的。他把价值观区分为终极价值观（terminal values）和工具性价值观（instrumental values）。终极价值观是人们理想的终极状态，即人们期望最终实现的生活理想。工具性价值观是指人们为达到理想的终极状态所要求的行为和行动。

某一社会或群体的人们所共同持有的某些基本价值观念即核心价值观，具有极强的稳定性，在相当长的时期内通常不会改变。这些价值观念是一个群体所共有的，即使这一群体的成员不断更替，它们也会被延续下去，并且具有较强的抵制变革的惯性。核心价值观一般来自父母，并通过学校、宗教机构或其他社会组织得以强化。例如，大多数中国人恪守的“仁爱孝悌”“精忠爱国”“见利思义”“诚信知报”等信念，延续数千年，迄今未发生大的变化。对于这些核心价值观和信念，任何企业都无法或很难改变，因而应采取的合理策略是努力去适应，并在其经营理念中有所反映，以使企业理念与社会核心价值观念保持一致，否则失败将不可避免。

一个社会或群体的文化中居于从属、次要地位的价值观，则相对容易改变。例如，随着人们的收入和消费水平的提高，消费者越来越注重购买和消费过程中的情感满足，并越来越要求消费的个性化，伴随这种变化的是人们价值观的多元化。对于这些变化，企业必须密切关注并随时作出适应性的反应。

下面以男性护肤美容产品为例说明价值观变化对消费者行为及市场营销的影响。在我国大多数人的心目中，“大男人”本来就有不拘小节、粗犷豪放等特点，一个男人每天用洗面奶洗脸，洗后抹润肤露，这种行为在 20 世纪 50 年代是不可思议的，在 70 年代是不可接受的，在 90 年代是少数潮人所为，但是在 21 世纪，男性护肤品广告铺天盖地，男士洗面奶和护肤品已经成为大多数男性必备的日用品。

（二）与消费者行为有关的文化价值观

下面介绍另一种有意义的文化价值观分类，即把文化价值观区分为以下三类：有关社会成员间关系的价值观，有关环境的价值观，以及有关自我的价值观。这些价值观都是一些极端的情况，在两个极端的价值观之间还存在无数的中间状态。

1. 有关社会成员间关系的价值观

有关人们之间关系的价值观反映的是一个社会关于该社会中个体与群体、个体之间以及群体之间适当关系的看法。这些关系对于营销实践有着重要影响。

关于自己与他人关系的价值观：人们对于自己与他人之间的关系，是更强调个人利益和自我满足，还是更强调社会利益和满足他人，会表现出不同的价值取向。

关于个人与集体关系的价值观：不同的社会文化在对待个人与集体关系上会有不同的价值取向。有的社会强调的是团队协作和集体行动，并且往往把成功的荣誉和奖励归于集体而不是个人；相反，有的社会强调的是个人成就和个人价值，荣誉和奖励常常被授予个人而不是集体。

关于成人与孩子关系的价值观：家庭活动在多大程度上围绕孩子的需要而不是成人的需要，孩子在家庭决策中扮演什么角色，以及孩子在决策中扮演的哪些角色与自己有关，对这些问题的分析可以发现一个社会在成人与孩子关系上的价值取向。

关于青年人与老年人关系的价值观：不同的社会文化在对待青年人与老年人的价值取向上也可能存在差异。在有的社会，荣誉、地位、重要的社会职务都是属于老年人的；在有的社会，这些则可能是属于青年人的。

关于男性与女性关系的价值观：在拥有不同文化的社会，男性与女性的社会地位可能存在很大差异。在我国，男性和女性的社会地位平等，都有机会担任重要的社会职务；在重要的家庭购买活动中，通常是由夫妻共同作出决定。但在有些国家，仍然存在严重的性别歧视，妇女在社会和家庭中没有重要地位。

关于竞争与协作关系的价值观：不同的社会文化对于竞争与协作的态度会有所不同。在一些文化价值观中，人们崇尚竞争，信奉优胜劣汰的自然法则；在另一些文化价值观中，人们则倾向于通过协作取得成功。这一价值观往往能从不同的文化对比较广告的反应中表现出来。例如，墨西哥和西班牙都禁止做比较广告，我国也是如此；但在美国，比较广告却是被允许的。

关于浪漫主义的价值观：在不同的社会文化背景下，人们可能会有不同的浪漫主义性格。在许多文化中，浪漫的爱情是文学作品中的普遍主题。然而，在另一些社会文化中，婚姻由父母包办，青年人没有恋爱、择偶的自由。美国有一种名为“Listerine”的产品，在泰国做广告时，最初以相爱的男女青年作为画面背景，结果失败了。公司将广告画面改为两个女孩在一起谈论“Listerine”后，销售业绩立即获得了改善。

2. 有关环境的价值观

有关环境的价值观反映的是一个社会关于该社会与其经济、技术以及自然等环境之间关系的看法。这些价值观对于消费者行为也具有重要影响，并最终影响企业营销策略的选择及其成败得失。

关于个人成就与家庭背景关系的价值观：一个社会若强调个人成就或家庭出身方面的文化差异，将导致社会把经济、政治和社会机会不平等地给予不同的个人或集团。在一个个人成就取向的社会里，机会、报酬和具有较高荣誉的社会职位会被更多地提供给那些个人表现和成就突出的人。在这样的社会里，任何社会集团都不拥有特权。而在一个重视家庭出身和家庭背景的社会里，个人的机会往往取决于他的家庭、家庭的社会地位及其所属的社会阶层。

关于风险与安全关系的价值观：有的社会文化具有很强的冒险精神，勇于冒险的人会受到社会的普遍尊敬；有的文化则可能具有很强的逃避风险的倾向，认为敢于冒险的人是十分愚蠢的。这一价值观对企业家的培养和社会经济的发展具有重要的影响。不崇尚冒险的社会是难以促进创业以推动社会经济发展的。

关于乐观与悲观关系的价值观：当人们遇到困难和灾难时，是有信心去克服，还是听天由命，会集中反映一个社会持乐观的还是悲观的价值观。在加勒比海地区，人们常会在遇到困难时说句“没有问题”或“没有关系”以宽慰自己。在他们的观念中，难题既然已经存在，担心也没用。墨西哥人则相反，他们大多是一些宿命论者。因此，当墨西哥人购买到不满意的商品或服务时，一般都不会正式地抱怨。

关于自然的价值观：不同文化背景下的人们在对待自然以及人与自然的关系上，可能会有不同的观念和态度。一些人觉得他们受到了自然的奴役，另一些人认为他们与自然之间是和谐的，还有一些人认为他们能够征服和左右自然。中西文化的一个重要区别就是在对待人与自然的关系的价值观和态度上有所不同。

3. 有关自我的价值观

有关自我的价值观反映的是社会各成员的理想生活目标及其实现途径。这些价值观对消费者有重要影响，因而对企业的市场营销也非常重要。例如，在一个及时行乐的社会里，消费信贷有着巨大的市场；而在一个崇尚节俭的社会里，消费信贷的推行将是艰难和缓慢的。

关于动与静的价值观：不同的社会文化会导致人们对待各种活动的态度不同，并且形成不同的“好动”或“好静”倾向。一项对美国妇女和法国妇女的社会活动进行比较的调查发现，法国妇女一般认为“同朋友一起在炉边闲聊度过夜晚是我喜欢的方式”，美国妇女则一般认为自己“喜欢有音乐和谈话的聚会”。这种活动上的差异会带来不同的产品或服务需求。由于人们的观念不同，广告的诉求主题也应有所不同。

关于物质与非物质主义的价值观：在不同的社会文化中，人们对物质财富与精神财富的重视程度会存在差异。尽管物质财富是社会存在和发展的基础和前提，但人们对待物质财富的态度却不一样。有的社会奉行极端的物质主义，认为金钱万能。有的社会更加强调非物质的内容，例如在某些国家，宗教是至高无上的，当物质利益与宗教信仰发生冲突时，人们会毫不犹豫地选择坚守宗教信仰。

关于工作与休闲关系的价值观：不同的社会文化在对待工作与休闲关系问题上会有不同的观念和态度。一般地，人们为了获取经济报酬而工作。但是，有的文化使人们倾向于从工作中获得自我满足，有的文化则使人们在基本的经济需求满足后倾向于更多地选择休闲。在企业营销活动中，如果忽视这方面的文化差异，可能会付出巨大的代价。

关于现在与未来关系的价值观：人们是为今天而活还是为明天而活，是更多地为今天着想还是更多地为明天打算，可以集中地体现一个社会在这方面的价值观。这类价值观对于企业选择促销和分销策略，对于消费者选择储蓄或使用消费信贷，都具有重要的意义。

关于欲望与节制关系的价值观：这一价值观体现在人们的生活态度是倾向于自我放纵、无节制，还是倾向于克制自己、节制欲望等方面。穆斯林文化在此类价值观上是非常保守的，产品、包装、品牌和广告等都必须谨慎处理，以保证符合穆斯林的价值标准。快速成像照相机在阿拉伯国家获得成功的主要原因之一是，阿拉伯人给自己的妻子和女儿照相时不必担心她们的相貌会被照相馆里的陌生人看见。

关于幽默与严肃关系的价值观：社会文化的差异也体现在幽默在多大程度上被接受和欣赏，以及什么才算是幽默等方面。一个社会文化中被视为幽默的东西，在另一个社会文化中可能不会给人以任何幽默感；男人认为幽默，女人不一定认为幽默。成人与儿童在幽默感上也会存在差异。

三、文化价值观与消费者行为

1. 手段—目标链（MEC 模型）

关于文化价值观对消费者行为的影响，也可以用手段—目标链（MEC）模型解释，因为手段（产品属性）是获得文化价值观（目标）的方式，而消费目标是联系二者的中间环节（如图 8—1 所示）。因此，产品属性是文化价值观的反映。

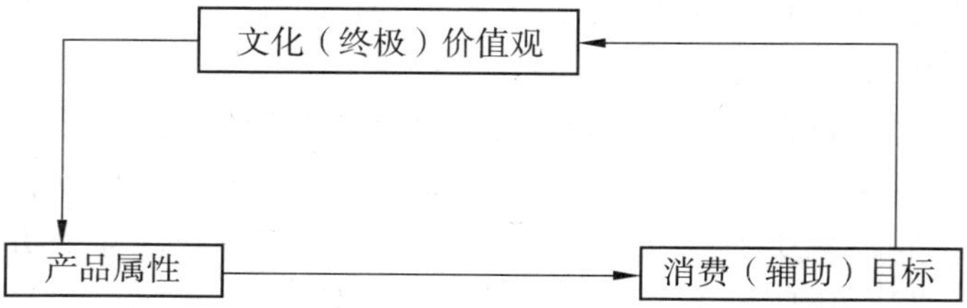

图 8—1　文化与消费者行为的 MEC 模型

比如，一个期望美好世界（终极价值观）的消费者偏爱那些可生物分解的产品，因为购买一种可生物分解的产品有助于保护环境。其手段—目标链为：

产品属性：可生物分解；

消费结果：有助于保护环境。

2. 阶梯联系（将手段—目标链用于制定营销战略）

通过访问消费者，确定产品属性、消费目标和文化价值观之间的联系。从具体产品属性开始进行一系列调查，揭示较为抽象的消费目标和文化价值观的内涵，以帮助消费者建立阶梯联系。

比如，消费者喜爱调味品口味重的薯片。调查显示，消费者之所以喜欢这类产品属性，是因为这种薯片会让她每次吃得少些，从而可以达到减肥和显得更苗条的效果（消费者目标）。这是自重自信的价值导向发挥作用的结果（终极价值观）。

营销人员可利用阶梯联系中手段—目标链上的以下三点来制定市场策略：

（1）信息元素：广告中所表现的产品属性。如前文例子中的调味品和口味这两个关键元素。

（2）消费者利益：使用产品后消费者获得的好处。比如，将调味品和口味与控制体重相联系。

（3）杠杆作用点：广告采用试图将产品属性与帮助实现和激活终极价值观联系在一起的方式。广告应表明消费该产品会有助于减肥，从而会更加自重自信。这一点可以通过在广告中展示自信而迷人的消费者形象或被同龄群体更广泛接纳的结果来实现。

四、文化和营销启示

1. 文化含义的运用

营销的基本任务就是运用品牌和产品的文化含义。一个品牌所具有的共同文化含义是其经济价值或者说品牌价值的主要组成部分。要合理地运用这些品牌的含义，营销人员需要了解消费者所认同的文化含义，并且时刻注意这些文化含义的变化。手段—目标分析和投射隐喻技术（ZMET）是解决问题的有效方式。营销战略的目的是保持原有的、积极的文化含义或创造新的文化含义。制定这些营销战略需要从文化环境中选取合适的文化含义，并且将它们合理地转移到品牌和产品中。

虽然营销人员通常认为文化含义是固定的、静态的，并不会因为公司的某个行动而发生明显的改变，但营销战略对整体文化环境的影响仍然存在。一个明显的例子是物质环境（标志、告示、媒体广告）有促进作用。不太明显的例子是营销战略在一定程度上影响我们的社会环境和现代生活中所共享的文化。

2. 在广告中利用名人效应

实现文化含义向品牌和产品转移的最常用战略是利用名人来推荐产品。比如出现在我国广告中的名人有成龙（代言霸王洗发液），葛优（代言平安车险），张曼玉（代言玉兰油），薛谦（代言雪碧），王力宏（代言百事可乐），吴彦祖（代言海飞丝），姚晨（代言赶集网）等。

从文化角度看，名人是某些特定文化含义的物化。在制定有效的名人代言战略时，营销人员必须谨慎挑选那些与产品整体营销战略有一致意义的名人。李宇春（代言可口可乐）以及谢霆锋（代言百事可乐）由于歌唱风格和舞台形象不同而使代言的产品的文化含义截然不同。王菲等名人明智地随着时代的变化而重塑自己的形象（及其文化含义）。有趣的是，社会角色相对固定的名人更容易使自己与某种产品联系起来，如陈道明。

有时，一个名人的文化含义与他的知名度及他对产品的专业知识有关。例如，马云推荐自己的淘宝网站；体操明星李宁经营自己的运动品牌。在某些情况下，名人的文化含义与产品之间并不存在必然的联系。但是，营销人员希望名人给人以信赖感，将某些重要的文化含义有效地传递给产品。

第 3 节 跨文化和亚文化

在美国电影业界，国外市场对许多公司来说变得越来越重要了。由于在过去的 10 余年中市场发展缓慢（美国每年售出电影票约 10 亿张），美国电影公司将目标转移到了国外市场。现在，大多数美国电影公司年营业额的 50%以上来自海外市场。因此，美国公司不得不尽力使自己的电影既适合美国市场，也符合海外观众的口味。

文化差异并不一定存在于不同的国家中。在许多国家，国内不同社会群体间的文化差异就像不同国家之间的文化差异那样大。例如，前苏联由 15 个成员组成，各成员之间的文化差异非常大；比利时存在两种文化——佛兰芒语文化和法语文化；加拿大存在法语文化和英语文化；瑞士分为德语区、法语区、意大利语区和瑞士语区。不同国家之间也未必存在显著的文化差异。例如，加拿大与美国边境地区的居民文化特征极其相似。又如，奥地利南部和意大利北部地区，或者法国北部和比利时南部地区，在文化特征上十分相似。

一、跨文化差异

在为海外市场制定营销策略时，营销人员必须考虑跨文化差异。

1. 消费文化上的差异

在制定国际化营销战略时，不同地区的消费取向差异是公司必须考虑的一个重要的跨文化因素。很明显，大部分美国文化涉及消费活动，世界其他地区——包括加拿大、大多数西欧国家和日本——也存在明显的消费文化。即使在相对贫穷的国家，社会的重要组成部分也可能存在不断发展的消费文化。例如，在印度、墨西哥和许多南美国家，许多中产阶级的消费水平相当高；在环太平洋地区的亚洲国家，中产阶级的人数迅速增长，他们拥有巨大的消费潜力。

2. 自我概念

处于不同文化氛围中的人对自我的看法截然不同，对自己与他人之间关系的看法也各不相同。例如，美国和西欧各国消费者的自我认同和对周围人群的看法与亚洲、南美洲甚至南欧某些国家的差异相当大。

美国人崇尚个人主义，自我意识特别强，倾向于从个人能力的角度思考问题，他们追求自由和个人成就感。与之相反，日本人崇尚集体主义，努力使自己适应他人要求，看重团队中的合作精神。这些自我概念上的跨文化差异会影响消费者对产品文化含义的选择，影响他们利用产品来获得文化含义的方式。例如，日本人送礼的习俗就受到社会上自我概念导向的影响。

3. 跨文化变化的共同点

在同一时期的世界各国，类似的文化变化发生得越来越频繁。例如，北美妇女的社会角色在过去的 30 年里发生了巨大的变化。随着越来越多的妇女走出家庭外出工作，她们的价值观、人生目标、信仰和行为方式都发生了变化。事实上，全球各地都在发生着这种变化。现在，越来越多国家中的现代女性希望能够在婚姻家庭中取得与男性同等的地位。她们要求自己的丈夫分担家务、照顾孩子，要求建立家庭以外的个人身份。这些共同的文化变化在许多国家创造了相似的市场机会。

4. 物质第一主义

物质第一主义（materialism）被定义为消费者对财产的占有欲。持这种观点的消费者喜欢购买大量低价消费品，将购物看成是获得快乐、自尊或者社会认同的重要手段。尽管研究人员对物质第一主义的定义存在分歧，但总的来说，物质第一主义是一个包括占有、嫉妒和吝啬等内容的复杂价值观。另一项研究指出了物质第一主义的四个方面：将对物质的占有看作成功的标志、满足的源泉、快乐的源泉、放纵和豪华生活的象征。物资第一主义的价值观是消费社会的基础，反过来，人们的消费机会的增加也促进了消费社会的改变。

二、亚文化

亚文化又称副文化，是指某一文化群体的次级群体成员所拥有的共同信念、习惯以及价值观等。这些次级群体成员被称为亚文化群。作为一种非主流的或者某一局部现象的文化，亚文化不仅包括与主流文化共通的价值观念，而且包括自身独特的价值观念。一般来说，一种亚文化代表着一种生活方式，因而每个亚文化群体都有自己的生活方式。一般情况下，亚文化赋予个体可辨识的身份，这对其成员的影响往往比主流文化的影响还要强烈，因此，它对消费者的购买心理与购买行为有着更直接的影响。一般意义上，亚文化可以分为民族亚文化、种族亚文化、宗教亚文化以及地理亚文化等类型。

（一）民族亚文化

世界上各个国家基本上都是由不同民族构成的，而每个民族都有着自己独特的风俗习惯与文化传统，形成民族亚文化。例如，我国共有 56 个民族，与其他多民族国家不同的是，我国各民族人口数量差距悬殊，其中汉族人口占总人口的 90%以上，而少数民族人口非常少，并且居住分散。总体上看，虽然我国各民族文化都带有鲜明的中华民族文化的烙印，但他们也都继承与保留着各自传统的宗教信仰、消费习惯、审美意识以及生活方式等。因而，民族亚文化对消费者行为的影响是非常巨大和深远的。

（二）种族亚文化

白种人、黄种人以及黑种人等各种族都有自己独特的文化传统、文化风格以及生活态度等。即使是生活在同一国家甚至同一城市的不同种族的人，也会有自己特殊的需求、爱好和购买习惯等。例如，在美国，黑人文化与黑人消费市场对企业来说是不容忽视的。黑人市场是美国增长最快的细分市场之一，总人口超过 3 000 万。与白人相比，黑人具有明显不同的人口统计特征，他们在产品与品牌的选择、购买行为、支付价格以及媒体的偏好等方面都与白人有显著的差异。具体而言，美国黑人在服装、个人服务与家具上的支出比例比白人要低得多，但他们购买的相册数量是白人的两倍，对橘子汁、大米、软饮料和速食土豆的需求也要比白人大得多。

（三）宗教亚文化

世界上有很多宗教，例如，基督教、佛教、伊斯兰教以及天主教等。不同的宗教有着不同的文化倾向，这影响着人们认识事物的方式，看待客观世界的态度、行为准则以及价值观念等。同样，它也在一定程度上影响着人们的消费需求。

1. 基督教亚文化

目前西方国家的一些主要的节日——圣诞节、复活节和感恩节等，都源于基督教。圣诞节是基督教的重大节日。圣诞节期间，所有工作人员都要放假休息，狂欢过节，以示庆祝。因而，圣诞节前后，在信奉基督教的国家里都会掀起一股大规模的购物狂潮。例如，人们会购买大量的圣诞贺卡与圣诞礼品相互赠送，以表示美好的祝愿。

2. 佛教亚文化

佛教起源于印度，并在东亚和南亚一带广为流传。现在世界各地有不少佛教信徒，尤以中国居多。佛教的教规规定，教徒禁止食用任何肉类制品，禁止饮酒，提倡素食，讲求清心寡欲，将食用肉制品看作对神的不尊敬。在供奉所崇拜的神像时，佛教教徒消费的宗教用品主要是香火、爆竹及专用纸张等。另外，游客出于对佛教的好奇，也经常购买一些佛教用品，如佛珠、佛鼓和佛像等。

3. 伊斯兰教亚文化

伊斯兰教亚文化起源于中东，教徒非常重视家庭，对长辈尤为尊重。虔诚的教徒不仅不吃猪肉制品，还不吃任何没有按伊斯兰教教规准备的食物。伊斯兰教信奉真主。教徒非常虔诚，不允许其他人对真主有任何污辱和亵渎行为。例如，1992年，我国有一批鞋出口到中东，鞋底的花纹印在地上与阿拉伯文字中的“真主”字样非常相似，结果，伊斯兰教徒无法容忍这一事情，认为“真主”受到了极大的污辱，向有关部门提出强烈抗议，退回了所有商品。

4. 天主教亚文化

天主教的教会是一个结构完备、等级森严的组织，教皇位于权力的中心，其他人很少有权力对《圣经》中提到的事件进行解释。由于禁止使用避孕物品，天主教徒的家庭一般人口较多。所以，他们的社会地位与家庭生活水平都不如新教教徒和犹太教教徒，因为他们要承担更多的养育子女的责任。天主教徒的消费禁忌相对较少，所以，他们几乎是所有细分市场的组成部分。

（四）地理亚文化

由于地理环境上的差异，人们的消费习俗与消费特点等必然各不相同。例如，我国著名的川菜、鲁菜和京菜等八大菜系风格各异，就是因为地域不同而形成的。又如，我国北方由于天气寒冷，有冬天吃酸菜和火锅的习惯；而南方由于天气炎热，则养成了吃泡菜、熏肉和腊肠的习惯。同为面食，北方人喜欢吃饺子，南方人喜欢吃包子，西部人则喜欢吃饼和馍。再如，在中东地区，由于气候干燥，容易出汗，消费者喜欢易挥发、气味浓烈的香水，油脂含量高的化妆品则无人问津。

除了上述几种亚文化，还有职业亚文化和移民亚文化等。这些亚文化及其群体都会对企业的营销活动产生一定影响。尽管亚文化群体所具有的独特行为模式建立在该群体的历史与发展现状的基础之上，但是任何亚文化都是社会和国家主流文化的一个重要组成部分，两者之间存在内在联系，因此，研究亚文化群体不能脱离主流文化。

三、文化差异与消费者行为

随着不同国家或者地区的消费者之间沟通和交流日益频繁，多种文化的融合与共生现象逐渐增加。但是，不同文化之间的差异、碰撞与冲击依然存在，从而对消费者行为产生了很大影响。这既给企业的营销活动带来了挑战，也创造了机遇。

1. 生活方式差异与消费者行为

一般来讲，生活方式与文化有着密切联系。不同文化背景下，人们的生活方式会有较大差异，必然对消费者的购买心理和行为产生影响。例如，在发达国家，由于生活节奏非常快，快餐食品、半成品食品等非常流行，有很大的市场需求。反观我国，由于受到传统文化的影响，多年来一直都是以家庭烹制食品为主，快餐食品、速溶食品等只在人们外出办事或条件不具备的情况下才消费。但是，近年来由于生活方式的不断改变，快餐食品和半成品食品等在我国已占有很大的市场份额，各类快餐店如雨后春笋般地涌现，不断抢占传统的餐饮市场。

2. 审美观念与消费者行为

通常情况下，审美观念是指人们对事物好坏、美丑及善恶的评价。它与文化有着极其密切的关系，文化背景不同，人们的审美观念也自然不同。例如，缅甸的巴洞人以妇女长脖子为美；非洲的一些民族以文身为美；西属撒哈拉的雪地土著人则以妇女的肥胖和丰腴程度作为判断美的标准。因审美观念不同而形成的消费者行为差异就更加复杂多样。例如，欧美女性结婚喜爱穿白纱，她们认为白色象征纯洁、美丽和爱情；但我国女性在结婚时大多喜欢穿红色的婚礼服，因为红色象征着吉祥如意与幸福美满。在我国，女性喜欢将饰物带在耳朵、脖子及手指上；但在印度，女性还要在鼻子、脚踝上佩戴各种饰物。丝绸锦缎是南亚和东南亚地区许多居民不可或缺的生活用品，但是，各民族对这种产品的喜好却并不相同。藏族人、尼泊尔人喜欢几何图案的金边绸与彩库缎；普什图人、高棉人喜欢色彩艳丽的克利缎；旁遮普人、缅甸人则更喜欢淡雅别致的修花缎。

3. 宗教信仰差异与消费者行为

作为文化的重要组成部分，宗教信仰是人们信念中深层次的东西。尽管世界上只有基督教、伊斯兰教、佛教和天主教四大宗教派系，但是这些主要的教派又有许多分支。事实上，由于传统上的支配地位，宗教信仰对一国国民性的塑造起着至关重要的作用，进而影响到他们的消费行为。例如，基督教提倡节俭和勤奋工作，这有助于形成和谐的人际关系。这些价值观的形成不仅使得消费者在日常生活中对消费品的态度与消费模式有着自己的特定看法，而且使得这种影响更加持久和强烈。与此相适应，很多宗教都有其特殊的禁忌。例如，印度教崇拜牛，忌食牛肉；伊斯兰教忌讳妇女抛头露面，不允许其出现在商业图像中。此外，现代人的一些消费活动源于宗教信仰，例如，西方国家的圣诞节。

4. 消费习俗差异与消费者行为

简言之，消费习俗是指人们进行消费的习惯和风俗。习俗本身就是一种社会文化现象，它所涵盖的范围非常广泛，不仅包括政治、生产及消费方面，而且包括思想、语言和感情等方面。消费习俗是人们各类习俗的重要体现，是人们在长期社会活动中所形成的各种各样的消费方面的习惯和风俗。消费习俗对消费者购买行为有如下影响：

(1) 使购买行为具有普遍性。由于任何消费习俗的形成都必须有一定的接受者，因此，它可以在某些特定情况下引起消费者对某些商品的普遍需求。例如，在中国传统的新春佳节来临时，人们对商品的需求量比平时增加好几倍。

(2) 使购买行为具有周期性。这种特点是由于消费习俗的周期性而引起的。与社会潮流不同，消费习俗一经形成就会固定下来，并周期性地出现。例如，我国每年在端午节吃粽子，在中秋节吃月饼。随着这些节日的周期性出现，人们也会周期性地购买相关商品。

(3) 使购买行为具有无条件性。作为一种社会风俗或者消费习惯，消费习俗不仅反映了人们的行动倾向，而且反映了人们的心理活动与精神风貌。一种消费习俗之所以能够继承下来并相传成为一种习惯，重要的原因是人们具有从众心理，即使这种消费数量大、费用高，人们也会想方设法去克服困难，甚至减少其他方面的支出，来满足这方面的消费需求。

5. 商业习惯差异与消费者行为

商业习惯是指在商务活动中形成的普遍观念与习惯做法，它可以反映出当地的价值观念、历史传统与民族风俗等较深层的内涵。不同文化折射出的商业习惯差异对消费者的购买行为（尤其是讨价还价行为）有着重要影响。例如，美国消费者在购物活动中比较直率，不喜欢商家漫天要价，也不愿意砍价；拉美消费者常常将价格砍得很低，并提出许多要求，再与商家慢慢地讲价；亚洲消费者则善于讨价还价，追求对自己有利的成交价格，但是，言语比较委婉，以避免对方难堪。

四、文化差异和营销启示

跨文化差异的存在向国际营销者提出了挑战。即使是那些看起来非常简单的事情，如将一个品牌的名称翻译成其他语言，都可能遇到一些难题。语言中存在的跨文化差异可能直接影响营销战略的成败。然而，虽然营销人员承认文化差异的存在，但是在如何处理这些文化差异上却存在许多分歧。从总体上看，至少有三种处理方法：一是调整自己的营销战略以适应当地文化；二是制定适合多个国家和地区的标准化营销战略；三是公司利用自己的营销战略来改变当地文化。至于哪种方法更好，营销学和消费者行为学的研究中长期存在争议。

1. 调整营销战略以适应当地文化

国际化营销的传统观点是仔细研究海外市场的主要差别，以及消费者需求、喜好、态度、价值观、购物与消费者习惯的差异，在制定营销战略时针对当地情况加以调整，以适应当地市场的价值观和文化。

这种调整战略提倡通过改进产品、实施具有针对性的促销手段或者其他营销措施来迎合当地市场的消费者。例如，针对世界各地插座和电压不同的状况，百得公司（Black & Decker）对其产品的手动工具进行了改进。由于英国政府认为国内儿童会被广告中的美国牛仔所吸引而染上吸烟的恶习，因此，菲利普·莫里斯公司（Philip Morris）不得不对万宝路香烟广告加以调整。雀巢公司在相邻的法国和瑞士市场上推出了不同口味的咖啡，促销手段也不相同，这都是为了适应不同国家消费者的需求。

2. 在不同文化圈中实行标准化营销战略

这种方式通常被称为全球营销（global marketing）战略。全球营销战略认为完全可以在全球不同国家和地区采取基本相同的营销战略。这并不是什么新观点——可口可乐公司使用这种方法已经超过 40 年。诸如通用电气、吉利和松下等公司几十年来也在实施这一战略，在全球范围内通过基本相同的方式来推销相同的标准化的产品。

在过去的 10 余年里，人们对于全球营销的认识发生了变化，许多营销人员正在考虑如何实现标准化营销这一问题。全球营销的倡导者之一——哈佛商学院的西奥多·莱维特教授认为，世界各地消费者的购买习惯和思维方式越来越像，对于许多产品来说，使用通用的品牌名称、包装和沟通战略在不同地区也可以取得商业上的成功。例如，西门子公司使用同样的广告成功地在全球促销其各类产品。

3. 改变当地文化

营销活动本身就是文化中一个极其活跃的因素，营销战略要适应文化，同时又对文化产生影响。例如，长期的营销战略可能旨在改变人们的价值观和行为方式。多年前，雀巢公司尽力说服第三世界国家的妇女放弃母乳喂养的方式，而改用该公司的婴儿配方奶粉。这样的营销活动取得了很大的成功，它让母亲们相信雀巢公司的产品比自己的乳汁营养更丰富，更有益于婴儿的身体健康，很大程度上改变了母亲们的喂养习惯。不幸的是，由于水源存在卫生问题，产品配方不合理，婴儿死亡率不断上升，公司又开始向这些国家的妇女灌输母乳喂养更好的观念。雀巢公司成功地在短时间内改变了人们的文化偏好和传统行为，接着又使他们恢复了原来的观念。

思考题

1. 给出社会阶层的定义。中国的主要社会阶层有哪些？你所居住的社区有哪些社会阶层？

2. 消费者的社会阶层是如何影响其消费行为的，这对企业的营销活动有什么启示？

3. 消费者的文化价值观有哪些类型？这对消费者的购买决策会产生怎样的影响？

4. 消费者的不同文化差异如何影响消费者行为？

5. 中国的核心价值观有哪些，与美国有何不同？

6. 大学生可否视为一个亚文化群？为什么？营销人员怎样针对这类群体制定营销战略？

7. 讨论自己家庭中的年龄亚文化群。他们在文化上的差异如何影响其消费行为？

8. 列出本章中未讨论的亚文化群，并对其进行描述。

第 9 章 网络消费行为

学习目标

- 掌握网络消费行为的基本概念。
- 了解网络消费行为的特点及类型。
- 了解网络消费的决策过程。
- 掌握网络消费行为研究的经典理论模型。
- 了解网络消费行为的主要影响因素。
- 了解网络口碑的基本概念和主要研究成果。
- 了解网络消费行为角色转变的路径。

20 世纪 90 年代以来，互联网得到飞速的发展，网络几乎成为人们生活中不可或缺的工具。与此同时，越来越多的消费者开始尝试网上购物。

中国互联网络信息中心（CNNIC）2012 年 1 月发布的《中国互联网络发展状况统计报告》显示，截至 2011 年 12 月底，我国网络购物用户规模达到 1.94 亿人，网络购物使用率上升至 37.8%。与 2010 年相比，网购用户增长 3 344 万人，增长率为 20.8%。网上支付的用户规模达到 1.67 亿元，使用率上升至 32.5%。与 2010 年相比，用户增长 2 957 万人，增长率为 21.6%。

网络消费的快速发展使得网络消费行为受到企业和学者的广泛关注。那么，目标消费者是否在网上？目标消费者在网上做些什么？决定其在线购物的因素是什么？企业需要为在线渠道付出多少营销方面的努力呢？很多网络营销研究者或从业者开展了诸多有关网络消费者行为的观察和探索。

“全球最有价值品牌”可口可乐深入了解消费者心理，通过网络媒体倡导其积极乐观的品牌理念，于 2009 年春节期间推出“新年第一瓶可口可乐，你想与谁分享？”这一营销概念，鼓励人们放眼未来，以感恩与分享的情愫营造了新年伊始的温情。该营销活动充分整合了年轻一族所热衷的大部分网络资源——社交网站、视频网站以及手机 3G 网络，并通过这些资源让消费者了解“新年第一瓶可口可乐”的特殊含义，鼓励消费者积极参与分享活动，上传自己的故事和想说的话。活动开始后，参与人数随时间呈几何级数增长，超过 500 万用户上传了自己的分享故事及照片；超过 300 万 SNS 用户参与了定制的 API 参与分享活动；近 200

万用户向朋友发送了电子新年贺卡。论坛、视频网站和博客上一时间充满了"新年第一瓶可口可乐"的分享故事。这些故事的感人程度与照片、视频制作的精致程度均显示了该活动所创造的影响力及口碑，也证明了可口可乐在消费者情感诉求与网络趋势掌握方面的精准度。

资料来源：http：//biz. cb. com. cn/12716612/20100428/127335. html.

本章着重探讨网络消费行为的相关基础理论及影响因素，包括网络消费行为研究的主要内容、网络消费行为的影响因素和近年来兴起的网络口碑研究，并介绍网络消费角色转变路径。

第 1 节　网络消费行为概述

一、网络消费行为的概念

由于互联网的发展、消费者人口特征的变化以及网络营销本身的优势等因素，网络消费已逐渐成为主流的消费方式之一。目前，有关网络消费行为的研究主要关注网络经济环境下消费行为理论在网上交易活动中的运用。其理论仍以传统的消费行为理论为基础，并出现了一些新的特征。关于网络消费的定义，国内学者的观点不一。

吴满意、谢海蓉（2000）认为，网络消费是指消费者为满足自身的需求而对互联网上的各种信息产品的消费。这一观点包括以下几层含义：网络消费类似于传统消费，属于经济行为，其主体是那些通过在线交易获得信息产品或服务的组织或个人；网络消费的参与动机非常明确，消费者无论是在线浏览还是登录电子商务平台消费，其目的都是通过网络所提供的产品和服务满足自身需求；网络消费的最显著特征是，信息在电子商务的背景下成为直接消费品，这是一种特殊的不同于传统意义的产品。消费者在通过消费这种产品获得其自然属性带来的利润的同时，亦受到其社会属性对于自身个性的改变和影响。然而，网络消费离不开电子商务平台，否则信息消费的过程便难以实现。

张毅斌（2001）认为，广义的网络消费包括登录网络的所有费用，如电脑硬件设备费用、网费、电话费以及网上购物的花销；狭义的网络消费仅指通过互联网购买商品。

何明升（2004）将网络消费定义为：人们以互联网为生活工具而实现自身需要的满足过程。这一概念包括三个方面的含义：首先，网络消费必须依托网络这一工具实现；其次，网络消费的目的在于满足消费者自身需要；最后，网络消费是一个动态过程，需要经历一定的时间，具有历时性特点。网络虽然可以为消费者提供一些即时的消费内容，但其主要特性仍体现在"功能"的提供方面。此外，何明升还提出了网络消费与生产的合一性：消费者将网络资源和时间资源作为投入，通过与网络资源的互动生产出其需要的消费品，实现其消费预期。

综合以上学者对网络消费的定义，与传统的消费行为研究相比较，网络消费的消费主体仍是消费者，消费动机仍是为了满足自身的需求，消费对象仍是产品和服务。然而，网络消费又不同于传统消费，比如，网络消费具有互动性，以信息消费为主，且消费过程出现了新的特征，这些特征正是网络作为交易媒介所赋予的。

二、网络消费行为的特点

（一）网络消费的特点

学术界一致的看法是：网络消费不同于传统消费，有其自身的“新经济”特征。网络消费与传统消费的本质区别在于：网络消费的主体（即网络消费者）能够以一种全新的方式在虚拟社区环境中自由地选择、购买自己所需要的信息、商品及其他服务，不受制于各种现实、市场空间等外部因素。

1. 网络消费的无边际性

网络消费区别于传统消费的特点之一是它在交易空间和购买环境方面有所不同。具体而言，网络消费通常是在基于互联网技术所构成的虚拟购物空间或消费网页中进行的，消费者的购买行为不再受到距离的限制。通过在线方式，消费者可以在其他国家或地区，甚至传统意义上不存在的商店进行购物，网络消费是一种没有边界限制的购买行为。另外，消费者的购买行为不再受到时间的限制，网络商店 24 小时营业的全时域特征为人们提供了更加自由的消费空间。

2. 网络消费的个人性

网络交往的高度随意性与隐匿性决定了网络主体可以“随心所欲”地进行消费活动。从一定意义上说，网络消费使人变得更自由，更富有个性和智慧。有关专家认为，网络经济将表现出“有区别的生产”和“有个性的消费”等新经济特征，个人化、个体化和个人市场等观念逐渐深入人心。当然，对网民而言，能够不受约束地自在地消费是一件令人愉快的事，并且有利于其信息消费能力的提高。

3. 网络消费的直接性

从现代经济学的角度来看，网络消费相对于传统消费而言对消费者更为有利。哈格尔三世和阿姆斯特朗运用微观经济学中的供求曲线对网络消费进行分析后得出结论：网络市场价格更靠近供应曲线，即交易中的剩余价值更多地转移到需求方。数字化网络所产生的知识经济合力，缩短了生产与消费之间的距离，省去了各种中间环节，使网上消费变得更加直接，更容易使买卖双方在一种轻松的气氛中达成交易。

4. 网络消费的便捷性

网络消费的便利和快捷是每一个网络消费者共同的体会，也是网上交易的最诱人之处。网购者只需到相应网站的网页上进行简单的搜索、比对、询问、议价，点击鼠标即可买到所需商品，而且往往能够享受送货上门服务。

（二）网络消费心理的特点

随着市场由卖方垄断向买方垄断转化，消费者主导的时代已经来临，面对更加丰富的商品选择，消费者心理与以往相比呈现出新的特点和发展趋势，这些特点和发展趋势在网络消费中表现得尤为突出。

1. 消费心理个性化

这又称为个性消费的回归。在近代工业化和标准化生产方式发展到一定程度之前，消费品无法大批量上市，工商业大多将消费者个体作为对象进行单独服务，因此，个性化消费是主流。然而，当工业生产发展成熟后，供方实行批量生产来控制成本以争取竞争优势，消费者的个性因此受到了压抑。随着互联网技术的发展，供需在前所未有的广阔范围内相互匹配，使得个性化消费的回归成为可能。例如，自行车生产厂家开设网络商店，开展为客户量身定制自行车的业务，买主只要把身高、体重、年龄、职业、用车频率等资料输入电脑程序，便可获知适合的自行车类型，还可自定用料、变速器、挡泥板和车座等一系列装置。

2. 消费的主动性增强

在社会分工专业化的背景下，消费者通常缺乏足够的专业知识对产品进行鉴别和评估，然而在消费品极其丰富的当下，消费者对于获取与商品相关的信息和知识的心理需求日益增强。此外，逐渐成熟的消费者对传统的单向推销方式已感到厌倦。因此，网络成为消费者主动获取与商品有关的信息并进行分析比较的重要且便捷的途径。对于网络信息的分析也许不够充分和准确，但消费者至少可以从中获得心理上的平衡，降低感知风险和购后感到后悔的可能性，心理上得到满足。

3. 追求网络购买的便捷和乐趣

现代人的生活节奏不断加快，生活和工作压力亦明显增大。消费者既希望提高工作效率，也渴望改善生活质量。网络在这方面发挥了极大作用，不但能够提供更丰富的选择，帮助消费者尽量节省时间和搜寻成本，还能够帮助筛选优质的供应商及合理的价格。此外，随着购物逐渐成为众多消费者用来放松身心的重要方式，网络购物以其独有的特色给消费者带来快乐，使其与社会保持联系，减少内心的孤独感。

4. 追求高性价比

价格是营销组合中的重要因素之一，虽然消费者对于价格的重视程度不同，但价格对消费者的心理始终有重要的影响。由于网上销售没有库存压力，经营成本低，经营规模不受场地限制，经营者可根据互联网对市场信息的及时反馈适时调整经营战略以提高自身的经济效益，因而网络商家更可能降低商品的价格，开展各种促销活动，给消费者带来实惠。此外，针对消费者的求廉心理，目前还出现了一些比价网站，汇总各大电子商务平台的商品信息，消费者只需键入所需商品，就可以轻松比较各平台提供的产品信息以及价格，进而通过链接快速进入所看中的网店，完成购物活动。

5. 追求时尚

在现代社会，新生事物不断涌现，且发展和变化速度极快，在这种背景下，消费心理的稳定性下降，在心理转换速度上趋向与社会同步，在消费行为上表现为需要及时了解和购买最新商品。传统的购物方式已不能满足这种心理需求，而网络信息的时效性强、传播面广，使得消费者求新求变的欲望得以进一步加强。

（三）网络消费行为的特点

网络消费建立在先进的信息技术平台上，它的活动空间不是传统的有形实体产品交换空间，而是电子空间（cyber place）。网络消费行为相对于传统的消费行为表现出了新的特点。

1. 消费者在生产和流通过程中的参与性增强

传统市场中，生产者和消费者之间通常由中间商相连接。这些中间商发挥着重要的作用：生产者通过订货趋势来了解市场需求的导向；消费者的选择范围局限于其所提供的商品；生产者和消费者之间通常不发生直接联系，即生产者无法直接了解市场，消费者也不能直接向生产者表达自身的消费需求。然而，在网络技术的支持下，消费者能够直接向生产者表达其需求意愿，并参与到生产和流通中。消费者与生产者之间直接构成商品流通循环，减少了市场的不确定性，降低了流通成本。

2. 消费行为趋于理性化

网络信息的丰富性扩大了消费者的商品选择范围，而且在网络环境中，消费者可以避开嘈杂的环境及外界的影响和诱惑，按照效用最大化原则进行理性消费。理性的消费行为主要体现在三个方面：（1）广泛地比对。常言道“货比三家”，在传统营销环境下，虽然大多数消费者都会认真比较和挑选，然而信息来源毕竟有限，此外，地理环境等条件也会产生诸多限制，因而实际可供消费者选择的商品非常有限。如今，网络和电子商贸系统强大的信息处理能力为消费者提供了极大的选择范围，使上述情形得以改变。同时，为应对消费者信息过载的发生，各电子商务平台通常会设立产品或服务推荐专栏，并提供一些比较网站、分析模型与评定软件以帮助消费者作出决策，为其更理性的购买提供支持。（2）对价格的理智把握。传统市场中，商家通过先标高价、后优惠打折来迷惑消费者，而在网络环境中，消费者可借助在线信息相对充分地进行分析，横向比较，把握价格变动，进而作出更理智的购买决策。（3）主动与商品或服务提供方互动。网络消费者无须被动地接受商家提供的产品或服务，而是首先根据自己的需要主动上网查询，即使没有搜索到相关商品，也可主动向商家表达对产品或服务的需求和欲望，这一行为将直接影响企业的生产和经营过程。

三、网络消费行为的类型

网络是一个开放性极强的平台。人们在网上可以分享海量信息，可以交流沟通，可以实现买和卖的过程。然而，每位消费者的具体行为又不尽相同，这是由于他们有不同的购买动机或意图。网络消费行为目前已被学界公认为一种信息消费，这一特性决定了网络消费行为的双重性（或复合性），即网络消费者在消费信息的同时，又通过网络互动传播信息或制造新的信息。因此，网络消费行为包括信息消费和信息生产的双重特性。

基于消费者网上购买动机的差异，海纳多功能市场数据业务公司（Flexo-Hiner）2000 年发布的报告《电子商务受益于监控》将网上购物者分为七种类型，即：网络参与型（16%），认为网上社区是最好的购物和讨论购物的场所；隐私规避型（14%），欣赏网上购物不需要在大庭广众之下购买那些比较隐私的商品；价格折扣型（15%），非常在意商品价格，网上购物主要是为了寻找价格低的商品；购物厌恶者（14%），对过去的购物经历不满意；商品浏览型（12%），只在网上查看商品，而在网下购买；贪图方便型（14%），认为网上购物最大的好处是可以不出家门；自动监控型（15%），比较欣赏网上购物可以自动监控整个购物流程。

基于消费者网络使用意图的差异，中国互联网络信息中心在其历次关于网民消费行为的统计调查报告中将网络消费行为分为以下几类：休闲娱乐（包括网络游戏和在线点播等）、获取信息、学习与知识浏览、交友、交流个人观点和看法、情感交流、对外通信、联络（包括电子邮件和即时通信）、学术研究、获得各种免费资源（如个人空间主页和下载免费资源等）、网上金融、网上购物与销售以及其他商务活动等。基于上述上网目的的表现形式，可将网民的主要网络消费行为概括为以下四种类型：信息获取、休闲娱乐、通信交流、网上购物。

众所周知，基于不同的分类标准，网络消费行为的分类亦不相同。对于网络消费者在某网站或页面的具体活动，可概括为以下几类（如图 9—1 所示）。由于消费者涉入程度及认知程度的差异，某具体网络消费行为可能仅包含其中的部分或有跳跃性。就网络作为媒体和市场空间的功能而言，其作用表现为虚拟社区和电子商务两种形式。结合网络消费行为的双重性及其所包含的行为阶段，网络消费行为可分为两大类：信息的消费与生产过程（与虚拟社区的形式相结合）和基于网络平台的购买消费过程（与电子商务的形式相结合）。

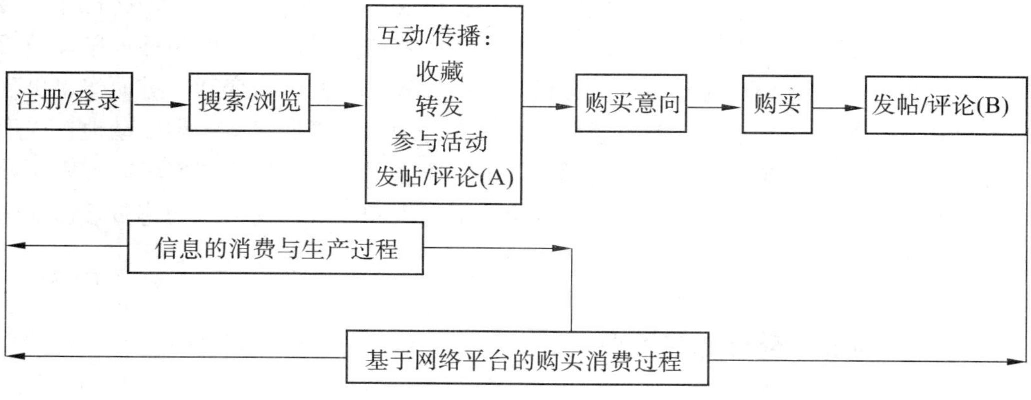

图 9—1　基于在线活动的网络消费行为分类

虚拟社区是指一群主要借助计算机网络彼此沟通的人，他们彼此有某种程度的认识、分享某些的知识和信息、在很大程度上如同对待朋友般彼此关怀，从而形成的团体。

电子商务通常是指在全球各地的各种商贸活动中，在互联网开放的网络环境下，基于浏览器/服务器应用方式，买卖双方不谋面地进行各种商贸活动，实现消费者的网上购物、商户之间的网上交易和在线电子支付，以及各种商务活动、交易活动、金融活动和相关的综合服务活动的一种新型商业运营模式。

一般情况下，当消费者产生了在某一网络平台上进行互动或交易的意愿后，往往需要先注册账号，而后登录该平台。登录有“登记记录”的意思，输入账号和密码登录网站正是为了登记记录用户资料，也往往是消费者在该网络平台的网络消费行为的开端。通常，消费者在注册或登录某一具体网络平台之前，可能已进行广泛的搜索、浏览等线上活动或其他线下活动，对该网络平台有一定的认知。

搜索是指在一定的领域内找到信息。搜索中收集到的信息有助于达到发现新信息的最终目的，搜索时用户要访问众多不同的信息源，搜索活动对路标的依赖性较大。用户在网络空间的信息搜索，就如同根据目录查询报纸，获取某类特定信息。浏览一般没有特定的目的，不以任务的完成为导向，多为非正式的或偶然性的，对于外部的信息环境有较大的依赖，但用户通过浏览能够对于整个信息空间的结构形成较好的概念。此时，浏览网页信息类似于阅读报纸，用户通过标题来大概了解报纸的主要内容，而能否详细地阅读某信息的具体内容则通常取决于其版面位置、标题设计等因素。通常，搜索和浏览行为是交替进行的。

互动是网络媒体区别于传统媒体的主要特征之一。其内涵可归纳为：网络互动是网络的本质特征；它以互联网与计算机为交互手段与传播媒介，借助文本、符号、声音、图像实现互联网使用者与网络媒体之间的信息沟通与交流，以及互联网使用者之间的信息交换与人际交往。从广义上讲，从网络用户登录互联网的那一刻起，就开始与网络进行互动；而当社区用户进行收藏、转发、参与活动、发帖/评论时，又与其他用户进行了互动，尽管这种互动可能并非行为者的初衷。

（1）收藏，源于消费者对网络信息效用的判断。该信息被认为在将来仍具效用，且有被回顾的可能性。收藏的形式多样，可通过浏览器本身的收藏夹收藏网址来实现，也可通过注册网络收藏夹将网址直接保存到网络数据库中，亦可通过虚拟社区的个人页面对来自其他社区成员或外部站点的内容（包括文本、音频、视频、图像等）进行收藏。（2）转发，源于消费者对网络信息内容或趣味性的认同。消费者期望与他人分享，并认为该信息对他人同样有用。与其他互动行为相比，转发更具有传播效能。（3）参与活动，源于消费者自身的兴趣爱好，并由人类自身的社会属性所决定。消费者参与线上活动的动机和参与线下活动是相似的，但由于互联网具有虚拟特性，人们展现个性的心理障碍减少，因此，与线下活动相比，线上活动可以获得更高的参与度。线上活动包括多种形式，如网络征集（投票和征文）、网络游戏、网络比赛、交流分享（网络话题和晒照片），等等。线上活动并非仅仅局限于网络，也包括通过网络招募参与人员，但在线下举办具体活动。(4) 发帖/评论（A）是实施购买行为前的行为，其表现形式和发帖/评论（B）是相同的，只是内容上有差异。发帖/评论可视作信息生产行为，是消费者表达个人想法的形式。对于发帖（A）这一行为，若出现在虚拟社区中，可理解为信息的生产或信息消化后的再生产行为；若出现在电子商务中，可理解为消费者购买前由于信息缺乏而进行的信息征询活动。而评论（A）仅适用于网络社区，即消费者在消费信息后发表看法。

网络购买意向和传统购买意向相似，在此不予赘述。

网络购买行为和传统购买行为本质上是相同的。就网络购买和实体店铺购买而言，其程序有差异，主要表现在购买行为与拥有商品的时间差，我们称之为“购买—拥有时间差”。通常网络购物的“购买—拥有时间差”更长，因为其中要经历一个物流配送过程。但是，如果购买的商品可通过互联网直接传递（如，行业报告、电子书、视频、音乐、图片等），那么该“购买—拥有时间差”和实体店铺购买几乎是相同的。

发帖/评论（B）主要针对电子商务平台而言，与经典消费行为模型——EKB模型中的“购后评价”有相同的效用，但发帖/评论（B）的传播效能比线下的购后评价有极大的增长。也就是说，网络口碑的形成和传播速度远高于传统口碑。

根据以上分析和阐述，可用参与度和贡献度两个维度对在线活动的网络消费行为进行二维坐标图示表征（如图 9—2 所示）。

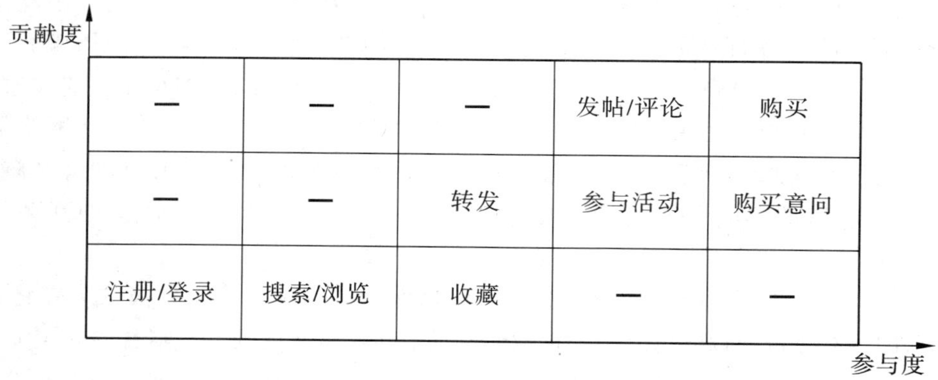

图 9—2 网络消费行为的二维坐标表征

四、网络消费决策模型

通过对近 10 年来国内外相关网络消费行为文献的梳理可以发现，学者们对网上消费者行为的研究主要针对基于电子商务的购买行为及其影响因素，因此遵循的研究范式也基本上是传统消费行为学的理论模型，包括理性行为理论

（theory of reasoned action，TRA），计划行为理论（theory of planned behavior，TPB）和技术接受模型（technology acceptance model，TAM）这三大经典理论模型。其中，TPB 和 TAM 都是在 TRA 理论的基础上衍生出来的，TRA 和 TPB 是用于解释个体行为的普适模型，TAM 则是 TRA 在信息技术采纳研究中的演化。

理性行为理论由美国学者费希本和伊塞克·艾奇森（M. Fishbein and Icek Ajzen）于 1975 年提出，亦称理性行动理论。该理论的主要用途在于解释或预测某一特定行为或某类行为如何形成，其核心要素是行为意向，即个体采取特定行为的倾向性，行为意向是行为的前置变量。该理论以“理性人”为基本假设，即认为人们在采取某一具体行为前会综合各类信息来衡量自身行为的意义和得失。该理论的主要内容包括：（1）在某种程度上，个体的行为可通过行为意向来推断；（2）个体的行为意向由态度和主观规范共同决定。态度是对个体采取某种行为的正面或负面的评价，它是由对行为结果的主要信念以及对这种结果重要程度的估计决定的；主观规范（主观准则）指个人对采取或不采取某特定行为的社会压力知觉，这种压力来自对重要他人（如家人、朋友等）认为他是否应该执行某特定行为的知觉。这些因素结合起来，便产生了行为意向（倾向），最终导致了行为改变。

计划行为理论由伊塞克·艾奇森于 1991 提出，是对理性行为理论的发展。艾奇森通过研究发现，个体对于是否采取某一特定行为并不能完全由自己控制，还受到其个人特点（如伦理道德、价值观等）的影响，因此，他将 TRA 予以扩充，增加了第三个元素——“感知行为控制”，并在此基础上发展出计划行为理论这一行为理论研究模式。计划行为理论包括以下主要内容：（1）行为并不能由个人意志完全控制，不仅受到行为意向的影响，而且受行为主体的个人能力、机会以及资源等实际控制条件的制约。只有在控制条件完全充分的情况下，行为意向才能够直接决定行为。（2）准确的感知行为控制反映了实际控制条件的状况，因此它可作为实际控制条件的替代测量指标，直接预测行为发生的可能性，预测的准确性依赖于感知行为控制的真实程度。（3）行为态度、主观规范和感知行为控制是决定行为意向的三个主要变量，态度越积极、重要他人支持越大、感知行为控制越强，行为意向就越大，反之就越小。（4）个体拥有大量有关行为的信念，但在特定的时间和环境下只有相当少的信念能被获取，这些可获取的信念也叫突显信念，它们是行为态度、主观规范和感知行为控制的认知与情绪基础。（5）个人以及社会文化等因素（如人格、智力、经验、年龄、性别、文化背景等）通过影响行为信念间接影响行为态度、主观规范和感知行为控制，并最终影响行为意向和行为。（6）对行为态度、主观规范和感知行为控制从概念上可完全区分开来，但有时它们可能拥有共同的信念基础，因此它们既彼此独立，又两两相关。

技术接受模型是戴维斯（Davis）于 1989 年运用理性行为理论研究用户对信息系统的接受时提出的一个模型，提出该模型最初的目的是对计算机得到广泛接受的决定性因素做一个解释说明。技术接受模型提出了两个主要的决定性因素：（1）感知的有用性（perceived usefulness），反映一个人认为使用一个具体的系统对工作业绩提高的程度；（2）感知的易用性（perceived ease of use），反映一个人认为容易使用一个具体的系统的程度。技术接受模型认为系统使用是由行为意向（behavioral intention）决定的，而行为意向由想用的态度（attitude toward using）和感知的有用性共同决定，想用的态度由感知的有用性和易用性共同决定，感知的有用性由感知的易用性和外部变量共同决定，感知的易用性由外部变量决定。外部变量包括系统设计特征、用户特征（包括感知形式和其他个性特征）、任务特征、开发或执行过程的本质、政策影响、组织结构等，为技术接受模型中存在的内部信念、态度、意向和不同的个人之间的差异、环境约束、可控制的干扰因素之间建立起一种联系。由于网上购物和信息系统较为相似，因此 TAM 已成为消费者行为研究领域使用最广泛的模型。学者通常将信任、感知风险或其他因素纳入技术接受模型，来共同解释和预测互联网环境下的消费者行为，并且很多研究假设都得到了实证研究的检验和支持。

表 9—1 对 TRA、TPB 及 TAM 进行了简要归纳。

表 9—1　　目前用于网络消费行为研究的经典模型

理论	内容	模型
理性行为理论（TRA）	• 个体行为由行为意向引起，行为意向由个体对行为的态度和关于行为的主观规范共同决定 • 前提：个体有完全控制自己行为的能力	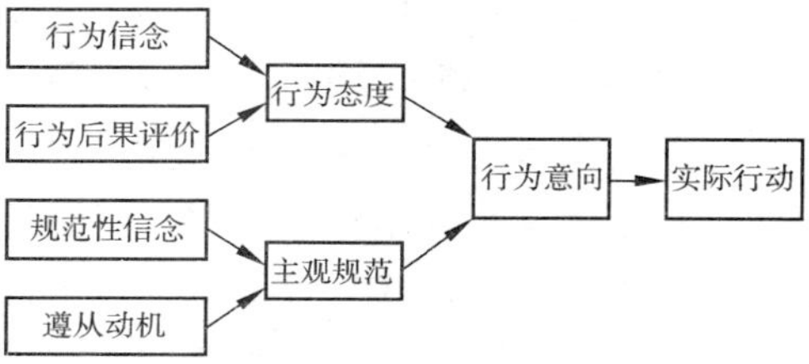
计划行为理论（TPB）	• 行为由行为意向与感知行为控制共同引起 • 感知行为控制非常重要，不仅影响行为意向，而且与行为意向共同预测个体行为	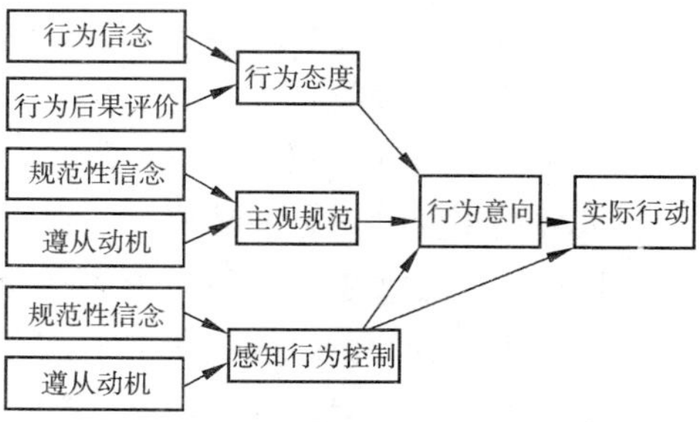
技术接受模型（TAM）	感知的有用性、易用性和想用的态度等外在变量影响消费者的内部信念、态度和行为意向	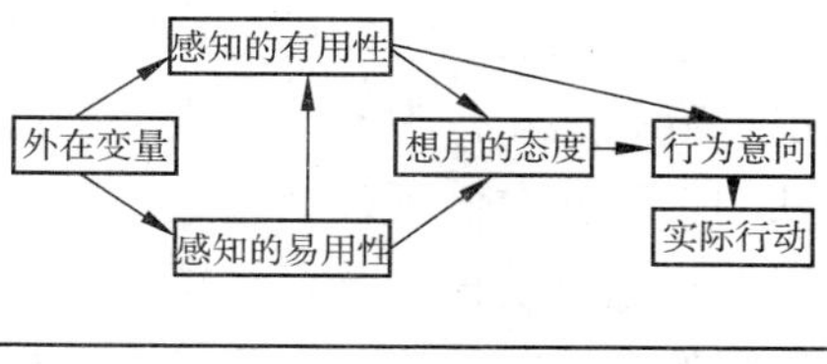

在 TAM、TRA 和 TPB 等经典模型的基础上，很多学者进行了扩展和革新。

文卡塔斯和戴维斯（Venkatesh and Davis）于 2000 年对 TAM 进行了大规模修正，提出了扩展的 TAM（extension of the technology acceptance model，TAM2），主要是为了寻找被 TAM 忽略的其他重要因素，即除感知的有用性、感知的易用性以外的因素，以增强技术接受模型的解释力度。TAM2 引入了社会影响过程（social influence processes）和认知工具性过程（cognitive instrumental processes）两个复合变量，并将其作为感知有用性的决定变量，改变了 TAM 中感知的有用性仅仅取决于外部变量和感知易用性的结构。社会影响过程中包括主观规范、映象等自变量以及自愿性和经验等调节变量；认知工具性过程中则包括工作相关性、产出质量、结果展示性以及 TAM 中的感知的易用性。两位研究者通过纵贯式实地研究得到的测试结果表明，社会影响过程和认知工具性过程对于用户的信息技术接受程度有显著影响，该修正模型同先前的 TAM 已经有较大的不同（如图 9—3 所示），对感知的有用性和使用意向的解释力度也有所提高，分别为 40%～60%和 34%～52%。

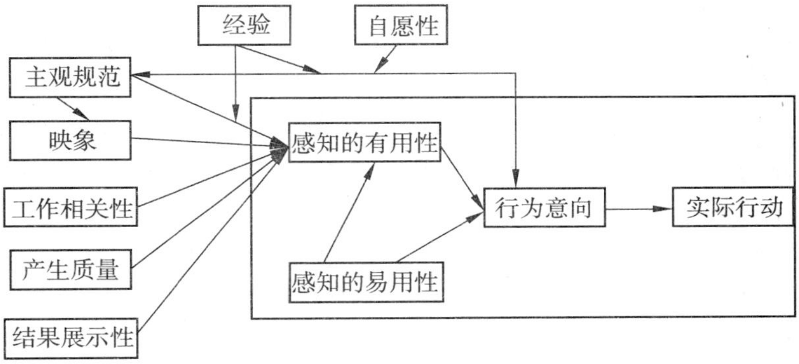

图 9—3　TAM2 模型示意图

陈等人（Chen et al.，2001）运用创新扩散理论（innovation diffusion theory，IDT）元素将兼容性（compatibility）的概念——创新是否与原有的价值、经验和需求相容——引入 TAM，提出了一个新的扩展模型。该研究通过构建结构方程进行分析得出：感知的有用性、感知的易用性、兼容性直接决定了消费者的网购态度，同时兼容性和感知的易用性对于感知的有用性有正向影响。

其他基于 TAM 的拓展研究还有很多。科法里斯（Koufaris，2002）用 TAM 和环境心理学理论共同解释网上的消费者行为。他认为，消费者第一次光顾网上商店的情绪和认知反应会影响他们对该商店再次光顾的意向及有无计划购买。网上购物的乐趣和感知网上购物有用对于消费者的再次光顾意向有强烈的预测作用。欧卡斯和费内奇（O'Cass and Fenech，2003）在 TAM 的基础上引入消费者个性（领导观念、购物冲突），网络经验（网络自我效能、对网站的满意度、网络购物的相容性、感知安全），以及购物导向等三类外生变量，并假设通过影响感知有用性和感知易用性间接影响消费者的网络购物态度、意向和行为。程华（2003）在 TAM 的基础上引入感知风险、人口统计因素、互联网态度和网络经验等四类变量。研究显示，该延伸的TAM能够解释31%的购买行为。帕夫洛（Pavlou，2003）将信任和感知风险引入技术接受模型，预测消费者对电子商务的接受程度。该研究认为，消费者的网上交易行为由网上交易意向决定，网上交易意向取决于感知的有用性、感知的易用性以及信任和感知风险。消费者对电子商务的信任、感知网上交易有用、感知网上交易方便与他们的网上交易意向呈正相关关系，感知风险与网上交易意向呈负相关关系。托尼塔（Tõnita Pereay Monsuwé，2004）提出，应将娱乐性等购物过程中的情感因素与感知的有用性、感知的易用性一样作为决定网络购物态度的基本变量引入TAM。该模型还确定了消费者特征、情境因素、产品特点、先前网络购物经验和对网络购物的信任等五个外生变量，并假设这五个外生变量影响到三个基本变量，从而影响消费者的购买行为。董铁牛、杨乃定、姜继娇（2007）在TAM的框架下引入任务技术匹配（TTF）和感知风险（PR），构建了消费者网上购物的概念模型TAM/TTF/PR。研究结果表明，网上购物的意向很大程度上决定了实际行为，而其最主要的驱动要素是感知的有用性；TTF通过直接和间接的方式对实际行为产生很大的正面影响，并可以降低对实际行为有较大抑制作用的PR；而感知的易用性间接地对实际行为产生正面影响的力度十分微弱。

从对近10年的文献整理情况可知，有关网络消费行为的研究大多基于TAM，也有少数基于其他模型。比如，黎志成、刘枚莲（2002）在计划行为理论（TPB）的基础上，构建了电子商务环境下的消费者行为模型。季怡（2006）将文化价值引入TPB模型，分析了中美两国消费者在进行网络购物时，文化价值体系所产生的影响。通过调查分析发现，文化价值是风险感知程度、自我感知效力和客观标准的前提，而且，文化价值对两个国家的消费者在进行网上购物时的作用机制并不相同。

除了在TAM、TRA和TPB的基础上添砖加瓦，以提高模型的具体情境适用性等研究外，亦有基于三大经典模型的整合研究。文卡塔斯等学者于2003年在动机模型（MM）、理性行为理论（TRA）、计划行为理论（TPB）、创新扩散理论（IDT）、技术接受模型（TAM）、计算机可用性模型（model of PC utilization，MPCU）、社会认知理论（social cognitive theory，SCT）及组合技术接受模型和计划行为理论的模型（combined TAM and TPB，C-TAM-TPB）等相关模型的基础上，整合主要因素形成了综合模型——技术接受和使用统一（UTAUT）模型。该模型的解释力度达到70%，远远高于上述八个模型（其解释力度为17%～53%）。UTAUT模型有四个直接因素对用户接受和使用行为起决定作用，即绩效预期、努力预期、社群影响和便利条件；有四个调节变量起间接作用，即性别、年龄、经验和自愿使用。研究模型见图9—4。国内学者孙建军、成颖、柯青（2007）基于对Science Direct全文数据库中相关文献的整理，构建出基于TAM、TRA和TPB的整合模型，见图9—5。然而，不能将该模型作为普适模型直接应用，还需要根据具体的研究情境，增加或者舍弃某些构念，以更好地适应研究的需要。

尽管诸多学者试图发展新的理论模型来解释网络消费行为，但现有研究基本上仍是基于三大经典理论模型作出改进，鲜有学者逾越三大经典理论模型体系创建全

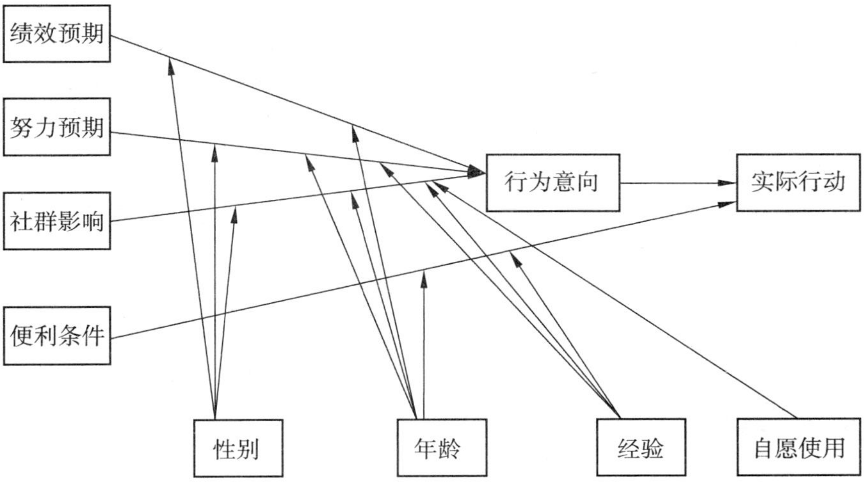

图 9—4　技术接受和使用统一（UTAUT）模型

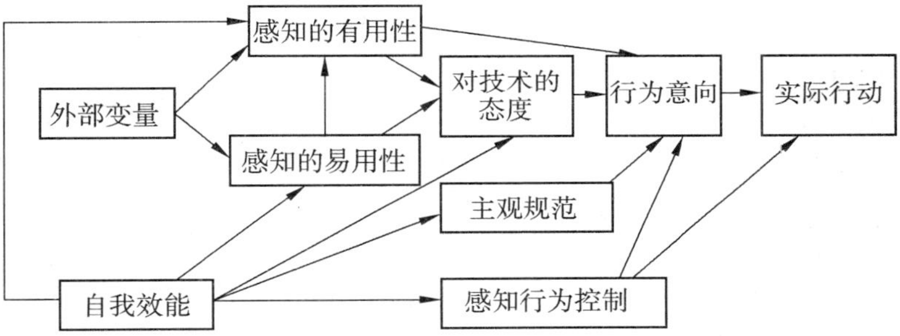

图 9—5　基于 TAM、TRA 和 TPB 的整合模型

新理论模型。

第 2 节　网络消费行为的影响因素

一、传统消费行为的影响因素研究

传统的购买决策影响因素研究主要分为三类：二因素论、三因素论和四层面说。二因素论将购买决策的影响因素分为两类：个体因素和环境因素。其中，个体因素主要指个人的心理因素，包括心理过程与个性两个方面；环境因素指家庭、社会文化、阶层、参考群体或个体（如意见领袖）等因素。三因素论将营销组合（产品、价格、分销和促销）视为影响购买决策的另一个重要因素。菲利普·科特勒于 2002 年提出了影响消费者决策的四层面说，即文化层面（包括文化、亚文化等），社会层面（包括参照群体、家庭、角色与地位、社会阶层等），个人层面（包括年龄与人生阶段、职业、经济状况、生活方式和个性等），心理层面（包括动机、知觉、学习、信念和态度等），如图 9—6 所示。虽然上述理论的立足点有所不同，但实质上三因素论和四层面说都是对二因素论的扩展。

文化层面	社会层面	个人层面	心理层面
文化	参照群体	年龄与人生阶段	动机
亚文化	家庭	职业	知觉
	角色与地位	经济状况	学习
	社会阶层	生活方式和个性	信念和态度

图 9—6　消费行为的影响因素

二、网络消费行为的影响因素研究

与传统消费不同，网络消费者需要计算机/网络交互才能形成决策，这涉及消费者使用网络系统的经验和能力；由于网络环境是虚拟的，企业在设计网站（如提供信息、组织和展示信息）时可以不受产品包装和实体配送的约束，所提供的在线产品信息和产品实体是分离的，因此在网络环境下消费者对企业、产品（服务）的感知和信任将会发生变化，网络隐私和欺诈等问题使得网络消费者对网络购物越来越谨慎和敏感。因此，除了传统消费行为的影响因素外，网络消费行为的影响因素也因网络本身而有很多新的特点。

（一）网络平台的分类

类似于真实空间，网络空间也是一个包罗万象的大世界，其中包括各种各样的网络平台。根据对网络消费的定义，我们将其看作一种信息消费，那么各种网络平台可理解为信息的不同组织形式。消费者出于不同的目的在不同的网络平台上进行各自的活动。因此，在研究网络消费行为的影响因素之前，有必要了解网络平台的类型及其满足网络消费者的何种参与目的。

本章前文已提到，以消费者网络平台的参与目的作为划分标准，网络平台可分为虚拟社区和电子商务两类。虚拟社区类平台的参与目的通常可细分为三类：网络娱乐、信息获取和交流沟通。电子商务类平台的参与目的通常是商务交易。各种常见平台的分类如图 9—7 所示。

（1）以满足消费者自娱自乐为目的的网络平台。消费者通常利用网上的免费游戏、音乐、视频等信息自娱自乐或消磨时光。这类网站或为专营网站，或为某综合类网站的一个模块。例如，QQ 游戏（模块）、优酷网（专营）、百度 MP3（模块）。

（2）以满足消费者信息获取为目的的网络平台。此类网站又可分为两类——门户网站和搜索引擎。门户网站，也称链接页面，是一个将不同互联网资源汇集到同一信息平台之上的应用框架。门户网站最初仅包括目录功能和搜索功能，为了应对网络市场的发展及日益激烈的竞争，门户网站通过拓展各类新功能来吸引用户，发展成如今包罗万象的综合性信息及应用平台。国内常见的门户网站包括新浪、搜

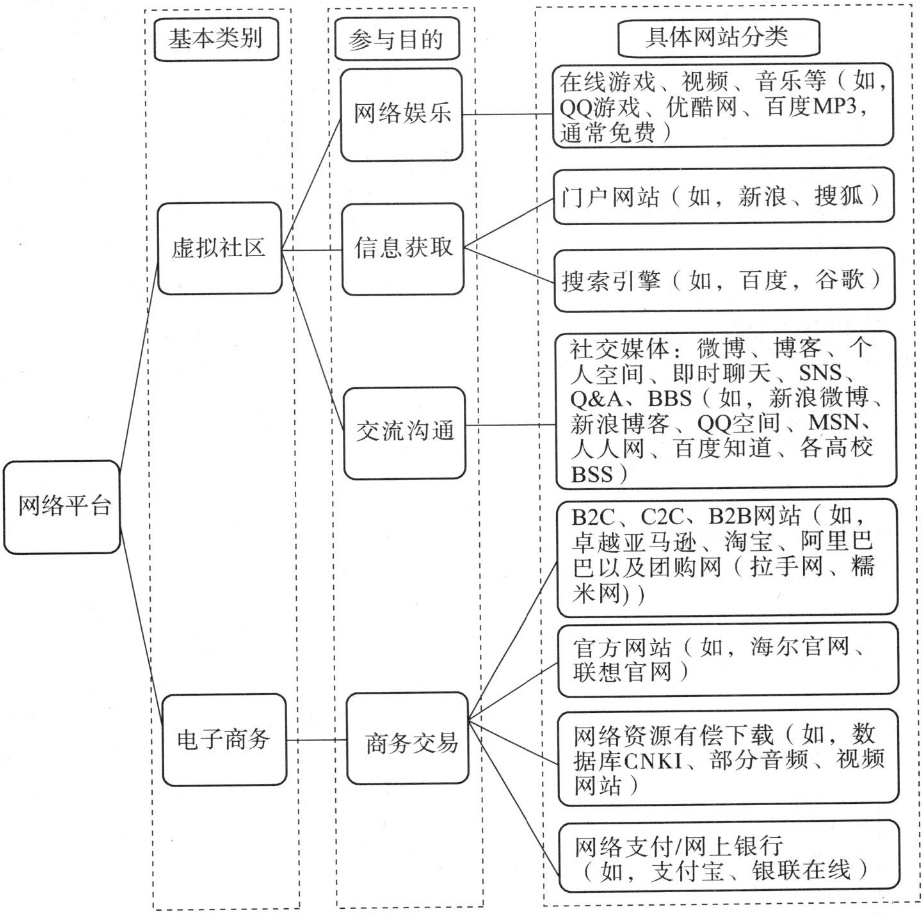

图 9—7　网络平台参与目的与分类

狐、网易等。搜索引擎是指根据一定的策略，运用特定的计算机程序从互联网上收集信息，在对信息进行组织和处理后，为用户提供检索服务，将用户检索的相关信息予以展示的系统。搜索引擎包括全文索引、目录索引、元搜索引擎、垂直搜索引擎、集合式搜索引擎、门户搜索引擎与免费链接列表等。百度和谷歌等是搜索引擎的代表。

（3）以满足消费者交流沟通为目的的网络平台。此类网络平台形式多样，层出不穷，我们将其笼统地概括为社交媒体。社交媒体（social media），又称社会化媒体、社会性媒体，指允许人们发表观点、分享、评价、讨论、相互沟通的网站和技术。通过社交媒体，网民自发贡献、提取、创造新闻咨讯，然后传播。常见的社交媒体应用包括微博（如新浪微博和 Twitter）、博客（如新浪博客）、个人空间（如 QQ 空间）、即时聊天（如 QQ 和 MSN）、SNS（社交网站，如人人网和 Facebook）、Q&A（如百度知道）、BBS（电子公告板，如 BBS 水木清华站）。

（4）以满足消费者商务交易为目的的网络平台。电子商务平台通常因交易双方身份不同而被划分为以下三类：B2B（business to business，企业对企业的电子商务），如阿里巴巴；B2C（business to customer，企业对消费者的电子商务），如卓越、亚马逊；C2C（customer to customer，消费者对消费者的电子商务），如淘宝网。另外，很多企业自设平台（即企业官方网站）以开展营销活动、表达企业意志或进行商品（服务）交易，如联想官网。此外，网络上还存在一些以资源下载为盈利点的平台（如中国知网），其最终交易的完成需要借助网络支付手段（如支付宝和银联在线）实现。

以上划分标准基于网络平台的核心业务。但是，随着网络的不断发展，虚拟社区和电子商务的界限将逐渐变得模糊。很多平台兼容了不同的功能，比如，新浪包含游戏、视频、BBS、微博、博客等，类似地，搜狐开发了搜索引擎——搜狗。

（二）网络消费行为的影响因素

许多关于网络消费行为的影响因素的研究是基于 TRA、TPB 和 TAM 展开的，加入了网络环境因素和传统消费行为的相关因素。

钟秀妍（Soo Yeon Chung，2009）对网络消费行为的文献进行整理，从变量层面将相关文献分为四类，并总结出相关的网络消费行为影响因素（如图 9—8 所示）。

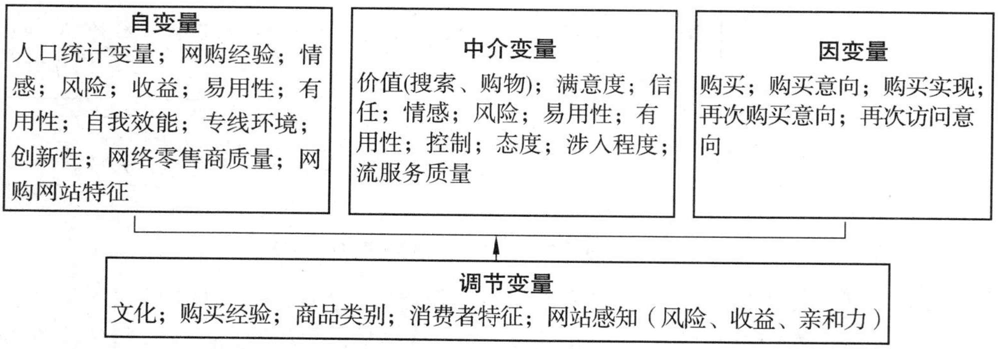

图 9—8 基于文献综述的网络消费行为影响因素

在网络环境下，消费行为的内涵得以进一步扩充。网络消费行为不仅包括传统消费行为中的购买行为，还包括信息消费与生产行为。结合对以往文献的梳理，我们可将网络消费行为的影响因素分为三类：（1）产品（服务）或信息本身的因素；（2）网络相关因素，包括网站设计和网站技术；（3）个体因素，包括个人因素和心理因素。

1. 产品（服务）或信息本身的因素

在网络环境下，虽然产品实体和消费者是相互脱离的，产品只能通过信息形式呈现在消费者面前，但是，消费者对产品本身的选择要求与线下环境并无差异。因此，产品必须具备合适的功能特性、合理的价格、独特的外观设计等要素。当然，相关的描述信息必须与产品实体相匹配。通常，网上购买者以年轻人居多，他们追求时尚，因此网上销售的产品必须考虑新颖性。另外，考虑到产品购买的参与程度，对于消费者参与度较高且要求现场体验的产品，一般不宜在网上销售。

服务是无形的商品，只能借助对其加以描述的信息才能得以销售。而同样的信息放在线上或线下差异并不大，比如机票预订。但是，一些服务购买前往往涉及体验过程。比如，新东方的外语课程可通过其官网或门店销售，但初次购买的消费者希望对该课程有更多的了解，要求通过试听收集更多信息，进而作出最终购买决策。在这种情况下，网络平台往往只能对服务类商品起到说明或宣传作用。此外，网络平台上提供的客户服务的质量以及相应的物流配送对于网络消费行为也有显著影响。当消费者需要获得相应的帮助或想了解更多的信息时，客户服务的质量及响应速度将非常重要。这与传统的客户服务的作用是相同的。货物的配送质量取决于配送的及时性、可靠性和隐私性，将影响网络消费者的满意度。

虚拟社区的核心业务是提供信息，充当媒介，收取广告费用，并通过这些业务盈利。因此，信息这一因素对于虚拟社区至关重要。有价值且醒目的信息才更容易引起消费者的注意。信息能够激起消费者心中的共鸣、符合其兴趣爱好，才可能引发消费者的收藏、转发、参与活动、发帖/评论等互动行为。

2. 网络相关因素

网络相关因素包括网站设计（涉及页面环境、内容、导航等）和网站技术。

有关现实世界的很多研究运用环境心理学的研究框架，证明零售环境中的一些暗示可以影响消费者情绪，进而影响其行为。这个 S-O-R 模型的重要性在于揭示某些刺激性暗示（如，颜色、音乐、气味）可为营销者所操纵以增加购物者的兴趣和共鸣，进而引起趋向行为，如花钱购买（而非逃离购物现场）。戴利（Dailey，2004）和埃尔奥卢等人（Eroglu et al.，2003）证明类似的网络气氛模型适用于网络消费者行为。图形、视觉、声音、颜色、不同等级分辨率的产品演示、视频和 3D 展示是其中最常见的刺激。根据 TAM，网站易用性影响最终的购买决策。因此，需要考虑“适航性”，即用户能在网站中找到路径，并了解自己在哪儿。网站的导航必须尽可能简洁清晰。用户对网络社区的设计所感知到的美观程度是他们上网或参与网络社区的重要驱动因素。因此，网络社区要想在第一时间迅速抓住用户的眼球，给用户留下良好的印象，应该从社区的界面设计、浏览的便捷性、提供的链接导航服务以及社区内容的结构等方面入手精心设计。

网站技术关乎网站的访问质量、相关平台的互动可能性和互动质量。这一逻辑很好理解。只有网站具备稳定性，页面链接准确，页面跳转迅速，才能够满足消费者的使用需求；只有相关互动平台能够保证沟通和互动的流畅性、广泛性、隐私性等要求，才能够吸引消费者经常光顾。在网购情境下，体验和娱乐性源于消费者与零售商网站的互动。网络互动不仅包括对销售员—顾客互动关系的体验，而且包括促销以及所有的感官刺激对消费者行为的影响。从经验来看，互动是影响消费者态度的一个重要因素，并且整体互动是决定消费者对于某特定网络零售商态度的最重要因素，互动可以影响消费者对网络零售商的信任和态度。

3. 个体因素

消费者的个体因素包括个人因素和心理因素两类。其中，个人因素包括人口统计因素和个人所处的环境；心理因素包括态度、以往经验、信任度和学习等。

不同的消费者有不同的喜好，人们选择商品时常常受自身的人口特征的影响。心理学研究已发现与网络消费者行为潜在相关的众多性别差异，例如空间导航、感知和沟通方式。性别的调节作用可以借鉴社会角色理论和进化心理学来解释。男性通常更倾向于任务导向、系统导向，并且比女性更乐于承担风险。相关学者发现，和任务导向差异一致，男性的计算机系统使用决策受感知有用性的影响比女性大。另一方面，和系统导向差异一致，女性的使用决策更易受感知易用性的影响。其他研究表明，受教育程度高者通常采集、处理并使用更多信息来决策，受教育程度较低者则不需要依赖较多信息。因此可推测，与受教育程度低者相比，受教育程度较高者更加依赖新信息。年长的消费者可依靠较少的决策标准进行决策，不太可能寻找新的信息，年轻的消费者则收集更多的信息。

个人所处的环境涉及文化、亚文化、周边群体等因素。目前，有关文化对网络消费行为影响的研究大体可分为两类——不同文化背景下网络购买行为的比较，某一文化背景下网络购买行为的特征。佟晓（Xiaotong，2010）指出，中美消费者的感知有用性和感知风险对于网络购买意向的影响差异不大，而蔡子英等人（Jay-oung Choi et al. 2003）发现，美韩消费者对于网购风险感知差异很大。罗姆等人（Rohm et al.，2004）证实，社交互动对网络购物起着极大的促进作用。帕森斯（Parsons，2002）发现，在家庭之外积累的社会经验、和兴趣相投群体的交流、参与同龄群体、地位及权威性等对网购有影响。

消费者个人心理对最终消费决策的影响已在前文作了具体介绍。消费者心理影响因素的作用在线上和线下的表现机理是相同的，只是外界的刺激物有所差异。下面结合网络因素说明消费者个人心理对消费行为的影响。

研究表明，消费者的网购满意度越高，越有可能产生信任感并再次光顾。网络消费者的经验越丰富，信任度越高，就越倾向于在网上购买更多的商品，对于安全的担忧也将减少。由于网络商品实体与消费者是脱离的，且网络购物是相对新兴的活动，网上购买通常被认为比实体购买风险大，因此信任对于网络购物者而言至关重要。网络商品描述与实体的一致性、安全（计算机和金融信息安全）以及隐私（互联网上的个人识别信息）等与信任密切相关。

从早期有关消费行为学研究的另一个组成部分——学习来看，由于学习导致购买意向增强，一个网络零售商站点将会因为客户的反复使用而变得更有吸引力、更高效。因此，网络消费者关于某网络零售商网站的知识会影响其购买意向。

网络消费行为的影响因素归纳如表 9—2 所示。

表 9—2　　网络消费行为影响因素的研究要点

个体因素	产品（服务）或信息本身的因素	网络相关因素
个人所处的环境（文化、亚文化、周边群体（线上和线下）） **人口统计因素**（如，性别、年龄、受教育程度、收入等） **心理因素**（如，态度、以往经验、信任度、学习等）	**产品**（如，商品属性、商品价格、商品质量、品牌） **服务**（如，商品交易的服务质量、属性、价格，物流配送、客户服务） **信息**（如，价值性、独特性、网络口碑）	**网站设计**（页面环境、内容、导航） **网站技术**

第 3 节　网络口碑传播的实证研究

一、网络口碑基本理论

1. 网络口碑的定义

口碑的最初定义是非商业性的，指个人间关于产品、品牌、组织或服务的非正式的面对面信息交流行为（阿姆特，1967）。如今互联网提供了不受时空限制的人际沟通媒介，消费者之间可通过多种途径（如，论坛、产品页面评价、社交媒体等）沟通或讨论有关产品或服务，获得所需信息，并分享自己使用后的体验及评论，于是网络口碑（online word-of-mouth，OWOM）这一新的口碑形式便产生了，亦可称为鼠碑（word-of-mouse）。目前，口碑研究通常将互联网上消费者之间的产品信息交流视为网络口碑。

2. 网络口碑的要素

传者，即口碑发送者，指那些主动在线发表关于产品或服务的意见和评价的消费者，其中也包括那些在线转发他人意见或评论的消费者。

信息，即口碑信息内容，指口碑发送者在线发布文字、视频、音频等数字化的信息资料，存储于网络空间，具有时间和空间上的延续性，并可为他人所检索、获得及理解。

接收者，指那些通过主动搜索或被动接受的方式获得口碑信息内容的消费者。

3. 网络口碑的传播特点

（1）网络口碑的传播速度快，传播范围大，传播效率高。网络口碑的传播以文字交流为主，同时包括图片、多媒体信息、搜索引擎信息等。借助互联网，人与人之间的交流已经突破了空间的限制，身在异地同样可以进行面对面的沟通，这使得网络口碑的传递效率大幅提高。

（2）网络口碑的传播方式多样化。传统的口碑传播只能是几个相互认识的人之间以口耳相传，接收者基本是被动的。在网络环境中，信息可以以各种形式存在，而且传递形式也各不相同。既可以通过电子邮件传递信息，也可以将口碑信息发布在社区或论坛等平台，等待用户来搜寻。用户之间可以以不同的对应关系进行信息的传递活动，既可以进行一对一的口碑信息传递（如即时 QQ 聊天等），也可以进行一对多的口碑信息传递（如邮件列表等），还可以进行多对多的口碑信息传递（如聊天室和讨论区等）。

（3）网络口碑的内容留存时间长，持续影响力强。网络口碑信息可转化为网络用户所发布的图片、视频、音频、帖子、博文等可查证的数据形式。此外，创造性的言论和新信息刺激的加入，常常使得讨论经久不衰，进而使得口碑内容不断累积，吸引更多的注意，并使得其传播发挥更强的持续影响力，实现边际效应的递增。

（4）网络口碑的传播具有互动性的特点。由于网络技术的应用，网络口碑的传播使得网络中的人际传播方式更加丰富和高效，网友之间的传播和相互影响比以往表现得更加积极主动，接受方可以通过互联网主动搜寻、查证自己所需要的口碑信息。

4. 信任机制

人们日常生活中的方方面面都和信任联系在一起，因此自从有了人类社会，信任就与人们的生活息息相关。信任不仅仅是传统营销环境下商家所需要注意的影响消费者决策的重要因素，更是在新兴的网络营销环境下促进消费者产生购买意愿的重要保证。借助网络社区这一信息交流平台，消费者可以获得相关商品的口碑，以减少消费前的不确定性。学者的大量研究指出，信任是网络购买态度的决定因素，也会显著影响网络购买者的潜在意向。目前，研究者对网络可信度的研究主要集中在三个方面：网站可信度研究、网站所有者可信度研究和信息可信度研究，其中，网络口碑的信息可信度受到了重点关注。

二、国内外网络口碑相关实证研究

由于研究者更多地从口碑传播的角度对口碑进行研究，因此有关口碑传播的研究带有较强的传播学色彩。下面结合消费者行为学，从三个方面介绍网络口碑的研究焦点。

（一）网络口碑传播的意愿及动机

辛德勒（Schindler，2001）认为，消费者进行网络口碑沟通的动机有三类：信息动机、支持动机和娱乐动机。亨尼格等人（T. Hennig-Thurau et al.，2004）在传统口碑传播研究的基础上，利用虚拟网络社区与消费者之间相互交流的 2 000 多例样本数据，研究了消费者在网上发表意见与评论的动机，得出结论：社会交际需要、物质激励、利他主义以及利己主义是导致消费者进行网络口碑传播的主要动机。廖成林、程雷（2010）发现，口碑来源可靠性和利他动机对负面口碑再传播意愿有显著影响；口碑内容的生动性、趣味性和娱乐动机对正面口碑再传播意愿有显著影响。

（二）网络口碑传播的影响因素

网络口碑传播效应的影响因素基本可归为以下几类：口碑发送者的专业性和影响力、网站的声誉和性质、口碑的内容、不同的文化背景、产品类型、网络口碑发送者和接收者的关系、口碑接收者自身的能力。

1. 口碑发送者的专业性和影响力

相关研究将网络意见领袖作为主要研究对象，分析该类用户对于其他用户的影响。较早从事该类研究的伯森和斯塔奇（Burson，Starch，1999）将通过网络传播信息的意见领袖定义为"在线影响者"（e-fluentials），研究发现：每个意见领袖可潜在影响 14 人，他们总体上能够代表 1 100 万美国人。由于意见领袖具备某个领域的专业知识，他们通常乐于同社区内的其他用户分享其知识，表现出主动发表对某话题的看法或回复相关话题等行为，因此，他们对于虚拟社区发展的维系和其他用户购买决策的影响起着非常重要的作用，例如，他们发出的信息影响在线口碑的交流和转发，且交流和转发频率随意见领袖的影响力增大而提高。

2. 网站的声誉和性质

对于京东商城之类的 B2C 网购商城，其声誉主要体现在京东公司及其运营网站的品牌本身的声誉，品牌往往是品质和担保的象征，优秀的品牌往往提供优质的产品和令人满意的服务。对于淘宝网之类的 C2C 交易平台，其声誉则体现为淘宝网的整体声誉和在淘宝开店的卖家的个体声誉。对过去行为的记录通常被称为声誉，因为传统上关于声誉的研究多注重声誉与社会或财务绩效之间的关系，关注有法人身份的企业的声誉状况。在网络环境下不能简单套用传统的声誉研究。比如，C2C 电子商务中的商家大多是个体经营者或从个体转型的商家，消费者很难获得商家经营规模、财务等方面的信息，信息严重不对称。消费者对于网络商家可信度的判断只能依赖其对店铺特征的感知。就大部分 C2C 电子商务平台（如，淘宝、易趣、拍拍等）而言，简单的信誉评价系统发挥了一定的作用，提供诸如交易评价、商家信用等级等必要信息，在一定程度上帮助潜在消费者判断商家的可信度。当消费者与某个商家没有交易经历时，消费者更加看重商家的声誉。当商家期望未来有更多的交易并担心消费者投诉时，这些反馈信息可以影响商家的行为，促使商家在交易中诚实守信。在线声誉系统在保障网上交易安全、防范网络欺诈、建立良好信任关系和提高市场效率等方面发挥了积极作用。大量研究表明，商家的声誉是影响消费者对商家产生信任的关键因素。

研究发现，网站的类型是影响网络口碑说服效果的重要因素。在商业网站、具有商业性质的第三方网站和非商业性质的第三方网站这三种不同类型的网站中，非商业性质的第三方网站的推荐对消费者更有用，消费者购物时会更多地参考独立网站的推荐。非商业网站（如大众点评网）提供对于产品和服务的评价并允许消费者互动，具有更大的可靠性、相关性和移情性，对于消费者决策有较大帮助；商业性质的第三方网站仅提供信息，一般不能辅助消费者完成购买决策。

3. 口碑的内容

在线环境使得口碑信息的内容融入了网络媒体的特征。相关研究表明，网络推广方式的互动性、易用性、实时性、趣味性、丰富性等都会影响消费者的接受度和传播意愿。麦克米兰（McMillan，2003）对网络评论和电子邮件进行的实证研究得出结论：趣味性在所有因素中对于消费者态度和意向的影响最大，通过强化消费者的正面情感和态度而提高点击、浏览、购买、回复、转发和推荐等行为意向。

4. 不同的文化背景

存在文化背景和价值观差异的口碑传播双方通常会在口碑信息的选择、整合和传播方式等方面有差异，并最终影响口碑的传播效果。例如，日本消费者在口碑接收方面较美国消费者有更强的主动性。这源于崇尚集体主义文化的日本消费者习惯于将自身置于群体当中，因此，需要参考他人的相关经验来帮助作出购买决策。在中美文化差异下，口碑传播行为亦有不同，这在关于在线非意见领导者的研究中有所体现。与美国消费者崇尚个人主义不同，中国消费者崇尚集体主义，且自信程度相对较低，加上两国的市场特征有差异，中国消费者通常更容易受到网络口碑的影响。

5. 产品类型

相关研究发现，对于不同类别的产品，消费者在搜索信息的数量、花费的时间、采用的方式、搜索的频次等方面差异很大。这类研究通常将产品分为体验类产品和搜索类产品进行比对研究。通常，消费者在购买体验类产品时更频繁地使用网络信息，更容易受到网络口碑的影响，且更倾向于从其他消费者或第三方那里获得信息。与之相反，在购买搜索类产品时，消费者则倾向于使用零售商及制造商的网页。

6. 网络口碑发送者和接收者的关系

网络口碑发送者和接收者的关系强度越高，则口碑传播效果越好，这一传统口碑研究中已被证实的命题尚未在网络背景下得到完全验证。在关于网络口碑与对新事物接受行为的关系的研究中，学者发现，关系强度与对创新事物的接受行为不存在显著相关性。这一结果意味着，虚拟社区中所有的关系连接点所拥有的效力是相同的。

7. 口碑接收者自身的能力

口碑接收者的专业性及网络使用经验都是其能力的重要体现。有关网络用户使用经验的研究表明：经验越丰富的用户越倾向于查看负面评价；自己鉴定产品的专业能力越强的用户越倾向于向其所在的社区提供更多的知识，包括转发、回复或发起关于某话题的建议；网络使用能力越强的用户越可能从事信息搜索活动，并向别人转发、推荐或与之探讨。

（三）网络口碑与消费行为的关系

网络口碑作为重要的参考信息，对网络消费行为的影响不言而喻。下面从网络口碑的质和量两方面列举相关实证研究做简要说明。

1. 网络口碑的“质”

网络口碑的“质”主要包括其内容和性质。网络口碑是一种文本信息，其长度可以被度量。研究显示，在线书评的平均长度与产品销售量有关，表明消费者不仅关注网络口碑的数量统计，而且阅读了网络口碑的具体内容。通常情况下，网络口碑的内容越多，包含的信息越充分，信息的质量也就越高，因此更容易得到消费者的信任。就网络口碑的性质而言，研究发现，无论是线上还是线下，负面口碑都不利于消费者对商店产生信任并形成购买意向，但这种负面影响可随着消费者对店铺的熟悉而减小。此外，负面口碑对于那些因求廉心理而购买商品的消费者影响更大。

2. 网络口碑的“量”

信息结构的重要因素之一是数量。在用户评价系统中，一次购买可形成一条评价，评价越多则购买者越多。实践中，网络商户通常通过删除负面口碑或扮演消费者发表正面口碑两种方式来提高自己的可信度。然而研究表明，信息来源越多，则口碑的说服力越强，因此，网络口碑来源及数量的增加将提高商户的操纵成本。若网络口碑数量较少，则其真实性将会受到质疑。

总体而言，网络口碑传播研究带有明显的学科交叉性，融入了心理学、传播学、社会学、管理学等多学科理论。从目前的数据及文献可看出，过去多数有关网络口碑的研究基本上以国外消费者作为主要的研究对象，国内对于网络口碑的研究仍处于起步阶段。目前，国内对网络口碑传播的研究大多是在传统口碑研究的基础上展开的，借鉴了以往的研究成果，分析在互联网环境下所表现出的不同。然而，中西方文化迥异，网络口碑的本土化研究应成为研究的重点。

第4节　网络消费行为角色转变路径

一、网络环境下的消费者角色

如前所述，网络平台划分为虚拟社区和电子商务两大类，它们所对应的参与目的及网络消费行为各不相同，虚拟社区所对应的行为是信息的消费与生产过程，电子商务所对应的行为是基于网络平台的购买消费过程。然而，随着网络平台的形式不断演化，虚拟社区和电子商务之间的界限逐渐模糊。由于基于网络平台的购买消费过程中涉及信息的消费与生产过程，我们可推测信息的消费过程与商品的消费过程可相互转化，且前者可促进后者的实现。比如，有学者证明网络互动对购买行为有积极影响。基于此，很多传统的电子商务平台开发了社区功能，为消费者提供交流互动的平台，以促进购买消费的实现。同时，网络社区亦利用其信息媒介的作用成为承载商业信息的渠道。比如，淘宝开辟了用户个人主页，使得用户之间可以互加好友、交流或推荐商品；人人网上设有关于各类商品的讨论圈，发布各大商家举办的线上或线下活动，并与淘宝网商品链接。这样，网络平台上用户的行为就具有了很强的动态性。那么，网络信息消费与网络产品消费之间的相互转化是如何实现的呢？下面引入网络用户角色这一概念对网络消费行为的特征进行表征，在此基础上，通过用户角色的转化来说明消费者决策过程的进阶。

哈格尔等人（Hagel et al.，1997）根据网络社区成员参与社区的程度及价值，将其用户划分为浏览者、潜伏者、贡献者和购买者。经过归纳总结，我们将其分类用图 9—9 表示如下。

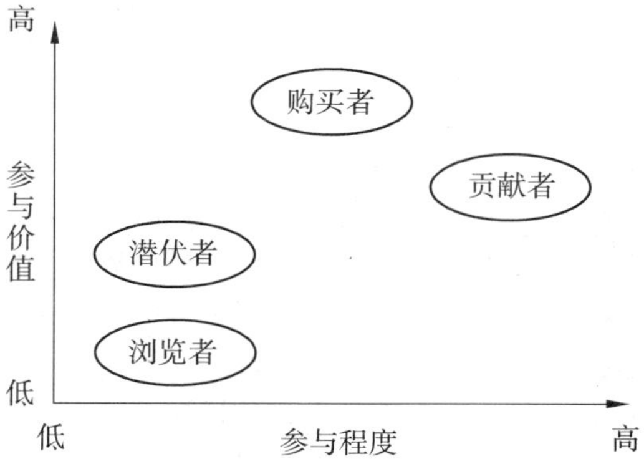

图 9—9 基于社区参与程度及价值的用户分类

阿德勒和克里斯多夫（Adler and Christopher，1999）根据用户参与形式，将网络社区用户划分为被动者、主动者、诱导者和管理者。被动者是指那些希望不花力气就能得到娱乐或信息内容的用户；主动者是指那些热心参与由其他人所发起的活动或主题讨论的用户；诱导者会主动发起讨论或规划活动以吸引其他用户参与；管理者是社区用户与社区经营者之间的中介角色，通常是成熟的诱导者。

卡瑟和威廉姆斯（Cother and Williams，1999）按照网络社区用户在社区中的不同发展阶段，将其划分为浏览者、建设者、使用者和购买者。浏览者通常只是简单地浏览，之后就离开了，对社区的贡献很小；建设者最积极地为社区做贡献，他们花费大量的时间参与社区活动，他们的行为有助于社区人气的聚集；使用者对社区贡献不大，他们只是单纯地浏览社区，并从中得到信息而获益；购买者是网络社区中最有价值的会员，他们积极在社区中购买产品或服务，为社区创造收益。可以看出，这种分类更多地是依据用户对社区的贡献程度来划分的。

库兹涅茨（Kozinets，1999）根据“网络社区用户感知消费行为的重要性”和“用户与社区中其他成员之间的互动强度”这两个维度，将网络社区用户划分为过客、爱好者、混合者和忠诚者。经过归纳总结，我们将其分类用图 9—10 表示如下。

东华大学的沈蕾、李义敏（2009）根据“交往”和“贡献”两个维度，更详细地描绘了网络社区用户角色分类图（如图 9—11 所示）。他们指出，浏览者是网络社区中贡献度和交往度都比较低的用户，网络社区服务商应该积极开发、挖掘和激励他们，使他们不断向生产者和购买者的方向转化，采取各种转化方式的最终目的都是完成消费，使其成为最终者。这里所指的消费既可以是有形的，也可以是无形的。

图 9—10　基于社区参与程度及价值的用户分类

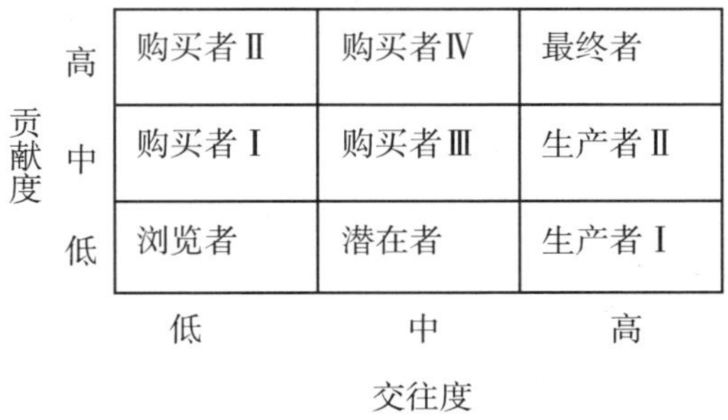

图 9—11　网络社区用户角色分类图

通过对以往学者的研究的总结可以发现，大部分学者主要是从“社区成员的积极参与性”或者“社区成员对社区的贡献”角度出发，或者将两者相结合，对网络社区用户进行分类。基于此，本书也从“参与程度”和“贡献程度”这两个维度出发，以企业官方网络社区为平台，将用户分为主动登录者、积极参与者、直接贡献者和间接贡献者。这四种用户的具体行为如表 9—3 所示。

表 9—3　企业官方网络社区用户角色分类表

用户角色种类	角色行为
主动登录者	相对于其他相同类型的网站，会主动登录该企业官方网站的网络社区浏览内容
积极参与者	会积极参与该网络社区组织的线上活动，如发帖、投票、征文等
直接贡献者	有购买该企业的产品或服务的意愿
间接贡献者	会积极向其他人推荐、宣传该企业官方网站

通常，产生消费决策的认知行为被视作一种动态性的过程，在此基础上解释和探究产生消费决策的认知行为。本书借助网络社区用户的角色分类研究理论，用静态的社区用户角色来表征动态的消费决策认知过程，因此，对网络消费决策认知过程（即信息的消费与生产过程）的研究就可以转化为对网络社区中不同用户角色之间转变的研究，即通过研究网络社区中的主动登录者、积极参与者、直接贡献者和间接贡献者这四种用户角色之间的转化关系，来探究产生网络消费决策的认知过程。其中，主动登录者的行为相当于消费决策认知过程模型中的媒介选择行为，积极参与者的行为相当于消费决策认知过程模型中的收集、了解相关信息的行为，直接贡献者的行为相当于产生消费决策，间接贡献者的行为相当于消费决策认知过程模型中形成新的知识或意义以进行评价的行为。

二、网络消费行为角色转变路径研究

根据消费行为的相关理论研究，消费者的消费行为事实上在采取实际的购买行为之前就已经开始了，并不仅仅局限于产生消费决策这种单一的行为。基于此，我们以企业官方网络社区用户角色界定理论和网络消费决策认知过程理论为基础，用静态的网络社区用户角色来表征动态的网络消费决策认知过程，并借助消费者感知与消费行为理论，通过实证研究，得出企业官方网络社区用户角色转化关系及其影响因素的模型（如图 9—12 所示）（沈蕾、刘倩，2012）。

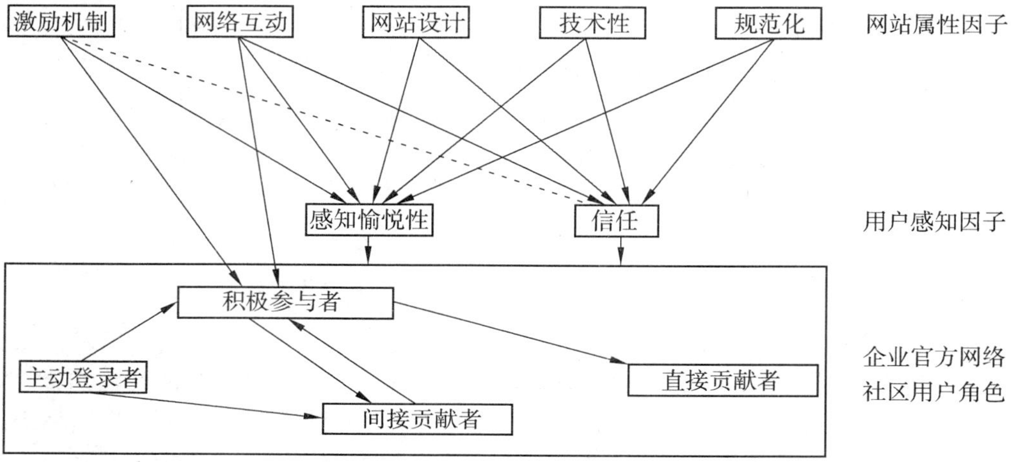

图 9—12 企业官方网络社区用户角色转化关系及其影响因素模型

模型的最上层为网站属性因子，中间层为用户感知因子，最下层表示企业官方网络社区用户角色。

网站属性因子包括激励机制、网络互动、网站设计、技术性和规范化。本书前面的章节对网络互动、网站设计、网站技术进行了详细说明，在此不予赘述。下面主要介绍激励机制和规范化。

1. 激励机制

激励是一种满足需求的过程，激励的实施就是通过外在的刺激，激发个体的工作意愿和行动，从而达到所期望的目标。可以说，激励是塑造他人行为最有效的工具之一。在网络社区中，各类激励机制已经被用来刺激社区成员追求虚拟世界中的成就感。对于目前大多数网络社区来说，常用的激励机制有以下几种：

（1）登录权限设置。一些网络社区将用户分为访客、会员、版主和系统管理员，不同权限的用户对社区信息的拥有程度不同。对于贡献大的用户，给予地位和表彰是有效的奖励措施。

（2）建立虚拟货币机制。持币者可以将虚拟货币兑换成产品或服务，这种激励机制以物品或服务价值为基础来强化社区成员的热情、巩固成员对社区的忠诚度。

（3）公开表扬。如设立荣誉榜、热门排行等。

（4）划分不同的社区阶层。在网络社区也可以设立与现实社会相类似的社区阶层，不同阶层的用户有不同的地位和职务角色。例如，在一些知识共享的学习型网络社区中，将用户划分为新手、前辈、大师和圣人等。

（5）设立会员积分制度。为了促进互动，目前许多网络社区都使用积分制来激励社区用户积极参与，当积分达到一定标准时，就可以提升等级或拥有某种特殊权利。这种制度无疑有效地刺激了社区互动，增强了社区的凝聚力，促进了社区的信息共享和传播；同时，拥有一定积分的社区用户也会考虑转换成本而放弃其他相同类型的网络社区，从而对该社区产生忠诚度。

2. 规范化

网络社区规范化是指网络社区用户在社区遵守一定的准则和企业官方网络社区遵守自身的职业操守这种双向规范化。在网络社区中，社区的规范非常重要，它是社区成员适应社区的重要保证。如果用户在社区中肆意对他人进行攻击而不会被惩罚，或者用户注册时的资料可以被他人轻易窃取，那么该网络社区不仅严重伤害了用户的情感，而且对用户毫无诚信可言。缺乏行为准则的行为和失信的行为让用户很难对该网络社区产生信任感，如果该社区是企业官方网络社区，那么会直接影响到用户对于该企业的好感度。

感知因子中包括感知愉悦性和信任。消费者对娱乐有需求，会参与能够给他们带来愉悦的活动，而网络社区就是一个可以将人们聚集在一起，并带来愉悦的新天地。路易斯·梁（Louis Leung，2003）指出，愉悦性也是促使用户使用网络社区的重要动机之一，用户浏览网络社区中的内容或与他人进行交流互动都可以使他们获得愉悦和放松。随着生活节奏的加快，人们更希望在日益紧张的学习和生活之外得到娱乐和放松，所以企业应该更充分地利用网络社区，使用户在获取信息或者与社区成员互动的同时，精神上得到满足和放松，这样才会促进社区用户黏性的提高。如前文所述，信任在网络空间的作用极其重要，它是网络购买态度的决定因素，也显著影响着网络购买的潜在意向。

由图9—12可见，以用户登录企业官方网络社区为前提，以用户产生购买意愿为最终目的，企业官方网络社区用户角色转化的关系是：主动登录者可分别向积极参与者与间接贡献者进行转化，并且积极参与者与间接贡献者之间是可以相互转化的，但只有积极参与者能直接转化为直接贡献者，其余两种用户角色都需要先转化为积极参与者才能转化为直接贡献者。网站属性因子通过影响用户感知因子而间接刺激企业官方网络社区用户角色的形成，它们在网络社区用户角色转化的过程中起着重要的作用，所以企业应该充分重视五类网站属性因子的实现效果。同时，激励机制和网络互动会直接刺激用户成为积极参与者，进而有助于其向直接贡献者转化，所以激励机制和网络互动是企业建设官方网络社区的重中之重。

思考题

1. 网络消费行为和传统消费行为的主要区别有哪些？
2. 网络消费行为目前的研究热点包括哪些方面？

3. 网络消费的决策过程是怎样的？

4. 网络消费行为的影响因素包括哪些？请举例说明。

5. 什么是网络口碑？

6. 正面网络口碑和负面网络口碑的传播效应有何差异？作为公司的市场营销者，你应如何应对负面网络口碑？

7. 网络消费行为角色转变路径应是什么样的？

参考文献

［1］保罗·特罗特．创新管理与新产品开发．北京：中国市场出版社，2007.

［2］大卫·乔布尔．市场营销学原理与实践．北京：机械工业出版社，2003.

［3］菲利普·科特勒，等．营销管理．上海：上海人民出版社，2006.

［4］符国群．消费者行为学．北京：高等教育出版社，2003.

［5］江林．消费者心理与行为．北京：中国人民大学出版社，2002.

［6］维恩·特普斯特拉，拉维·萨拉特．国际营销．8版．北京：中国人民大学出版社，2006.

［7］闫涛蔚，等．市场营销调研：基础理论与实证研究．济南：山东人民出版社，2002.

［8］亨利·阿塞尔．消费者行为和营销策略．北京：机械工业出版社，2000.

［9］张春新．现代心理学．上海：上海人民出版社，1994.

［10］李品媛．销售心理学．沈阳：东北财经大学出版社，1993.

［11］马斯洛．自我实现的人．上海：生活·读书·新知三联书店，1987.

［12］汤永钢，艾瑞商学院专栏，http：//column. iresearch. Cn/u/tangyonggang/1171. shtml.

［13］李付庆．消费者行为学．北京：清华大学出版社，2011.

［14］迈克尔·R. 所罗门．消费者行为学．5版．北京：经济科学出版社，2003.

［15］马克思．路易·波拿巴的雾月十八日//马克思恩格斯全集（第2卷）．北京：人民出版社，1972.

［16］马克思．政治经济学批判序言//马克思恩格斯全集（第2卷）．北京：人民出版社，1972.

［17］凡勃伦．有闲阶级论．北京：商务印书馆，1964.

［18］王雅林．生活方式研究评述．北京：社会学研究，1995（4）.

［19］王雅林．生活方式的理论魅力与学科构建．北京：社会学研究，2003（3）.

［20］沈蕾．基于青少年生活方式创新上的消费模式转变研究．共青团中央项目（2008GH124）.

［21］沈蕾．新生代农民工方式研究．2011国家社会科学基金项目．

［22］龙斐．基于消费者甚或方式细分的营销战略模型及其实证研究．东华大学硕士学位论文，2007.

［23］张杰．基于90后城市青少年生活方式细分的消费觉得过程研究．东华大学硕士学位论文，2010.

［24］胡晓燕．基于生活方式细分的上海都市乡村旅游游客消费行为研究．东华大学硕士学位论文，2007.

［25］中国互联网络信息中心．中国互联网络发展状况统计报告．www. cnnic. net. cn，2012（1）.

［26］吴满意．试论网络消费与网络公关意识．中国高教研究，2001（1）.

［27］张毅斌．网络消费心理及启示．江苏商论，2001.

［28］何明升．网络消费的制度化过程．学术交流，2004（10）.

［29］韩小红．网络消费者行为．西安：西安交通大学出版社，2008.

［30］程华．网上消费者行为的理论与实证研究．太原：山西经济出版社，2003.

［31］董铁牛，杨乃定，姜继娇．消费者网上购物行为的实证研究．工业工程与管理，2007（6）.

［32］陈慧，李远志．电子商务条件下消费者购买决策影响因素探析．北京邮电大学学报（社会科学版），2007（4）.

［33］刘业正，姜元春，张结魁．网络消费者行为：理论方法及应用．北京：科学出版社，2011.

［34］廖成林，程雷．"You"为什么再传播——正、负面网络口碑再传播意愿影响因素实证研究．现代管理科学，2010（5）.

［35］张莹，孙明贵．西方网络口碑传播效应研究进展．财贸研究，2008（5）.

［36］范晓屏．基于虚拟社区的网络互动对网络购买行为的影响研究. 浙江大学，2007.

［37］宫明亮．网络口碑传播信任度影响因素研究——以京东商城和淘宝网为例. 东华大学，2011.

［38］刘倩．企业官方网络社区用户角色转化的影响因素研究．东华大学，2012.

［39］黎志成，刘枚莲．电子商务环境下的消费者行为研究．中国管理科学，2002（88）.

［40］季怡．网络购物的跨文化研究———析中美文化差异对消费者的影响．北京第二外国语学院学报（外语版），2006（8）.

［41］Keegan，W. J. and Green，M. C. Global Marketing. 4th Edition. Prentice Hall，2002.

［42］Lovelock C. H. Services Marketing：People，Technology，Strategy. 6th Edition. Prentice Hall，2007.

［43］Hawkins，D. L.，Rest，R. J. and Coney，K. A. Consumer Behavior. Boston：Richard Irwin，Inc.，1992.

［44］Leon G. Schiffman，Leslie Lazar Kanuk. Consumer Behavior. 7th Behavior. 北京：清华大学出版社，2001.

［45］Zaltman，G.，Wallendorf，M. Consumer Behavior. New York：John Wiley & Sons，1983.

[46] Hawkins, D. L., Rest, R. J. and Coney, K. A. Consumer Behavior. New York: The Mcgraw-Hill Company, 1998.

[47] R. Barton. Advertising Media. New York: McGraw-Hill, 1964.

[48] Homer E. Spence and James F. Engel. "The Impact of Brand Preference on the Perception of Brand Names: A Laboratory Analysis," in David T. Kollat, Roger D. Blackwell, and James F. Engel, eds., Research in Consumer Behavior (New York: Holt, Rinehart& Winston, 1970), pp. 61-70.

[49] Kenneth E. Runyon. Consumer Behavior and the Practice of Marketing. Columbus, OH: Charles E. Merrill, 1977.

[50] George S. Day. "Theories of Attitude Structure and Change," in Scott Ward and Thomas S. Robertson, eds., Consumer Behavior: Theoretical Sources (Englewood Cliffs, NJ: Prentice-Hall, 1973), p. 341.

[51] Moore. "The Case Against Subliminal Manipulation," Psychology and Marketing 4 (Summer 1987), pp. 107-120.

[52] K. Haley. "The Infomercial Begins a New Era," *Advertising Age*, January 25, 1993, p. M-3.

[53] Cahners Advertising Research Report 120. 1 and 120. 12. Boston: Cahners Publishing Co.

[54] Richard, J., Lut, Z. "The Role of Attitude Theory in Marketing," in Harold H. Kassarjian and Thomas S. Robertson. eds., Perspectives in Consumer Behavior. Glenview, IL: Scott. Foresman and Co., 1991.

[55] Michael Solomon. Consumer Behavior. Englewood Cliffs: Prentice Hall, 1966.

[56] Peter D. Bennett and Harold H. Kassarjian. Consumer Behavior. Englewood Cliffs. NJ: Prentice Hall, 1972.

[57] Daniel Katz. The Functional Approach to the Study of Attitudes. Public Opinion Quarterly 24 (Summer I 960), pp. 163-204.

[58] Mark P. Zanna. "Attitude-Behavior Consistency: Fulfilling the Need for Cognitive structure," in Thomas K. Srull, ed., Advances in Consumer Research, Vol. 16 (Provo, UT: Association for Consumer Research, 1989), pp. 318-320.

[59] Morris B. Holbrook and William J. Havlena. Assessing the Real-to-Artificial Generalizability of MultiattributeAttitude Models in Tests of New Product Designs. *Journal of Marketing Research* 24 (February 1988), pp. 25-35.

[60] Robert E. Smith and William R. Swinyard. Attitude-Behavior Consistencies: The Impact of Product Trial versus Advertising. *Journal of Marketing Research* 20 (August 1983), pp. 257-267.

[61] Fritz Heider. The Psychology of Interpersonal Relations. New York: John Wiley, 1958.

[62] Jagdish N. Sheth and W. Wayne Talarzyk. Perceived Instrumentality and Value

Importance as Determinants of Attitudes. *Journal of Marketing Research* 9 (February 1972), pp. 6-9.

[63] Max Weber. Economy and Society, vol. 1, part one, Chap. Ⅳ, "Status Groups and Classes", pp. 302-307.

[64] Lazer. Lifestyle Concepts and Marketing. Scientific marketing, 1963: 40.

[65] Plummer. The Concept and Application of Lifestyle Segmentation, 1974.

[66] Plummer, J. T. "The concept and application of life style segmentation", *Journal of Marketing*, 1974, Vol. 38 No. 1, pp. 33-7.

[67] Lin, F. Y. "An analysis of hospitality consumer lifestyles in the United States". unpublished dissertation, Texas Tech University, Lubbock, TX., 2003.

[68] Michman, R. D., Mazze, E. M. and Greco, A. J. Lifestyle Marketing: Reaching The New American Consumer. Praeger, Westport, CT., 2003.

[69] Vyncke, P. "Lifestyle segmentation: from attitudes, interests and opinions, to values, aesthetic styles, life visions and media preferences", *European Journal of Communication*, 2002, Vol. 17 No. 4, pp. 445-63.

[70] Lee, H. J. "Influence of lifestyle on housing preferences of multifamily housing residents". unpublished dissertation, Virginia Polytechnic Institute and State University, Blacksburg, VA., 2005.

[71] Kaynak, E. and Kara, A. "An examination of the relationship among consumer lifestyles, ethnocentrism, knowledge structures, attitudes and behavioural tendencies: a comparative study in two CIS states". *International Journal of Advertising*, 2001, Vol. 20 No. 4, pp. 455-82.

[72] Kucukemiroglu, O., Harcar, T. and Spillan, J. E. "Market segmentation by exploring buyer lifestyle dimensions and ethnocentrism among Vietnamese consumers: an empirical study". *Journal of Asia-Pacific Business*, 2006, Vol. 7 No. 4, pp. 55-76.

[73] Gonzalez, A. M. and Bello, L. "The construct 'lifestyle' in market segmentation: the behavior of tourist consumers". *European Journal of Marketing*, 2002, Vol. 36 No. 1/2, pp. 51-85.

[74] Tao, S. P., "A cross-cultural comparison of lifestyle between Taiwanese and US consumers". *Intercultural Communication Studies*, 2006, Vol. XV No. 1, pp. 43-57.

[75] Lee, H. J., Lim, H., Jolly, L. D. and Lee, J. "Consumer lifestyles and adoption of high-technology products: a case of South Korea". *Journal of International Consumer Marketing*, 2009, Vol. 21 No. 21, pp. 153-67.

[76] Talha Harcar, Erdener Kaynak. Life-style orientation of rural US and Canadian consumers: Are regio-centric standardized marketing strategies feasible? *Asia Pacific Journal of Marketing and Logistics*, 2008, Volume 20 Issue 4.

[77] Ma José Barlés-Arizón, Elena Fraj-Andrés, Jorge Matute-Vallejo. Identifying potential wellbeing tourism segments in Finland. *Tourism Review*, 2010, Volume 65 Issue 1.

[78] Ma José Barlés-Arizón, Elena Fraj-Andrés, Jorge Matute-Vallejo. Identification of the profiles of women who take holiday decisions *Tourism Review*, 2010, Volume 65 Issue 1.

[79] Wells, W. D., Gubar, C. "Life Cycle Concept in Marketing Research". *Journal of Consumer Research*, 1966. 3 (12): 355-363.

[80] Patrick E. Murphy, William A. Staples. "A Modernized Family Life Cycle". *Journal of Consumer Research*, 6, June 1979, p. 17.

[81] William J. Qualls. "Changing Sex Roles: Its Impact upon Family Decision Making". in Andrew Mitchell, ed. Advances in Consumer Research 9 (Ann Arbor, MI: Association for Consumer Research, 1982), pp. 267-270.

[82] William L. Wilkie. Consumer Behavior (Third Edition). NewYork: John Wiley & Sons, Inc., 1994, p. 407.

[83] Deborah Roedder John. "Consumer Socialization of Children: A Retrospective Look at Twenty-five Years of Research". *Journal of Consumer Research*, 26, December 1999, pp. 183-213.

[84] Schiffman, L. G., Kanuk, L. L. Consumer Behavior (7th ed). Prentice Hall Inc. Schultz, Don E. and William A. Robinson, Sales Promotion Management, Chicago, IL: Crain book, 2000.

[85] Patrick E. Murphy, William A. Staples, "A Modernized Family Life Cycle". *Journal of Consumer Research*, 6, June 1979, p. 17.

[86] Robert E. Burnkrant, Alain Cousineau. "Information and Normative Social Influence in Buyer Behavior". *Journal of Consumer Research*, 2, December 1975, p. 207.

[87] Harry L. Davis. "Decision Making Within the Household". *Journal of Consumer Research*, 2, March 1976, pp. 241-60.

[88] C. Whan Park. "Joint Decision in Home Purchasing: A Muddling-Through Process". *Journal of Consumer Research*, 9, September 1982, pp. 151-61.

[89] Lynn R. Kahle. Social Values and Social Changes: Adaptation to Life in America. New York: Praeger, 1983.

[90] Health, R. P. "Life on Easy Stree". *American Demographics*, 1997 (4).

[91] Brent Schlender. "Sony Plays to Win". *Fortune*, May 1, 2000, pp. 142-157.

[92] Evan Ramstad. "Backpacks with Speakers? Electronics Makers Court Jaded Gen Y—Big Ad Budget, Little Alien: Walkman's Plan for Reeling in the Ears of Wired Youths". *The Wall Street Journal*, May 18, 2000, p. B1.

[93] Janet Pinkerton, "Sony Founded on Friendship, Ambition". *Dealer Scope*, January 2000, p. 16.

[94] Jonathan H. Turner. Sociology: Studying the Human System (2nd ed). Santa Monica, CA, Goodyear, 1981.

[95] Joseph Kahl. The American Class Structure. New York: HoltRinehart and Winston, 1961.

[96] Ann Swidler. “Culture in Action: Symbols and Strategies” . *American Sociological Review*, April 1986, pp. 273-86.

[97] Milton Rokeach. The Nature of Human Values. New York: Free Press, 1973.

[98] Koufairs, Marios. Applying the Technology Acceptance Model and Flow Theory to Online Consumer Dehavior. *Information Systems Research*, 2002, Vol. 13 No. 2, pp. 205-223.

[99] Aron O'Cass, Tino Fenech. Web retailing adoption: Exploring the nature of internet users web retailing behavior. *Journal of Retailing and Consumer Services*, 2003 (10): 81-94.

[100] Pavlou, P. A. Consumer Acceptance of Electronic Commerce—Integrating Trust and Risk with the Technology Acceptance Model. *International Journal of Electronic Commerce*, 2003, 73, 69-103.

[101] Toñita Pereay Monsuwé, Benedict G. C. Dellaert, Ko de Ruyter. What drives consumers to shop online? A literature review. *International Journal of Service Industry Management*, 2004, Vol. 15 No. 1, pp. 102-121.

[102] Charles Dennis, Bill Merrilees, Chanaka Jayawardhena, Len Tiu Wright. E-consumer Behavior. *European Journal of Marketing*, 2009, Vol. 43 No. 9/10, pp. 1121-1139.

[103] Soo Yeon Chung, Cheol Park. Online Shopping Behavior Model: A Literature Review and Proposed Model. *Advanced Communication Technology*, 15-18, Feb 2009, Volume 3, pp. 2276-2282.

[104] Bickart, B. , Schindler, R. M. Internet forums as influential sources of consumer information. *Journal of Interactive Marketing*, 2001, 15 (3): 31-52.

[105] Thorsten Hennig-Thurau, K. P. Gwinner, Gianfranco Walsh et al. Electronic Word-of-Mouth via Consumer-Opinion Platforms: What Motivates Consumers to Articulate Themselves on The Internet? *Journal of Interactive Marketing*, 2004, 18 (1): 38-52.

[106] Patrali Chatterjee. ONLINE REVIEWS: DO CONSUMERS USE THEM? *Advances in Consumer Research*, 2001, Volume 28.

[107] Donnavieve Smith, Satya Menon, K. Sivakumar. Online Peer and Editorial Recommendations, Trust, and Choice in Virtual Markets. *Journal of Interactive Marketing*, 2007, Vol. 19 (3) .

[108] Senecal, S. , Nantel, J. The influence of online product recommendations on consumers'online choices. *Journal of Retailing*, 2004, 80 (2): 159-169.

[109] XiaoTong. A cross-national investigation of an extended technology acceptance model in the online shopping context. *International Journal of Retail & Distribution Management*, 2010, Volume 38 Issue 10.

[110] Jayoung Choi, Kyu-Hye Lee. Risk perception and e-shopping: a cross-cultural study. *Journal of Fashion Marketing and Management*, 2003, Volume 7 Issue 1.

图书在版编目（CIP）数据

消费者行为学：理论与实务/沈蕾编著．—北京：中国人民大学出版社，2013.5
高等院校精品课程教材
ISBN 978-7-300-17389-4

Ⅰ.①消… Ⅱ.①沈… Ⅲ.①消费者行为学-高等学校-教材 Ⅳ.①F036.3

中国版本图书馆 CIP 数据核字（2013）第 081213 号

高等院校精品课程教材
消费者行为学：理论与实务
沈　蕾　编著
Xiaofeizhe Xingweixue：Lilun yu Shiwu

出版发行	中国人民大学出版社		
社　　址	北京中关村大街 31 号	**邮政编码**	100080
电　　话	010－62511242（总编室）		010－62511398（质管部）
	010－82501766（邮购部）		010－62514148（门市部）
	010－62515195（发行公司）		010－62515275（盗版举报）
网　　址	http://www.crup.com.cn		
	http://www.ttrnet.com(人大教研网)		
经　　销	新华书店		
印　　刷	北京密兴印刷有限公司		
规　　格	185 mm×260 mm　16 开本	**版　　次**	2013 年 6 月第 1 版
印　　张	16.5 插页 1	**印　　次**	2018 年 1 月第 3 次印刷
字　　数	356 000	**定　　价**	35.00 元

教师教学服务说明

中国人民大学出版社工商管理分社以出版经典、高品质的工商管理、财务会计、统计、市场营销、人力资源管理、运营管理、物流管理、旅游管理等领域的各层次教材为宗旨。为了更好地服务于一线教师教学，近年来工商管理分社着力建设了一批数字化、立体化的网络教学资源。教师可以通过以下方式获得免费下载教学资源的权限：

（1）在“人大经管图书在线”（www. rdjg. com. cn）注册并下载“教师服务登记表”，或直接填写下面的“教师服务登记表”，加盖院系公章，然后邮寄或传真给我们。我们收到表格后将在一个工作日内为您开通相关资源的下载权限。

（2）如果您有“人大出版社教研服务网络”（http://www. ttrnet. com）会员卡，可以将卡号发到我们的电子邮箱，无须重复注册，我们将直接为您开通相关专业领域教学资源的下载权限。

如您需要帮助，请随时与我们联络：

中国人民大学出版社工商管理分社

联系电话：010-62515735，62515749，82501704

传真：010-62514775，62515732　　电子邮箱：rdcbsjg@crup. com. cn

通讯地址：北京市海淀区中关村大街甲59号文化大厦1501室（100872）

教师服务登记表

姓名		□先生　□女士	职称		
座机/手机			电子邮箱		
通讯地址			邮编		
任教学校			所在院系		
所授课程	课程名称	现用教材名称	出版社	对象（本科生/研究生/MBA/其他）	学生人数
需要哪本教材的配套资源					
人大经管图书在线用户名					

院/系领导（签字）：

院/系办公室盖章